à ma fille Sabine

PRÉSENTATION

La question de la mode ne fait pas fureur dans le monde intellectuel. Le phénomène est à souligner : alors même que la mode ne cesse d'accélérer sa législation fugitive, d'envahir de nouvelles sphères, d'emporter dans son orbite toutes les couches sociales, tous les groupes d'âges, elle laisse de marbre ceux qui ont vocation d'éclairer les ressorts et le fonctionnement des sociétés modernes. La mode est célébrée au musée, elle est reléguée dans l'antichambre des préoccupations intellectuelles réelles; elle est partout dans la rue, dans l'industrie et les media, elle n'est à peu près nulle part dans l'interrogation théorique des têtes pensantes. Sphère ontologiquement et socialement inférieure, elle ne mérite pas l'investigation problématique, question superficielle, elle décourage l'approche conceptuelle; la mode est ce qui suscite le réflexe critique avant l'étude objective, on l'évoque principalement en vue de la fustiger, de marquer sa distance, de déplorer l'hébétude des hommes et le vice des affaires : la mode c'est toujours les autres. Nous sommes surinformés en chroniques journalistiques, sous-développés en matière d'intelligence historique et sociale du phénomène. À la pléthore des magazines répond le silence de l'intelligentsia; la communauté savante se caractérise moins par « l'oubli de l'Être » que par l'oubli de la mode comme folie des artifices et architecture nouvelle des démocraties.

Nombreux certes sont les ouvrages consacrés au sujet, on dispose de magistrales histoires du costume, on ne manque ni de monographies précises sur les métiers et les créateurs de mode, ni de données statistiques sur les productions et consommations, ni d'études historiques et sociologiques sur les variations de goûts et de styles. Richesse bibliographique et iconographique qui ne doit pas cacher néanmoins le plus important : la *crise* profonde, générale, en grande partie inconsciente, dans laquelle se trouve en réalité la compréhension globale du phénomène. Cas à peu près unique dans l'univers de la réflexion spéculative, voilà une question qui ne donne lieu à aucune bataille problématique vraie, à aucune dissension théorique majeure. Une question qui, de fait, accomplit l'exploit de réunir à peu près tous les esprits. Depuis un siècle, tout se passe comme si l'énigme de la mode était *grosso modo* réglée, pas de guerre d'interprétation fondamentale, la corporation pensante, dans un bel élan groupé, a adopté sur le sujet un credo commun : la versatilité de la mode trouve son lieu et sa vérité ultime dans l'existence des rivalités de classes, dans les luttes de concurrence prestigieuse opposant les différentes couches et fractions du corps social. Ce consensus de fond laisse place, bien entendu selon les théoriciens, à des nuances interprétatives, à de légères déclinaisons, mais, à quelques variantes près, la logique inconstante de la mode ainsi que ses diverses manifestations sont invariablement expliquées à partir des phénomènes de stratification sociale et des stratégies mondaines de distinction honorifique. Nulle part ailleurs la connaissance savante ne s'est à ce point installée dans le ressassement tranquille, dans la raison paresseuse exploitant la même recette passe-partout. La mode est devenue un problème vidé de passions et d'enjeux théoriques, un pseudo-problème où les réponses et les raisons sont connues d'avance, le royaume capricieux de la fantaisie n'a réussi à occasionner que la pauvreté et la monotonie du concept.

Il faut redynamiser, inquiéter à nouveau l'interrogation de la mode, objet futile, fugitif, « contradictoire » par excellence certes, mais qui, de ce fait même, devrait stimuler d'autant plus la raison théorique. Car l'opacité du phénomène, son étrangeté, son originalité historique sont considérables : comment une institution essentiellement structurée par l'éphémère et la fantaisie esthétique a-t-elle pu prendre place dans l'histoire humaine? Pourquoi en Occident et non ailleurs? Comment l'âge de la domination technique, de l'arraisonnement du monde peut-il être en même temps celui de la déraison de mode ? Comment penser et expliquer la mobilité frivole érigée en système permanent ? Replacée dans l'immense durée de la vie des sociétés, la mode ne peut être identifiée à la simple manifestation des passions vaniteuses et distinctives, elle devient une institution exceptionnelle, hautement problématique, une réalité sociale-historique caractéristique de l'Occident et de la modernité elle-même. De ce point de vue, la mode est moins signe des ambitions de classes que sortie du monde de la tradition, elle est un de ces miroirs où se donne à voir ce qui fait notre destin historique le plus singulier : la négation du pouvoir immémorial du passé traditionnel, la fièvre moderne des nouveautés, la célébration du présent social.

Le schéma de la distinction sociale qui s'est imposé comme la clé souveraine de l'intelligibilité de la mode, tant dans la sphère du costume que dans celle des objets et de la culture moderne, est foncièrement incapable d'expliquer le plus significatif : la logique de l'inconstance, les grandes mutations organisationnelles et esthétiques de la mode. Cette idée est à l'origine de la réinterprétation d'ensemble que nous proposons ici. En reprenant en chœur le refrain de la distinction sociale, la raison théorique a érigé en principe moteur de la mode ce qui en réalité a été son appréhension immédiate et ordinaire, elle est restée prisonnière du *sens vécu* des acteurs sociaux, elle a posé comme *origine* ce qui n'est qu'une des *fonctions sociales* de la mode. Cette assimilation de l'origine à la fonction est au principe de l'extraordinaire simplification qui caractérise les explications généalogiques de « l'invention » et des transformations de la mode en Occident. Sorte d'inconscient épistémologique du discours sur la mode, la problématique de la distinction est devenue un obstacle à la compréhension historique du phénomène, obstacle accompagné d'un jeu ostensible de volutes conceptuelles apte à voiler l'indigence du propos savant. Un *lifting* théorique s'impose, il est temps de sortir les analyses de la mode de l'artillerie lourde des classes sociales, de la dialectique de la distinction et de la prétention des classes. À contre-pied de l'impérialisme des schémas de la lutte symbolique des classes, nous avons montré que, dans l'histoire de la mode, ce sont les *valeurs* et les *significations culturelles modernes* dignifiant en particulier le *Nouveau* et l'expression de l'*individualité humaine* qui ont exercé un rôle prépondérant, ce sont elles qui ont rendu possibles la naissance et l'établissement du système de la mode dans le Moyen Âge tardif, elles qui ont contribué à dessiner, de manière insoupçonnée, les grandes étapes de son chemin historique.

C'est une histoire de la mode qu'on va lire, histoire conceptuelle et problématique, commandée non par la volonté d'en rapporter les inépuisables contenus, mais par celle de présenter une interprétation générale du phénomène et de ses métamorphoses sur la longue durée. Non l'histoire chronologique des styles et des mondanités élégantes, mais les grands moments, les grandes structures, les points d'inflexions organisationnelles, esthétiques, sociologiques qui ont déterminé le parcours pluriséculaire de la mode. On a délibérément opté ici pour l'intelligibilité d'ensemble au détriment des analyses de détail : ce qui nous fait le plus défaut ce ne sont pas les connaissances ponctuelles, c'est le sens global, l'économie profonde de la dynamique de la mode. Ce livre a été écrit dans une double intention. D'une part, comprendre l'émergence de la mode à la fin du Moyen Âge ainsi que les lignes majeures de son évolution sur le temps long : afin d'éviter les généralisations psychosociologiques sur la mode, pauvres en compréhension historique, et afin de ne pas tomber dans le piège des parallélismes larges, multiples, mais trop souvent artificiels, on a préféré ici s'en tenir à un objet relativement homogène, le plus significatif du phénomène : la parure vestimentaire, le domaine archétypal de la mode. D'autre part, comprendre la montée en puissance de la mode dans les sociétés contemporaines, la place centrale, inédite, qu'elle occupe dans les démocraties engagées dans la voie de la consommation et de la communication de masse. Car le fait capital de nos sociétés qui n'a pas peu contribué au projet d'entreprendre ce livre, c'est précisément l'extraordinaire généralisation de la mode, l'extension de la forme mode à des sphères jadis extérieures à son procès, l'avènement d'une société restructurée de fond en comble par la séduction et l'éphémère, par la logique même de la mode. D'où l'inégale composition de cet ouvrage mesurée à l'aune du temps de l'histoire. La première partie a pour objet la mode au sens strict, la *fashion*, et couvre plus de six siècles d'histoire. La seconde analyse la mode dans ses multiples réseaux, des objets industriels à la culture médiatique, de la publicité aux idéologies, de l'information au social, et porte sur une durée historique beaucoup plus courte, celle des sociétés démocratiques tournées vers la production-consommation-communication de masse. Différence de traitement et d'investigation du temps historique qui se justifie par la place nouvelle, hautement stratégique, qu'occupe désormais le procès de mode dans le fonctionnement des sociétés libérales. La mode n'est plus un agrément esthétique, un accessoire décoratif de la vie collective, elle en est la clé de voûte. La mode a structurellement achevé sa course historique, elle est parvenue au faîte de sa puissance, elle a réussi à remodeler la société tout entière à son image : elle était périphérique, elle est maintenant hégémonique, les pages que voici ont voulu éclairer cette ascension historique de la mode, comprendre l'établissement, les étapes, l'apogée de son empire.

Ainsi la mode est-elle aux commandes de nos sociétés, la séduction et l'éphémère sont devenus, en moins d'un demi-siècle, les principes organisateurs de la vie collective moderne, nous vivons dans des sociétés à dominante frivole, dernier chaînon de l'aventure pluriséculaire capitaliste-démocratique-individualiste. Faut-il en être accablé? Cela annonce-t-il un lent mais inexorable déclin de l'Occident? Faut-il y reconnaître le signe de la décadence de l'idéal démocratique? Rien de plus banal, de plus communément répandu que de stigmatiser, non sans quelques raisons d'ailleurs, le nouveau régime des démocraties privées de grands projets collectifs mobilisateurs, étourdies par les jouissances privées de la consommation, infantilisées par la culture minute, la publicité, la politique spectacle. Le règne ultime de la séduction, dit-on, annihile la culture, conduit à l'abêtissement généralisé, à l'effondrement du citoyen libre et responsable, le lamento sur la mode est la chose intellectuelle la mieux partagée. Nous n'avons pas cédé à ces sirènes, c'est une interprétation adverse, paradoxale, du monde moderne que nous proposons ici, révélant, au-delà des « perversions » de la mode, sa puissance globalement positive tant vis-à-vis des institutions démocratiques que vis-à-vis de l'autonomie des consciences. La mode n'a pas fini de nous surprendre : quels que soient ses aspects néfastes quant à la vitalité de l'esprit et des démocraties, elle apparaît avant tout comme l'agent par excellence de la spirale individualiste et de la consolidation des sociétés libérales.

À coup sûr, la nouvelle donne frivole a de quoi alimenter un certain nombre d'inquiétudes : la société qu'elle dessine est assez loin de l'idéal démocratique et ne permet pas d'aborder dans les meilleures conditions la sortie du marasme économique dans lequel nous sommes plongés. D'un côté, les citoyens se sentent peu concernés par la chose publique, un peu partout la démotivation, l'indifférence au politique gagnent, le comportement de l'électeur est en passe de s'aligner sur celui du consommateur. D'un autre côté, les individus atomisés, absorbés par eux-mêmes, sont peu disposés à considérer l'intérêt général, à renoncer aux privilèges acquis, la construction du futur tend à être sacrifiée aux satisfactions catégorielles et individuelles du présent. Autant de comportements hautement problématiques quant à la vigueur de l'esprit démocratique, quant à la capacité de nos sociétés de se ressaisir, de se reconvertir à temps, de gagner la nouvelle guerre des marchés.

Toutes ces infirmités sont bien connues, elles ont été abondamment analysées. Ce sont les puissances d'avenir des démocraties qui le sont moins. Brièvement dit, les démocraties frivoles ne sont pas sans armes pour affronter le futur, elles disposent à présent de ressources inestimables, fussent-elles peu spectaculaires, non mesurables : à savoir, un « matériel » humain plus flexible qu'on ne le pense, ayant intégré la légitimité du changement, ayant renoncé aux visions révolutionnaires-manichéennes du monde. Sous le règne de la mode, les démocraties jouissent d'un consensus universel autour de leurs institutions politiques, les maximalismes idéologiques déclinent au bénéfice du pragmatisme, l'esprit d'entreprise et d'efficacité s'est substitué à l'incantation prophétique. Faut-il tenir pour rien ces facteurs de cohésion sociale, de solidité institutionnelle, de « réalisme » moderniste? Quels que soient les heurts sociaux et les crispations corporatistes qui freinent le processus de modernisation, celui-ci est en cours et s'accélère, la Mode ne fait pas disparaître les revendications et la défense des intérêts particuliers, elle les rend plus négociables; les luttes d'intérêts, les égoïsmes demeurent, mais non rédhibitoires, ils ne vont jamais jusqu'à menacer la continuité et l'ordre républicains. Nous ne partageons pas les vues déprimées de certains observateurs sur l'avenir des nations européennes, ces pages ont été écrites dans l'idée que notre histoire n'était pas jouée, que le système achevé de la mode représentait sur le long terme une chance pour les démocraties, délivrées aujourd'hui des fièvres extrémistes, acquises tant bien que mal au changement, à la reconversion permanente, à la prise en compte des réalités économiques nationales et internationales. Premiers paradoxes de nos sociétés : plus la séduction se déploie, plus les consciences se convertissent au réel; plus le ludique l'emporte, plus l'ethos économique est réhabilité; plus l'éphémère gagne, plus les démocraties sont stables, peu déchirées en profondeur, réconciliées avec leurs principes pluralistes. Même non chiffrables, il s'agit là d'atouts immenses dans l'édification de l'avenir. Certes, au niveau de l'histoire courte, les données sont peu encourageantes; certes, tout ne se fera pas en un jour, sans effort collectif, sans tensions sociales, sans volonté politique, mais dans un âge recyclé par la forme mode, l'histoire est plus que jamais ouverte, le modernisme a conquis une légitimité sociale telle que la dynamique du redressement de nos nations est plus probable que leur lent effacement. Gardons-nous de lire le futur à la seule lumière des tableaux quantifiés du présent : un âge fonctionnant à l'information, à la séduction du nouveau, à la tolérance, à la mobilité des opinions, prépare, si nous savons exploiter sa bonne pente, aux challenges du futur. Le moment est difficile, il n'est pas sans issue, les promesses de la société-mode ne donneront pas leurs fruits aussitôt, il faut laisser au temps la possibilité de faire son œuvre. Dans le temps court, on ne voit guère que chômage à la hausse, précarité du travail, croissance faible, économie atone; le regard fixé à l'horizon, les raisons d'espérer ne font pas entièrement défaut. Le terminal de la mode n'est pas la voie du néant, analysé avec une certaine distance, il conduit à une double opinion sur notre destin : pessimisme du présent, optimisme du futur.

C'est dans le domaine de la vie de l'esprit que la dénonciation de la mode à son stade achevé a trouvé ses

accents les plus virulents. Au travers de l'analyse de la culture
médiatique appréhendée comme machine destructrice de la
raison, entreprise totalitaire d'éradication de l'autonomie de la
pensée, l'intelligentsia a fait bloc commun, stigmatisant d'une
même voix la dictature dégradante du consommable, l'infa-
mie des industries culturelles. Dès les années 1940, Adorno et
Horkheimer s'insurgeaient contre la fusion « monstrueuse »
de la culture, de la publicité et du divertissement industrialisé
entraînant la manipulation et la standardisation des consciences. Plus tard, Habermas analysera le prêt-à-consommer
médiatique comme instrument de réduction de la capacité à
faire un usage critique de la raison, G. Debord dénoncera la
« fausse conscience », l'aliénation généralisée, induites par la
pseudo-culture spectaculaire. Aujourd'hui même, où la pensée
marxiste et révolutionnaire n'est plus de saison, l'offensive
contre la mode et la crétinisation médiatique repart de plus
belle : autre temps, autre vogue pour dire la même chose, au
lieu du joker Marx on sort la carte Heidegger, on ne brandit
plus la panoplie dialectique de la marchandise, de l'idéologie,
de l'aliénation, on médite sur la domination de la technique,
« l'autonégation de la vie », la dissolution de « la vie avec
l'esprit ». Ouvrez donc les yeux sur l'immense détresse de la
modernité, nous sommes voués à l'avilissement de l'existence
médiatique, un totalitarisme de type *soft* s'est installé dans les
démocraties, il a réussi à semer la haine de la culture, à
généraliser la régression et la confusion mentale, on est
carrément dans la « barbarie », dernier jingle de nos philosophes antimodernes. On vitupère contre la mode, mais on ne
manque pas d'adopter dans sa foulée une technique hyperbolique analogue, le *must* de la surenchère conceptuelle. Rien n'y
fait, la hache de guerre apocalyptique n'a pas été enterrée, la
mode sera toujours la mode, sa dénonciation est sans doute
consubstantielle à son être même, elle est inséparable des
croisades de la belle âme intellectuelle.

L'unanimisme critique que provoque l'empire de la mode
est tout sauf accidentel, il s'enracine au plus profond dans le
procès de pensée inaugurant la réflexion philosophique elle-
même. Depuis Platon, on sait que les jeux d'ombres et de
lumières dans la caverne de l'existence barrent la marche du
vrai, la séduction et l'éphémère enchaînent l'esprit, ils sont les

signes mêmes de la captivité des hommes. La raison, le progrès dans la vérité, ne peuvent advenir que dans et par une chasse impitoyable aux apparences, au devenir, au charme des images. Point de salut intellectuel dans l'univers du protéiforme et de la surface, c'est ce paradigme qui ordonne aujourd'hui encore les attaques contre le règne de la mode : le loisir facile, la fugitivité des images, la séduction distractive des mass media ne peuvent qu'assujettir la raison, engluer et déstructurer l'esprit. La consommation est superficielle, donc elle rend les masses infantiles, le rock est violent, non verbal, donc il met fin à la raison, les industries culturelles sont stéréotypées, donc la télévision abêtit les individus et fabrique des mollusques décérébrés. Le *feeling* et le *zapping* vident les têtes, le mal, de toute façon, c'est le *superficiel,* sans qu'on en vienne à soupçonner une seconde que des effets individuels et sociaux *contraires* aux apparences puissent être la vérité historique de l'ère de la séduction généralisée. Qu'ils se situent dans le sillage de Marx ou de Heidegger, nos clercs sont restés des moralistes prisonniers de l'écume des phénomènes, incapables d'approcher de quelque manière que ce soit le *travail* effectif de la mode, la *ruse de la déraison de mode* pourrait-on dire. Là est la grande, la plus intéressante leçon historique de la Mode : aux antipodes du platonisme, on doit comprendre qu'aujourd'hui la séduction est ce qui réduit la déraison, le factice favorise l'accès au réel, le superficiel permet un usage accru de la raison, le spectaculaire ludique est tremplin vers le jugement subjectif. Le moment terminal de la mode ne parachève pas l'aliénation des masses, il est un vecteur ambigu mais effectif de l'autonomie des êtres et ce, au travers même de l'hétéronomie de la culture de masse. Comble des paradoxes de ce qu'on nomme parfois la postmodernité : l'indépendance subjective croît parallèlement à l'empire de la dépossession bureaucratique, plus il y a de séduction frivole, plus les Lumières avancent, fût-ce de manière ambivalente. Dans le temps immédiat, le processus, c'est vrai, ne saute pas aux yeux, tant les effets négatifs de la mode sont prégnants, il n'accède à la vérité de lui-même que dans la comparaison sur le long terme avec les âges antérieurs de la tradition omnipotente, du racisme triomphant, du catéchisme religieux et idéologique. Il faut réinterpréter de bout en bout l'ère futile

de la consommation et de la communication caricaturée
jusqu'au délire par ses contempteurs de droite comme de
gauche : la Mode ne s'identifie nullement à un néo-totalita-
risme doux, elle permet, tout au contraire, l'élargissement du
questionnement public, l'autonomisation plus grande des
pensées et des existences subjectives, elle est l'agent suprême
de la dynamique individualiste dans ses diverses manifestations. Dans un travail antérieur, nous avions cherché à repérer
les transformations contemporaines de l'individualisme, on a
essayé ici de comprendre par quelles voies, par quels dispositifs sociaux, le procès d'individualisation est entré dans le
second cycle de sa trajectoire historique.

   Qu'on nous permette un mot pour préciser l'idée d'histoire
impliquée par une telle analyse de la Mode comme phase
ultime des démocrates. Il est clair qu'en un sens nous avons
bien rejoint les problématiques philosophiques de la « ruse de
la raison » : la « raison » collective avance en effet par son
contraire, le divertissement, l'autonomie des personnes se
développe par le biais de l'hétéronomie de la séduction, la
« sagesse » des nations modernes s'agence dans la folie des
engouements superficiels. Non pas certes comme, classiquement, le jeu désordonné des passions égoïstes dans la
réalisation de la Cité rationnelle, mais un modèle formellement équivalent : le rôle de la séduction et de l'éphémère dans
l'essor des subjectivités autonomes, le rôle du frivole dans le
développement des consciences critiques, réalistes, tolérantes;
la marche à bâtons rompus de l'exercice de la raison se réalise
comme dans les théodicées de l'histoire par l'action de son
autre apparent. Mais là s'arrête notre connivence avec les
théories de la ruse de la raison. On s'en tient ici à la stricte
dynamique des démocrates contemporaines, on n'en dégage
aucune conception globale de l'histoire universelle, on n'y
implique aucune métaphysique de la séduction. Deux remar-
ques afin d'éviter les malentendus. D'abord la forme mode
que nous analysons n'est pas antithétique avec le « rationnel »,
la séduction est déjà en elle-même, pour partie, une logique
rationnelle intégrant le calcul, la technique, l'information,
propres au monde moderne, la mode achevée est ce qui
célèbre les noces de la séduction et de la raison productive,
instrumentale, opérationnelle. Point une vision dialectique de

la modernité affirmant la réalisation progressive de l'universel rationnel par le jeu contraire des penchants particuliers, mais la puissance d'autonomie d'une société agencée par la mode, là où la rationalité fonctionne à l'éphémérité et à la frivolité, où l'objectivité s'institue en spectacle, où la domination technique se réconcilie avec le ludique et la domination politique avec la séduction. En second lieu, nous n'adhérons pas sans réserve à l'idée du progrès des consciences; en réalité les Lumières avancent, mêlées indissociablement à leur contraire, l'optimisme historique impliqué par l'analyse de la Mode doit être cantonné dans d'étroites limites. Les esprits dans leur ensemble, en effet, sont plus informés mais plus déstructurés, plus adultes mais plus instables, moins < idéologisés > mais plus tributaires des modes, plus ouverts mais plus influençables, moins extrémistes mais plus dispersés, plus réalistes mais plus flous, plus critiques mais plus superficiels, plus sceptiques mais moins méditatifs. L'indépendance accrue dans les pensées va de pair avec plus de frivolité, la tolérance s'accompagne de plus d'indifférence et de relaxation dans la chose pensante, la Mode ne trouve son modèle adéquat ni dans les théories de l'aliénation ni dans celles d'une quelconque < main invisible > optimale, elle n'institue ni le règne de la dépossession subjective finale ni celui de la raison claire et ferme.

Bien que se rattachant aux théories de la ruse de la raison, ce modèle d'évolution des sociétés contemporaines n'en rend pas moins signifiante l'initiative délibérée des hommes. Pour autant que l'ordre final de la mode engendre un moment historique de la conscience pour l'essentiel ambivalent, l'action lucide, volontaire, responsable, des hommes est plus que jamais possible, nécessaire pour progresser vers un monde plus libre, mieux informé. La Mode produit inséparablement le meilleur et le pire, l'information vingt-quatre heures sur vingt-quatre et le degré zéro de la pensée, c'est à nous qu'il revient de combattre, là où nous sommes, les mythes et les a priori, limiter les méfaits de la désinformation, instituer les conditions d'un débat public plus ouvert, plus libre, plus objectif. Dire que l'univers de la séduction contribue à la dynamique de la raison ne condamne pas au passéisme, au < tout revient au même >, à l'apologie béate du show-biz généralisé. La Mode s'accompa-

gne d'effets ambigus : ce que nous avons à faire c'est travailler à
réduire sa pente « obscurantiste » et accroître sa pente « éclairée », non en cherchant à rayer d'un trait le strass de la
séduction, mais en utilisant ses potentialités libératrices pour le
plus grand nombre. Le terminal frivole n'appelle ni le plaidoyer
inconditionnel, ni l'excommunication de son ordre; si le terrain
de la Mode est favorable à l'usage critique de la raison, il fait
éclore également l'exil et la confusion de la pensée : beaucoup
est à corriger, à légiférer, à critiquer, à expliquer interminа-
blement, la ruse de la déraison de mode n'exclut pas
l'intelligence, l'initiative libre des hommes, la responsabilité de
la société sur son propre devenir. Dans le nouvel âge
démocratique, le progrès collectif dans la liberté de l'esprit ne
se fera pas en dehors du jeu de la séduction, il s'étaiera sur la
forme mode, mais secondé par d'autres instances, renforcé par
d'autres critères, par le travail spécifique de l'École, par
l'éthique, la transparence et l'exigence propre de l'information,
par les œuvres théoriques et scientifiques, par le système
correcteur des lois et réglementations. Dans l'avancée lente,
contradictoire, inégale des subjectivités libres, la Mode n'est
évidemment pas seule en piste et le futur reste largement
indéterminé quant aux traits de ce que sera l'autonomie des
personnes : la lucidité est toujours à conquérir, l'illusion et
l'aveuglement, tel le Phénix, renaissent toujours de leurs
cendres, la séduction n'accomplira pleinement son œuvre
démocratique qu'en sachant se marier à d'autres paramètres, en
n'asphyxiant pas les règles souveraines du vrai, des faits, de
l'argumentation rationnelle. Reste que, contrairement aux
stéréotypes dont on l'affuble, l'âge de la mode est ce qui a le
plus contribué à arracher les hommes dans leur ensemble à
l'obscurantisme et au fanatisme, à instituer un espace public
ouvert, à modeler une humanité plus légaliste, plus mûre, plus
sceptique. La mode achevée vit de paradoxes : son inconscience
favorise la conscience, ses folies l'esprit de tolérance, son
mimétisme l'individualisme, sa frivolité le respect des droits de
l'homme. Dans le film survolté de l'histoire moderne, on
commence à réaliser que la Mode est le pire des scénarios à
l'exception de tous les autres.

PREMIÈRE PARTIE

Féerie des apparences

La mode n'est ni de tous les temps ni de toutes les civilisations : cette conception est à la base des analyses qui suivent. Contre une prétendue universalité transhistorique de la mode, elle est posée ici comme ayant un commencement repérable dans l'histoire. Contre l'idée que la mode est un phénomène consubstantiel à la vie humaine-sociale, on l'affirme comme un processus exceptionnel, inséparable de la naissance et du développement du monde moderne occidental. Pendant des dizaines de millénaires, la vie collective s'est déroulée sans culte des fantaisies et des nouveautés, sans l'instabilité et la temporalité éphémère de la mode, ce qui, assurément, ne veut pas dire sans changement ni curiosité ou goût pour les réalités du dehors. Ce n'est qu'à partir de la fin du Moyen Âge qu'il est possible de reconnaître l'ordre même de la mode, la mode comme système, avec ses métamorphoses incessantes, ses saccades, ses extravagances. Le renouvellement des formes devient une valeur mondaine, la fantaisie déploie ses artifices et ses outrances dans la haute société, l'inconstance en matière de formes et d'ornementations n'est plus exception mais règle permanente : la mode est née.

Penser la mode requiert que l'on renonce à l'assimiler à un principe inscrit nécessairement et universellement dans le cours du développement de toutes les civilisations [1], mais aussi à en faire une constante historique fondée sur des racines

1. Gabriel DE TARDE, *Les Lois de l'imitation* (1890), réimpression Slatkine, Genève, 1979.

anthropologiques universelles [1]. Le mystère de la mode est là, il est dans l'unicité du phénomène, dans l'émergence et l'installation de son règne dans l'Occident moderne, et nulle part ailleurs. Ni force élémentaire de la vie collective, ni principe permanent de transformation des sociétés s'enracinant dans les données générales de l'espèce humaine, la mode est formation essentiellement sociale-historique, circonscrite à un type de société. Ce n'est pas en invoquant une soi-disant universalité de la mode qu'on en révélera les effets fascinants et la puissance dans la vie sociale, c'est en en délimitant strictement l'extension historique.

L'histoire du costume est à coup sûr la référence privilégiée d'une telle problématique. C'est avant tout à la lumière des métamorphoses des styles et des rythmes précipités du changement dans l'habillement que s'impose cette conception historique de la mode. La sphère du paraître est celle où la mode s'est exercée avec le plus d'éclat et de radicalité, celle qui, pendant des siècles, a représenté la manifestation la plus pure de l'organisation de l'éphémère. Lien privilégié du vêtement et de la mode qui n'a rien de fortuit mais qui repose, on aura l'occasion de le montrer plus loin, sur des raisons de fond. Cela étant, la mode n'est pas restée cantonnée, tant s'en faut, dans le champ de la parure. Parallèlement, à des vitesses et des degrés divers, d'autres secteurs – le mobilier et les objets décoratifs, le langage et les manières, les goûts et les idées, les artistes et les œuvres culturelles – ont été gagnés par le procès de la mode, avec ses engouements et ses oscillations rapides. En ce sens, il est vrai que la mode, depuis qu'elle est en place en Occident, n'a pas de contenu propre : forme spécifique du changement social, la mode n'est pas liée à un objet déterminé, elle est d'abord un dispositif social caractérisé par une temporalité particulièrement brève, par des revirements plus ou moins fantasques et pouvant, de ce fait, affecter des sphères très diverses de la vie collective. Mais, jusqu'au XIXᵉ et XXᵉ siècles, c'est, à n'en point douter, la parure qui a incarné le plus ostensiblement le procès de mode, qui a

PaRuRe

---

1. Par exemple chez Georg SIMMEL, où la mode se greffe sur les tendances psychologiques, universelles et contradictoires à l'imitation et à la différenciation individuelle. Également, René KÖNIG, *Sociologie de la mode*, Paris, Payot, 1969.

été le théâtre des innovations formelles les plus accélérées, les plus capricieuses, les plus spectaculaires. Pendant toute cette immense période, le domaine de l'apparence a occupé une place prépondérante dans l'histoire de la mode; s'il ne traduit pas, à l'évidence, toute l'étrangeté du monde des futilités et de la superficialité, du moins en est-il la meilleure voie d'accès, parce que la mieux connue, la plus décrite, la plus représentée, la plus commentée. Point de théorie et d'histoire de la mode qui ne prenne le paraître comme point de départ et comme objet central de l'investigation. Parce qu'elle exhibe les traits les plus significatifs du problème, la parure est par excellence la sphère appropriée pour défaire au plus près l'écheveau du système de la mode, elle seule nous livre dans une certaine unité toute l'hétérogénéité de son ordre. L'intelligibilité de la mode passe d'abord par celle de la féerie des apparences : on tient là le pôle archétypal de la mode à l'âge aristocratique.

Pour être un phénomène social de forte agitation, la mode n'échappe pas, d'un point de vue historique large, à la stabilité et à la régularité de son fonctionnement profond. D'un côté, les flux et reflux qui alimentent les chroniques de l'élégance. De l'autre, une étonnante continuité pluriséculaire appelant une histoire de la mode sur le très long terme, l'analyse des ondes larges et des fractures qui en ont dérangé l'ordonnancement. Penser la mode exige de sortir de l'histoire positiviste et de la périodisation classique en siècles et décennies chère aux historiens du costume. Non certes que cette histoire n'ait une légitimité : elle est le point de départ obligé, la source d'information incontournable de toute réflexion sur la mode. Mais elle accrédite trop l'idée que la mode n'est qu'une chaîne ininterrompue et homogène de variations, marquée à intervalles plus ou moins réguliers d'innovations de plus ou moins grande portée : bonne connaissance des faits, peu d'intelligence de l'originalité du phénomène et de son inscription réelle dans la grande durée historique et l'ensemble collectif. Au-delà de la transcription pointilliste des nouveautés de mode, il faut tenter de reconstruire les grandes voies de son histoire, d'en comprendre le fonctionnement, de dégager les logiques qui l'organisent et les liens qui l'unissent au tout collectif. Histoire des structures

et des logiques de la mode, ponctuée de tournants, de
discontinuités majeures instituant des phases de longue et très
longue durée, telle est la problématique qui commande les
chapitres qui suivent. Avec cette précision d'importance que
les ruptures de régime n'impliquent pas automatiquement
transformation de fond en comble et nouveauté incomparable : par-delà les grandes discontinuités, des normes, des
attitudes, des processus se sont répétés et se sont prolongés; de
la fin du Moyen Âge à nos jours, en dépit des inflexions
décisives de système, des comportements individuels et
sociaux, des valeurs et des invariants constitutifs de la mode
n'ont cessé de se reproduire. Les tournants cruciaux que l'on
souligne ici avec insistance ne doivent pas faire perdre de vue
les larges courants de continuité qui se sont perpétués et ont
assuré l'identité de la mode.

Dans ce parcours multiséculaire, un premier moment s'est
imposé pendant cinq siècles, du milieu du XIVe au milieu du
XIXe siècle : c'est la phase inaugurale de la mode, là où le
rythme précipité des frivolités et le règne des fantaisies se sont
mis en place de manière systématique et durable. La mode
révèle déjà ses traits sociaux et esthétiques les plus caractéristiques, mais pour des groupes très restreints monopolisant le
pouvoir d'initiative et de création. Il s'agit du stade artisanal
et aristocratique de la mode.

I

LA MODE ET L'OCCIDENT :
LE MOMENT ARISTOCRATIQUE

L'instabilité du paraître

Pendant la plus longue partie de l'histoire de l'humanité,
les sociétés ont fonctionné sans connaître les jeux mouvemen-
tés des frivolités. Ainsi les formations sociales dites *sauvages*
ont-elles ignoré et conjuré implacablement, durant leur
existence multimillénaire, la fièvre du changement et la
surenchère des fantaisies individuelles. La légitimité incontestée du legs ancestral et la valorisation de la continuité sociale
ont imposé partout la règle d'immobilité, la répétition des
modèles hérités du passé, le conservatisme sans faille des
manières d'être et de paraître. Le procès et la notion de mode,
dans de telles configurations collectives, n'ont rigoureusement
aucun sens. Non d'ailleurs que les sauvages, même en dehors
des tenues cérémonielles, n'aient parfois le goût très vif des
ornementations et ne recherchent certains effets esthétiques,
mais rien qui ressemble au système de la mode. Même
multiples, les types de décorations, les accessoires et coiffures,
peintures et tatouages restent fixés par la tradition, soumis à
des normes inchangées de génération en génération. La société
hyperconservatrice qu'est la société primitive interdit l'apparition de la mode parce que celle-ci est inséparable d'une
relative disqualification du passé : point de mode sans prestige
et supériorité accordés aux modèles nouveaux et, du coup,
sans une certaine dépréciation de l'ordre ancien. Tout entière
centrée sur le respect et la reproduction minutieuse du passé
collectif, la société primitive ne peut en aucun cas laisser se
manifester le sacre des nouveautés, la fantaisie des particuliers,

l'autonomie esthétique de la mode. Sans État ni classes et dans la dépendance stricte envers le passé mythique, la société primitive est organisée pour contenir et nier la dynamique du changement et de l'histoire. Comment pourrait-elle s'adonner aux caprices des nouveautés lorsque les hommes ne sont pas reconnus comme les auteurs de leur propre univers social, lorsque les règles de vie et les usages, les prescriptions et interdictions sociales sont posés comme résultant d'un temps fondateur qu'il s'agit de perpétuer dans une immuable immobilité, lorsque l'ancienneté et la perpétuation du passé sont les fondements de la légitimité? Rien d'autre à faire pour les hommes que de reconduire dans la plus stricte fidélité ce qui a été, dans les temps originaires, rapporté par les récits mythiques. Tant que les sociétés ont été assujetties, dans leurs activités les plus élémentaires comme les plus chargées de sens, aux faits et gestes des ancêtres fondateurs, et tant que l'unité individuelle n'a pu affirmer une relative indépendance vis-à-vis des normes collectives, la logique de la mode s'est trouvée absolument exclue. La société primitive a fait un barrage rédhibitoire à la constitution de la mode, en tant que celle-ci consacre explicitement l'initiative esthétique, la fantaisie, l'originalité humaine, et implique, de surcroît, un ordre de valeur exaltant le présent nouveau en opposition frontale avec le modèle de légitimité immémoriale fondé sur la soumission au passé collectif. Pour que le règne des frivolités puisse apparaître, il faudra que soient reconnus non seulement le pouvoir des hommes à modifier l'organisation de leur monde, mais encore, plus tardivement, l'autonomie partielle des agents sociaux en matière d'esthétique des apparences.

L'apparition de l'État et de la division en classes n'a pas modifié le fond du problème. Au long des siècles, les mêmes goûts, les mêmes manières de faire, de sentir, de se vêtir vont se perpétuer, identiques à eux-mêmes. Dans l'Égypte ancienne, le même type de robe-tunique commun aux deux sexes s'est maintenu pendant près de quinze siècles avec une permanence quasi absolue; en Grèce, le *peplos*, vêtement de dessus féminin, s'est imposé des origines jusqu'au milieu du VIᵉ siècle avant notre ère; à Rome, le costume masculin, la toge et la tunique, a persisté, avec des variations de détails, des temps les plus reculés jusqu'à la fin de l'Empire. Même stabilité en Chine, aux Indes, dans les civilisations orientales traditionnelles où l'habillement n'a admis qu'exceptionnellement des modifications : le *kimono* japonais est resté inchangé pendant des siècles, en Chine, le costume féminin n'a subi aucune vraie transformation entre le XVII⁰ et le XIX⁰ siècle. À coup sûr, avec l'État et les conquêtes, la dynamique du changement historique est à l'œuvre, les courants d'importation et de diffusion bouleversent de temps à autre les usages et les costumes, mais sans prendre pour autant un caractère de mode. Sauf phénomènes périphériques, le changement se cristallise en nouvelle norme collective permanente : c'est toujours le principe d'immobilité qui l'emporte, en dépit de l'ouverture à l'histoire. Si le changement résulte fréquemment des influences extérieures, du contact avec les peuples étrangers dont on copie tel ou tel type de vêtement, il est aussi tantôt impulsé par le souverain que l'on imite – les Grecs ont coupé leur barbe à l'exemple et sur ordre d'Alexandre –, tantôt décrété par les conquérants qui imposent leur costume aux vaincus, du moins aux classes riches : ainsi le costume des Mogols est-il devenu la règle dans l'Inde conquise par eux [1]. Mais, en aucun cas, les variations ne procèdent d'une logique autonome esthétique, elles ne traduisent pas l'impératif du renouvellement régulier propre à la mode, mais des influences *occasionnelles* ou des rapports de domination. Non pas la chaîne ininterrompue des petites variations constitutives de la mode, mais l'adoption ou l'imposition exceptionnelles de modèles étrangers s'érigeant, après coup, en normes stables. Même si certaines civilisations ont été beaucoup moins conservatrices que d'autres, plus ouvertes aux nouveautés de l'extérieur, plus fiévreuses d'étalage de luxe, elles n'ont jamais pu se rapprocher de ce qu'on nomme la mode au sens strict, autrement dit, le règne de l'éphémère systématique, des fluctuations rapprochées sans lendemain.

En ce sens, les âges de mode ne peuvent être définis, comme le pensait Gabriel de Tarde, par le seul prestige des modèles étrangers et nouveaux qui, à ses yeux, ne formaient qu'un même processus [2]. Le prestige des réalités étrangères ne

1. Fernand BRAUDEL, *Civilisation matérielle et capitalisme*, Paris, Armand Colin, 1967, t. I, p. 234.
2. G. DE TARDE, *op. cit.*, p. 268.

suffit pas à ébranler la fixité traditionnelle, il n'y a de système de mode que lorsque le goût des nouveautés devient un principe *constant* et régulier, lorsqu'il ne s'identifie plus, précisément, à la seule curiosité envers les choses exogènes, lorsqu'il fonctionne en exigence culturelle autonome, relativement indépendant des relations fortuites avec le dehors. Dans ces conditions, pourra s'organiser un système de frivolités en mouvement perpétuel, une logique de la surenchère, de jeux d'innovations et de réactions sans fin.

La mode au sens strict ne voit guère le jour avant le milieu du XIVe siècle. Date qui s'impose d'abord essentiellement du fait de l'apparition d'un type d'habillement radicalement nouveau, nettement différencié selon les sexes : court et ajusté pour l'homme, long et près du corps pour la femme[1]. Révolution vestimentaire qui a jeté les bases de l'habillement moderne. À la même robe longue et flottante, portée à peu près indistinctement depuis des siècles par les deux sexes, se sont substitués, d'une part, un costume masculin composé d'un *pourpoint,* sorte de jaquette courte et étroite reliée à des *chausses* collantes dessinant la forme des jambes; d'autre part, un costume féminin perpétuant la tradition de la robe longue, mais beaucoup plus ajustée et décolletée. La grande nouveauté c'est, à coup sûr, l'abandon du long et flottant surcot en forme de sarrau au profit d'un costume masculin court, serré à la taille, fermé par des boutons et découvrant les jambes, moulées dans des bas-de-chausses. Transformation qui institue une différence très marquée, exceptionnelle, entre les vêtements masculins et féminins, et ce pour toute l'évolution des modes futures jusqu'au XXe siècle. Le costume féminin également est ajusté et exalte les attributs de la féminité : le vêtement allonge le corps par la traîne, il met en évidence le buste, les hanches, la cambrure des reins. La poitrine est mise en relief par le décolletage; le ventre lui-même, au XVe siècle, est souligné par des petits sacs proéminents cachés sous la robe, comme en témoigne le célèbre tableau de Jan Van Eyck, *Le Mariage des époux Arnolfini* (1434). Si le lieu d'apparition

1. François BOUCHER, *Histoire du costume en Occident de l'Antiquité à nos jours,* Paris, Flammarion, 1965, pp. 191-198. Également, Paul POST, « La naissance du costume masculin moderne au XIVe siècle », *Actes du 1er Congrès international d'histoire du costume,* Venise, 1952.

de ce bouleversement vestimentaire majeur est controversé, on
sait en revanche que, très vite, entre 1340 et 1350, l'innovation s'est diffusée dans toute l'Europe occidentale. À partir de
ce moment, les changements vont se précipiter, les variations
du paraître seront plus fréquentes, plus extravagantes, plus
arbitraires, un rythme inconnu jusqu'alors et des formes
ostensiblement fantaisistes, gratuites, décoratives ont fait leur
apparition, qui définissent le procès même de la mode. Le
changement n'est plus un phénomène accidentel, rare, fortuit,
il est devenu une règle permanente des plaisirs de la haute
société, le fugitif va fonctionner comme une des structures
constitutives de la vie mondaine.

Entre le XIVᵉ et le XIXᵉ siècle, les fluctuations de la mode
n'ont assurément pas toujours connu la même précipitation.
Nul doute qu'au soir du Moyen Âge les rythmes du
changement n'aient été moins spectaculaires qu'au siècle des
Lumières où les vogues s'emballent, changent tous les mois,
toutes les semaines, tous les jours, presque à chaque heure »[1],
obéissant aux frémissements de l'air du temps, enregistrant le
dernier succès ou l'événement du jour. Il reste que, dès la fin
du XIVᵉ siècle, les fantaisies, les revirements, les nouveautés se
sont multipliés très rapidement et n'ont jamais cessé ensuite,
dans les cercles mondains, de se donner libre cours. Ce n'est
pas le lieu d'entreprendre l'énumération, même sommaire, des
changements de coupes et de détails des éléments du costume,
tant ils ont été innombrables, tant les rythmes de mode ont
été complexes, variables selon les États et les époques. La
documentation dont on dispose est certes fragmentaire, limitée, mais les historiens du costume ont pu montrer, sans
aucune équivoque, l'irruption et l'installation historique des
cycles brefs de la mode à partir de cette fin du Moyen Âge[2].
Les témoignages des contemporains révèlent d'une autre
manière le surgissement exceptionnel de cette temporalité

1. Edmond de GONCOURT, *La Femme au XVIIIᵉ siècle* (1862), Paris, Flammarion, coll. Champ, 1982, p. 282.
2. Fr. BOUCHER, *op. cit.*; Yvonne DESLANDRES, *Le Costume, image de l'homme*,
Paris, Albin Michel, 1976; H. H. HANSEN, *Histoire du costume*, Paris, 1956. Sur le
costume médiéval tardif, Michèle BEAULIEU, Jacqueline BAYLÉ, *Le Costume en
Bourgogne, de Philippe le Hardi à Charles le Téméraire (1364-1477)*, Paris,
1956.

courte. Ainsi plusieurs auteurs de la fin du Moyen Âge et du début des Temps modernes ont-ils tenu à garder en mémoire, sans doute pour la première fois dans l'histoire, les tenues portées au cours de leur vie : chroniques du comte de Zimmern, chronique de Konrad Pellikan de Ruffach où sont rapportés l'émotion suscitée par les modes et les extravagances de l'apparence, le sentiment du temps qui passe au travers des différentes modes vestimentaires. Au XVIᵉ siècle, Matthäus Schwarz, directeur financier de la maison Fugger, a entrepris la réalisation d'un livre fait de vignettes aquarellées, dans lequel il commente les costumes qu'il a portés depuis son enfance, puis ceux qui ont été réalisés selon ses propres instructions. Attention inédite à l'éphémère et aux changements des formes vestimentaires, volonté de les retranscrire, Matthäus Schwarz a pu être considéré comme « le premier historien du costume »[1]. La curiosité pour les façons « anciennes » de se vêtir et la perception des variations rapides de la mode apparaissent encore dans l'exigence, formulée dès 1478 par le roi René d'Anjou, de rechercher les détails des vêtements portés dans le passé par les comtes d'Anjou[2]. Au début du XVIᵉ siècle, Vecellio dessine un recueil « d'habits anciens et modernes ». En France au XVIᵉ siècle, l'inconstance vestimentaire est notée par différents auteurs, Montaigne notamment, dans *Les Essais* : « Notre changement est si subit et si prompt en cela, que l'invention de tous les tailleurs du monde ne saurait fournir assez de nouvelletz. » Au début du XVIIᵉ siècle, le caractère protéiforme de la mode et la grande mobilité des goûts sont critiqués et commentés de toute part dans les ouvrages, satires et opuscules : évoquer la versatilité de la mode est devenu une banalité[3]. Il est vrai que depuis l'Antiquité les superfluités de la toilette et en particulier la coquetterie féminine ont été objet de multiples griefs ; mais à partir des XVᵉ et XVIᵉ siècles, les dénonciations porteront sur les accoutrements des femmes et des hommes eux-mêmes, sur

---

1. Philippe BRAUNSTEIN, « Approches de l'intimité, XIVᵉ-XVᵉ siècle », *Histoire de la vie privée*, Paris, Éd. du Seuil, 1985, t. II, pp. 571-572.
2. Françoise PIPONNIER, *Costume et vie sociale, la cour d'Anjou, XIVᵉ-XVᵉ siècle*, Paris, Mouton, 1970, p. 9.
3. Cf. le remarquable ouvrage de Louise GODARD DE DONVILLE, *Signification de la mode sous Louis XIII*, Aix-en-Provence, Édisud, 1976, pp. 121-151.

l'inconstance des goûts en général. La mutabilité de la mode s'est imposée comme un fait d'évidence à la conscience des chroniqueurs, l'instabilité et la bizarrerie des apparences sont devenues des objets de questionnement, d'étonnement, de fascination en même temps que cibles répétées de la condamnation morale.

La mode change sans cesse, mais tout en elle ne change pas. Les modifications rapides concernent surtout les ornementations et accessoires, les subtilités des garnitures et des amplitudes, alors que la structure du costume et les formes générales sont beaucoup plus stables. Le changement de mode porte avant tout sur les éléments les plus superficiels, il affecte moins fréquemment la coupe d'ensemble des vêtements. Le *vertugadin*, cette armature en forme de cloche qui relève la robe, apparu en Espagne vers 1470, ne sera abandonné que vers le milieu du XVIIᵉ siècle ; la *rhingrave* est restée en usage près d'un quart de siècle et le *justaucorps* près de soixante-dix ans ; la perruque a connu une vogue de plus d'un siècle ; la *robe à la française* a gardé la même coupe pendant plusieurs décennies à partir du milieu du XVIIIᵉ siècle. Ce sont les parements et colifichets, les teintes, les rubans et dentelles, les détails de forme, les nuances d'ampleur et de longueur qui n'ont cessé d'être renouvelés : le succès de la coiffure à la *Fontanges* sous Louis XIV a duré une trentaine d'années, mais avec des formes variées : il y a toujours un édifice élevé et complexe fait de rubans, de dentelles et de boucles de cheveux, mais l'architecture a présenté de multiples variantes, à la *culebutte*, à l'*effrontée*, en *palissade*, etc. Les *paniers* du XVIIIᵉ siècle, ces jupons garnis de cercles de métal, ont été en vogue plus d'un demi-siècle, mais avec des formes et ampleurs diverses : à *guéridon*, de forme circulaire ; à *coupole* ; à *gondoles*, faisant ressembler les femmes à des « porteuses d'eau » ; à *coudes*, formant un ovale ; les *cadets* ; les *criardes*, en raison du bruit de leur toile gommée ; les *considérations*, jupons courts et légers.

Des cascades de « petits riens » et petites différences qui font toute la mode, qui déclassent ou classent aussitôt la personne qui les adopte ou s'en tient à l'écart, qui rendent aussitôt obsolète ce qui précède. Avec la mode commence le pouvoir social des signes infimes, l'étonnant dispositif de distinction sociale conférée au port des nouveautés ténues. Impossible de séparer cette escalade des modifications superficielles de la stabilité globale de l'habillement : la mode n'a pu connaître une telle mutabilité que sur fond d'ordre, c'est parce que les changements ont été modiques et ont préservé l'architecture d'ensemble du costume que les renouvellements ont pu s'emballer et donner lieu à des « fureurs ». Non, certes, que la mode ne connaisse également de véritables innovations, mais elles sont beaucoup plus rares que la succession des petites modifications de détail. C'est la logique des changements mineurs qui caractérise en propre la mode, elle est avant tout, selon l'expression de Sapir, « variation au sein d'une série connue »[1].

L'effervescence temporelle de la mode ne doit pas être interprétée comme l'accélération de tendances au changement, plus ou moins réalisées selon les civilisations, mais inhérentes au fait humain social[2]. Elle traduit non la continuité de la nature humaine (goût de la nouveauté et de la parure, désir de distinction, rivalité de groupes, etc.), mais une discontinuité historique, une rupture majeure, fût-elle circonscrite, avec la forme de socialisation s'exerçant de fait depuis toujours : la logique immuable de la tradition. À l'échelle de l'aventure humaine, le surgissement de la temporalité courte de la mode signifie la disjonction d'avec la forme de cohésion collective ayant assuré la permanence coutumière, le déploiement d'un nouveau lien social parallèlement à un nouveau temps social légitime. On trouve déjà chez G. de Tarde l'analyse juste de ce processus : tandis qu'aux âges de coutume règnent le prestige de l'ancienneté et l'imitation des ancêtres, aux âges de mode dominent le culte des nouveautés ainsi que l'imitation des modèles présents et étrangers : on veut davantage ressembler aux novateurs contemporains et moins à ses aïeux. Amour du changement, influence déterminante des contemporains : ces deux grands principes qui régissent les temps de mode ont ceci de commun qu'ils impliquent la même dépréciation de l'héritage ancestral et, corrélativement, la même dignification

---

1. Edward SAPIR, « La mode », in *Anthropologie*, Paris, Éd. de Minuit, 1967, p. 166.
2. R. KÖNIG, *op. cit.*

des normes du présent social. La radicalité historique de la mode tient en ce qu'elle institue un système social d'essence moderne, émancipé de l'emprise du passé; l'ancien n'est plus jugé vénérable et « le présent seul semble devoir inspirer le respect »[1]. L'espace social de l'ordre traditionnel s'est défait au bénéfice d'un lien inter-humain d'un nouveau genre, fondé sur les décrets versatiles du présent. Figure inaugurale et exemplaire de la socialisation moderne, la mode a libéré une instance de la vie collective de l'autorité immémoriale du passé : « Aux époques où prévaut la coutume, on est plus infatué de son pays que de son temps car on vante surtout le temps de jadis. Aux âges où la mode domine, on est plus fier, au contraire, de son temps que de son pays[2]. » La haute société a été saisie par la fièvre des nouveautés, elle s'est enflammée pour toutes les dernières trouvailles, elle a imité tour à tour les modes en vigueur en Italie, en Espagne, en France, il y a eu un véritable snobisme pour tout ce qui est différent et étranger. Avec la mode, apparaît une première manifestation d'un rapport social incarnant un *nouveau temps légitime* et une nouvelle passion propre à l'Occident, celle du « moderne ». La nouveauté est devenue source de valeur mondaine, marque d'excellence sociale, il faut suivre « ce qui se fait » de nouveau et adopter les derniers changements du moment : le *présent* s'est imposé comme l'axe temporel régissant un pan superficiel mais prestigieux de la vie des élites.

Modernité de la mode : la question mérite approfondissement. D'un côté, en effet, la mode illustre l'ethos de faste et de dépense aristocratique, aux antipodes de l'esprit moderne bourgeois voué à l'épargne, à la prévision, au calcul, elle est du côté de l'irrationalité des plaisirs mondains et de la superficialité ludique, à contre-courant de l'esprit de croissance et du développement de la maîtrise de la nature. Mais, d'un autre côté, la mode fait partie structurellement du monde moderne en devenir. Son instabilité signifie que le paraître n'est plus assujetti à la législation intangible des ancêtres, qu'il procède de la décision et du pur désir humain.

1. G. DE TARDE, *op. cit.*, p. 268.
2. *Ibid.*, p. 269.

Avant d'être signe de la déraison vaniteuse, la mode témoigne
de la puissance des hommes à changer et inventer leur manière
d'apparaître, elle est une des faces de l'artificialisme moderne,
de l'entreprise des hommes à se rendre maîtres de leur
condition d'existence. Avec l'agitation propre à la mode,
surgit un ordre de phénomène « autonome », répondant aux
seuls jeux des désirs, caprices et volontés humaines : plus rien
n'impose du dehors, en raison des usages ancestraux, tel ou tel
accoutrement, tout dans l'apparence est, en droit, à la
disposition des hommes désormais libres de modifier et de
sophistiquer les signes frivoles dans les seules limites des
convenances et des goûts du moment. Âge de l'efficacité et âge
des frivolités, domination rationnelle de la nature et folies
ludiques de la mode ne sont qu'apparemment antinomiques;
en fait, il y a strict parallélisme entre ces deux types de
logiques : de même que les hommes se sont voués, dans
l'Occident moderne, à l'exploitation intensive du monde
matériel et à la rationalisation des tâches productives, ils ont
affirmé, au travers de l'éphémérité de la mode, leur pouvoir
d'initiative sur le paraître. Dans les deux cas s'affirme la
souveraineté et l'autonomie humaine s'exerçant sur le monde
naturel comme sur leur décor esthétique. Protée et Prométhée
sont de même souche, ils ont institué ensemble, selon des
voies radicalement divergentes, l'aventure unique de la
modernité occidentale en voie d'appropriation des données de
son histoire.

Théâtre des artifices

Il reste que certaines civilisations ont vu, à certains
moments de leur histoire, se déployer d'incontestables phénomènes d'esthétisme et de raffinements frivoles. On sait qu'à
Rome, sous l'Empire, les hommes se teignaient et se faisaient
friser les cheveux, ils se parfumaient et se faisaient apposer des
« mouches » pour rehausser leur teint et paraître jeunes. Les
femmes élégantes utilisaient des fards et des parfums, elles ont
porté des tresses postiches et des perruques teintes en blond ou
en noir d'ébène. À l'époque flavienne, sont apparues les
coiffures hautes et compliquées, les cheveux sont échafaudés

en diadèmes élevés faits de bouclettes complexes. Sous l'influence de l'Orient, des bijoux précieux, des ornements variés, broderies et galons, sont venus compenser la sévérité du costume antique féminin. Faut-il en déduire une manifestation précoce de la mode dès l'Antiquité? Qu'on ne s'y trompe pas : même si certaines de ces démonstrations d'élégance et de luxe peuvent s'apparenter à la logique de la mode, le trait le plus spécifique de celle-ci leur fait manifestement défaut : la mouvance précipitée des variations. Il n'y a de système de mode que dans la conjonction de ces deux logiques : celle de l'éphémère et celle de la fantaisie esthétique. Cette combinaison, qui définit formellement le dispositif de la mode, n'a pris corps qu'une seule fois dans l'histoire, au seuil des sociétés modernes. Ailleurs, il y a eu des ébauches, des signes avant-coureurs de ce que nous appelons la mode, mais jamais comme système à part entière, les diverses superfluités décoratives sont restées fixées dans d'étroites limites, elles ne peuvent être comparées aux excès et folies à répétition dont la mode occidentale a été le théâtre. Si, comme l'attestent les satires romaines de l'époque, certains éléments précieux ont pu en effet sophistiquer l'apparence masculine, peut-on véritablement les assimiler au déluge ininterrompu de fanfreluches et rubans, chapeaux et perruques qui se sont succédé dans la mode? Pour s'en tenir à Rome, les fantaisies n'ont pas modifié l'austérité du costume traditionnel masculin, elles ont été rares, elles n'ont pas dépassé l'usage des frisures et l'emploi réduit de quelques fards. On est très loin de la mode occidentale et de sa débauche permanente d'excentricités.

Plus significatif encore : aux âges de tradition, les fantaisies sont structurellement *secondes* par rapport à la configuration d'ensemble du vêtement; elles peuvent l'accompagner et l'embellir, mais elles en respectent toujours l'ordonnancement général défini par la coutume. Ainsi, en dépit du goût pour les teintures éclatantes, pour les bijoux, étoffes et garnitures variées, le costume féminin à Rome a peu changé, l'ancienne tunique de dessus, la *stola,* et le manteau drapé, la *palla,* ont été portés sans grande modification. La recherche esthétique est extérieure au style général en vigueur, elle n'agence ni de nouvelles structures ni de nouvelles formes du costume, elle fonctionne comme simple complément décoratif, agrément périphérique. Avec le système de la mode, au contraire, un dispositif inédit est en place : l'artificiel ne se surajoute pas du dehors à un tout préconstitué, c'est lui qui, désormais, redéfinit de part en part les formes de l'habillement, les détails comme les lignes essentielles. L'apparence des êtres dans son ensemble a du même coup basculé dans l'ordre de la théâtralité, de la séduction, du spectacle féerique, avec sa profusion de fanfreluches et falbalas, mais aussi et surtout avec ses formes outrées, extravagantes, « ridicules ». Les poulaines, les chaussures, les braguettes proéminentes en forme de pénis, des décolletés, les costumes bicolores des XIVe et XVe siècles, plus tard, les immenses fraises, la rhingrave, les paniers, les coiffures monumentales et baroques, toutes ces vogues plus ou moins excentriques ont, à des degrés divers, restructuré profondément la silhouette masculine et féminine. Sous le règne de la mode, l'artificialisme esthétique n'est plus subordonné à un ordre stable, il est au principe même de l'agencement de la toilette, laquelle apparaît comme spectacle de fête strictement actuel, moderne, ludique. Les traits communs avec le passé immémorial du goût décoratif ne doivent pas cacher l'absolue radicalité de la mode, le *renversement de logique* qu'elle institue historiquement : jusqu'alors, le « maniérisme » était strictement assujetti à une structure issue du passé collectif, il est devenu, au contraire, *premier* dans la création des formes. Il se contentait jadis d'orner, il invente maintenant, en toute suprématie, l'ensemble du paraître. Même chargée de fantaisies, l'apparence, dans les âges de tradition, restait dans la continuité du passé, signe de primauté de la légitimité ancestrale. L'émergence de la mode a fait basculer complètement la signification sociale et les repères temporels de la parure : représentation ludique et gratuite, signe factice, le vêtement de mode a rompu tous les liens avec le passé, il tire une part essentielle de son prestige du présent éphémère, scintillant, fantaisiste.

Souveraineté du caprice et de l'artifice qui, du XIVe au XVIIIe siècle, s'est imposée identiquement pour les deux sexes. Le propre de la mode, sur cette longue période, a été d'impulser un luxe de sophistications théâtrales, tant pour les hommes que pour les femmes. Alors même que la mode a introduit une dissemblance extrême dans l'apparence des

sexes, elle les a voués également aux cultes des nouveautés et
des préciosités. À bien des égards, il y a eu, au demeurant, une
relative prépondérance de la mode masculine en matière de
nouveautés, d'ornementations et d'extravagances. Avec l'apparition du costume court, au milieu du XIVe siècle, la mode
masculine a d'emblée incarné, de façon plus directe et plus
ostensible que celle de la femme, la nouvelle logique du
paraître, à base de fantaisies et de changements rapides.
Encore au siècle de Louis XIV, le costume masculin est plus
maniéré, plus enrubanné, plus ludique (la rhingrave) que le
vêtement féminin. L'influence des modifications de l'équipement militaire sur la mode masculine [1] n'a nullement empêché le procès fantaisiste d'être dominant et de jouer avec les
signes virils : la mode a mis en scène et sophistiqué les
attributs du combattant (éperons dorés, roses à l'épée, bottes
garnies de dentelles, etc.), comme elle a simulé le « naturel ».
Il faudra attendre le « grand renoncement » du XIXe siècle
pour que la mode masculine s'éclipse devant celle de la
femme. Les nouveaux canons de l'élégance masculine, la
discrétion, la sobriété, le rejet des couleurs et de l'ornementation, feront dès lors de la mode et de ses artifices une
prérogative féminine.

Commandée par la logique de la théâtralité, la mode est un
système inséparable de l'excès, de la démesure, de l'outrance.
Le destin de la mode est d'être inexorablement emportée dans
une escalade de surcharges, d'exagérations de volume, d'amplification de forme faisant fi du ridicule. Rien n'a pu
empêcher les élégants et élégantes d'« en rajouter », de
monter d'un cran par rapport à ce qui « se fait », de rivaliser
en surenchères d'ostentation formelle et luxueuse : le *ruché* qui
dépassait de peu le haut de la chemise, sous le pourpoint, s'est
ainsi lentement développé pour donner la fraise indépendante,
aux volumes et ampleurs extrêmes. De même, le vertugadin a
pris un développement de plus en plus important, conformément au procès hyperbolique qui caractérise la mode. Pourtant, l'escalade des ampleurs n'est pas illimitée : à partir d'un
certain moment, le processus, brutalement, fait volte-face, se

---

1. Sur l'influence de l'équipement de combat dans l'apparition du costume
court masculin au XIVe siècle, cf. P. POST, art. cité, p. 34.

renverse, renie la tendance passée, mais il est impulsé par la
même logique du jeu, par le même mouvement capricieux.
Dans la mode, le minimal et le maximal, le sobre et le
clinquant, la vogue et la réaction qu'elle provoque sont de
même essence, quels que soient les effets esthétiques opposés
qu'ils suscitent : il s'agit toujours de l'empire du caprice,
sous-tendu par la même rage de nouveauté et d'esbroufe. Le
règne de la fantaisie ne signifie pas seulement montée aux
extrêmes, mais, aussi bien, revirement et contre-pied : la
vogue de la simplicité et de la nature, qui s'établit autour de
1780, n'a pas été moins théâtrale, artificielle, ludique que le
luxe de raffinement précieux antérieur. S'il est vrai que les
modifications de la culture et de l'esprit du temps sont bien à
la base des variations de mode, elles ne peuvent jamais à elles
seules expliquer le Nouveau de mode, son aléatoire irréductible, ses innombrables métamorphoses sans raison ni nécessité. Cela, parce que la mode ne peut-être détachée de la
logique de la fantaisie pure, de l'esprit de gratuité et de jeu
qui accompagnent inéluctablement la promotion de l'individualisme mondain et la fin de l'univers immuable, préréglé
des formes de l'apparence traditionnelle.

　　C'est pourquoi la mode n'a cessé de susciter la critique, de
heurter, souvent de front, les normes esthétiques, morales et
religieuses des contemporains. Ce ne sont plus seulement la
vanité humaine, l'étalage de luxe et la coquetterie féminine
qui seront dénoncés, ce sont les formes mêmes du costume
que l'on considère maintenant comme indécentes, scandaleuses, ridicules. Aux XIVe et XVe siècles, il y a eu les violentes
réprobations des évêques et prédicateurs contre la « déshon-
nesteté » des chausses à queue, contre les « nudités de gorge »
et les poulaines. Le pourpoint serré, dont le bombement rend
l'homme « comparable à un buste de femme » et le fait
« ressembler à un lévrier », a fait scandale au même titre que
les coiffures à cornes. Au XVIe siècle, on s'est moqué du
vertugadin, on en a dénoncé l'artificialité diabolique; au
XVIIe siècle, la rhingrave, qui présentait l'aspect d'une jupe, et
le justaucorps ont été objets de risée; au XVIIIe siècle, la
redingote a provoqué le rire, les coiffures allégoriques et
extravagantes qui mettent les yeux « au milieu du corps », les
vêtements féminins inspirés du costume masculin, les robes de

tulle transparentes du Directoire ont été la cible des caricatu-
ristes. À coup sûr, depuis l'Antiquité, existe une tradition de
dénigrement de la futilité, des artifices et des fards [1] : l'excès
décoratif est, dans ces temps, condamné, mais la norme
d'ensemble du vêtement en usage est à l'abri des sarcasmes.
Au contraire, avec l'irruption de la mode, les pièces elles-
mêmes du costume sont à l'origine de l'indignation; pour la
première fois, le paraître ne repose plus sur un consensus
social, il choque les habitudes et les préjugés, il se voit
violemment condamné par les gens d'Église, il est jugé
ridicule, inconvenant, laid par les chroniqueurs. La dernière
vogue est sublime pour les élégants, scandaleuse pour les
moralistes, ridicule pour l'honnête homme, la mode et la
discordance des opinions iront désormais ensemble.

L'apothéose de la gratuité esthétique n'a pas été sans effet
sur les relations mondaines entre les êtres, sur les goûts et
dispositions mentales, elle a contribué à forger certains traits
caractéristiques de l'individualité moderne. En agençant un
ordre fait à la fois d'excès et d'écarts minimes, la mode a
œuvré au raffinement du goût et à l'aiguisement de la
sensibilité esthétique, elle a civilisé l'œil en l'éduquant à
discriminer les petites différences, à prendre plaisir aux petits
détails subtils et délicats, à accueillir les formes nouvelles.
L'habillement, qui n'est plus reçu de génération en génération
et connaît une multitude de variations et de petites options,
fournit l'occasion de se détacher des normes anciennes,
d'apprécier plus individuellement les formes, d'affirmer un
goût plus personnel; désormais, on peu juger plus librement
la mise des autres, leur bon ou mauvais goût, leurs « fautes »
ou leur grâce. N. Elias notait comment l'univers concurrentiel
de la cour avait suscité l'art d'observer et d'interpréter ses
semblables, l'art d'étudier les comportements et les mobiles
des hommes [2]; ajoutons que la mode s'y est employée
parallèlement, au travers de l'apparence et du goût. Avec la
mode, les êtres ne vont plus cesser de s'observer, d'apprécier
leurs apparences réciproques, de jauger les nuances de coupe,

1. Bernard GRILLET, *Les Femmes et les fards dans l'Antiquité grecque*, Paris,
Éd. du C.N.R.S., 1975.
2. Norbert ELIAS, *La Société de cour*, Paris, Calmann-Lévy, 1974, pp. 98-
101.

couleurs, motifs de l'habillement. Appareil à générer du
jugement esthétique et social, la mode a favorisé le regard
critique des mondains, elle a stimulé les observations plus ou
moins amènes sur l'élégance des autres, elle a été un agent
d'autonomisation du goût, quelle que soit par ailleurs
l'ampleur des courants mimétiques qui l'ont sous-tendue.

Mais la mode n'a pas été seulement une scène d'appréciation du spectacle des autres, elle a enclenché en même temps
un investissement de soi, une auto-observation esthétique sans
aucun précédent. La mode a partie liée avec le plaisir de voir,
mais aussi avec le plaisir d'être regardé, de s'exhiber au regard
de l'autre. Si la mode, à l'évidence, ne crée pas de toutes
pièces le narcissisme, elle le reproduit de façon notable, elle en
fait une structure constitutive et permanente des mondains, en
les encourageant à s'occuper davantage de leur représentation-
présentation, à rechercher l'élégance, la grâce, l'originalité. Les
variations incessantes de la mode et le code de l'élégance
invitent à s'étudier, à adapter à soi les nouveautés, à se soucier
de sa propre mise. La mode n'a pas uniquement permis
d'afficher une appartenance de rang, de classe, de nation, elle a
été un vecteur d'individualisation narcissique, un instrument
d'élargissement du culte esthétique du Moi, et ce au cœur
même d'un âge aristocratique. Premier grand dispositif à
produire socialement et régulièrement de la personnalité
apparente, la mode a esthétisé et individualisé la vanité
humaine, elle a réussi à faire du superficiel un instrument de
salut, une finalité de l'existence.

La mode : expression hiérarchique, expression individuelle

La mode est un système original de régulation et de
pression sociales : ses changements présentent un caractère
contraignant, ils s'accompagnent du « devoir » d'adoption et
d'assimilation, ils s'imposent plus ou moins obligatoirement à
un milieu social déterminé, tel est le « despotisme » de la
mode si fréquemment dénoncé au cours des siècles. Despotisme très particulier puisque sans sanction majeure si ce n'est
le rire, la moquerie ou le blâme des contemporains. Mais

quelque efficaces qu'aient pu être ces moyens de conformité sociale, en particulier dans des siècles d'honneur et de hiérarchie, ils ne suffisent pas à expliquer les phénomènes d'épidémie de mode. Plus fondamentalement, c'est en raison du désir des individus de ressembler à ceux qui sont jugés supérieurs, ceux qui rayonnent par le prestige et le rang, que les décrets de la mode réussissent à se répandre : au cœur de la diffusion de mode, le mimétisme du désir et des comportements, mimétisme qui, dans les siècles aristocratiques et jusqu'à une date récente, s'est propagé essentiellement de haut en bas, du supérieur à l'inférieur, comme le formulait déjà G. de Tarde. Telle a été la marche des vagues d'imitation : tandis que la cour a les yeux fixés sur le roi et les grands seigneurs, la ville prend exemple sur les modèles en vigueur à la cour et dans la noblesse. La diffusion de mode a moins été une forme de contrainte sociale qu'un instrument de représentation et d'affirmation sociales, moins un type de contrôle collectif qu'un signe de prétention sociale.

L'expansion sociale de la mode n'a pas gagné immédiatement les classes subalternes. Pendant des siècles, l'habillement a globalement respecté la hiérarchie des conditions : chaque état portait des vêtements lui étant propres, la force des traditions empêchait la confusion des qualités et l'usurpation des privilèges vestimentaires, les édits somptuaires interdisaient aux classes roturières de s'habiller comme les nobles, d'exhiber les mêmes étoffes, les mêmes accessoires et bijoux. Le vêtement de mode est ainsi longtemps resté une consommation luxueuse et prestigieuse, confinée pour l'essentiel dans les classes nobles. Néanmoins, dès les XIIIe et XIVe siècles, alors que se développaient le commerce et les banques, d'immenses fortunes bourgeoises se sont constituées : est apparu le grand parvenu au train fastueux qui s'habille comme les nobles, qui se couvre de bijoux et de tissus précieux, qui rivalise en élégance avec la noblesse de race, au moment où se multiplient les lois somptuaires en Italie, en France, en Espagne ayant pour but de protéger les industries nationales, d'empêcher le « gaspillage » en métaux rares et pierres précieuses, mais aussi d'imposer une distinction vestimentaire devant rappeler à chacun sa place et son état dans l'ordre hiérarchique. Au départ très limitée, la confusion dans les vêtements n'a progressé qu'à la charnière du XVIe et du XVIIe siècle : l'imitation du vêtement noble s'est répandue dans de nouvelles couches sociales, la mode a pénétré dans la moyenne et parfois la petite bourgeoisie, avocats et petits commerçants adoptent déjà en grand nombre les tissus, les coiffes, les dentelles et broderies portés par la noblesse. Le processus se poursuivra encore au XVIIIe siècle, strictement circonscrit, il est vrai, aux populations aisées et urbaines, excluant toujours le monde rural : on verra alors les artisans et marchands se poudrer et porter perruque à la manière des aristocrates.

Même si l'habit bourgeois n'a jamais égalé le clinquant, l'audace, le panache aristocratiques, même s'il ne se diffuse qu'après coup, lorsque l'usage commence à disparaître à la cour, il reste qu'un mouvement lent et limité de démocratisation de la mode, de brouillage des conditions vestimentaires est apparu et ce, en dépit même des édits somptuaires toujours formellement en vigueur, jamais abrogés. Depuis des siècles, de multiples ordonnances, avec des prescriptions minutieuses, interdisaient aux classes roturières de copier les étoffes, accessoires, et jusqu'aux formes du vêtement noble. On sait qu'en dépit des menaces et amendes dont elles étaient assorties elles ne furent jamais efficaces et qu'elles furent très souvent transgressées. Le destin des lois somptuaires est une illustration parfaite du fonctionnement de l'Ancien Régime tel que le résumait Tocqueville : « Une règle rigide, une pratique molle. » La noblesse n'a jamais accepté de renoncer à ses dépenses de prestige et n'a jamais cessé de trouver de nouveaux moyens, contrevenant aux lois, pour faire étalage de luxe. Quant à la bourgeoisie nantie, à l'affût des signes manifestes de la respectabilité et de la promotion sociale, elle a multiplié au cours des siècles les infractions aux réglementations en adoptant tel ou tel élément du vêtement aristocratique. La confusion dans les vêtements et les visées de la monarchie absolutiste ont fait qu'autour des années 1620, sous le ministère de Richelieu, les lois somptuaires ont cessé d'être explicitement ségrégatives, les dépenses somptueuses en matière d'habillement font toujours l'objet d'interdictions, mais celles-ci s'adressent désormais indifféremment à tous les sujets, elles ne font plus aucune mention des états et conditions [1]. De sorte que le décret de la Convention (1793) déclarant le principe démocratique de la liberté vestimentaire n'a fait en ce sens que légaliser et parachever une réalité déjà existante depuis plus de deux siècles dans les couches supérieures et moyennes de la société.

S'il ne faut pas surestimer le rôle de la mode dans ce processus partiel d'égalisation des apparences, elle y a incontestablement contribué. En introduisant continûment des nouveautés, en légitimant le fait de prendre exemple sur les contemporains et non plus dans le passé, la mode a permis de dissoudre l'ordre immuable de la parure traditionnelle et les distinctions intangibles entre les groupes, elle a favorisé des audaces et transgressions diverses non seulement dans la noblesse mais dans la bourgeoisie. La mode doit être pensée comme instrument de l'égalité des conditions, elle a dérangé le principe de l'inégalité vestimentaire, elle a miné les comportements et valeurs traditionalistes au bénéfice de la soif des nouveautés et du droit implicite au « bel air » et aux frivolités. Mais la mode n'a pu être un agent de la révolution démocratique que parce qu'elle s'est accompagnée plus fondamentalement d'un double processus aux conséquences incalculables pour l'histoire de nos sociétés : l'ascension économique de la bourgeoisie d'une part, la croissance de l'État moderne d'autre part, qui ensemble ont pu donner une réalité et une légitimité aux désirs de promotion sociale des classes astreintes au travail. Originalité et ambiguïté de la mode : discriminant social et marque manifeste de supériorité sociale, la mode n'en est pas moins un agent particulier de la révolution démocratique. D'un côté, elle a brouillé les distinctions établies et permis le rapprochement et la confusion des qualités. Mais de l'autre, elle a reconduit, fût-ce d'une autre manière, l'immémoriale logique de l'exhibition ostentatoire des signes du pouvoir, l'éclat des symboles de la domination et de l'altérité sociale. Paradoxe de la mode : la démonstration affichée des emblèmes de la hiérarchie a participé au mouvement d'égalisation du paraître.

Le rayonnement de la mode n'a été que partiellement synonyme de mimétisme mécanique ; plus profondément, il

1. L. GODARD DE DONVILLE, *op. cit.*, pp. 208-212.

doit être assimilé à un mimétisme sélectif et contrôlé. Même si les classes bourgeoises ont effectivement pris leurs modèles dans la noblesse, elles ne l'ont pas copiée en tout, toutes les innovations frivoles n'ont pas été acceptées et ce, même à la cour. Dans les cercles mondains, les excentricités n'ont pas toutes été assimilées et, dans la bourgeoisie, les traits les plus fantasques du paraître ont suscité davantage de réprobation que d'admiration. Au début du XVII⁰ siècle est déjà en place une mode parallèle à celle de la cour, mode tempérée de « l'honnête homme », débarrassée des excès aristocratiques et conforme aux valeurs bourgeoises de prudence, de mesure, d'utilité, de propreté, de confort. Cette mode « assagie »[1], refusant les extravagances des courtisans, est l'effet du filtre des critères bourgeois, elle ne retient de la cour que ce qui ne heurte pas ses normes de bon sens, de modération, de raison. Le mimétisme de mode a ceci de particulier qu'il fonctionne à différents niveaux : du conformisme le plus strict à l'adaptation plus ou moins fidèle, du suivisme aveugle à l'accommodation réfléchie. Il est incontestable que la mode s'est différenciée en fonction des classes et états, mais l'appréhender dans ces seuls termes laisse échapper une dimension essentielle du phénomène : le jeu de liberté inhérent à la mode, les possibilités de nuances et gradations, d'adaptation ou de rejet des nouveautés. Institution enregistrant dans son ordre les barrières rigides de la stratification et des idéaux de classes, la mode est néanmoins une institution où peuvent s'exercer la liberté et la critique des individus. En dépit du fossé qui sépare la cour de la ville, on ne peut tout uniment opposer une mode aristocratique où l'emporterait « l'individualisme », et une mode bourgeoise dominée par la soumission à l'usage et à la collectivité. La mode de cour n'a évidemment pas été étrangère au conformisme, et celle de la ville laisse apparaître déjà des traits significatifs de l'émancipation esthétique de l'individu. Le plus remarquable dans la mode réside dans sa structure relativement souple, faisant place à des effets de dégradé, des combinés complexes de refus et d'adoption. C'est la mode comme système qui est inséparable de « l'individualisme » — autrement dit d'une relative latitude laissée aux

1. L. GODARD DE DONVILLE. *op. cit.*, pp. 170-184.

personnes de rejeter, moduler ou accepter les nouveautés du
jour –, du principe permettant d'adhérer ou non aux canons
du moment. Par-delà l'indéniable conformisme des comportements et des différences de classe, le paraître s'est dégagé de
l'uniformité traditionnelle, il est devenu, très imparfaitement
et très inégalement selon les siècles, milieux et personnes,
affaire de goût privé, de choix, de disposition personnelle.

Si la mode a vu se déployer des vagues d'imitation se
propageant de haut en bas, elle s'est encore caractérisée par un
mimétisme de type inédit, mimétisme plus strictement
territorial : la mode à l'âge aristocratique est une mode
nationale. Au lieu de l'unité et même de l'identité du costume
en vigueur dans l'Europe occidentale du XIIIe siècle, chaque
État territorial, à partir du XIVe et jusqu'au XIXe siècle, n'a cessé
de singulariser son costume par les éléments particuliers le
distinguant de ses voisins. La mode a enregistré dans sa sphère
la montée du fait et du sentiment national en Europe à partir
de la fin du Moyen Âge. En retour, elle a contribué, en
agençant un habit national, à renforcer la conscience d'appar-
tenir à une même communauté politique et culturelle. Cela
étant, malgré le caractère national de la mode pendant ces
quelque cinq siècles, les emprunts et les influences se sont
largement multipliés et se sont exercés en fonction du prestige
et de la prépondérance des États, non en fonction d'une
institution spécialisée comme cela sera le cas plus tard, avec la
constitution de la Haute Couture. Pendant toute cette longue
phase de l'histoire de la mode, les artisans n'ont été que de
stricts exécutants au service de leurs clients; sans pouvoir
d'initiative ni consécration sociale, ils n'ont pas réussi, à
l'exception des « marchands de mode » au XVIIIe siècle, à
s'imposer comme des artistes créateurs. Il y a eu libération des
goûts des élégants et élégantes, affirmation de la personnalité
du client, non du producteur-artisan : le principe d'individualité, à l'âge aristocratique, n'a pas dépassé cette limite. Dans
ces conditions, l'évolution de la mode ne pouvait être
déterminée par un corps de métiers privé d'autonomie et de
légitimité réelle; elle s'est trouvée, en revanche, du moins
partiellement, sous la dépendance de la logique politique de
la puissance des nations. Après des mouvements et des
cycles d'influences complexes qu'il est hors de question ici

d'évoquer, mais où l'Italie, les États bourguignons et l'Espagne ont joué un rôle primordial, c'est la mode française qui a réussi, à partir du milieu du XVIIᵉ siècle, à s'imposer durablement et apparaître de plus en plus comme phare de l'élégance.

À cet individualisme national a fait écho ce qu'il faut bien appeler un *individualisme esthétique*. Contrainte collective, la mode a permis en effet une relative autonomie individuelle en matière d'apparence, elle a institué une relation inédite entre l'atome individuel et la règle sociale. Le propre de la mode a été d'imposer une norme d'ensemble et, simultanément, de laisser place à la manifestation d'un goût personnel : il faut être comme les autres et pas tout à fait comme eux, il faut suivre le courant et signifier un goût particulier [1]. Ce dispositif qui conjoint mimétisme et individualisme se retrouve à différents niveaux, dans toutes les sphères où s'exerce la mode, mais nulle part il ne s'est manifesté avec autant d'éclat que dans la parure et ce, parce que l'habillement, la coiffure, le maquillage sont les signes les plus immédiatement spectaculaires de l'affirmation du Moi. Si la mode règne à ce point sur le paraître c'est qu'elle est un moyen privilégié de l'expression de l'unicité des personnes : autant qu'un signe de condition, de classe et de pays, la mode a été d'emblée un instrument d'inscription de la différence et de la liberté individuelles, fût-ce à un niveau « superficiel » et le plus souvent de façon ténue. La logique de la mode impliquera de porter les vêtements et les coupes ayant la faveur du moment, de s'habiller des pièces essentielles en vigueur, mais, en même temps, elle favorisera l'initiative et le goût individuels dans les garnitures et petites fantaisies, dans les coloris et motifs de parements. La structure du costume est impérative, non les accessoires et éléments décoratifs qui sont le lieu du goût et de la personnalité individuels. Le choix personnel est désormais inhérent à l'habillement de mode, mais strictement limité aux couleurs, à certains détails de formes, à la profondeur des décolletés, aux nœuds de rubans et points de dentelle, aux motifs décoratifs, aux volumes et hauteurs des fraises, à

---

1. Ce point est bien marqué par Edmond GOBLOT, *La Barrière et le Niveau* (1930), Paris, P.U.F., 1967, p. 47.

l'ampleur des paniers. L'uniformité stricte des vogues et le
processus de différenciation individuelle sont historiquement
inséparables, la grande originalité de la mode est d'avoir allié
le conformisme d'ensemble à la liberté dans les petits choix et
petites variantes personnels, le mimétisme global à l'individualisme des détails. La mode, expression de la liberté des
sujets : ce phénomène a été parfaitement repéré, même en ce
qui concerne l'habillement en vigueur en dehors de la cour,
comme l'attestent de nombreux écrits de la première moitié
du XVIIᵉ siècle : « Quatre Français qui se rencontrent sur le
Pont Neuf feront un chacun sa mode, et le moindre Gascon
qui passe s'imaginera quelque chose pour en faire une diverse.
De sorte que cette Mode n'est pas une, car il s'en rencontre
autant que de Gascons, et autant de Gascons que de
Français ¹. »

Parallèlement à cette liberté esthétique en quelque sorte
minimale mais générale, l'individualisme dans la mode s'est
affirmé de façon plus emphatique et de manière systématique
dans la sphère du pouvoir et dans les cours. À partir de la fin
du Moyen Âge, la mode est tributaire du goût changeant des
monarques et des grands seigneurs, elle apparaît comme un
décret esthétique venant en réponse à un état d'âme, une
inspiration, une volonté particulière, fût-elle à l'évidence
strictement circonscrite aux plus hauts dignitaires de la société.
Le vêtement n'appartient plus à la mémoire collective, il
devient le reflet singulier des prédilections des souverains et
des puissants. Le mimétisme de mode ne peut être appréhendé
en dehors de cet « individualisme créatif », historiquement
inédit, des hiérarques. La mode traduit l'irruption explicite et
permanente de l'initiative individuelle en matière d'apparence, le pouvoir des grands de ce monde de rompre arbitraire-
ment la continuité des usages, d'impulser les changements de
formes, de volumes, de couleurs. La « devise » du roi René en
1447-1449 se composait de trois couleurs, noir, blanc, gris,
deux ans plus tard, on trouvait du blanc et du violet, à la fin
de son règne, ses pages arboraient du noir et du cramoisi,
peut-être en écho à ses difficultés politiques et à ses deuils

1. Fitelieu, *La Contre-Mode* (1642), cité avec d'autres textes tout aussi significatifs par L. Godard de Donville, *op. cit.*, p. 28.

familiaux [1]. Les vêtements changent en fonction des préférences des puissants, ils tendent à symboliser une personnalité, un
état d'esprit, un sentiment individuel, ils deviennent signes et
langages au même titre que toutes les devises brodées,
monogrammes, emblèmes qui sont apparus aux XIVe et
XVe siècles, comme autant de symboles personnels des chevaliers. Plus tard, la reine Jeanne de Portugal a lancé le *verdugo*
pour dissimuler sa grossesse, Louis XIII a mis en vogue des
barbes en pointe, Louis XIV a été à l'origine des différentes
modes masculines pour donner une certaine image de son
pouvoir : la mode, à la différence de la tradition, requiert
l'intervention individuelle libre, le pouvoir singulier et capricieux d'ébranler l'ordre des apparences.

Outre les souverains, on verra se multiplier, au cours des
siècles, ces personnages qui sont les ‹ arbitres et ministres de
l'élégance ›, grands seigneurs capables de lancer des modes
auxquelles seront parfois attachés leurs noms propres : souliers
à la Pompignan, éperons à la Guise, coiffure à la Sévigné.
L'individualisme dans la mode s'est traduit dans tout son éclat
dans cette puissance de quelques grands nobles à promouvoir
délibérément des nouveautés, à être des leaders du goût et de la
grâce dans la haute société. Il s'est révélé encore, quoique d'une
autre manière, dans la recherche ostentatoire de la différence et
de l'originalité individuelles des courtisans, petits marquis,
mondains paradant en tenue tapageuse à la cour puis dans les
salons. Muguets, petits-maîtres, muscadins, merveilleuses,
beaux, fashionables, autant d'incarnations célèbres de cette
figure particulière de l'individualisme frivole se vouant au culte
effréné de la distinction personnelle et sociale par un processus
d'escalade et de surenchère dans les signes du paraître. L'excès
esthétique et la gratuité fantasque sont devenus des composantes de la mode et une virtualité de l'individu libéré de
l'ordre vestimentaire traditionnel. Le mimétisme de mode ne
contredit pas l'individualisme, il l'accueille sous deux grandes
formes visiblement opposées, mais admettant de subtils degrés
intermédiaires et composites : d'un côté, l'individualisme *effacé*
du plus grand nombre ; de l'autre, l'individualisme *affiché* de
l'extravagance mondaine.

1. Fr. Piponnier, *op. cit.*, p. 245.

Non d'ailleurs que les anciennes sociétés aient ignoré la recherche esthétique des particuliers et les manifestations du désir de séduction en matière d'apparence. En Grèce, un grand nombre d'ajustements et d'enroulements pouvait être réalisé à partir de la même pièce d'étoffe rectangulaire, base du costume drapé antique pour les deux sexes. Des arrangements multiples étaient possibles, révélant à coup sûr des goûts et talents esthétiques particuliers, mais cette dimension personnelle n'est en aucun cas assimilable à la logique individualiste constitutive de la mode. Tant qu'a prévalu le costume traditionnel, l'apparence des êtres s'est trouvée en droit et en fait subordonnée à la règle commune ancestrale; nulle part, les agents sociaux n'ont pu transgresser de façon ouverte les usages et inventer sans cesse de nouvelles lignes, de nouveaux styles. Même lorsque la variété des agencements était grande, comme en Grèce, ils étaient de toute façon ordonnés, prédéterminés par l'ensemble clos des combinaisons possibles. L'atome individuel pouvait varier et combiner les figures, mais dans les limites d'un répertoire intangible fixé par la tradition : il y avait jeux de compositions et de permutations, non innovation formelle. L'émergence de la mode coïncide au contraire avec le bouleversement de ce dispositif, avec l'avènement du principe de l'autonomie individuelle esthétique dans ses deux grandes manifestations : création souveraine pour certains, adaptation des normes aux goûts des particuliers pour les autres.

Sans doute la norme collective a-t-elle continué de prévaloir avec vigueur, comme en témoignent les courants mimétiques et les lamentations sur le despotisme de la mode. Mais sous l'apparence de la reconduction du même, une modification radicale s'est opérée : l'individu a conquis le droit, non certes total mais effectif, d'afficher un goût personnel, d'innover, de surenchérir en audace et originalité. L'individualisation du paraître a gagné une légitimité mondaine, la recherche esthétique de la différence et de l'inédit est devenue une logique constitutive de l'univers des apparences. Loin d'être de part en part subordonné à une norme d'ensemble, l'agent individuel a conquis une part d'initiative créatrice, réformatrice ou adaptatrice : la primauté de la loi immuable du groupe a cédé le pas à la valorisation du changement et de l'originalité individuelle. L'essentiel, historiquement est là : l'individualisme dans la mode c'est la possibilité reconnue à l'unité individuelle – dût-elle être de la très haute société – d'être pouvoir d'initiative et de transformation, de changer l'ordre existant, de s'approprier en personne le mérite des nouveautés ou, plus modestement, d'introduire des éléments de détail conformes à son goût propre. Même si l'individu, le plus souvent, continue d'obéir fidèlement aux règles vestimentaires collectives, c'en est fini de son assujettissement de *principe* à l'ensemble : là où il fallait se fondre dans la loi du groupe, il s'agit maintenant de faire valoir une idiosyncrasie et une distinction singulière ; là où il fallait reconduire le passé, il y a légitimité du changement et du goût créateur personnel. Quelle que soit la profondeur effective de cette transformation dans les comportements du grand nombre, la rupture avec le système traditionnel et la soumission de l'atome singulier qu'il implique sont accomplies. D'un système clos, anonyme, statique, on est passé à un système en théorie sans limites assignables, ouvert à la personnalisation de l'apparence et au changement délibéré des formes.

Initiative individuelle dans les ornementations, création de nouveaux signes vestimentaires, triomphe des arbitres de la mode : loin d'être antinomique avec l'affirmation de la personnalité, comme on aime trop à le répéter, la mode est fondée historiquement sur la valeur et la revendication de l'individualité, sur la légitimité de la singularité personnelle. S'est mis en place, au cœur même d'un monde dominé par les valeurs hiérarchiques, une figure dominante de l'individu intra-mondain propre aux sociétés modernes : individualisme du goût qui s'est développé parallèlement à l'individualisme économique et religieux, et qui a précédé l'individualisme idéologique de l'âge égalitaire. L'autonomie personnelle dans la pratique des élégances a précédé la valorisation de l'Individu, caractéristique de l'idéologie moderne, la liberté en acte, certes circonscrite, a devancé les déclarations de principe des droits de l'homme. Avec la mode, on voit très tôt l'avènement d'un individualisme mondain à tous les sens du terme, à l'affût des marques de l'unicité de la personne comme de la supériorité sociale. De l'individualisme dans la mode, pendant toute cette période, il faut dire qu'il a été un *individualisme aristocratique*, cas de figure complexe qui a vu cohabiter le principe « holiste » de cohésion sociale avec le principe moderne de l'émancipation individuelle. Il n'est donc pas vrai que la mode corresponde à cette nouvelle emprise « tyranni-que » du collectif dénoncée de tous bords : beaucoup plus exactement, elle traduit l'émergence de l'autonomie des hommes dans le monde des apparences, elle est un signe inaugural de l'émancipation de l'individualité esthétique, l'ouverture du droit à la personnalisation, fût-il, à l'évidence, soumis aux décrets changeants de l'ensemble collectif. Au niveau qui est le sien, la mode marque une brèche dans la prépondérance immémoriale de l'organisation holiste en même temps que la limite du processus de domination sociale et politique dans les sociétés modernes. La croissance étatique-administrative ainsi que le perfectionnement de la program-mation des corps ne sont qu'un des visages de l'évolution du monde moderne. Parallèlement au dressage disciplinaire et à la pénétration accrue de l'instance politique dans la société civile, la sphère privée s'est peu à peu dégagée des prescrip-tions collectives, l'indépendance esthétique s'est affirmée là où nous n'avons jamais cessé d'évoquer la dictature des vogues et le panurgisme des êtres. La mode a commencé à exprimer, dans le luxe et l'ambiguïté, cette invention propre à l'Occi-dent : l'individu libre, détaché, créateur et son corrélat l'extase frivole du Moi.

Au-delà des rivalités de classes

Simple et brutale dans sa formulation, la question des origines de la mode reste incontournable : pourquoi la mode est-elle apparue et s'est-elle développée en Occident et nulle part ailleurs? Comment expliquer les flux et reflux perpétuels des formes et des goûts qui scandent depuis six siècles nos sociétés? Le remarquable c'est le peu d'élaboration et d'inter-rogation théorique qu'a suscitées cette question. Comment l'ignorer : sur les origines et les ressorts de la mode, nous sommes étonnamment démunis, les modèles qui servent habituellement de référence ont été élaborés au XIXᵉ siècle et, depuis lors, la théorie a peu avancé dans le fond. Elle s'est contentée, pour l'essentiel, de ressasser et de sophistiquer des principes invariants érigés en vérité quasi dogmatique par la pensée sociologique. Point de renouvellement vrai, beaucoup de rhétorique alambiquée, ainsi se présente l'état de la question où le paradigme sociologique de la distinction des classes a réussi à apparaître progressivement comme la clé indépassable du phénomène. Les pages qui suivent ne partagent pas cette assurance, elles partent de l'idée que les modèles sociologiques proposés sont loin d'être adéquats à leur ambition explicative. Il faut rouvrir de fond en comble le chantier, montrer les limites du paradigme de la distinction, compliquer les schémas d'analyse en mettant à leur juste place des phénomènes considérés généralement comme secondaires. C'est à une réinterprétation globale de la mode qu'il faut s'employer, et par là même reconsidérer le rôle historique des classes et de leurs rivalités.

Il n'est évidemment pas possible de comprendre l'apparition de la mode sans la relier à un ensemble de conditions générales propres à l'Europe occidentale après l'an mille. Conditions économiques et sociales du moment certes, mais aussi, à un niveau plus souterrain, ce fait majeur que représente l'arrêt des invasions, des envahisseurs du dehors. Avec la fin des dévastations et pillages barbares, l'Occident va connaître une immunité qui ne se retrouve à peu près nulle part ailleurs dans le monde. Phénomène aux conséquences considérables, non seulement pour le développement économique ultérieur, mais surtout pour l'essor de la civilisation tout entière qui ne subira plus de cassures provenant de puissances étrangères à son sol culturel : les guerres européennes seront multiples et meurtrières, elles se feront toujours en famille, en vase clos disait Marc Bloch. Il a fallu cette particularité de l'Occident d'être à l'abri pour toujours de telles incursions extérieures pour qu'une civilisation puisse se livrer aux plaisirs de la sophistication des formes et aux folies de l'éphémère. Les jeux immodérés de la frivolité n'ont été possibles qu'en raison de cette profonde stabilité culturelle ayant assuré un ancrage permanent à l'identité collective : à la racine du principe d'inconstance, la constance de l'identité culturelle occidentale, exceptionnelle dans l'histoire.

Les facteurs de la vie économique qui ont caractérisé

l'Europe du Moyen Âge ont eu, à l'évidence, une incidence plus directe. S'est enclenchée, à partir du XIᵉ siècle, une croissance économique continue s'appuyant sur d'intenses défrichements, sur une révolution agricole et technique, ainsi que sur le développement du commerce, la renaissance monétaire, l'essor des villes. Les progrès de la civilisation matérielle, l'établissement de la féodalité, la décomposition du pouvoir monarchique ont eu pour effet l'accroissement des revenus seigneuriaux et l'élévation du niveau de vie aristocratique. Grâce aux ressources accrues provenant de l'exploitation du droit de ban et de la croissance de la production rurale, ont pu s'établir des cours princières riches et fastueuses qui ont été le sol nourricier de la mode et de ses démonstrations de luxe. À quoi il faut ajouter la poussée des villes, l'établissement des foires et des comptoirs lointains, l'intensification des échanges commerciaux qui ont permis l'apparition de nouveaux foyers de grosses fortunes financières. Au XIIIᵉ siècle, tandis que l'expansion est de plus en plus portée par les villes et tandis que les cités d'Italie sont au centre de l'économie-monde, les hommes d'affaires, les négociants, les banquiers s'enrichissent, une haute bourgeoisie commence à copier les manières et les goûts de luxe de la noblesse. C'est sur ce fond de décollage économique de l'Occident, d'enrichissement des classes seigneuriales et bourgeoises que la mode a pu s'établir.

Pourtant, il serait inexact d'appréhender la naissance de la mode comme un effet direct de l'expansion économique. C'est en effet au moment où l'Occident connaît le retour des famines et la régression économique, les guerres et les bandes armées, la diminution de la rente foncière, les épidémies et la peste que la mode a pris son essor. L'envolée des passions frivoles a accompagné la fin de la croissance médiévale, au siècle où l'abandon des terres et des travaux agricoles par les paysans a provoqué l'affaiblissement économique de la grande seigneurie rurale. L'efflorescence de la mode et les difficultés financières, voire la ruine, d'une partie de la noblesse sont allées ensemble, ruine qui ne s'explique pas seulement par la régression de l'exploitation des terres, mais aussi par la fidélité à un ethos de dépense somptuaire. Il est vrai que la crise du XIVᵉ siècle n'a pas affecté de la même manière toutes les régions et tous les secteurs de l'économie. Elle n'a pas empêché certaines seigneuries foncières de maintenir leur puissance, voire de développer, au XVᵉ siècle, de grandes exploitations rurales. Elle n'a pas empêché les banquiers, les hommes d'affaires, les marchands, de développer le trafic de l'argent, des épices, des draps ou du blé, et d'acheter des fiefs assortis de droits de bans et de redevances. Même si les activités marchandes de la fin du Moyen Âge subissent les effets des temps difficiles et ne sont plus celles du temps des croisades, elles ont permis la continuation de l'essor des villes d'Italie ou de la Hanse germanique ainsi que la montée spectaculaire de nouveaux foyers prospères en Castille, Allemagne du Sud, Lombardie, Angleterre. Les malheurs de la fin du Moyen Âge n'ont pas eu partout et pour tous les mêmes conséquences : en dépit du marasme général, il y a eu concentration des grandes fortunes et multiplication des bourgeois enrichis, les goûts de luxe et les dépenses ruineuses de prestige, notamment vestimentaires, loin de régresser, se sont amplifiés dans la bourgeoisie, avide d'exhiber les signes de sa nouvelle puissance, comme dans la classe seigneuriale, soucieuse de tenir le rang. En ce sens, l'apparition de la mode traduit moins un changement économique majeur que la continuité, voire l'exacerbation, d'une tradition aristocratique de magnificence que la crise économique n'a nullement réussi à déraciner.

Parallèlement à ces fluctuations de la vie économique, d'autres dimensions de la civilisation matérielle, l'ampleur des échanges internationaux, la renaissance urbaine et le nouveau dynamisme de l'artisanat, ont également influé, quoique d'une tout autre manière, sur le développement de la mode. Au Moyen Âge, les industries du textile et le grand trafic commercial ont permis de diversifier les matériaux servant à la fabrication des vêtements : soie d'Extrême-Orient, fourrures précieuses de Russie et de Scandinavie, coton turc, syrien ou égyptien, cuirs de Rabat, plumes d'Afrique, produits colorants (kermès, laque, indigo) d'Asie mineure. Les industries du tissage et de la teinturerie ont pu réaliser des étoffes de luxe qui ont circulé dans toute l'Europe des puissants par le biais des foires et du trafic maritime : draps de Flandre et d'Angleterre, toiles de lin d'Allemagne du Sud, toiles de chanvre des pays de Saône et en Bresse, velours de Milan,

Venise et Gênes. Mais surtout, avec l'épanouissement des
villes médiévales, s'est instauré un haut degré dans la division
du travail, une spécialisation intensive des métiers qui se sont
dotés, vers le milieu du XIIIᵉ siècle, au travers des corporations
de métiers, d'une organisation minutieuse et d'une réglemen-
tation collective ayant charge de contrôler la qualité des
ouvrages ainsi que la formation professionnelle. Entre 1260 et
1270, le *Livre des métiers* d'Étienne Boileau faisait déjà état
d'une dizaine de professions consacrées, à Paris, au vêtement
et à la parure : tailleurs de robes, couturiers, chaussiers,
doubletiers, bonnetiers, etc. Il faudra attendre 1675 pour que
la corporation des couturières se constitue et obtienne l'auto-
risation de faire les vêtements de femmes, sauf les corps à
baleine et les traînes : jusqu'alors seuls les tailleurs avaient le
privilège de vêtir les deux sexes. Les métiers avec leurs
monopoles, leurs règles traditionnellement fixées et enregistrées par les corporations ont joué un rôle majeur dans la
production de mode jusqu'au milieu du XIXᵉ siècle. D'un côté,
la spécialisation extrême et l'encadrement corporatif ont freiné
le dynamisme des métiers, l'initiative et l'imagination individuelles. De l'autre, ils ont permis de multiples innovations
dans le tissage, les teintures, l'exécution, et ont été la
condition d'une production de très haute qualité. La mode,
avec sa production sophistiquée, avec son raffinement des
détails, n'a pu prendre son essor qu'à partir d'une telle
séparation des tâches. Pour s'en tenir ici au costume court
masculin qui inaugure les débuts de la mode, comment
aurait-il pu apparaître sans un corps de métiers déjà hautement spécialisé? À la différence du sarrau médiéval, long,
ample, que l'on enfile par-dessus la tête, le nouveau costume
masculin est très étroit à la hauteur de la taille et bombe la
poitrine : une telle transformation dans l'habillement a exigé
une coupe de grande précision, un travail des tailleurs de plus
en plus compliqué, une capacité à l'innovation dans les
techniques de confection (boutonnage, lacets...). Même si les
tailleurs et les professions de l'habillement n'ont eu aucune
reconnaissance sociale et sont restés dans l'ombre de leurs
clients prestigieux, ils ont contribué de façon déterminante,
par leur savoir-faire et leurs multiples innovations anonymes,
aux mouvements ininterrompus de la mode, ils ont réussi,

grâce au processus de la spécialisation, à concrétiser l'idéal de finesse et de grâce des classes aristocratiques.

Aucune théorie de la mode ne peut s'en tenir aux facteurs de la vie économique et matérielle. Même importants, ces phénomènes n'éclairent en rien les variations incessantes et la surenchère des fantaisies qui définissent en propre la mode. C'est pourquoi tout invite à penser que celle-ci trouve davantage son ressort dans la logique sociale que dans la dynamique économique. Point d'analyse plus classique : l'instabilité de la mode s'enracine dans les transformations sociales qui se sont produites au cours du second Moyen Âge et qui n'ont cessé de s'amplifier sous l'Ancien Régime. À la base du processus, la montée en puissance économique de la bourgeoisie qui a favorisé l'essor de son désir de reconnaissance sociale et du même coup les courants accrus d'imitation de la noblesse. Recherche des symboles de la distinction, compétition de classes, telles sont les pièces essentielles du paradigme qui commande depuis plus d'un siècle l'explication de la mode. Selon un modèle dont on attribue habituellement la paternité à Spencer, et repris tel quel d'innombrables fois jusqu'à nos jours, les classes inférieures, en quête de respectabilité sociale, imitent les manières d'être et d'apparaître des classes supérieures. Celles-ci, pour maintenir la distance sociale et se démarquer, se trouvent contraintes à l'innovation, à modifier leur paraître une fois rejointes par leurs concurrents. À mesure que les couches bourgeoises réussissent, du fait de leur prospérité et de leur audace, à adopter telle ou telle marque prestigieuse en vigueur dans la noblesse, le changement s'impose en haut pour réinscrire l'écart social. De ce double mouvement d'imitation et de distinction naît la mutabilité de la mode [1].

Il est incontestable qu'avec l'essor de la bourgeoisie l'Europe a vu s'amplifier les désirs de promotion sociale et s'accélérer les phénomènes de contagion imitative; nulle part ailleurs, les barrières de classes, les états et conditions n'ont été franchis avec autant d'ampleur. Pour exacte qu'elle soit, cette

---

1. Par exemple, J.-Cl. FLÜGEL, *Le Rêveur nu, de la parure vestimentaire* (1930), Paris, Aubier, 1982, pp. 130-131. Également, Ed. GOBLOT, *op. cit.*, p. 49.

dynamique sociale ne peut néanmoins expliquer celle de la mode, avec ses extravagances et ses rythmes précipités. Impossible d'accepter l'idée que le changement de mode n'intervient qu'en raison d'un phénomène de diffusion et d'imitations élargies disqualifient les signes élitaires. La rapidité même des variations contredit cette thèse : le plus souvent, les nouveautés vont beaucoup plus vite que leur vulgarisation, elles n'attendent pas pour surgir qu'un prétendu « rattrapage » se soit produit, elles l'*anticipent*. Non pas effet subi, mais effet voulu; non pas réponse sociologique, mais *initiative* esthétique, puissance largement autonome d'innovation formelle. Le changement de mode ne se déduit pas de l'ampleur des diffusions, il n'est pas l'effet inéluctable d'un déterminisme social extérieur, aucune rationalité mécaniste de ce type n'est à même d'appréhender les caprices de la mode. Ce qui ne signifie pas, assurément, qu'il n'y ait aucune logique sociale de la mode, mais qu'il y règne de façon déterminante la recherche éperdue des nouveautés en tant que telles. Non la mécanique lourde et déterministe des conflits de classe, mais l'exaltation « moderne » du Nouveau, la passion sans fin des jeux et gratuités esthétiques. La turbulence de la mode tient moins aux menaces s'exerçant sur les barrières sociales qu'au travail continu, inexorable mais imprévisible effectué par l'idéal et le goût des nouveautés propres aux sociétés se dégageant du prestige du passé. Faiblesse de l'approche classique qui ne voit dans les fluctuations de la mode que contrainte imposée du dehors, obligation résultant des tensions symboliques de la stratification sociale, alors qu'elles correspondent au déploiement de nouvelles finalités et aspirations sociales-historiques.

C'est à présent une autre version du modèle de la distinction des classes qui jouit des faveurs des théoriciens de la mode. Non plus la course poursuite et les phénomènes de « rattrapage » entre le bas et le haut de la hiérarchie, mais les conflits de prestige au sein même des classes dominantes. Avec le développement de la bourgeoisie marchande et financière s'est enclenché un phénomène de promotion sociale de grande importance : les bourgeois enrichis se font anoblir, achètent des fiefs et des offices, marient leurs enfants dans la noblesse. En Europe, du XIVᵉ au XVIIIᵉ siècle, il y a eu, favorisée par le

pouvoir royal, osmose sociale au sein des classes dominantes,
la classe nobiliaire s'ouvre aux roturiers parvenus, peu à peu,
une noblesse de robe prend place au côté de la noblesse
d'épée. C'est précisément lorsque la stratification sociale en
haut de la hiérarchie n'est plus rigoureusement stable et que
s'opèrent des mouvements d'ascension roturière que les
virevoltes de la mode apparaissent, sous-tendues par les
stratégies de distinction et de rivalités de classes. Lorsque les
fortunes et les aspirations deviennent plus mobiles, lorsque les
barrières sociales deviennent moins infranchissables, lorsque
les privilèges de naissance se trouvent concurrencés par le
pouvoir de la fortune, commencent des processus accélérés de
différenciation entre les classes élevées, un âge de compétition
sans fin pour le prestige et les titres distinctifs. C'est avant tout
dans l'arène des classes supérieures, entre les fractions de la
classe dominante, entre noblesse et haute bourgeoisie, noblesse
de robe et noblesse d'épée, noblesse de cour et noblesse
provinciale, que se sont déroulées les luttes de concurrence
d'où serait sortie la dynamique de la mode [1].

On ne songe évidemment pas à contester les luttes internes
et les stratégies de distinction qui ont accompagné les
mouvements d'ascension et d'anoblissement de la bourgeoisie,
on dénie l'idée qu'elles soient à la base des vicissitudes de la
mode. Depuis la fin du Moyen Âge, qui ont été les *taste
makers,* les phares et maîtres de la mode? Qui lance et donne
leurs noms aux nouveautés sinon les personnages les plus
élevés et les plus en vue de la cour, favoris et favorites, grands
seigneurs et princesses, le roi ou la reine en personne? Les
luttes de concurrence entre les classes n'ont pu avoir le
rôle qu'on veut leur attribuer dès lors que ce sont les plus
grands dans la hiérarchie qui sont les instigateurs du changement, ceux-là mêmes qui, précisément, du fait de leur
position suréminente, ne peuvent qu'être au-delà des inquiétudes de classes et de la compétition pour le classement social.
Du coup, la question du moteur de la mode ne peut pas ne
pas prendre en considération les transformations qui ont

---

1. Cette thèse est au centre des travaux de Pierre BOURDIEU, notamment *La
Distinction,* Paris, Éd. de Minuit, 1979. Également R. KÖNIG, *op. cit.,* pp. 80-
83.

affecté les dispositions et aspirations de l'élite sociale. Il s'agit
de comprendre comment le haut de la hiérarchie en est venu à
investir de cette manière l'ordre des apparences, comment il a
pu s'employer à détruire l'ordre immobile de la tradition et se
livrer à la spirale interminable de la fantaisie : question de
nouveaux repères, de nouvelles finalités, non de dialectique
sociale et de luttes pour le rang. Si la mode a été incontestablement un instrument d'affiliation et de distinction de
classes, cette fonction n'explique en rien l'origine des innovations en chaîne et la rupture avec la valorisation immémoriale
du passé. Les stratégies de distinction sociale éclairent sans
aucun doute les phénomènes de diffusion et d'expansion de la
mode, non le ressort des nouveautés, le culte du présent social,
la légitimité de l'inédit. Impossible d'accepter l'idée que les
luttes de concurrence prestigieuse entre les groupes, luttes
aussi vieilles que les premières sociétés humaines, soient au
principe d'un processus absolument moderne, sans aucun
précédent historique. Qui plus est, comment, à partir d'un tel
schéma, rendre compte de la recherche débridée de l'originalité, comme celle, nuancée, des petites variantes personnelles
dans les détails ? D'où est né le processus d'individualisation
ténue de l'apparence qui caractérise la mode ? Les théories de
la distinction n'élucident ni le moteur de la novation
permanente ni l'avènement de l'autonomie personnelle dans
l'ordre du paraître.

Non d'ailleurs que la mode soit étrangère aux phénomènes
de rivalité sociale. On sait, depuis les analyses célèbres de
Veblen, que la consommation des classes supérieures obéit
essentiellement au principe du gaspillage ostentatoire et ce,
afin de s'attirer l'estime et l'envie des autres. Le mobile qui est
à la racine de la consommation, c'est la rivalité des hommes,
l'amour-propre qui les porte à vouloir se comparer avantageu-
sement aux autres et l'emporter sur eux. Pour conquérir et
conserver honneur et prestige, les classes supérieures doivent
donner et dépenser largement, elles doivent faire étalage de
richesse et de luxe, manifester ostensiblement, par leurs
bonnes manières, leur décorum, leurs atours, qu'elles ne sont
pas astreintes au travail productif et indigne. La mode, avec
ses variations rapides et ses innovations « inutiles », se trouve
particulièrement adaptée pour intensifier la dépense affichée,

elle devient chez Veblen un simple « corollaire »[1] de la loi de
la *conspicuous consumption*, un instrument d'obtention de
l'honorabilité sociale. Veblen, qui remarque au passage
qu' « on n'a jamais donné d'explication satisfaisante des
variations de la mode »[2], pensait que seule la théorie du
gaspillage ostensible était capable d'y parvenir. Elle seule
permet d'expliquer le dédain de l'utilité pratique propre à la
mode, elle seule, toujours selon Veblen, est à la source des
vicissitudes et de l'obsolescence des formes. L'injonction de
magnificence a pour effet l'escalade dans les innovations
futiles, une surenchère de superfluités sans aucune finalité
fonctionnelle d'où résulte le fait que « le vêtement ostensiblement coûteux est intrinsèquement laid »[3]. La conséquence de
la loi de la dépense improductive, c'est simultanément la
vitesse des changements et la laideur de l'habillement au goût
du jour. Si les modes sont à ce point passagères c'est qu'elles
sont grotesques et inesthétiques, que nous ne pouvons les
tolérer qu'un bref moment. D'où la nécessité, pour nous
soulager de l'effet saugrenu de ces formes, de nouveaux
accoutrements tout aussi fidèles à la *conspicuous consumption*,
mais tout aussi contraires au bon goût : la mode et l'artistique
sont antinomiques. Le réductionnisme sociologique est ici à
son point culminant : les engouements traduisent seulement
notre aspiration à l'estime sociale, nous n'aimons les genres en
vogue que pour autant qu'ils permettent de nous classer
socialement, de nous « démarquer », d'en tirer un profit
distinctif.

La théorie de Veblen met incontestablement l'accent sur
une dimension essentielle de la mode : la dépense démonstrative comme moyen pour signifier un rang, pour susciter
l'admiration et exposer un statut social. Mais par quel
mécanisme la norme de la consommation ostensible en
vient-elle à engendrer les cascades de nouveautés qui font la
mode ? Pourquoi, *pendant des millénaires,* n'a-t-elle aucunement enclenché la folie des artifices ? Sur ce point, l'analyse de
Veblen est courte : ce qui sépare les âges de mode des âges de

1. Thorstein VEBLEN, *Théorie de la classe de loisir,* trad. franç., Paris, Gallimard,
1970, p. 114.
2. Th. VEBLEN, *ibid.,* p. 113.
3. *Ibid.,* p. 116.

stabilité ne tient au fond, pour l'auteur de la *Théorie de la classe de loisir,* qu'à l'exaspération de l'obligation de dépenser occasionnée par les conditions propres à la grande ville, là où les classes supérieures sont plus riches, plus mobiles, moins homogènes que dans les temps traditionnels [1]. La loi du gaspillage ostentatoire et la course à l'estime s'imposent donc plus impérieusement, avec pour conséquence le changement permanent des formes et des styles. Les mouvements versatiles de la mode ne font, en ce sens, que traduire une intensification de la règle de la *conspicuous consumption.* Mais celle-ci était-elle moindre dans d'autres temps? S'exerçait-elle avec moins d'intensité dans l'évergétisme gréco-romain, quand les notables engageaient des fortunes vertigineuses en festins, édifices, distributions de monnaie, sacrifices, spectacles de toute espèce? La norme du gaspillage y était particulièrement impérieuse; pourtant, la mode n'a pu trouver son lieu d'éclosion dans ce type de société. En fait, l'impératif d'étaler sa richesse ne s'est pas accru dans l'Occident moderne, il s'est manifesté autrement; plus exactement, il s'est allié structurellement à la recherche de la différence individuelle et à l'innovation esthétique. À la base de la surrection de la mode, non pas la montée en grandeur du gaspillage pour la montre, mais l'apparition de nouvelles exigences, de nouvelles valeurs qui, certes, se sont traduites dans le code immémorial de la prodigalité ostensible, mais qui ne s'en déduisent pas mécaniquement. Là est la limite d'une telle sociologie de la mode pour laquelle il n'y a qu'instrument de classement social, sans aucune finalité esthétique. « Avec une demi-douzaine d'années de recul, nous sommes frappés de voir combien la meilleure des modes fut saugrenue, disons même franchement vilaine », écrivait Veblen [2]. C'est évidemment inacceptable : nous ne voulons à aucun prix porter ce qui a été en vogue il y a quelques années, mais nous continuons d'admirer d'innombrables modes antérieures. La mode d'hier ennuie, celles d'avant-hier et du passé lointain continuent de charmer; on en admire souvent la finesse, le luxe des détails, les formes surannées mais délicates. Preuve que la mode a partie liée avec

---

1. *Ibid.,* pp. 115-116.
2. *Ibid.,* p. 117.

l'exigence *esthétique*, qu'elle ne saurait être réduite au seul ordre de la superfluité aberrante pour la cotation sociale. Loin d'être « essentiellement laide », la mode se définit au contraire par la visée du raffinement, de l'élégance, de la beauté, quels que soient les extravagances, les excès, le mauvais goût qui, au cours des siècles, ont pu, de temps à autre, se donner libre cours.

Il reste que la mode n'est pas détachable de la *conspicuous consumption*. À condition d'en préciser l'exacte portée, de même que l'ancrage social et historique. Aux âges d'inégalité, la consommation démonstrative doit être comprise comme norme sociale consubstantielle à l'ordre aristocratique, comme impératif nécessaire pour représenter, dans l'emphase, la distance et la hiérarchie sociale. Max Weber l'avait déjà noté, le luxe « n'était pas, dans la classe dirigeante féodale, du " superflu ", mais un moyen d'autoaffirmation ». Cet ethos aristocratique de largesse, doublé du mépris du travail, a été à coup sûr une des conditions d'émergence de la mode : il a fallu un tel idéal souverain imbriqué à l'ordre holiste des sociétés pour que soient possibles les gratuités et les jeux fastueux de la parure. C'est notamment en fonction de cette norme de magnificence qu'a pu resplendir la vie de cour des États princiers puis des grandes monarchies absolutistes. En tant que lieu où les nobles cherchent à briller et à se distinguer, où règne une compétition constante pour le statut et le prestige, où s'impose l'obligation des dépenses de représentation et des symboles de la distance sociale, la société de cour a été un facteur décisif dans l'éclosion de la mode. À mesure d'ailleurs que se sont développées les grandes sociétés de cour, les questions de mode sont devenues des affaires de la plus haute importance pour une noblesse désarmée, dépossédée de ses anciennes prérogatives guerrières et judiciaires, et vouée de ce fait aux jeux de la représentation et aux plaisirs mondains. Mais avant même que se soit affirmée dans tout son éclat la cour absolutiste, la mode s'est trouvée liée au changement de statut de la noblesse. Dès la fin du XIVe siècle, au moment où précisément vont se donner libre carrière les outrances de la mode, la noblesse voit régresser son prestige et son pouvoir politique : les chevaliers ne sont plus les maîtres de la guerre, leurs châteaux succomberont sous les coups de

l'artillerie, sur les champs de bataille, ce sont désormais les
fantassins et les archers à pied qui l'emportent. Déclin de la
chevalerie qui aura pour écho non seulement les nouveaux
ordres de chevalerie, mais une surenchère de dépenses en
matière d'habillement, un goût immodéré pour le luxe, la
parade et la montre. Loin d'être le signe de la suprématie de la
noblesse, la mode témoigne bien davantage de son affaiblissement continu depuis la fin du Moyen Âge, de sa métamorphose progressive en classe « spectaculaire » dont une des
obligations majeures sera de se mettre en avant par des
dépenses somptuaires de représentation.

Qu'on ne s'y trompe pas, si importants soient-ils, ces
phénomènes laissent dans l'ombre le cœur du problème :
qu'est-ce qui fait que la règle de la dépense fastueuse est
devenue surenchère d'élégances précieuses? Toujours la même
question : pourquoi l'escalade des changements et des extravagances et non la seule somptuosité? À contre-pied des
théories dominantes, il faut réaffirmer que les rivalités de
classes ne sont pas le principe d'où découlent les variations
incessantes de la mode. Sans doute les accompagnent-elles et
en déterminent-elles certains aspects, elles n'en sont pas la clé.
Tant que prévaudra ce modèle, il est vain d'espérer éclairer,
fût-ce partiellement, le mystère de l'inconstance frivole. C'est
une modification radicale de paradigme qu'exige l'interrogation de la mode. Ce déplacement théorique, annonçons-le à
grands traits : les virevoltes perpétuelles de la mode sont avant
tout l'effet de nouvelles valorisations sociales liées à une
nouvelle position et représentation de l'individu par rapport à
l'ensemble collectif. La mode n'est pas le corollaire de la
conspicuous consumption et des stratégies de distinction de
classes, elle est le corollaire d'un nouveau rapport de soi aux
autres, du désir d'affirmer une personnalité propre qui s'est
agencé au cours du second Moyen Âge dans les classes
supérieures. C'est parce que le rôle de la représentation de
l'individu n'a pas été mesuré à sa juste valeur que les
explications du changement de mode restent si peu convain-
cantes. Loin d'être un épiphénomène, la conscience d'être des
individus au destin particulier, la volonté d'exprimer une
identité singulière, la célébration culturelle de l'identité
personnelle, ont été une « force productive », le moteur même

de la mutabilité de la mode. Pour qu'apparaisse l'envolée des
frivolités, il a fallu une révolution dans la *représentation* des
personnes et dans le sentiment de soi, bouleversant les
mentalités et valeurs traditionnelles, il a fallu que s'enclenchent l'exaltation de l'unicité des êtres et son complément, la
promotion sociale des signes de la différence personnelle.

À la fin du Moyen Âge, précisément, nombreux sont les
signes témoignant d'une prise de conscience inédite de
l'identité subjective, de la volonté d'expression de la singularité individuelle, de l'exaltation de l'individualité. Dans les
Chroniques et Mémoires, le souci de marquer l'identité de
celui qui parle apparaît dans une formule canonique : Je, suivi
des nom, surnom et qualités de celui qui parle [1]; dans les
œuvres poétiques se sont intensifiées les confidences intimes,
l'expression des élans du moi, des instants vécus, des souvenirs
personnels. L'apparition de l'*autobiographie,* du *portrait* et de
l'*autoportrait* « réalistes », riches en détails vrais, révèle
également, aux XIVᵉ et XVᵉ siècles, la nouvelle dignité reconnue
à ce qui est *singulier* dans l'homme, fût-ce dans des cadres
encore très largement codés et symboliques. La « mort de
soi », selon l'expression de Philippe Ariès, illustre encore cette
même tendance, en rupture avec l'espace de la mort traditionnelle anonyme : l'iconographie du Jugement dernier, le livre
de la vie, les thèmes macabres, les testaments et sépultures
personnalisés du second Moyen Âge, ont été autant de signes
révélant une volonté d'individualisation, le souci d'être
soi-même, la promotion de l'identité personnelle [2]. Avec le
nouveau sens de l'identité personnelle et la légitimation de
l'expression individuelle, fût-elle en vigueur dans les seules
bornes du petit monde de l'élite sociale, et davantage
formulée, vécue, que doctrinale, a pu se mettre en branle la
logique protéiforme de la mode. L'exigence d'être soi-même,
la passion des marques de la personnalité, la célébration
mondaine de l'individualité, ont eu pour effet de favoriser la
rupture avec le respect de la tradition, de multiplier les foyers
d'initiative et de novation, de stimuler les imaginations

---

1. Danielle RÉGNIER-BOHLER, « Exploration d'une littérature », in *Histoire de
la vie privée, op. cit.,* t. II, pp. 377-378.
2. Philippe ARIÈS, *L'Homme devant la mort,* Paris, Éd. du Seuil, 1977,
pp. 99-288.

personnelles désormais à l'affût de nouveautés, d'écarts, d'originalité. L'affirmation de l'*uomo singolare* a enclenché un processus d'innovation constante dans les formes et les styles, de rupture avec la norme traditionnelle fixe. À la fin du Moyen Âge, l'individualisation de l'apparence a conquis son droit de cité, ne pas être comme les autres, être unique, se faire remarquer en exhibant les signes de la différence est devenu une passion et une aspiration légitimes dans le monde des cours. On comprend, dans ces conditions, le mouvement précipité de la mode : la conscience et la volonté de s'individualiser développent la concurrence, l'émulation entre les particuliers, la course à la différence; elles autorisent et encouragent l'expression des goûts singuliers. Comment, dans ces conditions, aurait-il pu ne pas y avoir accélération des idées nouvelles, recherche accélérée et permanente de nouveaux signes?

À coup sûr, les innovations sont restées un privilège de classe, un attribut des grands de ce monde. Mais l'important est ailleurs, il est dans le fait que ceux qui sont au plus haut de la hiérarchie se font maintenant gloire de modifier ce qui est, d'inventer de nouveaux artifices, de personnaliser leur mise. Une telle transformation dans les comportements de l'élite sociale témoigne de l'infiltration d'une nouvelle représentation sociale de l'individualité dans l'univers aristocratique. Non pas, en dépit des apparences, un phénomène de classes, mais la pénétration dans les classes supérieures des nouveaux *idéaux* de la personnalité singulière. Ceux-ci ont contribué à l'ébranlement de l'immobilité traditionnelle, ils ont permis à la différence individuelle de devenir signe d'excellence sociale. On ne peut séparer les variations perpétuelles de la mode et la personnalisation plus ou moins affichée du paraître, ce sont deux faces strictement complémentaires de la nouvelle valorisation sociale de ce qui est singulier. L'erreur des théories de la mode est d'avoir considéré ces questions comme étrangères l'une à l'autre. En réalité, il s'agit du même phénomène : c'est parce que l'individualisation du paraître s'est imposée comme une nouvelle légitimité sociale que la mode a pu être ce théâtre permanent des métamorphoses fugitives. Corrélativement, tous les changements, toutes les vogues permettront aux

nouvelle
Vue à l'égard
du changement

VIIIe, relation
à l'éphémère

multitude de facteurs qui, pour n'être pas toujours absolument indépendants les uns des autres, ont eu chacun leur efficace propre. Outre les faits sociaux déjà mentionnés – la société de cour, le statut des classes aristocratiques, le développement des villes –, d'autres phénomènes ont eu un rôle de tout premier plan. La promotion de l'individualité mondaine, le surinvestissement de l'ordre des apparences, le raffinement et l'esthétisation des formes qui distinguent la mode, s'enracinent dans un faisceau de facteurs culturels propre à l'Occident. Il faut y insister : dans la généalogie de la mode, ce sont les valeurs, les systèmes de signification, les goûts, les normes de vie qui ont été « déterminants en dernière analyse », ce sont les « superstructures » qui expliquent le pourquoi de cette irruption unique dans l'aventure humaine qu'est la fièvre des nouveautés.

En substituant la référence du présent à celle du passé, la mode a institué une rupture radicale dans l'ordre du temps légitime. Discontinuité historique qui n'empêche pas, par ailleurs, de voir dans la mode un système prolongeant des goûts, des modèles de vie, des idéaux profanes, antérieurs à l'apparition du sens du « moderne ». La consécration des frivolités est en effet dans le droit fil des normes de la culture chevaleresque et courtoise, de son aspiration à la joie terrestre et aux bonheurs du monde : joie de combattre dans les guerres et tournois, joie de chasser, fêtes et festins fastueux, plaisirs des jeux et de la poésie galante, amour de la parade et des spectacles [1]. Cette morale du plaisir aristocratique a été incontestablement un facteur essentiel dans l'apparition de l'*homo frivolus* : la mode est une pratique des plaisirs, elle est plaisir de plaire, de surprendre, d'éblouir. Plaisir encore, occasionné par le stimulant du changement, la métamorphose des formes, de soi et des autres. La mode n'est pas seulement marque de distinction sociale, elle est aussi agrément, plaisir des yeux et de la différence. Le règne de la mode, qui s'instaure à la fin du Moyen Âge, ne doit pas être conçu comme manière de fuir, de s'étourdir contre les malheurs et les angoisses du temps, elle est bien davantage dans la continuité des normes et attitudes mentales propres à la vie seigneuriale, avide des

1. Georges DUBY, *Le Temps des cathédrales*, Paris, Gallimard, 1976.

bonheurs du monde. Recherche des réjouissances qui n'a cessé
de s'amplifier parallèlement au développement des grandes
cours, de la civilité courtoise, mais aussi d'un nouveau sens de
la durée humaine. On sait, à la lumière des humanistes, qu'à
partir du Trecento s'est intensifié le sens de la fugacité terrestre ;
le regret de vieillir, la nostalgie de la jeunesse, le sens de
l'imminence de la fin ont pris un nouvel accent [1]. Nul doute
que cette nouvelle sensibilité collective, qui, dès lors, accom-
pagnera indissociablement les Temps modernes, n'ait favorisé
cette quête accélérée des plaisirs. La mode traduit un amour
passionné du bonheur et de la vie, une exaspération du désir de
jouir des joies terrestres rendue possible par les valeurs de vie
chevaleresque, par la société de cour, de même que par une
sensibilité moderne où pointent déjà la mélancolie du temps et
l'angoisse d'abandonner la vie.

L'intensification et la précipitation dans la recherche des
jouissances du monde se sont doublées d'un processus de
stylisation des normes de vie et des goûts. L'émergence de la
mode n'est pas dissociable de la révolution culturelle qui
s'amorce, au tournant des XIe et XIIe siècles, dans la classe
seigneuriale, avec la promotion des valeurs courtoises. L'idéal
de vie chevaleresque a subi un _aggiornamento_ : à l'exigence
traditionnelle de force, de prouesse et de largesse se sont
adjointes de nouvelles normes prônant l'idéalisation de la
femme, le bien-parler, les bonnes manières, les qualités
littéraires, la préciosité galante. Le chevalier s'est fait littéra-
teur et poète, l'amour du beau langage puis des beaux objets a
gagné les cercles mondains. C'est de ce lent travail de
civilisation des mœurs et des plaisirs, de ce nouvel idéal
esthétisé et raffiné qu'est sortie la mode, elle s'est en quelque
sorte préparée historiquement plus de deux siècles auparavant,
dans l'avènement de l'esprit courtois faisant assaut de poésie et
de délicatesse précieuse. Comme art des nuances et raffinement des surfaces, la mode prolonge, parallèlement à la
passion pour les beaux objets et les œuvres d'art, cette
aspiration à une vie plus belle, plus stylisée, qui a surgi aux
alentours de 1100.

1. Alberto TENENTI, _Sens de la mort et amour de la vie, Renaissance en Italie et en France_, trad. franç., Paris, L'Harmattan, Serge Fleury, 1983.

La mode apparaît au siècle où l'art présente une nette tendance à la surcharge décorative, à la prolifération de l'ornement, à la profusion des caprices dans l'architecture flamboyante, dans l'exaspération de l'*Ars Nova,* dans les modulations élégantes des miniatures gothiques. C'est également l'âge des parures excentriques qui culminent à la cour de Charles VI et des ducs de Bourgogne, avec les vêtements mi-partis rouge et violet ou bleu et jaune, avec les coiffures féminines en pain de sucre, le « hennin », les cheveux rasés aux tempes et au-dessus du front, les chaperons en forme de crête de coq, les larges manches jusqu'à terre. Qu'on ne s'y trompe pas, toutes ces nouveautés, avec leurs exagérations ou leurs outrances, ne sont qu'une manifestation parmi tant d'autres de ce besoin d'esthétisme, de ce culte de l'ornementation et du spectacle qui a caractérisé la fin du Moyen Âge, mais qui s'est prolongé bien au-delà. Aux XIVe et XVe siècles se sont imposés, dans les formes de la culture, un esprit baroque, le goût du décor théâtral et féerique, l'attrait de l'exotisme, du rare, des fantaisies gratuites correspondant au triomphe de la culture courtoise, de son idéal de jeu et de préciosité mondaine. Aux parcours onduleux des formes et à la richesse profuse des ornements dans l'art répondent maintenant les costumes sophistiqués, étranges, extravagants de la cour et des fêtes nocturnes. Sous l'action de l'esprit de jeu de l'imaginaire courtois se sont répandus l'optique de la théâtralité, le besoin impérieux de l'effet, la propension à l'emphase, à l'excès et au pittoresque qui définissent notamment la mode, cet art de cour dominé par l'esprit baroque au moins jusqu'aux ruptures puristes et modernistes du XXe siècle. Car la mode n'a cessé, depuis le milieu du XIVe siècle, d'obéir au plus profond à la fascination de l'effet et de l'artifice, à la luxuriance et au raffinement des détails décoratifs. Dans l'art, les formes baroques et classiques alterneront et parfois se mêleront ; dans la mode, l'esprit baroque ne renoncera jamais à imposer tout à fait sa loi. L'émergence de la mode témoigne de cette évolution du goût épris d'embellissement maniéré des formes, elle est bien davantage le signe du progrès de la jouissance esthétique que celui de l'essor des richesses ou même du nouveau système des relations sociales propres aux sociétés de cour.

En tant qu'art des petites différences et des subtilités du

paraître, la mode exprime l'affinement des plaisirs de l'œil.
C'est l'occasion ici de nuancer l'appréciation désormais classique de Lucien Febvre sur « le retard de la vue » et l'absence
de poésie du visuel chez les hommes de la Renaissance [1].
Même s'il est vrai que les écrivains et poètes font alors
davantage usage d'images acoustiques et olfactives, évoquent
peu les formes physiques, les figures et les couleurs, cela
suffit-il pour diagnostiquer le rôle subalterne de la vue au
bénéfice de la sensibilité dominante aux odeurs, aux parfums,
aux bruits et voix ? Le déploiement de la mode contraint à
revenir en partie sur ce jugement s'il est vrai que la mode ne
peut se concevoir sans l'attention minutieuse aux détails
singuliers, sans la recherche des nuances, sans la poétisation de
la différence morphologique des sexes. Comment ne voir dans
les hommes de la Renaissance que des êtres au sens visuel
fruste, peu sensibles aux grâces des formes, attirés par les
seules couleurs éclatantes et contrastées lorsque s'enclenchent
la mode et sa sophistication ornementale, lorsque se diversi-
fient, au XVIᵉ siècle, les passements, points de dentelle et
motifs de broderie, lorsque les costumes dessinent avec
emphase les lignes du corps ? La mode et le raffinement visuel
vont ensemble, elle consacre le progrès du regard esthétique
dans les sphères mondaines.

Il faut revenir sur la culture courtoise et son invention la plus
originale : l'amour. On ne peut ici que rappeler très schématiquement ce qu'a institué de nouveau l'amour courtois :
sublimation de l'élan sexuel, culte « désintéressé » de l'amour,
doublé de la surestimation et de la célébration lyrique de la
femme aimée, soumission et obéissance de l'amant à la dame,
tous ces traits propres à l'amour provençal ont entraîné peu à
peu, dans le monde des cours seigneuriales, des transformations
dans les rapports entre les sexes, et plus précisément dans les
rapports de séduction. Depuis le fond des âges, les guerriers ont
gagné l'amour des femmes en accomplissant des prouesses et
des exploits en leur honneur, l'amour se mérite par les vertus
viriles, la témérité et le dévouement héroïque. Cette conception
chevaleresque de l'amour s'est poursuivie pendant des siècles,

1. Lucien FEBVRE, *Le Problème de l'incroyance au XVIᵉ siècle* (1942), Paris, Albin
Michel, 1968, pp. 393-404.

mais elle n'a cessé, à partir de 1100, de subir l'influence civilisatrice de l'amour courtois. C'est ainsi qu'à l'héroïsme guerrier a succédé un héroïsme lyrique et sentimental : dans le nouveau code amoureux, le seigneur, par *jeu,* vit agenouillé devant la femme aimée, il languit et l'entoure d'attentions, il se montre soumis à ses caprices, il se doit de célébrer sa beauté et ses vertus en poèmes louangeurs. Commence ce que R. Nelli appelle « la poétisation du courtisement »[1] excluant le langage vulgaire, les facéties, paillardises et obscénités traditionnelles, au profit de la discrétion, de l'humilité respectueuse de l'amant, de l'anoblissement de la langue et de l'exaltation galante. Désormais, la séduction requiert l'attention et la délicatesse envers la femme, les jeux maniérés, la poétique du verbe et des comportements. La mode, avec ses variations et ses jeux subtils de nuances, doit être considérée comme la continuation de cette nouvelle poétique de la séduction. De même que les hommes doivent plaire aux femmes par les bonnes manières et le lyrisme, de même doivent-ils sophistiquer leur apparence, étudier leur mise comme ils étudient leur langage : la préciosité du costume est l'extension et le double de la stylisation de l'amour. La mode et son exigence d'artifices ne peuvent être détachées de cette nouvelle image de la féminité, de cette stratégie de séduction par les signes esthétiques. Corrélativement, la surestimation de la femme, les louanges de sa beauté, ont contribué à amplifier et à légitimer dans la haute société laïque le goût féminin pour la toilette et les ornements, goût présent depuis la plus haute Antiquité. L'amour courtois est doublement impliqué dans la genèse de la mode. D'une part, en considérant que le véritable amour devait être recherché en dehors du mariage, que l'amour pur était extra-conjugal, l'amour courtois a jeté le discrédit sur l'institution matrimoniale, il a légitimé le choix libre de l'amant par la dame et favorisé ainsi l'autonomie du sentiment. L'amour a contribué en ce sens au processus d'individualisation des êtres, à la promotion de l'individu mondain relativement libre de ses goûts, détaché de la norme ancienne. On a vu plus haut le lien intime qui unit la mode et la consécration mondaine

---

1. René NELLI, *L'Érotique des troubadours,* Paris, U.G.E., 1974, t. I, p. 204. Et Henri-Irénée MARROU, *Les Troubadours,* Paris, Éd. du Seuil, 1971.

de l'individualité. D'autre part, plus directement, l'amour
courtois a produit un nouveau rapport entre les sexes, il a mis
en place un nouveau dispositif de séduction galante qui n'a
pas peu joué dans le processus d'esthétisation des apparences
qu'est la mode.

Les modifications dans la structure de l'habillement masculin et féminin qui s'imposent à partir de 1350 sont un
symptôme direct de cette esthétique précieuse de la séduction.
Le costume marque dès lors une différence radicale entre
masculin et féminin, il sexualise comme jamais l'apparence.
Le vêtement masculin dessine la taille dans le pourpoint court
et met en valeur les jambes serrées dans de longs bas-
de-chausses; parallèlement, la nouvelle ligne du vêtement
féminin moule le corps et souligne les hanches, elle fait
apparaître dans les décolletés les épaules et la poitrine. Le
vêtement s'attache ainsi à exhiber les charmes du corps en
accentuant la différence des sexes : le pourpoint rembourré
donne du relief au thorax masculin, les braguettes auront
parfois des formes phalliques; un peu plus tard, le corps à
baleines, avec son armature, permettra pendant quatre siècles
d'amincir la taille féminine et de relever la poitrine. Le
costume de mode est devenu costume de séduction dessinant
les attraits du corps, révélant et cachant les appâts du sexe,
attisant les charmes érotiques : non plus seulement symbole
hiérarchique et signe de statut social, mais instrument de
séduction, puissance de mystère et de secret, moyen de plaire
et d'être remarqué dans le luxe, la fantaisie, la grâce maniérée.
La séduction s'est dégagée de l'ordre immémorial du rituel et
de la tradition, elle a inauguré sa longue carrière moderne en
individualisant, fût-ce partiellement, les signes vestimentaires,
en idéalisant et exacerbant la sensualité des apparences.
Dynamique des excès et amplifications, surenchère des artifices, préciosité ostentatoire, le vêtement de mode témoigne
qu'on est déjà dans l'âge moderne de la séduction, de
l'esthétique de la personnalité et de la sensualité.

Les changements dans les stratégies de séduction entre les
sexes ne sont pas seuls en cause. On ne peut pas ne pas relier
l'apparition de la mode à cette autre forme de séduction qu'a
représentée, à partir du XIIIᵉ siècle, l'apparence sensible du
monde dans l'art de l'Occident. Le monde de la vie est devenu

objet de délectation, il est jugé beau et digne d'attention, il va susciter chez les artistes un souci proprement esthétique de plus en plus marqué. Avec l'art médiéval se développe un nouveau regard sur le monde terrestre et le concret : l'expression du mystère inconnaissable et du surhumain impersonnel recule au profit de la découverte et de la description du réel de la vie dans sa diversité. Le sculpteur gothique substitue aux monstres fantastiques les animaux vivants, les bois, les petits jardins, les feuillages de notre entourage. Il représente les travaux des hommes, rapproche Dieu de l'homme en propageant une image de la Vierge plus féminine et plus maternelle, un Christ empreint de douceur et d'humanité. Réalisme artistique d'origine médiévale qui prendra un nouveau visage à la Renaissance avec la recherche de la profondeur et du relief dans l'art du portrait, du paysage, de la nature morte. Ce sens du concret, cet intérêt pour l'expérience visuelle et les apparences dans l'art sont d'une grande importance; ils traduisent la glorification du monde créé, la valorisation des beautés du monde humain et terrestre. C'est ce nouvel investissement mondain qui va se retrouver dans la mode et qui contribuera à son établissement. La mode, en effet, représente la face frivole de ce nouvel amour des apparences et du spectacle de l'homme qui prend corps en Occident. Par-delà les différences évidentes et hautement significatives par ailleurs, le culte de la fantaisie qui se manifeste dans la mode, et le < réalisme > qui ne cessera, en un sens, de commander l'évolution de l'art font partie d'un même ensemble : dans les deux cas s'opèrent la même exaltation des choses visibles, la même passion des détails sensibles, la même curiosité pour les traits individuels, la même délectation immédiate des surfaces, la même visée du plaisir esthétique.

La révolution vestimentaire qui est à la base du costume moderne s'est appuyée sur cette réhabilitation artistique du monde : l'amour du réel dans sa singularité, qui s'est d'abord manifesté dans l'art gothique, a sans aucun doute favorisé l'avènement d'un vêtement exprimant les charmes et l'individualité des corps. On a eu raison de souligner que le costume à jaquette courte du XIVe siècle était inséparable du < réalisme >, qu'il n'a pas suivi mais anticipé la révolution de la représentation du Quattrocento, qu'il a coopéré à la découverte du corps humain en permettant aux artistes d'avoir « une vision presque anatomique du tronc et des membres »[1]. À condition de ne pas aller trop loin dans cette autonomisation de la mode par rapport à l'art médiéval. Il n'est pas vrai que le nouvel habillement ne doit rien à la recherche stylistique antérieure, le costume masculin court n'est pas le « premier réalisme »[2]. Même s'il a, en effet, précédé le style de la Renaissance, il prolonge en fait, sur une plus longue durée, l'observation et la curiosité envers le réel, déjà manifestes dans l'art gothique : la mode, à la fin du Moyen Âge, a étendu au paraître vestimentaire le processus de promotion des apparences surgi en avant-coureur dans les formes de l'art chrétien.

Ce n'est donc pas un hasard si la mode et le nu en peinture font partie du même âge : il s'agit toujours de la même consécration de notre séjour terrestre. Sans doute le nu procède-t-il d'un retour aux classiques, de l'admiration nouvelle pour les modèles antiques; mais, au-delà de la « résurrection » de l'Antiquité, on ne doit pas perdre de vue, comme le disait É. Mâle, la continuité dans laquelle s'inscrit l'art d'Occident en tant qu'art fondamentalement chrétien ayant permis la réhabilitation des choses visibles, l'amour des créatures divines et ce, dès l'âge gothique. De la même manière, si l'émergence de la mode coïncide avec une promotion des valeurs profanes au sein des classes supérieures, cette promotion n'est pas séparable d'un encadrement religieux, en l'occurrence, ici, le christianisme. Ce qui a constitué l'opposition la plus irréductible aux vanités du siècle, la foi chrétienne, a contribué, quoique de façon indirecte, à l'établissement du règne de la mode. Par le dogme du dieu-homme et la revalorisation-légitimation qu'il permet de la sphère terrestre, des données sensibles et visuelles[3], la religion de l'incarnation a incontestablement favorisé l'apparition de la mode. Tout comme le

1. P. Post, art. cité, p. 39.
2. *Ibid.*, p. 39.
3. Ce point a été particulièrement souligné par Marcel Gauchet, *Le Désenchantement du monde*, Paris, Gallimard, 1985, pp. 97-98. Dans un domaine beaucoup plus circonscrit, E. Auerbach avait déjà indiqué comment l'intégration de tous les événements humains dans le style élevé de la littérature occidentale ainsi que la représentation réaliste-sérieuse de ce qui est individuel, quotidien, social étaient d'origine chrétienne. Cf. *Mimésis*, trad. franç., Paris, Gallimard, 1968.

christianisme a rendu possible, au moins comme cadre symbolique, la possession et l'exploitation moderne de la nature [1], de même il a été la matrice de sens ayant permis le déploiement de la mode en tant qu'ordre esthétique autonome livré aux seuls caprices des hommes. C'est avant tout par la médiation de l'art que le christianisme a pu accomplir cette tâche paradoxale si évidemment antinomique avec son impératif constitutif de salut. L'art chrétien s'est « réconcilié » avec notre séjour terrestre, il y a eu glorification stylistique du règne des créatures qui s'est répercutée après coup sur la sphère du paraître vestimentaire. La mode n'est pas née de la seule dynamique sociale, ni même de l'essor des valeurs profanes, elle a requis, au plus profond, un schème religieux unique, celui de l'Incarnation, ayant conduit, à la différence des autres religions, à l'investissement de l'ici-bas, à la dignification de la sphère terrestre, des apparences et des formes singulières. Dans le cadre d'une religion fondée sur la pleine humanité du Sauveur, le monde créé pourra être loué pour sa beauté; l'originalité et le charme du paraître pourront gagner une légitimité, le costume pourra dessiner et amplifier les beautés du corps. La mode n'a pu prendre racine qu'en Occident, là même où la religion du Christ s'est développée. Ce n'est pas là phénomène fortuit : un lien intime, bien que paradoxal, unit l'*homo frivolus* et l'*homo religiosus* du cas spécifique chrétien.

1. M. GAUCHET, *op. cit.*, pp. 108-130.

II

LA MODE DE CENT ANS

C'est au cours de la seconde moitié du XIX⁰ siècle que la mode, au sens moderne du terme, s'est mise en place. Tout, certes, n'est pas alors absolument nouveau, loin s'en faut, mais, à l'évidence, un système de production et de diffusion inconnu jusqu'alors est apparu qui se maintiendra avec une grande régularité pendant un siècle. Tel est le phénomène historique à souligner ici : en dépit des progrès technologiques, de ses incessantes virevoltes ou « révolutions » stylistiques, la mode n'a pas échappé à ce qu'on peut bien appeler une structure de longue durée. Du milieu du XIX⁰ siècle jusqu'aux années 1960, moment, en effet, où le système commence à se lézarder et à se reconvertir partiellement, la mode va reposer sur une organisation à ce point stable qu'il est légitime de parler d'une *mode de cent ans,* première phase de l'histoire de la mode moderne, son moment héroïque et sublime. Mode de cent ans : manière sans doute de dire qu'un cycle est achevé, manière surtout d'insister sur tout ce qui nous relie encore, au plus profond, à cette phase fondatrice, instituante d'une nouvelle organisation de l'éphémère, d'une nouvelle logique du pouvoir appelée à connaître un extraordinaire destin historique, puisqu'elle s'imposera de plus en plus au cœur de nos sociétés au cours du XX⁰ siècle. Toute proportion gardée, il faudrait dire de la mode de cent ans ce que Tocqueville disait de l'Amérique : nous y avons vu, en effet, plus que la mode, nous y avons reconnu une figure, certes particulière, mais significative de l'avènement des sociétés bureaucratiques modernes; nous y avons vu plus qu'une page de l'histoire du luxe, des rivalités et distinctions

de classes, nous y avons reconnu une des faces de la ←
« révolution démocratique » en marche.

La mode et son double

La mode moderne a ceci qui la caractérise qu'elle s'est
articulée autour de deux industries nouvelles, aux buts et aux
méthodes, aux articles et aux prestiges sans aucun doute
incomparables, mais qui n'en forment pas moins une configuration unitaire, un système homogène et régulier dans
l'histoire de la production des frivolités. La *Haute Couture*
d'une part, initialement appelée Couture, la *confection* industrielle d'autre part, telles sont les deux clés de voûte de la
mode de cent ans, système bipolaire fondé sur une création de
luxe et sur mesure s'opposant à une production de masse, en
série et bon marché, imitant de près ou de loin les modèles
prestigieux et « griffés » de la Haute Couture. Création de
modèles originaux, reproduction industrielle : la mode qui
prend corps se présente sous le signe d'une différenciation
marquée en matière de techniques, de prix, de renoms, de
buts concordant avec une société elle-même divisée en classes
aux modes de vie et aspirations nettement tranchés.

À coup sûr, le système ainsi décrit ne traduit-il que
partiellement une réalité historique plus complexe. Entre ces
deux pivots, des organisations intermédiaires, la petite et
moyenne couture, n'ont jamais cessé d'exister. En France, en
particulier, très nombreuses sont les femmes qui ont continué
à avoir recours à une couturière ou à réaliser elles-mêmes leurs
robes à partir des « patrons » en vente dans les magasins ou
diffusés par les journaux de mode : dans les années 1950,
60 % des Françaises s'habillaient encore chez des couturières
ou faisaient leurs robes. Par ailleurs, la confection, surtout
dans les pays fortement industrialisés ayant la possibilité de
reproduire légalement et rapidement les modèles de Haute
Couture (les U.S.A. par exemple), ne s'est pas cantonnée dans
une production à bas prix, elle a diversifié son offre et réalisé
des articles de différentes qualités, de l'ordinaire au semi-luxe.
Cela étant, le schéma global demeure bien celui-là : la Haute
Couture monopolise l'innovation, lance la tendance de l'an-

née, la confection et les autres industries suivent, s'en inspirant de plus ou moins près, avec plus ou moins de retard, de toute façon à des prix incomparables. Si, donc, la mode moderne s'appuie sur deux axes majeurs, elle devient comme jamais radicalement monocéphale.

Dans la mesure où la Haute Couture est le laboratoire incontesté des nouveautés, la mode de cent ans désigne essentiellement la mode féminine. Cela ne signifie pas qu'il n'y ait pas eu, dans le même moment, une mode masculine, mais celle-ci n'a reposé sur aucune institution comparable à la Haute Couture, avec ses maisons illustres, ses renouvellements de saison, ses défilés de mannequins, ses audaces et « révolutions ». En outre, la mode masculine est impulsée par Londres et, à partir de 1930, de plus en plus par les U.S.A., alors que le cœur de la Haute Couture est Paris. Comparée à la mode Couture, la mode masculine est lente, modérée, sans heurt, « égalitaire », même si elle s'est articulée également sur l'opposition sur mesure/série. Incontestablement, la Haute Couture est l'institution la plus significative de la mode moderne; elle seule a dû mobiliser en permanence l'arsenal des lois afin de se protéger contre le plagiat et les contrefacteurs, elle seule a suscité des débats passionnés, elle seule a joui d'une célébrité mondiale, elle seule a bénéficié de la publicité régulière et démultipliée de la presse spécialisée. Prolongeant un phénomène déjà manifeste au XVIIIᵉ siècle, la mode moderne est d'essence féminine.

L'ordre à deux paliers de la mode ne s'est pas institué en fonction d'un projet explicite ni même dans un temps tout à fait synchrone. La confection industrielle a précédé l'apparition de la Haute Couture. Dès les années 1820 en France, à l'imitation de l'Angleterre, une production de vêtements neufs, en grande série et bon marché se met en place et connaît un véritable essor après 1840, avant même d'entrer dans l'âge de la mécanisation rendue possible par la machine à coudre autour de 1860. A mesure que s'implantent les grands magasins, que les techniques progressent, que diminuent les coûts de production, la confection diversifie la qualité de ses articles s'adressant à la petite et moyenne bourgeoisie. Après la guerre de 1914, la confection se transforme profondément sous l'effet d'une division accrue du travail, d'un machinisme

plus perfectionné et des progrès de l'industrie chimique
permettant d'obtenir des coloris plus riches et, à partir de
1939, de nouveaux textiles à base de fibres synthétiques. Mais
en dépit de ces progrès, l'organisation de la mode reste
inchangée, toutes les industries, jusqu'aux années 1960, étant
suspendues aux oukases de la Haute Couture.

Automne 1857-hiver 1858 : Charles-Frédéric Worth
fonde, rue de la Paix à Paris, sa propre maison, première de la
lignée de ce qui s'appellera un peu plus tard Haute Couture.
Il affiche : « Robes et manteaux confectionnés, soieries, hautes
nouveautés », mais la véritable originalité de Worth, dont la
mode actuelle est toujours l'héritière, réside en ce que, pour la
première fois, des modèles inédits, préparés à l'avance et
changés fréquemment, sont présentés dans des salons luxueux
aux clientes, puis exécutés après choix, à leurs mesures.
Révolution dans le processus de création qui s'est accompagné
de surcroît d'une innovation capitale dans la commercialisation de la mode et dont Worth est encore l'initiateur : les
modèles, en effet, sont portés et présentés par de jeunes
femmes, les futurs *mannequins,* dénommés à l'époque « sosies ». Sous l'initiative de Worth, la mode accède à l'âge
moderne; elle est devenue une entreprise de création mais
aussi de spectacle publicitaire. Par la suite, des dizaines de
maisons organisées sur les mêmes principes voient le jour : à
l'exposition de 1900, vingt maisons de Haute Couture sont
présentes dont Worth, Rouff (fondée en 1884), Paquin
(1891), Callot Sœurs (1896). Doucet, qui emploiera plus tard
Poiret, ouvre ses portes en 1880, Lanvin en 1909, Chanel et
Patou en 1919. L'exposition des Arts décoratifs de 1925
accueille soixante-douze maisons; en 1959, une cinquantaine
de maisons sont enregistrées par la Chambre syndicale de la
Couture parisienne. Ces maisons, souvent de renom illustre,
emploient, selon leur importance et l'époque, de cent à deux
mille employés, mais leur poids dans l'économie nationale
sera manifestement sans commune mesure avec la taille de
leur effectif. L'industrie de luxe que représente la Haute
Couture aura un rôle capital dans l'économie française,
notamment pour l'exportation de vêtements qui, grâce au
prestige des grandes maisons parisiennes, occupera, au milieu
des années 1920, le deuxième rang dans notre commerce

extérieur [1]. Durant cette période, il est vrai de prospérité exceptionnelle avant la grande dépression qui touchera durement la Haute Couture, celle-ci permettait de réaliser à elle seule un tiers des ventes d'exportation en matière de vêtements [2]. Dans l'ensemble, les ventes de Haute Couture représentaient alors environ 15 % de l'exportation globale française [3]. Cela étant, au milieu des années 1950, la situation avait déjà profondément changé : Dior qui, à lui seul, totalisait plus de la moitié du montant total des exportations visibles et invisibles de la Haute Couture, ne réalisait plus que 0,5 % du total des exportations visibles de la France.

Fondée au milieu du XIXᵉ siècle, ce n'est qu'au début du siècle suivant que la Haute Couture adoptera le rythme de création et de présentation qu'on lui connaît encore de nos jours. Initialement, point de collections à date fixe, les modèles étant créés tout au long de l'année, variant seulement en fonction des saisons ; point non plus de défilés de mode organisés, lesquels apparaîtront dans les années 1908 et 1910 pour devenir de véritables spectacles présentés à heure fixe, l'après-midi, dans les salons des grandes maisons. En outre, après la guerre de 1914, à mesure que les achats de modèles par les acheteurs professionnels étrangers se multipliaient, les présentations saisonnières de collections se sont organisées à des dates à peu près fixes. Chaque grande maison présente dès lors, deux fois par an à Paris, fin janvier et début août, ses créations d'été et d'hiver puis, sous la pression des acheteurs étrangers, celles d'automne et de printemps (demi-saisons) en avril et en novembre. Les collections présentées d'abord aux commissionnaires étrangers (surtout américains et européens) le sont ensuite aux clientes particulières, deux ou trois semaines plus tard. Les professionnels étrangers achètent les modèles de leur choix avec le droit de les reproduire le plus souvent en grande série dans leur pays. Dotés des modèles et des fiches de référence donnant les indications nécessaires à la reproduction

1. Germaine DESCHAMPS, *La Crise dans les industries du vêtement et de la mode à Paris pendant la période de 1930 à 1937*, Paris, 1937.

2. Philippe SIMON, *Monographie d'une industrie de luxe : la haute couture*, Paris, 1931, p. 102.

3. Jean-Charles WORTH, « À propos de la mode », *La Revue de Paris*, 15 mai 1930.

de la robe, les confectionneurs, à l'exception toutefois des confectionneurs français qui n'avaient pas accès immédiatement aux nouveautés de saison pour des raisons évidentes d'exclusivité, pouvaient reproduire en les simplifiant les créations parisiennes : très rapidement, en quelques semaines, la clientèle étrangère pouvait ainsi s'habiller au dernier cri de la Haute Couture à des prix accessibles, voire très bas, selon la catégorie de confection. De sorte que la Haute Couture a moins, comme on le croit parfois, accéléré la mode qu'elle ne l'a *régularisée*. Les changements rapides de mode ne sont pas en effet contemporains de la Haute Couture, ils l'ont précédée d'environ un siècle : déjà à la fin de l'Ancien Régime, la mode a pris un rythme effréné, au point de coller à l'actualité elle-même. Mais cette vitesse est demeurée jusqu'alors aléatoire, impulsée en ordre dispersé par tel ou tel arbitre variable des élégances. Avec l'âge de la Haute Couture au contraire, pour la première fois, il y a une institutionnalisation ou orchestration du renouvellement : pour l'essentiel, la mode devient biannuelle, les demi-saisons ne faisant qu'annoncer les signes avant-coureurs de la mode suivante. Au lieu d'une logique fortuite de l'innovation, se sont mis en place une normalisation du changement de mode, un renouvellement impératif opéré à date fixe par un groupe spécialisé. La Haute Couture a discipliné la mode au moment où elle enclenchait un processus d'innovation et de fantaisie créatrice sans précédent.

Paris dicte la mode : avec l'hégémonie de la Haute Couture apparaît une mode hypercentralisée, entièrement élaborée à Paris et en même temps internationale, suivie par toute les femmes *up to date* du monde. Phénomène qui, au demeurant, n'est pas sans similitude avec l'art moderne et ses pionniers concentrés à Paris et agençant un style expurgé des caractères nationaux. À coup sûr, cela n'est pas absolument nouveau : à partir du XVIIe siècle, la France s'est de plus en plus imposée comme phare de la mode en Europe, et la pratique des « poupées de mode », ces premières ambassadrices de mode, qui devient courante au XVIIIe siècle, révèle tout à la fois la tendance à l'unification du costume européen et le pôle attractif de Paris. Néanmoins, pendant tout ce temps, les toilettes n'ont jamais cessé de présenter certains traits reconnaissables propres aux différents pays : à l'instar de la peinture, la mode a gardé un caractère national. La Haute Couture, secondée par la confection, a permis au contraire à la mode de se dégager de l'emprise nationale en ne laissant subsister que le modèle et sa copie en grand nombre, identique dans tous les pays. La mode moderne, fût-elle sous l'autorité luxueuse de la Haute Couture, apparaît ainsi comme la première manifestation d'une consommation de masse, homogène, standardisée, indifférente aux frontières. Il y a eu uniformisation mondiale de la mode sous l'égide parisienne de la Haute Couture, homogénéisation dans l'espace qui a eu pour contrepartie une diversification dans le temps, liée aux cycles réguliers des collections saisonnières.

Centralisation, internationalisation et, parallèlement, *démocratisation* de la mode. L'essor de la confection industrielle d'une part, celui des communications de masse d'autre part, enfin la dynamique des styles de vie et des valeurs modernes ont, en effet, entraîné non seulement la disparition des multiples costumes régionaux folkloriques, mais aussi l'atténuation des différenciations hétérogènes dans l'habillement des classes au bénéfice de toilettes au goût du jour pour des couches sociales de plus en plus larges. Le phénomène le plus remarquable ici, c'est que la Haute Couture, industrie de luxe par excellence, a contribué également à agencer cette démocratisation de la mode. À partir des années 1920, avec la simplification du vêtement féminin dont Chanel est en quelque sorte le symbole, la mode devient en effet moins inaccessible parce que plus facilement imitable : l'écart entre les toilettes, inéluctablement, se rétrécit. Dès lors que l'étalage de luxe est devenu signe de mauvais goût, que la véritable élégance a requis discrétion et absence d'apparat, la mode féminine est entrée dans l'ère de l'apparence démocratique. En 1931, la journaliste Janet Flanner écrivait à propos de Chanel : « Chanel a lancé le " genre pauvre ", elle a introduit au Ritz le tricot de l'apache, rendu élégants le col et les manchettes de la femme de chambre, utilisé le foulard du terrassier et habillé les reines en combinaisons de mécano. » Bien entendu, des écarts très nets ont continué à distinguer les toilettes des différentes classes, mais le fait majeur tient en ce que le luxe vestimentaire a cessé d'être un impératif ostenta-

toire, il n'est légitime qu'une fois estompé et invisible, une
certaine simplicité « impersonnelle », apparemment standard-
disable, a réussi à s'imposer sur la scène de l'élégance
féminine. « Voici la Ford signée Chanel », concluait en 1926
l'édition américaine de *Vogue* au sujet d'une robe noire, stricte,
à manches longues. Aux antipodes de l'emphase aristocratique, le style moderne démocratique va s'incarner dans des
lignes épurées et souples, dans des « uniformes » ostensiblement discrets. Si la première révolution instituant l'apparence
féminine moderne réside bien dans la suppression du corset
par Poiret en 1909-1910, la seconde, sans nul doute plus
radicale, se situe dans les années 1920 sous l'impulsion de
Chanel et de Patou. Paul Poiret a abandonné le corset, il a
donné une souplesse nouvelle à l'allure féminine, mais il est
resté fidèle au goût de l'ornementation sophistiquée, à la
somptuosité traditionnelle du vêtement. Au contraire, Chanel
et Patou ont répudié le luxe tapageur, ils ont dépouillé les
femmes des fanfreluches et chichis : elles porteront désormais
des robes fourreaux courtes et simples, des chapeaux cloches,
des pantalons et chandails. Chanel pourra habiller les femmes
du grand monde en costume tailleur de jersey, en pull-over
gris, noir ou beige. Patou créera des sweaters à motifs
géométriques et des jupes droites plissées. Il est désormais chic
de ne pas paraître riche. Ce qui s'est affirmé pour les hommes
au XIXᵉ siècle, avec l'esthétique de Brummell, a gagné d'une
tout autre manière l'univers féminin; la parade flamboyante
s'est éclipsée au bénéfice de l'esthétique démocratique de la
pureté, de la sobriété, du confort.

À l'hétérogénéité des toilettes consubstantielle à l'ordre
aristocratique où le faste ostentatoire est un impératif social
destiné à marquer avec éclat la dissemblance humaine et
sociale, s'est substituée, au début du XXᵉ siècle, une mode à
tendance « homogène » reposant sur le rejet même du
principe de l'exhibition majestueuse et supérieure de la
hiérarchie. « Jadis les femmes étaient architecturales comme
des proues de navires et belles. Maintenant, elles ressemblent à
de petits télégraphistes sous-alimentés », disait Poiret : l'altérité sociale, loin d'être sursignifiée par le costume, est à
présent occultée par la déchéance des signes de la somptuosité
ostensible. Résorption des symboles de la distance sociale qui,

à l'évidence, ne peut être détachée de l'imaginaire démocratique de l'égalité des conditions : des êtres reconnus d'essence
semblable ne peuvent, à terme, qu'offrir une image d'eux-
mêmes sans disparité extrême, sans marque criante de fossé
hiérarchique. Au plus profond de la révolution vestimentaire
féminine du XXᵉ siècle, prenant la suite de celle des hommes,
il y a l'effondrement de l'univers « holiste », l'avènement
d'une société commandée par l'idéal de l'égalité démocratique.

Le processus, néanmoins, ne s'est pas accompli sans une
certaine équivoque : le luxe est resté, en effet, à la condition
d'être euphémisé, une valeur irremplaçable de goût et de
raffinement de classe au cœur de la Haute Couture. La
démocratisation de la mode ne signifie pas uniformisation ou
égalisation du paraître, de nouveaux signes plus subtils et plus
nuancés, notamment de griffes, de coupes, d'étoffes, ayant
continué à assurer les fonctions de distinction et d'excellence
sociale. Elle signifie réduction des marques de l'écart social,
mise en sourdine du principe aristocratique de la *conspicuous
consumption,* parallèlement à ces nouveaux critères que sont la
sveltesse, la jeunesse, le sex-appeal, la commodité, la discrétion. La mode de cent ans n'a pas éliminé les signes du rang
social, elle les a atténués en promouvant des repères mettant
davantage en valeur les attributs plus personnels, minceur,
jeunesse, sex-appeal, etc.

Le style démocratique sobre ne s'est pas davantage imposé
tout uniment. Parallèlement aux tenues de jour simples et
légères, la Haute Couture n'a cessé de créer des robes du soir
somptueuses, sophistiquées, hyperféminines. La mode de cent
ans a creusé l'écart entre les différents types de vêtements
féminins. D'un côté, une mode de jour (ville et sport) sous
l'égide de la discrétion, du confortable, du « fonctionnel ». De
l'autre, une mode du soir féerique, rehaussant la séduction du
féminin. La démocratisation de la mode est allée de pair avec
la *désunification* de l'apparence féminine : celle-ci est devenue
beaucoup plus protéiforme, moins homogène; elle a pu jouer
sur davantage de registres, de la femme voluptueuse à la
femme décontractée, de la « school boy » à la femme
professionnelle, de la femme sportive à la femme sexy. La
disqualification des signes fastueux a fait entrer le féminin

dans le cycle du jeu des métamorphoses complètes, de la cohabitation de ses images disparates, parfois antagonistes.

Plus directement que l'imaginaire de l'égalité, d'autres facteurs, culturels et esthétiques, ont eu un rôle de premier plan dans la révolution démocratique du paraître féminin. Les *sports* en particulier. Même peu répandue, la pratique du golf, du tennis, de la bicyclette, des bains de mer, de l'alpinisme, des excursions, de la chasse, des sports d'hiver, de la conduite automobile, a permis de modifier, d'abord lentement, beaucoup plus vite après la Grande Guerre, l'allure des vêtements féminins [1]. Le golf a introduit l'usage du cardigan, la bicyclette a permis l'apparition, vers 1890, de pantalons bouffants resserrés sous le genou et, en 1934, le short d'été, les bains de mer ont impulsé, au début du siècle, l'innovation de maillots sans manches à décolleté arrondi, suivie, dans les années 1920, du maillot d'une seule pièce avec les jambes et les bras nus. Dans les années 1930, le dos sera complètement découvert dans le maillot deux pièces. Dès les années 1920, les robes de hockey, de patinage et de tennis ont raccourci ; en 1921, Suzanne Lenglen avait fait sensation en jouant pour la première fois au tennis en jupe plissée s'arrêtant juste sous le genou, et en cardigan blanc sans manches. Depuis la fin du XIXe siècle, les vêtements de sport se sont multipliés : en 1904, la maison Burberry présentait un catalogue de 254 pages consacré presque entièrement à l'habillement sportif en confection. Au début des années 1920, la Haute Couture s'est lancée dans ce créneau : en 1922, Patou fait une première présentation de tenues de sport et de plein air, il ouvre sa boutique, « le Coin des Sports », en 1925. Le chic sera alors de porter des ensembles sport même pour se promener en ville et se rendre au restaurant : le sportswear a fait sa première apparition « classe ». Se promener en short, exhiber ses jambes, ses bras, son dos, son ventre, est devenu peu à peu légitime : le bikini fera son apparition vers la fin des années 1940. Les styles souples, fonctionnels, sexy, ne sont détachables ni de la vogue croissante des sports ni de l'univers individualiste-démocratique affirmant l'autonomie première

---

1. On trouve de nombreuses indications sur le phénomène dans Bruno DU ROSSELLE, *La Mode,* Paris, Imprimerie nationale, 1980. Également, Marylène DELBOURG-DELPHIS, *Le Chic et le Look,* Paris, Hachette, 1981.

des personnes; ensemble, ils ont enclenché un processus de *dénudation* du corps féminin et un processus de réduction des contraintes rigides du vêtement entravant l'expression libre de l'individualité. Les sports ont dignifié le corps *naturel,* ils ont permis de le montrer davantage tel qu'il est, débarrassé des armatures et trucages excessifs du vêtement.

Les sports n'ont pas seulement fait évoluer les tenues spécialisées, ils ont contribué, de façon cruciale, à changer les lignes du costume féminin en général en créant un nouvel idéal esthétique de la féminité. Par le biais du culte sportif, s'est imposé le prototype de la femme élancée, svelte, moderne, qui joue au tennis et au golf, en opposition à la femme vaporeuse, sédentaire, entravée dans ses volants et dentelles. La désophistication du vêtement des années 1920, l'élimination des fronces et fanfreluches au profit des formes sobres et nettes, sont venues en réponse à ce nouvel idéal de sport, de légèreté, de dynamisme. De 1924 à 1929, Patou a créé tous ses modèles sur le même principe que ses vêtements de plein air et de sport : « Mes modèles sont conçus pour la pratique du sport. J'ai fait en sorte qu'ils soient aussi agréables à regarder qu'à porter et permettent une grande liberté de mouvement [1]. » Quarante ans plus tard, l'effet Courrèges et ses lignes futuristes des années 1960 ne feront que radicaliser ce processus au nom des mêmes valeurs de confort et d'épanouissement du corps : « J'ai recherché une mode dynamique, avec le constant souci de la liberté du geste... la femme d'aujourd'hui s'est libérée. Il faut qu'elle le soit aussi physiquement. On ne peut l'habiller en statique, en sédentaire » (Courrèges).

Comment ignorer d'autre part l'influence considérable des courants de l'art moderne sur la transformation démocratique de la mode après la Première Guerre mondiale? La silhouette de la femme des années 1920, droite et plate, est en consonance directe avec l'espace pictural cubiste fait de plans nets et angulaires, de lignes verticales et horizontales, de contours et d'a-plats géométriques, elle fait écho à l'univers tubulaire de Léger, au *dépouillement* stylistique entrepris par

1. Cf. Meredith ETHERINGTON-SMITH, *Patou,* Paris, Denoël, 1984, pp. 42-69.

Picasso, Braque, Matisse, après Manet et Cézanne. Les volumes et rondeurs de la femme ont fait place à une apparence épurée, désophistiquée dans la continuité du travail des avant-gardes artistiques. La mode a tiré les leçons du projet moderniste, commencé avec Manet, dont Georges Bataille disait qu'il se caractérisait par la « négation de l'éloquence », par le rejet « du verbiage grandiloquent » et de la majesté des images : en abandonnant la poétique de i'ornementation et la parade du clinquant, la mode Couture a œuvré partiellement à désublimer et désidéaliser l'allure féminine, elle a démocratisé le style du vêtement dans le climat des nouvelles valeurs esthétiques modernistes tendues vers l'épuration des formes et le refus du décoratif.

À la démocratisation de l'apparence a correspondu l'extension puis la généralisation du *désir de mode,* jadis circonscrit aux couches privilégiées de la société. La mode de cent ans n'a pas seulement rapproché les manières de se vêtir, elle a diffusé dans toutes les classes le goût des nouveautés, elle a fait des frivolités une aspiration de masse tandis qu'elle concrétisait le droit démocratique à la mode institué par la Révolution. Même si, depuis des siècles, des couches sociales élargies ont pu accéder aux modes, ce n'est qu'après la Première et la Deuxième Guerre mondiale que le « droit » à la mode trouvera une assise réelle et une légitimité de masse. Le temps est loin où les sarcasmes avaient pour cible les classes inférieures imitant le paraître aristocratique. Le ridicule dans l'âge démocratique sera moins dans l'imitation de la mode (le snobisme mis à part) que dans le *démodé,* ce nouvel « interdit » de masse. La mode de cent ans a émancipé l'apparence des normes traditionnelles en même temps qu'elle imposait à tous l'ethos du changement, le culte de la modernité : plus qu'un droit, la mode est devenue un impératif social catégorique. Par la féerie de la Haute Couture, des magazines, des stars, les masses ont été dressées au code de la mode, aux variations rapides des collections saisonnières, parallèlement d'ailleurs à la sacralisation du code de l'originalité et de la personnalité. Telle est une des caractéristiques de la mode de cent ans : la revendication de plus en p!us large d'individualité s'est accompagnée d'une obéissance synchronisée, uniforme, impérative, aux normes de la Haute Couture. En même temps que chaque saison prescrit régulièrement ses nouveautés démodant immédiatement ce qui « se faisait » antérieurement, la mode est suivie au plus près, en ordre cadencé, les écarts, contestations et anti-modes n'ayant commencé à prendre quelque ampleur que dans les années 1960. Imposition d'une tendance homogène et proclamation saisonnière d'une mode « officielle » d'une part, conformisme de masse et soumission uniforme aux codes vestimentaires d'autre part : ce moment se rattache, en dépit de sa spécificité organisationnelle, à l'âge rigide et standardisé des disciplines [1]. La mode qui s'érige au nom du principe de l'individualité n'a réussi à se généraliser qu'en imposant des normes uniformes standardisées, résorbant le libre déploiement des différences personnelles. La mode de cent ans a contribué, parallèlement aux organisations disciplinaires et aux institutions démocratiques, à arracher nos sociétés à l'ordre holiste-traditionnel, à mettre en place des normes universelles et centralisées, à instituer la première phase des sociétés modernes individualistes autoritaires.

La mode considérée comme un des beaux-arts

Avec la Haute Couture apparaît l'organisation de la mode telle que nous la connaissons encore aujourd'hui, du moins dans ses grandes lignes : renouvellement saisonnier, présentation de collections sur mannequins vivants et surtout une nouvelle vocation doublée d'un nouveau statut social du couturier. Le phénomène essentiel, en effet, est celui-ci : depuis Worth, le couturier s'est imposé comme un créateur dont la mission consiste à élaborer des modèles inédits, à lancer régulièrement de nouvelles lignes vestimentaires qui, idéalement, sont révélatrices d'un talent singulier, reconnaissable, incomparable. Fin de l'âge traditionnel de la mode, entrée dans sa phase moderne artistique, tel est le geste accompli par Worth, le premier qui introduit des change-

---

1. Avec leurs variations rapides et brusques, notamment dans les longueurs de robes (mini, maxi), les années 1960 seront le dernier moment de cet unanimisme « dirigé » de masse.

ments incessants de formes, de tissus, de garnitures, qui bouleverse l'uniformité des toilettes au point de heurter le goût du public, qui peut revendiquer une « révolution » dans la mode en s'attribuant le mérite d'avoir détrôné la crinoline. Le couturier, après des siècles de relégation subalterne, est devenu un artiste moderne, celui dont la loi impérative est l'innovation. C'est dans ce contexte que la mode s'identifiera de plus en plus au foisonnement créatif de la Haute Couture : avant 1930, les grandes maisons présentaient chaque saison des collections riches de 150 à 300 modèles nouveaux, et dans les années 1950, où le nombre moyen variait encore entre 150 et 200, il se créait à Paris quelque 10 000 prototypes par an.

L'écart avec le passé est net, tranché : d'artisan « routinier » et traditionnel, le couturier, à présent modéliste, est devenu « génie » artistique moderne. Jusqu'alors, le tailleur ou la couturière avaient peu d'initiative, les « patrons » étaient impératifs; l'architecture générale du vêtement, ses éléments de base étaient à peu près invariables durant une période donnée, seules certaines parties du costume autorisaient une coupe et une façon fantaisiste. La faiseuse n'avait aucun rôle créateur; il faut attendre l'apparition, dans la seconde moitié du XVIIIe siècle, des « marchands et marchandes de mode » pour que soit reconnue, à des métiers de mode, une certaine autonomie créatrice, circonscrite dans le cas aux seules ornementations et garnitures de la toilette. Le talent artistique conféré aux marchands de mode réside alors dans le talent *décoratif,* dans la capacité à agrémenter et ennoblir le vêtement aux moyens de fantaisies de mode (chapeaux, bonnets, colifichets, passementeries, rubans, plumes, gants, éventails, fichus, etc.), non dans l'invention de lignes originales. Conservatisme et uniformité dans la confection d'ensemble, fantaisie et originalité plus ou moins accusées dans les détails, ainsi peut-on résumer la logique qui agence la mode depuis qu'elle a pris véritablement corps en Occident à partir du milieu du XIVe siècle. C'est ce dispositif que va bouleverser la Haute Couture dès lors que la vocation suprême du modéliste réside dans une création incessante de prototypes originaux. Ce qui est passé au premier plan c'est la ligne du vêtement, l'idée originale, non plus seulement au niveau des falbalas et

accessoires, mais au niveau du « patron » lui-même. Chanel
pourra dire plus tard : « Faites d'abord la robe, ne faites pas
d'abord la garniture. »

En droit, le modéliste est un créateur « libre », sans limites ;
en fait, à la tête d'une entreprise industrielle et commerciale,
le grand couturier voit son autonomie créatrice limitée par les
mœurs du temps, par le style en vogue, par la nature
particulière du produit réalisé, le costume, qui doit flatter
l'esthétique des personnes et non pas seulement satisfaire le
pur projet créateur. C'est pourquoi on ne peut pousser trop
loin le parallélisme entre l'apparition du couturier créateur et
celle des artistes modernes au sens strict. Si le Nouveau
devient bien une loi commune, il reste que les peintres,
écrivains et musiciens ont eu une liberté d'expérimentation,
un pouvoir de reculer les frontières de l'art qui n'a pas son
équivalent dans la mode. Même nouveau, le vêtement doit
séduire et mettre en valeur la personne qui le porte ; même
nouveau, il ne doit pas venir *trop* tôt ni *trop* heurter les
convenances ou les goûts. Tout n'a donc pas changé avec
l'avènement de la Haute Couture : comme par le passé, le
nouveau de mode est resté un ensemble de variations
nécessairement lentes dans le style d'une époque, une « aventure confortable » (Sapir), « sans risque » comparée aux
ruptures brutales, aux dissonances, aux provocations de l'art
moderne. Il y a bien eu, avec la Haute Couture, une
discontinuité organisationnelle, mais sur fond de continuité
propre à la mode et son impératif de séduction immédiate.

En dépit de ce conservatisme consubstantiel à la mode, la
Haute Couture a systématisé à un point tel la logique de
l'innovation qu'il n'est pas illégitime d'y reconnaître une
figure particulière, moins radicale certes, mais néanmoins
significative du dispositif original qui apparaît en Europe :
l'avant-garde. Ce n'est pas un phénomène anecdotique si,
dès l'aube du XXᵉ siècle, certains grands couturiers admirent
et fréquentent les artistes modernes : Poiret est l'ami de
Picabia, Vlaminck, Derain et Dufy ; Chanel est liée à
P. Reverdy, Max Jacob, Juan Gris, elle réalise les costumes d'*Antigone* de Cocteau, les décors étant de Picasso
et la musique d'Honegger ; les collections de Schiaparelli
sont inspirées par le surréalisme. Même lentes, les audaces

vestimentaires se multiplient qui offusquent la tradition
aristocratique (le célèbre « misérabilisme de luxe » de Chanel
raillé par Poiret), les goûts esthétiques et l'image archétypale
de la femme (style garçonne, robes du soir excentriques,
shocking pink), les mœurs et la décence : robe courte au genou
des années 1920, profondeur du décolleté dorsal et dénudation des tenues d'été ou de plage des années 1930, minijupe
des années 1960. Dans les années 1920, certains États
américains édicteront des lois pour enrayer la vague d'impu-
deur liée au raccourcissement des robes [1]; déjà, dans les années
1900, l'archevêque de Paris s'était associé à une protestation
adressée aux couturiers, responsables de modes indécentes et
provocatrices. Dès les années 1920, Chanel et Patou ont
substitué à la logique de l'ornementation complexe prévalente
depuis toujours celle du style et de la ligne stricte, une
révolution dans l'habillement féminin apparaît qui fait en
quelque sorte « table rase » du passé, de l'impératif du
cérémonial et de l'ornement luxueux propre à la mode
antérieure. Désublimation relative de la mode (« robe-
chemise », emploi de matériaux pauvres, « jersey », puis toiles
à sac, à torchons, matériaux synthétiques chez Schiaparelli)
correspondant à celle de l'art moderniste; simplification ou
épuration de la mode parallèle à certaines recherches des
cubistes, des abstraits, des constructivistes. À l'instar de l'art,
la Haute Couture s'est lancée dans un processus de ruptures,
d'escalade, de changements profonds qui l'apparente, en dépit
de sa non-linéarité, de ses virevoltes, de ses apparents « retours
en arrière » (le *New-Look* de Dior), à l'avant-garde. Même si
la course en avant ne s'est pas traduite par les signes
extrémistes et destructeurs de la dislocation, la mode a été
gagnée, à son échelle, ludiquement, par la logique moderne de
la révolution, avec ses discontinuités, son ivresse du Nouveau,
mais aussi ses excommunications, ses rivalités, ses luttes de
tendance inhérentes au monde des créateurs.

La nouvelle vocation du couturier s'est accompagnée d'une
extraordinaire promotion sociale. Sous l'Ancien Régime,
tailleurs et couturières étaient des personnages anonymes

1. James LAVER, *Costume and Fashion, A Concise History* (1969), Londres,
Thames and Hudson, 1982, p. 232.

relégués dans la sphère inférieure des « arts mécaniques »,
leurs noms, dans les opuscules et textes évoquant de près ou
de loin la mode, n'étaient presque jamais consignés. Les
nouveautés en vogue portaient alors le nom du grand
personnage, du noble ayant lancé telle ou telle mode. Le
changement survient au XIXᵉ siècle et surtout avec Worth : le
couturier, dès lors, va jouir d'un prestige inouï, il est reconnu
comme un poète, son nom est célébré dans les journaux de
mode, il apparaît dans les romans sous les traits de l'esthète,
arbitre incontesté des élégances ; à l'égal d'un peintre ses
œuvres sont signées, et protégées par la loi. Par son dédain
affiché pour l'argent et le commerce, par son discours
évoquant la nécessité de « l'inspiration », le grand couturier
s'impose comme un « artiste de luxe » (Poiret) qui collec-
tionne les œuvres d'art, qui vit dans un décor fastueux et
raffiné, qui s'entoure de poètes et de peintres, qui crée
lui-même des costumes de théâtre, de ballet, de film, qui
subventionne la création artistique. On fait assaut de références artistiques pour désigner les modélistes : Dior est le
Watteau des couturiers, Balenciaga le Picasso de la mode [1]. La
création de mode fait usage elle-même de la citation artistique : les robes Mondrian ou Pop Art, les jupes Picasso d'Yves
Saint-Laurent. La haute société puis la presse spécialisée ont
permis au grand couturier non seulement de renforcer son
image d'artiste, mais aussi d'acquérir un renom international
immense : en 1949, l'institut Gallup donnait Christian Dior
comme l'une des cinq personnalités internationales les plus
connues.

Pour spectaculaire qu'elle soit, une telle promotion sociale
n'est pas absolument nouvelle. Depuis le milieu du XVIIIᵉ siècle, les métiers de mode, les coiffeurs, les cordonniers, les
« marchands de modes », se considèrent et sont de plus en
plus considérés comme des artistes sublimes. À cette époque
apparaissent les premiers traités sur l'art de la coiffure,
notamment de Le Gros et de Tissot. Dans son *Traité des
principes et de l'art de la coiffure,* Lefèvre, coiffeur de Diderot,
écrit : « De tous les arts, celui de la coiffure devrait être un des

1. Cecil BEATON, *Cinquante Ans d'élégance et d'art de vivre*, Paris, Amiot-
Dumont, 1954.

plus estimés; ceux de la peinture et de la sculpture, ces arts
qui font vivre les hommes, des siècles après leur mort, ne
peuvent lui disputer le titre de confrère; ils ne peuvent
disconvenir du besoin qu'ils en ont pour finir leurs ouvrages. »
L'ère des grands artistes capillaires s'ouvre; ils coiffent en
habit, l'épée au côté, ils choisissent leur clientèle et s'appellent
« créateurs ». Le Gros mettait son art au-dessus de celui des
peintres et ouvre la première école professionnelle baptisée
« Académie de Coiffure ». Un peu plus tard, c'est le nom de
Léonard qui s'impose, peut-être le coiffeur le plus fameux, à
propos duquel Mme de Genlis disait en 1769 : « Enfin Léonard
vint; il vient et il est roi. » Triomphe également des
cordonniers sublimes, ces « artistes en chaussures »[1], et
surtout des marchands de modes consacrés artistes en mode,
comme le suggère bien L. S. Mercier dans son *Tableau de
Paris* : « Les couturières qui taillent et cousent toutes les pièces
de l'habillement des femmes et les tailleurs qui font les corps
et les corsets sont les maçons de l'édifice; mais la marchande
de modes, en créant les accessoires, en imprimant la grâce, en
donnant le pli heureux, est l'architecte et le décorateur par
excellence[2]. » Les marchands de modes, qui ont remplacé
depuis peu le commerce de la mercerie, font fortune et
jouissent d'une gloire immense : Beaulard est chanté comme
un poète, Rose Bertin, « ministre des modes » de Marie-
Antoinette, est célébrée en vers par le poète J. Delille; son
nom se retrouve dans les lettres de l'époque, dans les
mémoires et gazettes. À présent, le raffinement, la préciosité et
l'impertinence sont de mise chez ces artistes en mode aux
factures exorbitantes. Avec cynisme, Rose Bertin répond à
l'une de ses clientes qui discutait ses prix : « Ne paye-t-on à
Vernet que sa toile et ses couleurs[3]? » Prenant prétexte de
tout événement, succès de théâtre, décès, événements politiques, batailles, l'art des marchands de modes s'exerce en
fantaisies et fanfreluches innombrables; ce sont ces créations
d'artistes qui expliquent le montant des factures : « Dans le

1. Edmond de GONCOURT, *La Femme au XVIIIe siècle* (1862), Paris, Flammarion, 1982, pp. 275-276.
2. Cité par Anny LATOUR, *Les Magiciens de la mode,* Paris, Julliard, 1961,
chap. Ier.
3. E. de GONCOURT, *op. cit.,* p. 275.

prix de revient d'une robe, tel qu'il figure dans les livres de comptes des marchandes de modes, le tissu (99 aunes, soit 107 mètres de velours noir) représente 380 livres, la façon 18 livres et les garnitures 800 livres [1]. » Sous l'empire, Leroy, dont la gloire est aussi grande que la fatuité, consacre le tailleur lui-même comme artiste ; un journal de mode de l'époque remarque : « Messieurs les tailleurs méprisent aujourd'hui la couture et ne s'occupent que de ce qu'ils appellent le dessin de l'habit. » Au même moment, Mme Raimbaud, la célèbre couturière, est surnommée par les gazettes « le Michel-Ange de la mode ». Sous la monarchie de Juillet, Maurice Beauvais est consacré « le Lamartine des modistes » tandis que brillent de nouveaux noms de couturières (Vignon, Palmyre, Victorine) et couturiers (Staub, Blain, Chevreuil). Lorsque Worth s'impose comme cet « autocrate de goût », les gens de mode étaient depuis longtemps devenus gens d'art. La célébrité de Worth puis celle des grandes maisons, sa condescendance envers les clientes, son luxe et son raffinement, ses manières d'artiste, ses factures stupéfiantes, ne désignent pas un virage historique, ils prolongent un ethos et un processus d'élévation sociale datant déjà d'un siècle.

On ne peut détacher la consécration des métiers de mode de la nouvelle représentation sociale de la mode qui s'amorce à peu près au même moment. Pendant des siècles, les modes n'ont jamais été l'objet d'une description pour elles-mêmes : point de journaux spécialisés, point de chroniques rédigées par des professionnels. Lorsque des textes et opuscules évoquaient la mode, celle-ci était supposée connue des lecteurs, les indications fournies par les écrivains moralistes, esprits religieux ou prédicateurs n'étaient que prétexte pour railler ou dénoncer les mœurs du temps et les faiblesses humaines : prétention des bourgeois parvenus, passion du « paraître » des courtisans, goût de la dépense, inconstance, jalousie et envie des femmes. Le genre qui domine est satirique dès que la mode est mentionnée. Dans leurs Mémoires, les grands seigneurs ne daignaient pas faire état des superfluités, de même que la littérature élevée où ils étaient représentés. Les

---

1. Yvonne DESLANDRES, *Le Costume image de l'homme*, Paris, Albin Michel, 1976, p. 134.

opuscules qui font connaître en détail les caractéristiques et
formes du vêtement sont exceptionnels; de façon générale,
l'information est moins importante que les finesses stylistiques
de la versification ou que les plaisanteries auxquelles donnent
lieu les frivolités. Avec les premiers périodiques illustrés de
mode à la fin de l'Ancien Régime, le traitement de la mode
change; désormais, elle est régulièrement décrite pour elle-
même et offerte à l'œil : *Le Magasin des modes françaises et
anglaises*, qui paraît de 1786 à 1789, a pour sous-titre :
« Ouvrage qui donne une connaissance exacte et prompte des
habillements et parures nouvelles. » Sans doute, toute une
littérature critique se maintiendra et ce, jusqu'au XXᵉ siècle,
fustigeant les artifices et l'aliénation des consciences aux
pseudo-besoins, mais sans commune mesure avec l'ampleur
sociologique et médiatique de la nouvelle tendance « positive » à faire de la mode un objet à peindre, à analyser, à
enregistrer en tant que manifestation *esthétique*. Prolifération
des discours de mode non seulement dans les magazines
spécialisés, de plus en plus nombreux aux XIXᵉ et XXᵉ siècles,
mais aussi chez les écrivains eux-mêmes qui, au cours du
XIXᵉ siècle, font de la mode un sujet digne d'attention et de
considération. Balzac écrit un *Traité de la vie élégante* (1830)
et Barbey d'Aurevilly *Du dandysme et de George Brummell*
(1845) ainsi que divers articles de mode. Baudelaire rédige un
Éloge du maquillage; il voit dans la mode un élément
constitutif du beau, un « symptôme du goût de l'idéal », et
s'emploie à « venger l'art de la toilette des ineptes calomnies
dont l'accablent certains amants très équivoques de la nature » [1]. Mallarmé rédige à lui seul *La Dernière Mode;* à la fin
du siècle, P. Bourget, Goncourt, Maupassant donnent au
roman mondain une dignité littéraire et une assise de réalité
en faisant une peinture minutieuse et exacte de la vie élégante,
des atours du *high life* et de ses décors délicats, raffinés,
luxueux. Un peu plus tard, Proust décrira les rivalités
mondaines et s'interrogera sur les ressorts psychologiques de la
mode, le snobisme, dans les salons du faubourg Saint-
Germain. À partir de la seconde moitié du XVIIIᵉ siècle, la

1. BAUDELAIRE, *Le Peintre de la vie moderne*, in *Œuvres complètes*, Paris,
Gallimard, La Pléiade, p. 903.

mode s'est imposée comme quelque chose à magnifier, à décrire, à exhiber, à philosopher; tout autant et peut-être plus encore que le sexe, elle est devenue une machine prolixe à produire du texte et de l'image. L'âge moraliste-critique de la mode a fait place à un âge informationnel et esthétique traduisant un surinvestissement des questions ayant trait au paraître, un intérêt sans précédent pour les nouveautés, ces passions démocratiques qui rendront possible la gloire des gens de mode et surtout des grands couturiers.

Au moment où la mode s'affirme comme objet sublime, l'époque devient riche en inventions de mots désignant la personne à la mode et le « dernier cri » en matière d'élégance. À partir du XIXᵉ siècle, on parle des « beaux », des « fashionables », des « dandys », des « lions et lionnes », des « cocodès », des « gommeux et gommeuses »; à la fin du siècle, « smart » remplace « urf », « chic », « copurchic », « v'lan », « rupin », « sélect », « ha », « pschutt ». Les premières décennies du XXᵉ siècle verront l'apparition de « dernier bateau », « dans le train », « up to date ». À la multiplication des discours de mode correspondent une accélération et une prolifération du vocabulaire « dans le vent » redoublant le culte moderne voué à l'éphémère.

La dignification sociale et esthétique de la mode est allée de pair avec la promotion de nombreux sujets mineurs, à présent traités avec le plus grand sérieux comme le révèlent les goûts dandys ainsi que des ouvrages tels que : *La Gastronomie* de Berchoux (1800), l'*Almanach des gourmands* de Grimod de La Reynière (1803), la *Physiologie du goût* de Brillat-Savarin (1825), l'*Art de mettre sa cravate* (1827) et l'*Art de fumer et de priser sans déplaire aux belles* (1827) d'Émile Marc Hilaire, le *Manuel du fashionable* (1829) d'Eugène Ronteix, la *Théorie de la démarche* de Balzac. L'âge moderne démocratique a mis en honneur les frivolités, a élevé au rang d'art sublime la mode et les sujets subalternes. Dans un mouvement dont le dandysme offre une illustration particulière mais exemplaire, le futile (décoration, lieux de fréquentation, tenues, chevaux, cigares, repas) est devenu chose primordiale, égale aux occupations traditionnellement nobles.

L'élévation sociale des gens de mode n'est assurément pas un phénomène sans précédent : en un sens, on peut le

rattacher à un mouvement de revendication beaucoup plus
ancien, puisque inauguré aux XVᵉ et XVIᵉ siècles par les
peintres, sculpteurs et architectes n'ayant eu de cesse d'obtenir
pour leurs professions un statut d'arts libéraux, radicalement
distinct de celui des métiers mécaniques ou artisanaux. Mais si
la lutte des corporations pour accéder à la condition d'artistes
et jouir de la reconnaissance sociale n'est nullement nouvelle,
il reste qu'aux XVIIIᵉ et XIXᵉ siècles le processus s'est manifesté
par des signes particuliers, si caractéristiques du moment
historique qu'il n'a pas pu ne pas être favorisé par les valeurs
propres à l'âge moderne. Le remarquable, en effet, réside dans
la manière dont s'est traduite la revendication de leurs
nouveaux statuts : tous les témoignages concordent, l'artiste en
mode s'est imposé avec une invraisemblable impertinence et
arrogance envers sa clientèle, fût-elle de la plus haute société.
Insolence d'un Charpentier, d'un Dagé [1], d'une Rose Bertin
dont Mᵐᵉ d'Oberkirch a pu dire qu'elle lui semblait « une
singulière personne, gonflée de son importance, traitant
d'égale à égale avec les princesses » [2]. Les modistes sublimes
ne font pas seulement valoir que leur art égale en noblesse
celui des poètes et des peintres, ils se comportent en égaux
avec les nobles. À ce titre, la revendication des métiers de
mode est inséparable des valeurs modernes, de l'idéal égalitaire dont elle est une des manifestations. Le phénomène est
sans précédent et traduit la poussée d'ambition sociale
corrélative à l'âge démocratique dans son état naissant.
Tocqueville l'avait déjà observé : « Au moment où cette
même égalité s'est établie parmi nous, elle y a fait éclore
aussitôt des ambitions presque sans limites (...) Toute
révolution grandit l'ambition des hommes. Cela est surtout
vrai de la révolution qui renverse une aristocratie [3]. » Orgueil
et impertinence nullement circonscrits, au demeurant, aux
métiers de mode, mais apparaissant aussi bien dans le
comportement des jeunes gens se piquant de mode, de
raffinement, d'élégance (petits-maîtres, muscadins, incroya-
bles, fashionables, dandys) que dans les Lettres où voit le jour

1. E. de Goncourt, *op. cit.,* pp. 275-276 et p. 278.
2. A. Latour, *op. cit.,* p. 23.
3. A. de Tocqueville, *De la démocratie en Amérique, Œuvres complètes,* Paris,
Gallimard, t. I, vol. II, p. 250.

un nouveau ton à l'égard du lecteur. Des auteurs comme
Stendhal, Mérimée, A. de Musset, Théophile Gautier, affi-
chent leur dédain pour les goûts du grand public et leur peur
d'être communs en usant d'un style fait de badinage imper-
tinent, d'insouciance affectée, d'allusions méprisantes, de
propos cavaliers envers le lecteur [1]. La prétention artistique et
l'insolence des gens de mode ne peuvent être séparées d'un
courant plus large d'ambition, de suffisance, de vanité, propre
à l'entrée des sociétés dans l'ère de l'égalité.

La consécration des créateurs de mode, c'est l'évidence, ne
s'explique que partiellement à partir de l'ambition corporatiste, même exacerbée par l'exigence égalitaire. Si les gens de
mode ont réussi à être reconnus comme des artistes de génie
c'est qu'une nouvelle sensibilité aux superfluités, de nouvelles
aspirations, sont apparues, valorisant de façon inédite des faits
jusqu'alors indignes d'être pris en compte. Sans doute, depuis
la Renaissance, la mode jouissait-elle d'une certaine considération en tant que symbole d'excellence sociale et de vie de
cour. Pas au point toutefois de mériter d'être exaltée et
dépeinte dans sa réalité détaillée. Dans les âges aristocratiques,
la mode est une expression trop matérielle de la hiérarchie
pour qu'on lui accorde de l'attention; le style élevé en
littérature met en scène les exploits héroïques, les attitudes
glorieuses et magnanimes des êtres d'exception, l'amour idéal
et épuré des grandes âmes, non les choses petites et faciles, les
réalités concrètes, fussent-elles de luxe, que le vulgaire peut
atteindre et posséder. Les seuls modèles légitimes se trouve-
ront dans les figures de dévouement, de gloire, d'amour
sublime, non dans les images de mode. La promotion des
frivolités n'a pu s'effectuer que parce que de nouvelles normes
se sont imposées qui ont disqualifié non seulement le culte
héroïque d'essence féodale, mais aussi la morale chrétienne
traditionnelle considérant les frivolités comme des signes de
péché d'orgueil, d'offense à Dieu et au prochain. Inséparable
de la désaffection progressive des valeurs héroïques et de la
morale religieuse, la promotion de la mode l'est en même
temps du crédit dont vont jouir à la cour et à la ville, surtout à

1. John C. PREVOST, *Le Dandysme en France (1817-1839)*, Paris, 1957,
pp. 134-162.

partir du XVIIIe siècle, le plaisir et le bonheur, les nouveautés et les facilités matérielles, la liberté conçue comme satisfaction des désirs et assouplissement des convenances rigoristes et interdictions morales : dès lors, la jouissance personnelle tend à l'emporter sur la gloire, l'agrément et la finesse sur la grandeur, la séduction sur l'exaltation sublime, la volupté sur la majesté ostentatoire, le décoratif sur l'emblématique. C'est de cet abaissement de l'idée de hauteur corrélative à la dignification des choses humaines et terrestres qu'est issu le culte moderne de la mode qui n'en est qu'une des manifestations. L'apologie du bonheur, la recherche de l'agréable, l'aspiration à une vie plus libre, plus heureuse, plus facile, ont entraîné un processus d'humanisation du sublime, une conception moins majestueuse, moins haute du beau ainsi qu'un anoblissement des choses utiles, des « menus plaisirs », des fantaisies décoratives, des beautés et raffinements temporels : fanfreluches, bibelots, « petits appartements », décorations d'intérieur, miniatures, petites loges de théâtre, etc. À l'hégémonie du majestueux se sont substitués une esthétique des formes gracieuses, un éloge de la légèreté séduisante, de la *variété* source de plaisirs et d'excitations. Au cœur du statut moderne de la mode, la nouvelle morale individualiste dignifiant la liberté, le plaisir, le bonheur : ainsi *Le Magasin des modes,* qui porte pour épigraphe « l'ennui naquit un jour de l'uniformité », est-il bien en écho avec l'esprit hédoniste du siècle (fût-il concilié avec la raison, la modération, la vertu), épris de sensations inattendues, de surprises, de renouvellements. À la racine de la promotion de la mode, la répudiation du péché, la réhabilitation de l'amour de soi, des passions et du désir humain en général : le même magazine définit ainsi ses buts : « Mettre tout le monde en état de satisfaire cette passion qu'il apporte en naissant pour les objets qui le feront paraître avec le plus d'avantages et d'éclat. » Ce sont ces nouvelles valeurs morales glorifiant l'humain qui ont permis l'anoblissement de la mode. L'idéologie individualiste et l'âge sublime de la mode sont ainsi inséparables; culte de l'épanouissement individuel, du bien-être, des jouissances matérielles, désir de liberté, volonté d'affaiblir l'autorité et les contraintes morales : les normes « holistes » et religieuses, incompatibles avec la dignité de la mode, ont été minées non seulement par l'idéologie de la liberté et de l'égalité, mais aussi par celle du plaisir, tout aussi caractéristique de l'ère individualiste.

À coup sûr, le triomphe du plaisir et des frivolités a été favorisé par l'accroissement des richesses, par le développement de la « société de cour » et des salons, par l'affermissement de la monarchie absolutiste et la nouvelle situation de la noblesse, dépossédée de tout pouvoir réel, réduite à trouver ses symboles d'excellence dans les artifices et superfluités au moment où la bourgeoisie enrichie cherche à imiter, comme jamais, les manières nobles. La Révolution et l'abolition des privilèges accentueront encore le processus en favorisant les désirs de s'élever et de briller, en décuplant le désir de franchir les barrières, en maintenant l'aristocratie comme phare de la vie mondaine, en suscitant le désir de se démarquer du commun et du vulgaire par une esthétisation accrue des apparences. Cela étant, il serait beaucoup trop réducteur d'assimiler le phénomène à un moyen élitaire de reconnaissance et de différenciation de classes dans une société où l'inégalité de naissance n'est plus légitime, où se dissolvent les critères stables de dignité sociale, où le prestige est moins donné qu'à conquérir. Replacé dans la longue durée, le nouveau statut de la mode doit bien davantage s'interpréter comme une phase et un instrument de la révolution démocratique. Que signifie en effet le sacre artistique de la mode, sinon un abaissement du sens du sublime, une humanisation des idéaux, la primauté accordée aux « menus plaisirs » accessibles à tous, l'obsession des petites différences et des nuances subtiles? L'idéal démocratique de la séduction, des succès rapides, des plaisirs immédiats a pris le pas sur l'exaltation héroïque des grandeurs et la démesure de la morale aristocratique. Par ailleurs, en élevant en dignité des phénomènes et des fonctions inférieurs, en brouillant la division art noble/art modeste, l'empire de la mode a contribué au travail de l'égalité. Par cette dissolution des genres et métiers hiérarchisés instituant une égalité de principe entre des domaines jadis hétérogènes, la célébration de la mode apparaît comme une manifestation démocratique, même si c'est à l'intérieur du monde des privilégiés et au nom de la différence distinctive qu'elle a pris naissance.

En même temps que la mode et les gens de mode gagnent leurs lettres de noblesse, les « gens de pensée », philosophes, écrivains, poètes, vont également jouir d'un immense prestige, ils sont considérés parfois à « l'égal des rois » (un Voltaire par exemple) et s'attribuent le rôle suréminent de guides, éducateurs, prophètes du genre humain [1]. De même que l'artiste en mode s'impose comme arbitre des élégances, l'intellectuel, le poète, plus tard les savants, prétendent à la législation des valeurs, invoquent leur droit à éduquer le peuple et gouverner l'opinion en vue du bien public et du progrès. Ce triomphe de la corporation pensante et des artistes missionnaires ne doit toutefois pas occulter l'autre face du phénomène à partir de l'époque romantique et surtout du milieu du XIXe siècle, moment où, en effet, les artistes commencent à donner une représentation ambivalente, dérisoire d'eux-mêmes [2]. La gloire de l'artiste et sa déchéance, la splendeur suprême de l'art et sa nature illusoire vont ensemble. Le processus ne fera que s'accentuer avec les créateurs d'avant-garde qui en viendront à se saborder eux-mêmes en tant qu'artistes, à rechercher des actions « anti-artistiques », à déclarer l'art inférieur à la vie. À ce tragique de la représentation artistique s'oppose une image triomphante, toute positive, de la mode et du grand couturier, artiste chez qui la déraison frivole apparaît comme un jeu nécessaire : « L'esprit de contradiction dans la mode est si fréquent et si régulier qu'on y trouve presque une loi. Les femmes ne portent-elles pas des renards sur des robes légères, des chapeaux de velours au mois d'août et de paille en février?... Il y a, dans les décisions de la mode et des femmes, une sorte de provocation au bon sens qui est charmante [3]. » Tandis que le grand couturier est célébré par le monde, la presse et les écrivains, les artistes modernes, les peintres en particulier, connaissent un incontestable déclassement et rejet social : leurs œuvres, dès les années 1860, font scandale, déchaînent la moquerie, le mépris et l'hostilité du public. Une rupture s'établit entre l'art académique et l'art nouveau, vouant les peintres à l'incompréhension du plus grand nombre, à une vie précaire, à la bohème, à la révolte, au destin

1. Paul BÉNICHOU, *Le Sacre de l'écrivain*, Paris, José Corti, 1973.
2. Jean STAROBINSKI, *Portrait de l'artiste en saltimbanque*, Genève, Skira, 1970.
3. Paul POIRET, *En habillant l'époque* (1930), Paris, Grasset, 1974, p. 214.

« d'artiste maudit », contrastant de manière significative avec
la fortune des grands couturiers, leurs fastes, leurs acceptations
des valeurs dominantes. À la gloire des couturiers a correspondu une chute de prestige des artistes modernes : célébration d'un côté, déchéance de l'autre, la logique démocratique,
ici également, poursuit son œuvre d'égalisation des conditions, dissout les dissemblances et hiérarchies extrêmes, élève
en dignité les uns tandis qu'elle fait, en quelque sorte,
« descendre » les autres, fût-ce de manière ambiguë, l'art
n'ayant jamais cessé de tirer de sa relégation même la
confirmation de sa position suprême.

L'époque qui a magnifié la mode est celle aussi qui, par
ailleurs, l'a rendue « interdite » aux hommes : les fantaisies
seront bannies, les tailleurs pour hommes ne bénéficieront
jamais de l'aura des grands couturiers, et aucune presse
spécialisée ne sera consacrée aux modes masculines. Les
sociétés modernes ont scindé radicalement l'empire de la
mode : l'apothéose de la mode féminine a eu pour contrepartie le refoulement ou la dénégation de la mode masculine, symbolisée par l'usage de l'habit noir et plus tard par
le complet-cravate. Sans doute le dandysme s'est-il
employé à « spiritualiser la mode ». Sans doute les questions masculines de l'élégance, du maintien, de la correc-
tion seront-elles maintes fois traitées. Mais, pour l'essentiel,
la mode et son prestige ne concerneront plus que l'univers
féminin, elle est devenue un art au féminin. Si l'ère
moderne a dissous la division existant entre l'art noble et
la mode, elle a paradoxalement accentué comme jamais la
division du paraître masculin et féminin, elle a engendré
une inégalité ostensible dans l'apparence des sexes et leur
rapport à la séduction.

Tout a été dit sur le « grand renoncement » masculin, sur
ses liens avec l'apparition du monde démocratique et bourgeois. Le costume masculin neutre, sombre, austère, a traduit la consécration de l'idéologie égalitaire comme l'éthique conquérante de l'épargne, du mérite, du travail des
classes bourgeoises. L'habit précieux de l'aristocratie, signe
de fête et de faste, a été remplacé par un costume exprimant les nouvelles légitimités sociales : l'égalité, l'économie,
l'effort. Dépossession des hommes de l'éclat des artifices au

bénéfice des femmes, vouées, elles, à reconduire les symboles de luxe, de séduction, de frivolité. Mais faut-il ne voir
dans cette nouvelle répartition des apparences qu'une forme
de ce que Veblen appelait « consommation par procuration », un moyen de continuer à afficher, par femmes
interposées, la puissance pécuniaire et le statut social masculin ? Ce serait sous-estimer le poids des représentations
culturelles et esthétiques qui, depuis des siècles et des
millénaires, sont attachées à la position du féminin. Quel
que soit le rôle joué ici par la dépense démonstrative de
classe, la monopolisation féminine des artifices est inintelli-
gible séparée de la représentation collective du « beau
sexe », de la féminité vouée à plaire, à séduire par ses
attributs physiques et le jeu du factice. La disjonction
nouvelle de la mode et la prééminence du féminin qu'elle
institue prolongent la définition sociale du « deuxième
sexe », ses goûts immémoriaux pour les artifices en vue de
séduire et paraître belle. En sacralisant la mode féminine, la
mode de cent ans s'est instituée dans le prolongement de
l'exigence première de la *beauté* féminine, dans le prolongement des représentations, des valeurs, des prédilections mul-
tiséculaires du féminin.

La séduction au pouvoir

La vocation créatrice du couturier qui définit la Haute
Couture elle-même est inséparable d'une nouvelle logique
dans le fonctionnement de la mode : une mutation organisationnelle s'est accomplie qui désigne l'entrée de la mode dans
l'âge de la production moderne. Jusqu'à Worth, le tailleur, la
couturière, la marchande de modes, n'ont jamais cessé de
travailler en liaison directe avec la cliente, c'est de concert
qu'ils élaborent la toilette, l'élégante faisant valoir son goût et
ses préférences, orientant le travail des métiers de mode. Rose
Bertin pouvait ainsi évoquer ses heures de « travail » avec la
reine. Les gens de mode n'ont pas encore acquis le droit
souverain à la liberté créatrice, ils sont subordonnés, en
principe du moins, à la volonté des particuliers. Au milieu du
XVIIIe siècle, il y a eu, à coup sûr, une valorisation nouvelle des

métiers de mode, mais qui ne s'est nullement accompagnée d'une transformation dans l'organisation et la conception du travail : gloire et promotion sociale certes, non autonomie de création. Comparé à ce dispositif artisanal, le geste de Worth est crucial : il équivaut à la destruction de la séculaire logique de subordination ou de collaboration entre la couturière et sa cliente au profit d'une logique consacrant l'indépendance du modéliste. En imaginant continûment des modèles originaux que la clientèle n'a plus qu'à choisir, en les faisant d'abord porter par sa femme aux champs de courses ou dans les allées du Bois, en les présentant ensuite sur mannequins vivants, Worth donne naissance à la mode au sens actuel du terme, il met en œuvre le double principe qui la constitue : autonomisation en droit et en fait du couturier-modéliste, expropriation corrélative de l'usager dans l'initiative de la parure vestimentaire. Ce basculement désigne l'incontestable nouveauté historique de la Haute Couture : d'un âge où la cliente coopère avec la couturière à partir d'un modèle somme toute fixe, on est passé à un âge où le vêtement est conçu, inventé de bout en bout par le professionnel en fonction de son « inspiration » et de son goût. Tandis que la femme est devenue une simple consommatrice, fût-elle de luxe, le couturier, d'artisan, s'est métamorphosé en artiste souverain. C'est ainsi qu'il faut comprendre l'arrogance de Worth, l'autorité avec laquelle il s'adressait aux femmes du plus grand monde : plus qu'un trait de caractère, il faut y reconnaître une rupture, l'affirmation du droit nouvellement acquis du couturier à légiférer librement en matière d'élégance.

Révolution dans l'organisation de la mode qui, il est vrai, ne s'est pas présentée aussitôt avec cette radicalité inhérente aux schèmes logiques. Jusqu'au début du XXᵉ siècle, les modèles étaient souvent exclusifs, adaptés et mis aux goûts de chaque cliente. Poiret s'efforcera de minimiser l'empire nouvellement acquis du couturier en insistant sur le rôle toujours crucial d'une certaine clientèle : « Une Parisienne, notamment, n'adopte jamais un modèle sans y faire des changements capitaux et sans le particulariser. Une Américaine choisit le modèle qui lui est présenté, elle l'achète tel qu'il est, tandis qu'une Parisienne le veut en bleu s'il est vert, en grenat s'il est bleu, y ajoute un col de fourrure, change les

manches et supprime le bouton du bas [1]. » Mais ses considérations, qu'elle qu'en soit la vérité psychosociologique, ne
doivent pas occulter l'essentiel : l'avènement d'un pouvoir
« démiurgique » du couturier et l'exclusion concomitante de
l'usager, c'est le couturier qui a la haute main sur la
conception du vêtement, au mieux, l'élégante a-t-elle le loisir
d'y introduire des modifications de détail. L'ensemble revient
au couturier, l'accessoire à la cliente conseillée par la vendeuse,
celle-ci veillant à ce que ne soit pas défiguré l'esprit du
couturier, sa griffe. Par ailleurs, à mesure que la clientèle
privée s'amenuisait et que la Haute Couture produisait de
plus en plus de prototypes destinés à l'exportation, le pouvoir
en quelque sorte « discrétionnaire » du couturier moderne n'a
cessé de s'affirmer.

La Haute Couture, c'est donc avant tout la constitution
d'un pouvoir spécialisé exerçant une autorité séparée et ce, au
nom de l'élégance, de l'imagination créatrice, du changement.
À ce titre, il faut replacer la Haute Couture dans un
mouvement historique beaucoup plus large, celui-là même de
la rationalisation du pouvoir dans les sociétés modernes qui
ont vu, en effet, depuis les XVIIe et XVIIIe siècles, l'apparition
de nouvelles formes de gestion et de domination qu'on peut
appeler bureaucratiques et dont le propre est de viser à
pénétrer et refaçonner la société, à organiser et reconstituer
d'un point de vue « rationnel » les formes de socialisation et
les comportements jusque dans leurs détails les plus infimes.
La domination bureaucratique prend en charge de bout en
bout l'élaboration de l'ordre social et ce, par un appareil
séparé de pouvoir reposant sur la disjonction systématique des
fonctions de direction et d'exécution, de conception et de
fabrication. C'est précisément un tel dispositif qui se trouve en
place dans la Haute Couture : avec l'expulsion de fait de
l'usager et la monopolisation du pouvoir dans les mains de
spécialistes de l'élégance, la même logique bureaucratique
organise à présent la mode, l'usine, l'école, l'hôpital ou la
caserne, à cette différence près que les couturiers ont légiféré
au nom du goût et des nouveautés et non en fonction d'un
savoir rationnel positif. Logique bureaucratique qui, au

1. *Ibid.*, pp. 108-109.

demeurant, ordonnera toute l'organisation des grandes maisons désormais agencées de façon pyramidale avec au sommet
le studio dont la vocation est l'élaboration des modèles et « en
bas » les ateliers avec leurs tâches spécialisées (les manchières,
les corsagières, les jupières, les « mécaniciennes » et, plus tard,
les « ajoureuses », les ouvrières de la « grande robe », du
tailleur, du « flou ») et leurs indices hiérarchisés (« première », « seconde d'atelier », première et seconde main, petite
main, apprentie). Que la Haute Couture ait eu pour clientes
les femmes de la haute société, qu'elle ait été une industrie de
luxe ne change rien au fait historiquement majeur qu'elle a
fait basculer la mode de l'ordre artisanal à l'ordre moderne
bureaucratique.

Impossible, de surcroît, de ne pas voir les liens de
parenté qui unissent la Haute Couture à la visée même de
l'organisation bureaucratique moderne dans sa volonté de
résorber l'altérité intangible des formes traditionnelles du
social au profit d'une rationalité opératoire, savante et
délibérée. De quoi s'agit-il, en effet, sinon de dégager la
mode d'un ordre, au fond encore traditionnel, où les nouveautés étaient aléatoires et irrégulières, où, qui plus est,
l'initiative du changement était un privilège aristocratique
enraciné dans la structure d'une société à ordres. Avec la
Haute Couture, la novation, même imprévisible, devient
impérative et régulière, elle n'est plus une prérogative de
naissance, mais une fonction d'un appareil spécialisé relativement autonome, défini par le talent et le mérite; la
mode, comme les autres dimensions du monde humain,
s'ouvre à l'expérimentation accélérée, à l'ère moderne et
volontariste des ruptures et « révolutions ».

Organisation bureaucratique d'un genre particulier, faut-il
aussitôt préciser, puisque à la tête des grandes maisons se
trouve, non pas un pouvoir anonyme, indépendant de la
personne qui l'exerce, comme cela est le cas dans les
institutions modernes « panoptiques » et démocratiques,
mais un artiste idéalement irremplaçable, unique par son
style, ses goûts, son « génie ». Avec la Haute Couture,
impossible comme dans les organisations bureaucratiques
strictes, de séparer la personne de la fonction, le pouvoir n'est
pas interchangeable ou désincarné, le couturier se définissant

par un talent singulier, sa griffe, que l'on cherchera parfois, pour les plus grands, à « immortaliser », à perpétuer même après leur disparition (le style Chanel par exemple). La Haute Couture a conjugué de manière originale un processus bureaucratique avec un processus de personnalisation se manifestant ici par la « toute-puissance » esthétique, inéchangeable du couturier. En ce sens, la Haute Couture fait partie de ces nouvelles institutions inséparables d'une sacralisation des personnes alors que, de manière antinomique, la société moderne se définit par la désincorporation anonyme du pouvoir politique et administratif [1]. La logique de la domination diluée et impersonnelle des États démocratiques-bureaucratiques a pour complément le pouvoir magique de sur-individualités adulées par les masses : grandes actrices de théâtre et grands couturiers, vedettes sportives et de music-hall, stars du cinéma, idoles du show-business. Ainsi, à mesure que l'instance politique renonce à l'exhibition des signes de la sur-puissance, aux symboles de son altérité d'avec la société, s'érigent dans le champ « culturel » des figures quasi divines, monstres sacrés jouissant d'une consécration sans pareille, reconduisant, ce faisant, une certaine dissemblance hiérarchique au sein même du monde égalitaire moderne.

Si la Haute Couture est incontestablement une figure de l'âge bureaucratique moderne, il serait en revanche inexact de la rattacher à cette forme historiquement datée du contrôle bureaucratique qu'est le dispositif disciplinaire. Au lieu, en effet, de la production des corps utiles, la glorification du luxe et du raffinement frivole; au lieu du dressage uniforme, la pluralité des modèles; au lieu de la programmation injonctive et de la minutie des règlements, l'invitation à l'initiative personnelle; au lieu d'une coercition régulière, impersonnelle et constante, la séduction des métamorphoses de l'apparence; au lieu d'un micropouvoir s'exerçant sur les plus infimes détails, un pouvoir abandonnant l'accessoire aux particuliers et se consacrant à l'essentiel. À l'évidence, la Haute Couture est une organisation qui, pour être bureaucratique, met en œuvre non les technologies de la contrainte disciplinaire, mais des

1. Claude LEFORT, *L'Invention démocratique*, Paris, Fayard, 1981.

processus inédits de *séduction* inaugurant une nouvelle logique du pouvoir.

Séduction qui apparaît d'emblée dans les techniques de commercialisation des modèles : en présentant les modèles sur mannequins vivants, en organisant des défilés-spectacles, la Haute Couture met en place dès le XIX⁻ siècle, aux côtés des grands magasins, des < passages > parisiens, des expositions universelles, une tactique de pointe du commerce moderne fondé sur la théâtralisation de la marchandise, la *réclame* féerique, la sollicitation du désir. Avec ses mannequins de rêve, répliques vivantes et luxueuses des vitrines attractives, la Haute Couture a contribué à cette grande révolution commerciale, toujours en cours, consistant à stimuler, à déculpabiliser l'achat et la consommation par des stratégies de mise en scène publicitaire, de surexposition des produits. La séduction, toutefois, va bien au-delà de ces procédés d'étalage magique, même renforcés par la beauté canonique et irréelle des mannequins ou la photogénie des cover-girls. Plus profondément, la séduction opère par l'ivresse du changement, la multiplication des prototypes et la possibilité du *choix* individuel. Liberté du choix : n'éliminons pas trop vite cette dimension que d'aucuns s'empressent de reconnaître illusoire sous prétexte que la mode est tyrannique, prescrivant à toutes les femmes la ligne chic de l'année. En fait, un univers sépare la mode d'avant la Haute Couture, avec ses modèles uniformes, et la mode plurielle moderne, aux collections largement diversifiées, quelle que soit l'homogénéité d'ensemble. L'imposition stricte d'une coupe a cédé la place à la séduction de l'option et du changement, avec en réplique subjective la séduction du mythe de l'individualité, de l'originalité, de la métamorphose personnelle, du rêve de l'accord éphémère du Moi intime et de l'apparence extérieure. La Haute Couture a moins discipliné ou uniformisé la mode qu'elle ne l'a *individualisée* : < Il devrait y avoir autant de modèles qu'il y a de femmes [1]. > Le propre de la Haute Couture a moins été d'impulser une norme homogène que de diversifier les modèles afin de souligner les individualités personnelles, de consacrer la valeur de l'originalité dans la parure et ce, jusqu'à

1. P. POIRET, *op. cit.*, p. 109.

l'extravagance (Schiaparelli). « Qu'avez-vous à faire avec la mode? Ne vous en occupez pas et portez simplement ce qui vous va bien, ce qui vous est seyant [1] » : la Haute Couture, organisation à visée individualiste, s'est affirmée contre la standardisation, contre l'uniformité des apparences, contre le mimétisme de masse, elle a favorisé et glorifié l'expression des différences personnelles.

La Haute Couture a enclenché, de surcroît, un processus original dans l'ordre de la mode : elle l'a *psychologisée* en créant des modèles concrétisant des émotions, des traits de personnalité et de caractère. Dès lors, selon le vêtement, la femme peut apparaître mélancolique, désinvolte, sophistiquée, stricte, insolente, ingénue, fantaisiste, romantique, gaie, jeune, drôle, sport; ce sont d'ailleurs ces essences psychologiques et leurs combinaisons originales que souligneront de préférence les journaux de mode [2]. L'individualisation de la mode moderne est inséparable de cette personnalisation-psychologisation de l'élégance; du coup, ce qui jadis apparaissait comme marques de classe et de hiérarchie sociale a tendance à devenir de plus en plus, quoique non exclusivement, signe psychologique, expression d'une âme, d'une personnalité : « Entrez chez les grands couturiers et vous sentirez que vous n'y êtes pas dans un magasin mais chez un artiste qui se propose de faire de votre robe un portrait de vous-même et ressemblant [3]. » Avec la psychologisation du paraître s'ouvre le plaisir narcissique de se métamorphoser aux yeux des autres et de soi-même, de « changer de peau », de devenir et de se sentir comme une autre en changeant de toilette. La Haute Couture a donné des moyens supplémentaires aux désirs métamorphiques des femmes, elle a élargi les gammes de séduction de l'apparence. Sportive en short ou pantalon, snob en robe cocktail, stricte en tailleur, altière ou vamp en fourreau du soir, la séduction moderne de la Haute Couture tient en ce qu'elle a réussi à faire coexister le luxe et l'individualité, la « classe » et l'originalité, l'identité personnelle et le changement éphémère de soi : « À chaque saison, ce que (la femme) cherche c'est peut-être, plus encore qu'une

1. *Ibid.*, p. 218.
2. Roland BARTHES, *Système de la mode*, Paris, Éd. du Seuil, 1967, p. 257.
3. P. POIRET, *op. cit.*, p. 217.

robe, un renouvellement de son aspect psychologique. La mode a un rôle à jouer auprès de la femme : elle l'aide à être. Elle peut même lui tenir lieu de doping[1]! »

La rupture avec l'ordre disciplinaire se révèle tout autant par la logique de l'*indétermination* qui désormais est consubstantielle à la mode. Sans doute les prototypes sont-ils bien strictement conçus et préparés à l'écart dans les laboratoires de la Haute Couture; néanmoins, les couturiers ne sont aucunement les artisans uniques de la mode. Celle-ci s'établira postérieurement à la présentation des collections, en fonction de l'élection par la clientèle et les journaux de tels et tels modèles. La mode de l'année n'apparaît que lorsque les suffrages d'une certaine clientèle et de la presse auront convergé vers un type de modèle. Ce point est essentiel : les couturiers ne savent pas d'avance lesquels de leurs modèles auront du succès, de sorte que la Haute Couture fait la mode sans savoir quel sera son destin exact, sans savoir ce que sera la mode. Celle-ci reste ouverte aux choix du public, indéterminée, alors même que ses prototypes sont agencés de part en part par les grands couturiers. « Le couturier propose, la femme dispose », a-t-on pu dire : on voit ce qui sépare ce dispositif, intégrant dans son fonctionnement l'imprévisibilité de la demande, du pouvoir disciplinaire dont l'essence consiste à ne rien laisser aux initiatives individuelles, à imposer d'en haut des règles standard rationnelles, à contrôler et planifier de bout en bout la chaîne des comportements. Cette indétermination n'est pas résiduelle, elle est constitutive du système quand on sait qu'un dixième seulement des modèles d'une collection, dans les premières décennies du siècle, remportait les suffrages des clientes : « Le bilan total d'une saison est donc d'environ trente modèles à succès sur les trois cents présentés[2]. » Les goûts du public, les choix des magazines, les stars du cinéma, ont acquis un rôle de premier plan, au point de pouvoir contrarier les tendances de la Haute Couture. Ainsi, la mode des années 1920 a été davantage imposée par les femmes que par la Haute Couture : « En 1921, la Haute Couture déclare la guerre aux cheveux courts. En vain. En

---

1. Marc BOHAN *in* Claude CÉZAN, *La Mode, phénomène humain*, Toulouse, Privat, 1967, p. 137.
2. Ph. SIMON, *op. cit.*, p. 90.

1922, elle lutte contre la jupe courte et, en effet, brusquement les jupes s'allongent, mais alors la taille descend très bas. Les collections d'hiver présentent des tissus aux couleurs vives pour combattre le noir préféré par les femmes. De nouveau en vain — et voilà que dans les collections de printemps le noir domine [1]. » La ligne de la femme éphèbe en robe-chemise, plate et fine, s'est diffusée contre les tendances dominantes de la Haute Couture qui a continué à proposer aux femmes, pour finalement y renoncer, des collections riches en garnitures, « flous », arrondis et drapés.

S'est donc mis en place, en plein cœur de l'âge autoritaire moderne, un nouveau dispositif organisationnel antinomique avec celui des disciplines : programmant la mode et incapable cependant de l'imposer, la concevant entièrement tout en offrant un éventail de choix, la Haute Couture inaugure un type de pouvoir souple, sans injonction stricte, incorporant dans son fonctionnement les goûts imprévisibles et diversifiés du public. Dispositif riche en avenir puisqu'il deviendra la forme prépondérante du contrôle social dans les sociétés démocratiques à mesure que celles-ci s'engageront dans l'ère de la consommation et de la communication de masse. Les produits dans la société de consommation reposent en effet sur le même principe que les modèles des collections des couturiers, jamais ils ne s'offrent en un type unique, de plus en plus, il vous est loisible de choisir entre telle et telle variante, entre tels et tels accessoires, gammes ou programmes, et d'en combiner plus ou moins librement les éléments : à l'instar de la Haute Couture, la consommation de masse implique la multiplication des modèles, la diversification des séries, la production de différences optionnelles, la stimulation d'une demande personnalisée. D'une façon plus générale, dans l'*open society,* les appareils bureaucratiques qui organisent à présent la production, la distribution, les media, l'enseignement, les loisirs, aménagent une place accrue, systématique, aux désirs individuels, à la participation, à la psychologisation, à l'option. Nous sommes dans la deuxième génération de l'âge bureaucratique : après celle des disciplines impératives, celle de la personnalisation, du choix et de la liberté combinatoire.

1. A. LATOUR, *op. cit.,* p. 238.

Immense bouleversement des modalités et finalités du pouvoir qui gagne aujourd'hui des secteurs de plus en plus larges de la vie sociale et dont la Haute Couture, curieusement, a été le premier maillon, la matrice sublime et élitaire. Avec la Haute Couture s'est expérimentée, avant même la psychanalyse mais de façon parallèle, une nouvelle logique du pouvoir renonçant à une maîtrise et à une prévision sans faille, ne s'exerçant plus par contraintes impératives, impersonnelles et totales, mais laissant une marge d'initiative aux individus et à la société. Le rapprochement avec la psychanalyse ne doit pas surprendre, le même renversement du pouvoir disciplinaire y étant exemplairement à l'œuvre. D'un côté, la psychanalyse repose sur les associations libres du patient, le silence de l'analyste et le transfert, comme si le pouvoir médical enregistrait l'inéliminable part des singularités subjectives et l'impossibilité de dominer, de contrôler totalement les individus [1]. De l'autre, la mode moderne diversifie les modèles, sollicite les différences et ouvre l'espace indéterminé du choix, des préférences, des goûts aléatoires. Non pas abdication du pouvoir, mais émergence d'un pouvoir ouvert et souple, pouvoir de séduction préfigurant celui-là même qui deviendra dominant dans la société du surchoix.

Ce qu'on appelle « tendance » de la mode, autrement dit la similitude existant entre les modèles des différentes collections d'une même année (place de la taille, longueur de la robe, profondeur du décolleté, largeur d'épaules) et qui souvent fait croire, à tort, que la mode se décrète par concertation délibérée entre les couturiers, ne fait que confirmer la logique « ouverte » du pouvoir de la Haute Couture. Pour une part, la « tendance » n'est pas séparable de la Haute Couture en tant que phénomène bureaucratique clos et centralisé à Paris : les couturiers, tout en veillant à affirmer leur singularité, ne peuvent élaborer leurs collections sans prendre en considération ce qui apparaît d'original chez leurs concurrents, la mode ayant pour vocation d'étonner et d'inventer sans cesse des nouveautés. L'idée inédite d'un couturier, souvent timide et peu exploitée au départ, est alors très vite reconnue comme

1. Marcel GAUCHET et Gladys SWAIN, *La Pratique de l'esprit humain*, Paris, Gallimard, 1980, pp. 163-166.

telle, captée, transposée, développée par les autres, dans les collections suivantes. C'est ainsi que change la mode, d'abord par tâtonnements et ballons d'essai, puis par sédimentations et amplifications « mimétiques », et néanmoins chaque fois particulières; autant de processus qui sont occasionnés par la logique du renouvellement constitutif de la profession et qui expliquent pourquoi les sauts brusques dans la mode (le *New-Look*, par exemple) sont beaucoup plus rares, contrairement à une idée reçue, que les changements lents. Mais, pour une autre part, la « tendance » échappe à la logique bureaucratique en ce qu'elle résulte aussi bien des choix de la clientèle et, depuis la Seconde Guerre mondiale, de ceux de la presse, qui se portent à un moment donné vers tels ou tels types de modèle; la « tendance » révèle autant le pouvoir des engouements du public ou de la presse que celui des couturiers, lesquels sont contraints, sous peine d'échec commercial, de suivre le mouvement, de s'adapter aux goûts du temps. L'unité des collections n'est aucunement le signe d'un accord secret entre les couturiers (lesquels, bien au contraire, se cachent jalousement leurs prototypes), ne signifie pas le tout-pouvoir des modélistes, elle est l'effet de la rencontre d'une bureaucratie esthétique avec la logique de la demande [1].

Petite généalogie de la grande couture

À lire les études consacrées à la mode moderne, la genèse de la Haute Couture ne semble receler aucune difficulté, aucun mystère, tant ses relations avec l'ordre capitaliste, avec le système du profit et les rivalités de classes, sont présentées comme déterminantes. Sans doute, la Haute Couture est-elle bien une entreprise industrielle et commerciale de luxe dont le but est le profit et dont les créations incessantes produisent une obsolescence propice à l'accélération de la consommation; sans doute l'idée, empruntée à la confection industrielle ouvrière puis petite bourgeoise, de regrouper les opérations jadis séparées de l'achat direct en fabrique, de la vente du

---

1. Sur toute cette question, voir Ph. SIMON, *op. cit.*, p. 25-31.

tissu, de la fabrication de vêtements tout faits, est-elle
inséparable de la motivation capitaliste à réaliser un « triple
bénéfice »[1] comme l'admettait déjà le fils de Worth; sans
doute enfin, l'idée de présenter des modèles sur des mannequins vivants est-elle un système publicitaire judicieux guidé
par un même mobile lucratif. Mais si importante qu'ait pu
être la motivation économique, elle laisse dans l'ombre le fait
original que la Haute Couture se présente comme une
formation toujours à deux têtes, économique et esthétique,
bureaucratique et artistique. La logique du profit a favorisé la
création de nouveautés, elle ne peut à elle seule, même
conjuguée avec le principe de la concurrence entre les maisons,
expliquer ni l'escalade dans le nombre de créations des
collections, ni la recherche stylistique parfois d'avant-garde
qui caractérise la mode moderne. Avec la Haute Couture s'est
enclenché un processus permanent d'innovation esthétique qui
ne peut se déduire mécaniquement de la rationalité économique.

C'est pourquoi on n'a pas manqué, un peu partout, de
réquisitionner la théorie classique de la distinction sociale et
de la compétition des classes. L'émergence de la Haute
Couture serait à relier, au plus profond, au principe de la
recherche de la considération honorifique des classes dominantes. Dans cette problématique, la Haute Couture apparaît
comme une institution de classe exprimant dans son registre le
triomphe de la bourgeoisie et sa volonté de gagner la
reconnaissance sociale par le truchement d'emblèmes féminins
somptuaires au moment où, précisément, la vêture masculine
n'est plus fastueuse et où la démocratisation de l'apparence se
développe sous l'effet de l'essor de la confection industrielle.
Réaction contre le « nivellement » moderne des apparences et
produit des « luttes internes au champ de la classe dominante », la Haute Couture se serait imposée, en somme, comme
par nécessité sociologique, compte tenu des luttes de concurrence et des stratégies de distinction des classes supérieures.
Dans ces conditions, la Haute Couture n'est plus qu'un
« appareil de production d'emblèmes de classe » correspon-

---

1. Gaston WORTH, *La Couture et la confection des vêtements de femme*, Paris,
1895, p. 20.

dant aux « luttes symboliques » et destiné à fournir à la classe dominante des « profits de distinction » proportionnés à sa position économique [1]. À la mécanique économiste s'est adjointe la dialectique sociologique de la distinction.

S'il est hors de question, en matière de mode, de nier le rôle de la recherche de la distinction sociale, il convient de marquer avec insistance qu'elle ne peut en aucun cas éclairer l'émergence de la Haute Couture dans ce qui fait son incomparable originalité historique, à savoir sa logique organisationnelle bureaucratique. Soutenir que la Haute Couture est née en réaction à l'essor de la confection, et ce, à fin d'opposition distinctive [2], ne résiste pas à l'examen des faits historiques. Sous le second Empire, la confection pour femmes, même si elle touche déjà une clientèle bourgeoise, reste limitée, les techniques ne permettant pas encore une confection précise et ajustée pour toute une partie de l'habillement féminin; les premières robes établies sur des mesures standard n'apparaîtront qu'après 1870. La confection réalise surtout les éléments amples de la toilette (lingerie, châles, mantilles, manteaux et mantelets); pour ce qui est de leurs robes, les femmes ont continué et continueront longtemps encore à s'adresser à leurs couturières. La confection en série est donc très loin d'avoir envahi le marché lorsque Worth installe sa maison. En fait, la confection n'a pas été une « menace » pour les classes supérieures, la qualité des étoffes, le luxe des ornementations, le renom des couturières permettant de toute manière d'afficher des différences prestigieuses. Faut-il invoquer la compétition entre fractions de la classe dominante? La concurrence entre les « tenants et les prétendants », les plus riches et les moins riches, les anciens et les nouveaux? Mais en quoi de tels phénomènes, nullement nouveaux, peuvent-ils expliquer la rupture institutionnelle de la Haute Couture? Si l'on s'en tient à la dynamique des luttes symboliques, la Haute Couture et son dispositif moderne ne s'imposaient pas, l'ancien système de

1. Voir Pierre BOURDIEU, *La Distinction,* Paris, Éd. de Minuit, 1979; P. BOURDIEU et Yvette DELSAUT, « Le couturier et sa griffe », *Actes de la recherche en sciences sociales,* 1, janvier 1975. Également, Philippe PERROT, *Les Dessus et les dessous de la bourgeoisie,* Paris, Fayard, 1981.
    2. Par exemple, Ph. PERROT, *op. cit.,* p. 325.

production pouvant parfaitement continuer à fournir des emblèmes de « classe ». Or il y a bien eu une mutation organisationnelle : séparation du professionnel et de l'usager, création régulière de modèles inédits, la nouvelle organisation bureaucratique-artistique ne peut être interprétée comme l'écho de la distinction sociale.

Plus profondément, la Haute Couture est inconcevable sans le bouleversement révolutionnaire de l'ordre social et juridique de l'Ancien Régime à la fin du XVIII⁰ siècle. Ainsi peut-on dater de l'abolition des corporations (1791) par la Constituante la possibilité historique d'une production libre du vêtement. Jusqu'alors, la politique réglementaire et coutumière de l'Ancien Régime empêchait notamment le tailleur ou la couturière de stocker et de vendre le tissu, c'est-à-dire de réaliser des vêtements fabriqués à l'avance. L'idée de produire des vêtements tout faits, de regrouper l'achat du tissu, sa vente ainsi que sa « façon », inaugurée d'abord dans la confection industrielle destinée aux classes populaires et moyennes, puis déployée à un niveau luxueux d'abord par Mᵐᵉ Roger ¹ puis surtout par Worth et la Haute Couture, procède de la dissolution démocratique du régime corporatif, des maîtrises et jurandes. Cela étant, pour cruciale qu'elle soit, l'abolition des corporations n'est nullement une condition historique suffisante pour rendre compte de l'émergence d'une organisation bureaucratique et artistique : sans de nouvelles légitimités historiques, les facteurs économiques, sociologiques, juridiques n'auraient jamais pu donner naissance à l'institution séparée de la Haute Couture. Il faut s'y résoudre : les idées et représentations sociales du monde moderne n'ont pas été des superstructures secondaires, elles ont été au cœur de la bureaucratisation de la mode.

La compétition des classes, la logique des bénéfices, l'abolition des corporations, n'ont réussi à donner figure à la Haute Couture qu'en raison notamment du renforcement de la légitimité de la valeur sociale des nouveautés, suscité par l'avènement des sociétés démocratiques-individualistes ². Sans doute, depuis la fin du Moyen Âge, le Nouveau a-t-il gagné

1. G. WORTH, *op. cit.*, chap. II.
2. Cf. deuxième partie, fin du chapitre premier.

un incontestable droit de cité, mais, à partir du XVIII⁰ siècle, sa valorisation sociale s'est fortement accrue comme l'attestent, d'une manière directe, la célébration artistique de la mode, et, d'une manière indirecte, le foisonnement des utopies sociales, le culte des Lumières, l'imaginaire révolutionnaire, les exigences d'égalité et de liberté. L'extase du Nouveau est consubstantielle aux temps démocratiques, c'est ce *crescendo* dans l'aspiration aux changements qui a contribué puissamment à la naissance de la Haute Couture en tant que formation bureaucratique fondée sur la séparation du professionnel et du particulier et vouée à la création permanente. Il a fallu cette religion moderne des nouveautés, cette dépréciation accentuée de l'ancien au profit de la modernité, pour que les femmes renoncent à leur traditionnel pouvoir de contrôle sur leurs toilettes, pour que se défasse le principe de légitimité multiséculaire selon lequel ceux qui font travailler les gens d'art ont « choix et voix » sur les ouvrages qu'ils commandent. Par le truchement du Nouveau, l'organisation artisanale, avec ses pesanteurs et ses innovations aléatoires, a pu faire place précisément à « une industrie dont la raison d'être est de créer de la nouveauté » (Poiret). Lorsque, en effet, le Nouveau s'affirme comme exigence suprême, s'imposent du même coup, à plus ou moins long terme, la nécessité et la légitimité de l'indépendance du couturier, d'une instance séparée tout entière vouée à la novation créatrice, dégagée des inéluctables conservatismes ou inerties de la demande sociale.

Point d'autonomisation bureaucratique de la mode sans, également, la valeur ultime reconnue à la liberté individuelle. La Haute Couture, à l'instar de l'art moderne, est inséparable de l'idéologie individualiste selon laquelle, pour la première fois dans l'histoire, est posée la primauté de l'unité individuelle sur le tout collectif, l'individu autonome, indépendant, affranchi de l'obligation immémoriale de se plier aux rites, usages et traditions en vigueur dans l'ensemble social. Avec l'avènement de la représentation de l'individu autosuffisant, plus aucune norme préexistante à la volonté humaine n'a de fondement absolu, plus aucune règle n'est intangible, les lignes et styles sont à inventer souverainement, conformément au droit moderne à la liberté. Dès lors s'ouvre la possibilité de déplacer de plus en plus loin les frontières de l'apparence, de créer de nouveaux codes esthétiques : l'apparition du couturier indépendant est une des manifestations de cette conquête individualiste de la création libre. Rien n'est plus réducteur que d'expliquer la multiplication des modèles, les ruptures stylistiques, la surenchère des couturiers, à partir des contraintes sociologiques de la distinction et de la motivation économique : la course en avant de la mode moderne, pour utile qu'elle soit aux « affaires », n'a été possible qu'en raison de l'idéal moderne du Nouveau et de son corrélat, la liberté créatrice. La « révolution » réalisée par Poiret au début du XXᵉ siècle éclaire rétrospectivement la genèse « idéologique » de la Haute Couture; ainsi lorsqu'il écrit : « C'est encore au nom de la Liberté que je préconisais la chute du corset et l'adoption du soutien-gorge »[1], c'est moins, peut-on dire, la liberté des femmes qui s'est trouvée visée – « Oui, je libérais le buste, mais j'entravais les jambes »[2] – que celle du couturier lui-même, trouvant dans le corset un code séculaire faisant obstacle à l'imagination de nouvelles lignes, une armature réfractaire à la création souveraine.

Il faut souligner encore tout ce que la Haute Couture doit au culte moderne de l'individualité. Pour l'essentiel, la Haute Couture substitue à l'uniformité de la coupe la multiplicité des modèles, elle diversifie et psychologise l'habillement, elle est habitée par l'utopie selon laquelle chaque femme de goût doit être vêtue d'une manière singulière, adaptée à son « type », à sa personnalité propre : « ... la grande couture consiste précisément à développer l'individualité de chaque femme[3]. » Diversification des modèles : le phénomène exige bien autre chose que la recherche du profit, il requiert la célébration idéologique du principe individualiste, la pleine et entière légitimité conférée à la présentation de soi personnalisée, la priorité de l'originalité sur l'uniformité. Que les créations de Haute Couture aient servi d'emblèmes de classe, qu'elles aient été adoptées à l'unisson, ne change rien au fait qu'elle n'a pu s'instituer que sous-tendue par l'idéologie individualiste moderne, laquelle, en reconnaissant l'unité sociale comme valeur quasi absolue, a eu pour répercussions

1. P. POIRET, *En habillant l'époque, op. cit.*, p. 53.
2. *Ibid.*, p. 53.
3. *Ibid.*, p. 108.

des goûts accrus pour l'originalité, le non-conformisme, la fantaisie, la personnalité incomparable, l'excentricité, le confort, l'exhibition du corps. C'est seulement dans le cadre de cette configuration individualiste qu'a pu être détruite la logique antérieure de la mode qui limitait l'originalité aux accessoires de la parure. La Haute Couture n'est pas le produit d'une évolution naturelle, elle n'est pas une simple extension de l'ordre productif des frivolités; du XIVe siècle jusqu'au milieu du XVIIIe siècle, les fantaisies étaient en fait et en droit strictement circonscrites, peu portées à s'étendre, subordonnées à une structure générale de la toilette identique pour toutes les femmes; même ensuite, lorsque les ornementations prendront tout leur essor, l'architecture du vêtement restera uniforme. La Haute Couture, en revanche, a opéré un renversement complet de tendance : l'originalité d'ensemble devient impérative, elle s'impose comme un but ultime a priori, seules les raisons commerciales venant, de fait, mettre un frein à l'imagination créatrice. Un tel renversement n'a pu s'accomplir que porté par une révolution dans les représentations sociales légitimes, celle-là même qui a reconnu dans l'individu une valeur suprême. En dépit donc de son caractère d'industrie de luxe destinée à rendre ostensible la hiérarchie sociale, la Haute Couture est une organisation individualiste-démocratique ayant adapté la production de mode aux idéaux de l'individu souverain, fût-il, comme c'est le cas pour les femmes, demeuré « mineur » dans l'ordre politique. Une formation de compromis entre deux âges, telle est la Haute Couture : par un côté, elle reconduit en effet la logique aristocratique séculaire de la mode avec ses emblèmes luxueux, mais, d'un autre côté, elle agence déjà une production moderne, diversifiée, conforme aux référents idéologiques de l'individualisme démocratique.

Les valeurs de l'âge individualiste ont contribué de manière déterminante à agencer la mode moderne, elles ont joué par rapport à la mode le rôle qu'elles ont joué par rapport à l'État. Dans les deux cas, il y a eu, en accord avec l'égalité, répudiation des emblèmes majestueux de l'altérité hiérarchique, humaine et politique; dans les deux cas, il y a eu croissance et bureaucratisation du pouvoir, domination de plus en plus grande, de plus en plus pénétrante, d'instances spécialisées sur la société, alors même qu'étaient invoquées des valeurs émancipatrices, que ce soit le principe du Nouveau ou celui de la souveraineté collective. Qui plus est, à l'instar de l'État démocratique trouvant sa légitimité dans son homogénéité avec la société qu'il représente et dont il n'est plus que le strict exécutant, le couturier moderne ne cessera de rappeler sa fonction démocratique d'instrument des désirs collectifs : « La vérité est que je réponds par anticipation à vos secrètes intentions... Je ne suis qu'un médium sensible aux réactions de votre goût et qui enregistre méticuleusement les tendances de vos caprices [1]. » À la différence des artistes et de l'avant-garde qui proclameront haut et fort leur indépendance souveraine, la Haute Couture a largement occulté, conformément à son essence bureaucratique, sa puissance nouvelle de légiférer la mode au moment où se déployait, comme jamais, un pouvoir d'initiative, de direction et d'imposition stylistique.

---

1. *Ibid.*, pp. 211-212.

III

LA MODE OUVERTE

Telle qu'elle s'agence sous nos yeux, la mode ne trouve plus son modèle dans le système qu'a incarné la mode de cent ans. Des transformations organisationnelles, sociales, culturelles, en cours depuis les années 1950 et 1960, ont à ce point bouleversé l'édifice antérieur qu'on est en droit de considérer qu'un *nouveau stade de l'histoire de la mode moderne a fait son apparition*. Précisons aussitôt : émergence d'un nouveau système ne signifie en aucun cas rupture historique dégagée de tout lien avec le passé. Dans sa réalité profonde, cette deuxième phase de la mode moderne prolonge et généralise ce que la mode de cent ans a institué de plus moderne : une production bureaucratique orchestrée par des créateurs professionnels, une logique industrielle sérielle, des collections saisonnières, des défilés avec mannequins à fin publicitaire. Large continuité organisationnelle qui n'exclut pas cependant un non moins large redéploiement du système. De nouveaux foyers et critères de création se sont imposés, la configuration hiérarchisée et unitaire précédente a éclaté, la signification sociale et individuelle de la mode a changé en même temps que les goûts et les comportements des sexes : autant d'aspects d'une restructuration qui, pour être cruciale, n'en continue pas moins de réinscrire la prééminence séculaire du féminin et de parachever la logique à trois têtes de la mode moderne : d'un côté, sa face bureaucratique-esthétique, de l'autre, sa face industrielle, enfin, sa face démocratique et individualiste.

La révolution démocratique
du prêt-à-porter

L'âge d'or de la mode moderne avait pour épicentre la Haute Couture parisienne, laboratoire des nouveautés, pôle mondial d'attraction et d'imitation dans la confection comme dans la petite couture. Ce moment aristocratique et centralisé est terminé. Sans doute les maisons de Haute Couture continuent-elles de présenter à Paris leurs créations bi-annuelles somptueuses devant la presse internationale, sans doute jouissent-elles toujours d'un renom illustre et peuvent-elles afficher un chiffre d'affaires global en constante expansion, en dépit même du marasme économique présent [1]. Pourtant, derrière cette continuité de surface, la Haute Couture a perdu le statut d'avant-garde qui la caractérisait jusqu'alors, elle a cessé d'être le point de mire et le foyer de la mode vivante alors même que sa vocation et ses activités connaissaient un *aggiornamento* crucial. Dans les années 1960, certaines maisons pouvaient encore tourner pour l'essentiel sur le sur mesure, en 1975, la part du sur mesure ne représentait plus que 18 % du chiffre d'affaires direct (parfums exclus) des maisons de Couture, en 1985, 12 %. Le personnel employé traduit encore cette irréversible évolution : dans les années 1920, Patou employait 1 300 personnes dans ses ateliers, Chanel, avant-guerre, en employait 2 500, Dior 1 200 dans le milieu des années 1950. Aujourd'hui, les vingt et une maisons classées « Couture-Création » n'emploient plus dans leurs ateliers sur mesure que quelque 2 000 ouvrières et n'habillent plus, dans ce créneau, que 3 000 femmes dans le monde.

De fait, les maisons de Haute Couture ne prospèrent plus que par leur prêt-à-porter, leurs contrats de licence, leurs parfums. Depuis le début du siècle, les maisons de Haute Couture n'ont jamais cessé d'être associées aux parfums et aux cosmétiques : dès 1911, Paul Poiret a lancé, le premier, les parfums *Rosine,* Chanel suivra, avec son célèbre *N° 5,* en 1921.

---

1. En 1982, le chiffre d'affaires direct France et exportation (hors parfums) s'élevait à 1,4 milliard de francs et le chiffre d'affaires induit (c'est-à-dire le chiffre réalisé sous la marque par les licenciés et les filiales dans le monde) à 9,3 milliards. En 1985, on est passé respectivement à 2,4 milliards et à 17,3 milliards.

Mme Lanvin crée *Arpège* en 1923 et Patou *Joy,* « le parfum le plus cher du monde », en 1930. L'idée a porté ses fruits : en 1978, les parfums Nina Ricci réalisaient un chiffre d'affaires de 1,2 milliard représentant plus de 90 % du chiffre d'affaires global de la griffe, les parfums Chanel en représentaient 94 %. En 1981, le chiffre d'affaires global de la Haute Couture, à l'exclusion des parfums, s'élevait à 6 milliards de francs, à 11 milliards avec les parfums. À présent, les parfums Lanvin représentent 50 % du chiffre d'affaires global de la maison, et le N° 5 de Chanel, le parfum français le plus vendu dans le monde, rapporterait à lui seul plus de 50 millions de dollars par an. Toutes les maisons de Couture, depuis les années 1960, se sont lancées dans la course lucrative aux accords de licence portant non seulement sur les parfums et les cosmétiques, mais sur les articles les plus divers, lunettes, maroquinerie, vaisselle, briquets, stylos, lingerie, planches à voile, prêt-à-porter masculin et féminin. Aujourd'hui, Saint-Laurent réalise près de 68 % de son chiffre d'affaires avec des royalties, Lanvin 60 %, Dior 30 %. Cardin s'appuie sur plus de 600 licences France et étranger, Lanvin sur 120, Nina Ricci sur 180. Même si certaines maisons ont une politique de licences beaucoup moins large — chez Chanel, le *licensing* ne rapporte que 3 % du chiffre d'affaires —, l'ensemble du secteur de Haute Couture ne peut vivre que par les profits substantiels réalisés par la vente de sa griffe prestigieuse : en ne prenant pas en compte les parfums et cosmétiques, le chiffre d'affaires obtenu grâce aux royalties est sept fois supérieur à celui obtenu par la production directe.

Non seulement le pôle sur mesure couture, expression sublime de la mode de cent ans, s'est atrophié par amenuisement extrême de la clientèle, mais la Haute Couture n'habille plus les femmes du dernier cri. Sa vocation est bien davantage de perpétuer la grande tradition de luxe, de virtuosité de métier et ce, essentiellement à fin promotionnelle, de politique de marque pour le prêt-à-porter haut de gamme et les divers articles vendus sous sa griffe dans le monde. Ni classique ni avant-garde, la Haute Couture ne produit plus la dernière mode, elle reproduit sa propre image de marque « éternelle » en réalisant des chefs-d'œuvre d'exécution, de prouesse et de gratuité esthétique, des toilettes

inouïes, uniques, somptueuses, transcendant la réalité éphémère de la mode elle-même. Jadis fer de lance de la mode, la
Haute Couture aujourd'hui la muséifie dans une esthétique
pure débarrassée des obligations commerciales antérieures.
Paradoxes de la Haute Couture qui conjoint la mode et
l'absolu, le frivole et la perfection, qui ne crée plus pour
personne, qui joue d'autant plus la folie esthétique désintéres-
sée qu'elle correspond mieux aux intérêts du marketing. Dans
cette nouvelle phase de la Haute Couture métamorphosée en
vitrine publicitaire de pur prestige, il y a plus que le destin
particulier d'une institution dynamique ayant réussi à se
reconvertir dans le prêt-à-porter et le *licensing,* il y a un
changement de première importance au regard de l'histoire
multiséculaire de la mode occidentale. Le luxe suprême et la
mode se sont disjoints, le luxe n'est plus l'incarnation
privilégiée de la mode et la mode ne s'identifie plus à la
manifestation éphémère de la dépense ostensible même
euphémisée.

Mais la vraie révolution qui a détruit l'architecture de la
mode de cent ans est celle qui a bouleversé la logique de la
production industrielle : elle correspond à l'irruption et au
développement de ce qu'on appelle le *prêt-à-porter.* C'est en
1949 que J. C. Weill lance en France l'expression < prêt-
à-porter > tirée de la formule américaine *ready to wear* et ce,
afin de dégager la confection de sa mauvaise image de
marque. À la différence de la confection traditionnelle, le
prêt-à-porter s'est engagé dans la voie nouvelle de produire
industriellement des vêtements accessibles à tous, mais néanmoins < mode >, inspirés par les dernières tendances du
moment. Tandis que le vêtement de confection présentait
souvent une coupe défectueuse, un manque de fini, de qualité
et de fantaisie, le prêt-à-porter veut faire fusionner l'industrie
et la mode, il veut mettre la nouveauté, le style, l'esthétique
dans la rue. Dès le début des années 1950, les grands
magasins comme les Galeries Lafayette, le Printemps, Prisu-
nic, introduisent dans leur service achat des conseillères et
coordinatrices de mode pour faire évoluer les fabricants et
présenter à la clientèle des produits plus à la page [1]. Peu à peu,

1. Françoise VINCENT-RICARD, *Raison et passion. La mode 1940-1990,* Tex-
tile/Art/Langage, 1983, p. 83.

les industriels du prêt-à-porter vont prendre conscience de la nécessité de s'adjoindre des *stylistes*, d'offrir un vêtement ayant une valeur ajoutée mode et esthétique comme les U.S.A. en donnent déjà l'exemple. Le premier salon du prêt-à-porter féminin se tient en 1957 et, au tournant des années 1950-1960, apparaissent les premiers cabinets indépendants de Conseils et Styles : en 1958, C. de Coux fonde < Relations Textiles >; en 1961, c'est la création du bureau de style de Maïmé Arnodin précédant celui de Promostyl, créé en 1966 [1]. La fabrication vestimentaire de masse va suivre en partie la même voie que celle ouverte, à partir des années 1930, par le design industriel. Il s'agit de produire des tissus, des lainages, des vêtements intégrant la nouveauté, la fantaisie, la création esthétique, avec pour modèle le principe des collections saisonnières de mode. Avec le stylisme, le vêtement industriel de masse change de statut, il devient un produit mode à part entière. Les premières griffes du prêt-à-porter apparaîtront dans les publicités.

Mais jusqu'à la fin des années 1950, le prêt-à-porter sera peu créatif en matière esthétique, il reconduira la logique antérieure : l'imitation assagie des formes innovées par la Haute Couture. C'est à partir du début des années 1960 que le prêt-à-porter va accéder en quelque sorte à la vérité de lui-même en concevant des vêtements avec un esprit davantage tourné vers l'audace, la jeunesse, la nouveauté que vers la perfection < classe >. Une nouvelle race de créateurs s'est imposée n'appartenant plus, phénomène inédit, à la Haute Couture. En 1959, Daniel Hechter va lancer le style Babette et le manteau type soutane; en 1960, Cacharel réinvente le chemisier pour femme, en madras, dans un style simple, proche de la chemise d'homme. Mary Quant crée à Londres en 1963 le Ginger Group qui est à l'origine de la minijupe. À partir de 1963, Christiane Bailly innove avec ses manteaux amples en forme de cape. Michèle Rosier va révolutionner les vêtements de sport d'hiver en proposant une silhouette près-du-corps d'allure cosmique. Emmanuelle Kahn, Élie Jacobson (Dorothée Bis) font également partie de cette

1. *Ibid.*, pp. 85-87.

première génération de stylistes [1] qui ont été à l'origine du sportswear, du vêtement libre d'esprit jeune. Dans les années 1970 et 1980, une deuxième et une troisième vague de stylistes impulseront les innovations les plus marquantes dans la mode professionnelle. Kenzo a dynamisé la mode du début des années 1970 avec ses coupes plates dérivées des kimonos, son goût des couleurs et des fleurs, son mariage de l'Orient et de l'Occident. Mugler a présenté un archétype féminin de cinéma et de science-fiction. Montana a créé des vêtements impressionnants de volume et de largeur d'épaules. Chantal Thomass révèle une silhouette élégante et polissonne, décente et insolente. J.-P. Gaultier joue à l'enfant terrible de la *fashion* en maniant l'humour, la dérision, le mélange des genres et des époques. Les créateurs japonais, Issey Miyaké et Rei Kawakubo, ont bousculé la structure traditionnelle des vêtements. Certains d'entre eux et d'autres (P. Moréni, Sonia Rykiel, A. Alaïa, etc.) sont apparentés depuis 1975 à l'establishment des grands couturiers : ils sont désignés *Créateurs* de Mode.

Il reste que, pendant ces années charnières, la Haute Couture n'est pas restée inactive. Les années 1960 ont été la dernière décennie où la Haute Couture a continué à assurer sa vocation « révolutionnaire » en matière stylistique. Avec, bien sûr, avant tout, l'effet Courrèges introduisant dans sa collection de 1965 le style court et structuré. Collection faisant à ce point événement que les photos parues dans la presse du monde entier ont représenté un impact publicitaire évalué à 4 ou 5 milliards de l'époque. Modernisme futuriste résolu de Courrèges qui élabore une mode émancipant les femmes des talons hauts, des carcans de poitrine, des vêtements serrés, des hanches, au profit d'un vêtement architecturé permettant la liberté du mouvement. La minijupe était déjà apparue en 1963 en Angleterre, mais c'est Courrèges qui a réussi à lui donner son style propre. Avec ses bottes à talons plats, son blanc pur, ses références de collégiennes en chaussettes, son dynamisme de géomètre, le style Courrèges

---

1. Bruno DU ROSELLE, *La Mode*, Paris, Imprimerie nationale, 1980, pp. 264-266.

enregistre dans la mode la montée irrésistible des valeurs proprement juvéniles, teen-agers. Après la jeune femme des années 1920, c'est carrément la jeune fille qui se trouve consacrée prototype de la mode. Par ailleurs, la Haute Couture a consacré le port du pantalon féminin : dès 1960, Balenciaga a créé des tenues de soirée composées de pantalons blancs; en 1966, Yves Saint-Laurent intègre le pantalon dans ses collections, il fait porter à ses mannequins des pantalons du soir et des smokings féminins. En 1968, Saint-Laurent lance le style safari, la saharienne, qui influenceront largement les années 1970. Au même moment, il pouvait proclamer dans un entretien : « À bas le Ritz, vive la rue. » Venant d'un grand couturier, le propos frise la provocation dandy, il n'en exprime pas moins la nouvelle position de la Haute Couture dans la création de mode. La Haute Couture, de fait, a cessé de donner le *la* en matière de mode, le prêt-à-porter et la rue se sont érigés en centres « autonomes » de mode. Lorsque la Haute Couture introduit le pantalon féminin dans ses collections, les femmes l'avaient déjà massivement adopté : en 1965, il se créait industriellement plus de pantalons pour femmes que de jupes. Et lorsque Saint-Laurent, en 1966, intègre le jean dans ses collections, ce vêtement avait depuis longtemps été élu par les jeunes. « Il faut descendre dans la rue! » : de pionnière, la Haute Couture au sens strict est devenue avant tout une institution de prestige consacrant davantage ce qui est innové ailleurs qu'impulsant la pointe de la mode.

La Haute Couture, tout d'abord réticente ou hostile au prêt-à-porter, a finalement compris tout l'intérêt qu'il y avait à adopter ces nouvelles méthodes lorsqu'on dispose d'un capital de prestige. En 1959, Pierre Cardin présente la première collection de prêt-à-porter Couture au grand magasin le Printemps, ce qui pourra lui faire dire plus tard : « J'ai fondé le T.N.P. de la Couture. » Il ouvre le premier département prêt-à-porter en 1963 et sera également le premier couturier à signer des accords avec les grands fabricants de prêt-à-porter en exploitant le prestige de sa griffe. Yves Saint-Laurent, de son côté, crée en 1966 une première collection de prêt-à-porter faite en fonction des impératifs industriels et non comme adaptation de la Haute

Couture. Il lance au même moment la première boutique Saint-Laurent Rive-Gauche et, en 1983-1984, la ligne Saint-Laurent Variation, 40 % moins chère que les vêtements Rive-Gauche. En 1985, le prêt-à-porter féminin représentait 33 % du chiffre d'affaires direct Haute Couture (parfums exclus).

Redéploiement de la Haute Couture qui non seulement s'est tournée vers la production en série, mais qui a investi, dès 1961, sous l'initiative de Cardin, le prêt-à-porter « homme ». L'institution, qui depuis un siècle symbolisait le rayonnement du féminin, crée et présente maintenant des collections saisonnières pour homme. Loin d'être un gadget, le nouveau créneau s'avère être en constante expansion : en 1975, le prêt-à-porter masculin représentait 8 % du chiffre d'affaires direct Haute Couture, il en représentera 19,5 % en 1985.

Fin du pôle sur mesure et de la mode à deux paliers sous le primat de la Haute Couture d'une part, généralisation du prêt-à-porter et dissémination des pôles créatifs d'autre part, ainsi peut-on résumer schématiquement la transformation du système de la mode. Avec les perfectionnements technologiques de l'industrie vestimentaire, mais aussi avec le développement du stylisme et du prêt-à-porter, l'opposition qui structurait la mode de cent ans, celle du sur mesure et de la série, n'a plus qu'une existence résiduelle. L'âge du sur mesure est révolu [1], il ne jouit même plus, là où il subsiste, d'une prime de goût ; ce sont au contraire les créations du prêt-à-porter qui incarnent maintenant l'esprit de mode dans son expression la plus vivante. Quelles que soient les différences en valeur et en qualité qui séparent les articles du prêt-à-porter, le nouvel âge désigne une étape supplémentaire dans l'organisation démocratique de la mode puisque au système hétérogène du sur mesure et de la série s'est substituée une production industrielle d'essence homogène, quels que soient les écarts de prix et de novation qui s'y retrouvent. La mode de cent ans, avec son organisation duale sur mesure/confection, était une formation hybride mi-aristocratique, mi-démocratique ; en expurgeant de son fonctionnement un pôle

---

1. Les vêtements faits sur mesure représentaient 10 % des dépenses d'habillement par personne en 1953 et 1 % en 1984.

ostensiblement élitaire et en universalisant le système de la production en série, le prêt-à-porter a poussé d'un cran la dynamique démocratique inaugurée de manière partielle par la phase antérieure.

Simultanément, l'opposition création originale de luxe/reproduction industrielle de masse ne commande plus le fonctionnement du nouveau système. Sans doute voit-on toujours apparaître, chaque saison, des collections d'avant-garde chez les grands créateurs du prêt-à-porter, mais la mode industrielle de masse de son côté ne peut plus être assimilée à la copie vulgaire et dégradée des prototypes les plus cotés. Le prêt-à-porter diffusion a acquis une relative autonomie par rapport à l'innovation de recherche : audace et surenchère en spirale du côté des créateurs, moins de subordination mimétique du côté de la grande production industrielle, ainsi se présente la nouvelle donne de la mode. À mesure que les industriels du prêt-à-porter ont fait appel à des stylistes, que la fantaisie, le sport, l'humour se sont affirmés comme valeurs dominantes, que la mode a cessé d'exclure impérativement chaque année la vogue précédente, le vêtement de grande série a gagné en qualité, en esthétique, en originalité, fût-ce sans commune mesure avec les « folies » des collections des couturiers et créateurs. La disjonction modèle de luxe/imitation industrielle ou artisanale était prépondérante quand la Haute Couture légiférait en toute autorité, elle s'estompe quand la mode est plurielle et laisse cohabiter les styles les plus disparates. Comment parler encore d'imitation alors que les collections industrielles du prêt-à-porter commencent à se préparer près de deux ans à l'avance, alors que les bureaux de style ont pour vocation d'inventer et de définir leurs propres thèmes et tendances de mode? Cela ne signifie pas que les créations d'avant-garde ne soient plus prises en compte, mais que leur pouvoir de s'imposer comme modèles exclusifs de référence a disparu. À présent, la haute mode n'est plus qu'une source d'inspiration libre sans priorité, à côté de beaucoup d'autres (styles de vie, sports, films, esprit du temps, exotisme, etc.) dotés d'une égale importance. Tandis que les foyers d'inspiration se multiplient et que la subordination aux modèles du dernier cri s'affaisse, le vêtement industriel accède à l'ère de la création esthétique et de la personnalisation. Le produit grande diffusion n'est plus le reflet inférieur d'un prototype suréminent, il est une recréation originale, une synthèse spécifique des impératifs de l'industrie et du stylisme qui se concrétise dans un vêtement combinant de façon variable, en fonction de la clientèle visée, le classicisme et l'originalité, le sérieux et le léger, le raisonnable et la nouveauté.

Le système du prêt-à-porter tend à la réduction de l'anonymat caractéristique de la confection industrielle antérieure, à la production d'articles présentant un « plus » créatif, une valeur ajoutée esthétique, un cachet personnalisé. La spirale dans la démocratisation de la mode poursuit sa course : après le moment ayant mis en place une mode industrielle de masse, mais de qualité médiocre, sans style ni touche mode, le moment où l'industrie du prêt-à-porter offre à plus ou moins bon marché des produits de qualité esthétique et de création mode spécifique. La démocratisation du système ne tient pas seulement dans l'éviction de fait de la Haute Couture, mais surtout dans la promotion concomitante de la qualité mode de l'habillement de masse. Progrès qualitatif de la mode industrielle difficilement contestable : tandis que le prêt-à-porter des couturiers et de « style » représente environ 40 % du marché national, de nombreux créateurs de renom travaillent ou ont travaillé comme stylistes *free lance* dans des firmes de prêt-à-porter de grande diffusion. Le catalogue des *3 Suisses* a pu même proposer des vêtements signés P. Moréni, Alaïa, J.-P. Gaultier, I. Miyaké, à des prix grand public. La logique de la série a été gagnée par le procès de personnalisation qui partout privilégie le dynamisme créatif, multiplie les modèles et variantes [1], substitue l'innovation esthétique à la reproduction mimétique. La mode de masse a basculé dans l'âge du surchoix démocratique, des petites pièces et « coordonnés » bon marché, dans la séduction moyenne du « beau-pas-cher » et du rapport esthétique-prix.

1. Abondance de produits différenciés sous-tendue par une industrie elle-même très morcelée, permettant de s'adapter rapidement aux changements de mode : en 1984, il y avait en France un peu plus de 1 000 entreprises employant plus de 10 salariés et près de 84 % des entreprises employaient moins de 50 personnes.

L'industrie du prêt-à-porter n'a réussi à constituer la mode en système radicalement démocratique que sous-tendu lui-même par la montée démocratique des aspirations collectives à la mode. Bien entendu, la révolution du prêt-à-porter ne peut être séparée des progrès considérables réalisés en matière de techniques de fabrication du vêtement, progrès qui ont permis de produire des articles en grande série de très bonne qualité, à bas prix. Mais elle n'est pas non plus détachable d'un nouvel état de la demande. Après la Seconde Guerre mondiale, le désir de mode s'est fortement répandu, il est devenu un phénomène général concernant toutes les couches de la société. À la racine du prêt-à-porter, il y a cette démocratisation ultime des goûts de mode portée par les idéaux individualistes, la multiplication des journaux fémi-nins et le cinéma, mais aussi par l'appétit de vivre au *présent* stimulé par la nouvelle culture hédoniste de masse. L'éléva-tion du niveau de vie, la culture du bien-être, du loisir et du bonheur immédiat ont entraîné l'ultime étape de la légitima-tion et de la démocratisation des passions de mode. Les signes éphémères et esthétiques de la mode ont cessé d'apparaître, dans les classes populaires, comme un phénomène inaccessible réservé aux autres, ils sont devenus une exigence de masse, un décor de vie allant de soi dans une société sacralisant le changement, le plaisir, les nouveautés. L'âge du prêt-à-porter coïncide avec l'émergence d'une société tournée de plus en plus vers le présent, euphorisée par le Nouveau et la consommation.

Outre la culture hédoniste, le surgissement de la « culture juvénile » a été un élément essentiel dans le devenir stylistique du prêt-à-porter. Culture juvénile liée certes au *baby boom* et au pouvoir d'achat des jeunes, mais apparaissant, plus en profondeur, comme une manifestation élargie de la dynami-que démocratique-individualiste. C'est cette nouvelle culture qui a été à la source du phénomène « style » des années 1960, moins soucieux de perfection, plus à l'affût de spontanéité créative, d'originalité, d'impact immédiat. Accompagnant la consécration démocratique de la jeunesse, le prêt-à-porter s'est engagé lui-même dans un processus de rajeunissement démo-cratique des prototypes de mode.

Les métamorphoses de la griffe

Parallèlement au processus d'esthétisation de la mode industrielle, le prêt-à-porter a réussi à démocratiser un symbole de haute distinction jadis très sélectif, peu consommé : la griffe. Avant les années 1950, en France, seules quelques maisons de Haute Couture avaient le privilège d'être connues de tous; la renommée des couturières était locale, circonscrite, la griffe Couture et son immense notoriété s'opposaient avec éclat à l'impersonnalité de la confection industrielle. Avec l'avènement du prêt-à-porter et de ses premières publicités s'enclenche une mutation non seulement esthétique mais symbolique. La série industrielle sort de l'anonymat, elle se personnalise en gagnant une image de marque, un nom qu'on voit désormais s'étaler un peu partout sur les panneaux publicitaires, dans les magazines de mode, dans les vitrines des centres-villes, sur les vêtements eux-mêmes. C'est le temps de la promotion et de l'inflation démocratique des marques. Grand renversement de tendance : depuis les XVIIIe et XIXe siècles, les noms les plus connus s'identifiaient aux plus prestigieux, à présent, certaines marques spécialisées dans les articles grand public sont mémorisées par les consommateurs au même titre ou davantage que les griffes haut de gamme. Est-il besoin de citer, entre autres, Levi's, Rodier, New Man, Mic Mac, Marithé et François Girbaud, Lee Cooper, Manoukian, Benetton, Naf-Naf, Jousse? Puissance de la publicité, mais avant tout du stylisme industriel qui a réussi à faire désirer, connaître et reconnaître des vêtements produits en grande série à des prix accessibles.

Mais c'est surtout avec les créateurs du prêt-à-porter que s'enclenche la véritable révolution dans le système symbolique de la griffe. Dès les années 1960, avec le phénomène « style », de nouveaux noms s'imposent vite, introduisant dans le monde de la mode des griffes reconnues au côté de celles de la Haute Couture. La mode la plus en vue n'est plus le privilège de la Haute Couture, les créateurs et stylistes nouvelle vague qui suivront et ne cesseront de se multiplier représentent désormais la pointe dynamique de la mode, leurs prototypes font régulièrement la une des journaux spécialisés, leurs collections sont l'objet de comptes rendus et d'éloges au même titre que celles de la Haute Couture. Le système du prêt-à-porter a accouché d'une nouvelle race de novateurs et du même coup d'une nouvelle catégorie de griffes célébrées dans des cercles plus ou moins larges. À coup sûr, leur prestige ne peut se comparer à celui dont pouvaient jouir les « grands » de la Couture à l'époque héroïque : c'est qu'aujourd'hui plus aucun nom, y compris dans la Haute Couture, n'est capable de connaître l'extraordinaire consécration internationale qui a accompagné la mode de cent ans, plus aucun nom n'est capable de rivaliser avec l'effet Chanel ou Dior. Il y a, d'un côté, multiplication des griffes, de l'autre, baisse tendancielle du prestige dont chacune peut profiter. Mais, surtout, nous assistons à la diversification des fondements du système des légitimités; la célébration n'est plus liée à l'art d'incarner le *nec plus ultra* du chic grande classe, c'est bien davantage la nouveauté-choc, le spectaculaire, l'écart avec les normes, l'impact émotionnel, qui permettent aux créateurs et stylistes de se distinguer de leurs rivaux et d'imposer leurs noms sur la scène de l'élégance par le biais des organes de presse. C'est le temps des légitimités éclectiques; peuvent accéder aujourd'hui à la notoriété des créateurs dont les collections reposent sur des critères radicalement hétérogènes. Après le système monopolistique et aristocratique de la Haute Couture, la mode a accédé au pluralisme démocratique des griffes.

Si les créateurs et certaines marques du prêt-à-porter sont portés aux nues, la griffe Haute Couture, de son côté, est moins idolâtrée, moins encensée que jadis. La Haute Couture tend, lentement et inégalement selon les maisons, à perdre de sa hauteur suréminente alors même qu'elle s'appuie de plus en plus sur une politique de contrats de licences portant sur des articles très divers. Chute de prestige toute relative d'ailleurs, comme l'atteste avec éloquence le chiffre d'affaires très confortable et en hausse des grandes maisons qui ont su perpétuer et exploiter, dans le monde, la notoriété de la griffe parisienne. Néanmoins, le système des licences et surtout l'apparition de nouveaux foyers créateurs ont entraîné la déstabilisation du système des griffes, le *flottement* dans la représentation sociale des marques. Ainsi, dans une enquête de *Elle* (septembre 1982), les femmes interrogées, en majorité, ne faisaient pas de distinction significative entre les griffes des couturiers, celles des créateurs d'avant-garde et celles du prêt-à-porter diffusion : Kenzo côtoie Ted Lapidus et Cardin, Yves Saint-Laurent est cité avec Cacharel, New Man, Karting ou Sonia Rykiel. On assiste au brouillage du système pyramidal antérieur : pour le plus grand nombre, la discrimination des marques est devenue floue, la Haute Couture n'occupe plus une position de leader incontesté. À l'évidence, cela ne signifie pas que les marques sont mises sur le même plan : qui ne connaît les écarts importants de prix qui accompagnent les différentes griffes ? Mais en dépit des écarts de prix, plus aucune hiérarchie homogène ne commande le système de la mode, plus aucune instance ne monopolise le goût et l'esthétique des formes.

Érosion des cotes et valeurs qu'on ne doit pas assimiler à une mystification idéologique, à une illusion sociale sur les ségrégations réelles du champ de la mode. Tout au contraire, le phénomène est en quelque sorte la perception sociale « juste » des transformations du système de la mode dégagé de la férule de la Haute Couture et voué à la créativité du stylisme, à la multiplicité des critères de l'apparence. Dignification des marques du prêt-à-porter d'un côté, chute relative de la notoriété de la Haute Couture de l'autre, le brouillage des classements poursuit, dans l'ordre de la mode, le travail séculaire de l'égalisation des conditions. Une démocratisation de la griffe qui n'entraîne aucunement un nivellement homogène, des coteries et hiérarchies demeurent, mais aux frontières moins nettes, moins stables, sauf pour de petites minorités. Le procès démocratique dans la mode n'abolit pas les différences symboliques entre les marques, il réduit les inégalités extrêmes, il déstabilise la division entre les anciens et les nouveaux venus, entre les hauts de gamme et les moyens de gamme, il permet jusqu'à la célébration de certains articles grand public.

De l'esthétique « classe »
à l'esthétique jeune

La fin de la prééminence symbolique de la Haute Couture a pour corrélat l'effondrement de sa clientèle : quelques dizaines de commandes par an pour certaines maisons, quelques centaines pour les plus cotées[1]. Telle est, dans sa réalité brutalement chiffrée, la situation commerciale présente du *sur mesure* Couture. À coup sûr, un tel rétrécissement de la clientèle n'est séparable ni des prix prohibitifs de la Haute Couture ni du prêt-à-porter offrant à présent des vêtements de haute qualité mode, de style, d'originalité, à des prix incomparables (le prix moyen d'une robe prêt-à-porter de créateur ou de couturier est dix fois moindre que celui d'une robe Haute Couture sur mesure). Mais si importante que soit la réalité des prix, elle n'explique pas à elle seule pourquoi la Haute Couture ne trouve pas plus de trois mille clientes dans le monde. Apparemment simple, le phénomène mérite un approfondissement. Faut-il, à l'instar de la sociologie de la distinction, relier la désaffection pour la Haute Couture à la restructuration des classes dominantes, à l'apparition d'une bourgeoisie de cadres modernistes et dynamiques, se définissant moins par le capital économique que par le « capital culturel », et qui, soucieuse de se distinguer de la bourgeoisie traditionnelle, rechercherait des signes plus sobres, moins manifestement élitaires, en conformité avec le primat du capital culturel qui la définit et la « légitimité de soi » qu'il procure[2] ? C'est donner pour globale une explication qui n'est que partielle : l'accès des femmes à l'enseignement supérieur et aux professions de cadres ne peut rendre compte fondamentalement du processus de disqualification du luxe vestimentaire apparent dont l'origine est largement antérieure. Le « capital culturel » des classes dominantes n'est pas le plus crucial; il y a au cœur du redéploiement de la Haute Couture autre chose que l'émergence d'une classe « assez sûre de sa

---

1. À titre de comparaison, au milieu des années 1950, les 28 ateliers Dior produisaient 12 000 pièces par an, vendues à 3 000 femmes.
2. Pierre BOURDIEU et Yvette DELSAUT, « Le couturier et sa griffe », *Actes de la recherche en sciences sociales*, 1, 1975, p. 33.

propre légitimité pour n'avoir pas besoin de porter les emblèmes de son autorité > [1]. On ne voit pas par quel mécanisme la légitimité sociale de la nouvelle bourgeoisie, si tant est qu'elle s'affirme davantage aujourd'hui qu'hier, aurait le privilège de discréditer les symboles du pouvoir. La hiérarchie sociale, alors même qu'elle était incontestée, n'a-t-elle pas exhibé, tout au contraire, pendant des millénaires, les insignes éclatants de la puissance et de la domination? Et comment le capital culturel, de lui-même, aurait-il la vertu d'entraîner le déclin des marques supérieures de la hiérarchie? On l'a vu, la visée de l'*understatement* trouve ses racines profondes moins dans les luttes symboliques et conjoncturelles de classes que dans l'action de longue haleine des valeurs consubstantielles aux sociétés modernes. Par sa problématique même, la sociologie de la distinction est sourde aux mouvements de longue durée, elle ne peut rendre compte des fils qui rattachent le nouveau à l'ancien. Ainsi du destin actuel de la Haute Couture : d'un côté, incontestablement, le phénomène est une rupture avec la mode de cent ans, mais, de l'autre, il apparaît comme le moment culminant d'une tendance séculaire constitutive des sociétés démocratiques. Discontinuité historique oui, mais, tout autant, extraordinaire cohérence du destin du paraître individuel depuis l'avènement de l'habit noir masculin au XIXᵉ siècle jusqu'à l'actuelle désertion du sur mesure Couture. Comment la mode moderne aurait-elle pu être poussée dans ce même sens, celui de la réduction des signes emphatiques du paraître si, par-delà les jeux de la compétition symbolique des classes, n'avaient agi en profondeur des valeurs constantes orientant les aspirations distinctives? Si la logique de la distinction commandait à ce point le cours de la mode, celle-ci ne laisserait voir que chaos, toquades et virevoltes : c'est loin d'être le cas, la mode moderne sur le temps long obéit à un ordre, une tendance lourde ne trouvant son intelligibilité que rapportée aux finalités sociales et esthétiques transcendant les rivalités de classes.

À la source de l'*inconspicuous consumption*, l'action convergente d'un faisceau de valeurs où figurent l'idéal égalitaire,

1. *Ibid.*, p. 33.

l'art moderne, les valeurs sportives et, plus près de nous, le nouvel idéal individualiste du *look* jeune. Les stratégies de distinction ont été moins des forces « créatrices » que des instruments de ce mouvement de fond démocratique, de cette constellation synergique de nouvelles légitimités disqualifiant les marques criantes de la supériorité hiérarchique. Avec la vogue du costume sombre masculin, la démocratisation de l'élégance, autrement dit la rupture avec l'impératif de la dépense somptuaire aristocratique, s'est manifestée inaugura-lement chez les hommes, les premiers ayant précisément joui à part entière des droits modernes démocratiques. La mode féminine, au cours du XXᵉ siècle, s'alignera de plus en plus sur cette logique démocratique. Avec la « fin » du pôle sur mesure Couture, la répudiation de la *conspicuous consumption* en matière de toilette trouve son accomplissement définitif après le moment intermédiaire qu'a représenté, à partir des années 1920, la mode euphémisée mais néanmoins luxueuse de la Haute Couture. Désormais, ce n'est plus seulement le faste tapageur qui est désavoué, c'est le principe même du luxe vestimentaire qui a perdu son prestige et sa légitimité immémoriale, sa capacité à susciter l'admiration et le désir d'acquisition des femmes.

La mode féminine n'a pu se dégager de l'emprise de la Haute Couture qu'en raison des nouvelles valeurs liées aux sociétés libérales au stade de la production et de la consom-mation de masse. L'univers des objets, des media, des loisirs, a permis l'émergence d'une culture de masse hédoniste et juvénile qui est au cœur du déclin final de la mode somptuaire. L'essor d'une culture *jeune* au cours des années 1950 et 1960 a accéléré la diffusion des valeurs hédonistes, elle a contribué à donner un nouveau visage à la revendication individualiste. S'est mise en place une culture affichant le non-conformisme, prônant des valeurs d'expression indivi-duelle, de décontraction, d'humour et de spontanéité libre. L'effet Courrèges, le succès du « style » et des créateurs première vague du prêt-à-porter des années 1960 sont avant tout la traduction, dans le système de la mode, de la montée de ces nouvelles valeurs contemporaines du rock, des idoles et stars jeunes : en quelques années, le « junior » est devenu prototype de la mode. L'agressivité des formes, les collages et juxtapositions de styles, le négligé, n'ont pu s'imposer ensuite que portés par une culture où l'emportent l'ironie, le jeu, l'émotion-choc, la liberté des manières. La mode a pris une connotation jeune, elle doit exprimer un style de vie émancipé, dégagé des contraintes, désinvolte envers les canons officiels. C'est cette galaxie culturelle de masse qui a miné le pouvoir suréminent de la Haute Couture, la signification imaginaire « jeune » a entraîné une désaffection pour le vêtement de luxe, assimilé du coup au monde « vieux ». Le chic bon goût, « classe » et distingué de la Haute Couture s'est trouvé discrédité par des valeurs mettant en avant l'éclatement des conventions, l'audace et les clins d'œil, valorisant davantage l'idée que la réalisation, le choc émotionnel que la virtuosité, la jeunesse que la respectabilité sociale. Un renversement majeur dans les modèles de comportement s'est opéré : « Autrefois, une fille voulait ressembler à sa mère. Actuellement, c'est le contraire qui se produit » (Yves Saint-Laurent). Faire moins que son âge importe maintenant beaucoup plus qu'exhiber un rang social : la Haute Couture, avec sa grande tradition de raffinement distingué, avec ses modèles destinés aux femmes adultes et « installées », a été disqualifiée par cette nouvelle exigence de l'individualisme moderne : paraître jeune. Le destin de la Haute Couture ne procède pas de la dialectique de la prétention et de la distinction de classe, il tient tout à l'inverse dans la relégation au second plan du principe multiséculaire de l'affichage de l'excellence sociale et dans la promotion corrélative d'un code d'âge s'imposant à tous au nom du culte de plus en plus prégnant de l'individualité souveraine. Si donc, inauguralement, les valeurs individualistes ont contribué de façon déterminante à la naissance de la Haute Couture, elles ont été, dans un deuxième temps, à la source de la désaffection de sa clientèle traditionnelle.

Au moment où s'éclipse l'impératif du vêtement dispendieux, toutes les formes, tous les styles, tous les matériaux gagnent une légitimité de mode : le négligé, le brut, le déchiré, le décousu, le débraillé, l'usé, les charpies, l'effiloché, jusqu'alors strictement exclus, se trouvent incorporés dans le champ de la mode. En recyclant les signes « inférieurs », la mode poursuit sa dynamique démocratique, tout comme l'ont fait, depuis le milieu du XIXe siècle, l'art moderne et les avant-gardes. À l'intégration moderniste de tous les sujets et matériaux dans le champ noble de l'art correspond maintenant la dignification démocratique du jean délavé, des pulls avachis, des tennis élimés, des fripes rétro, des graphismes *comics* sur les tee-shirts, des haillons, du « look clochard », des détournements *high tech*. Le processus de désublimation amorcé dans les années 1920 trouve ici son plein régime : l'élégance se minimalise, l'artificialité joue à la primitivité ou à la fin du monde, l'étudié ne doit pas « faire habillé », le soigné a fait place au paupérisme dépenaillé, l'allure « classe » a cédé le pas à l'ironie et à la « dégaine ». La fin de la *conspicuous consumption* vestimentaire et le procès d'humorisation-désacralisation de la mode marchent de concert, ensemble ils désignent le stade suprême de la démocratisation de la mode, le moment où la mode se moque de la mode, l'élégance de l'élégance. Seules les photographies de mode et les présentations de collections, avec leur dimension féerique, échappent, en partie, à la tendance en cours. Au cérémonial feutré des défilés Haute Couture ont succédé les shows en sono, la « fête » irréelle des mannequins en groupe, l'effet podium hyperspectaculaire et magique, cet instrument sublime et publicitaire de consécration artistique de la griffe. Cette ultime liturgie au public sélectionné n'exclut pas néanmoins le procès de désidéalisation et de proximité démocratiques : non seulement certains créateurs commencent à ouvrir leurs défilés à un public indifférencié en fixant un prix d'entrée, mais, ici et là, l'ironie, les gags, la dérision s'emploient à décrisper et désophistiquer le rituel sacré des présentations de collections. On voit même des mannequins moins canoniques, moins irréels, plus proches des standards communs : la mode, quoique timidement, sort de l'âge grandiose de la fascination d'elle-même.

Tant que s'est maintenu, au travers de la Haute Couture, le prestige du luxe vestimentaire, la mode est restée tributaire, au moins partiellement, d'un code social de type holiste par le primat accordé de fait à l'affirmation du rang hiérarchique sur l'affirmation individuelle. Dès lors que ce principe s'est trouvé disqualifié, non seulement esthétiquement mais socialement, la mode est entrée de plain-pied dans une nouvelle phase

commandée cette fois intégralement par la logique individualiste : le vêtement est de moins en moins signe d'honorabilité
sociale, un nouveau rapport à l'Autre est apparu dans lequel la
séduction l'emporte sur la représentation sociale. ‹ Les gens
n'ont plus envie d'être élégants, ils veulent séduire › (Yves
Saint-Laurent), l'important n'est pas d'être le plus proche
possible des derniers canons de la mode, encore moins d'étaler
une excellence sociale, c'est d'être mis soi-même en valeur,
plaire, étonner, troubler, faire jeune.

Un nouveau principe d'imitation sociale s'est imposé, celui
du modèle jeune. On cherche moins à donner une image de sa
position ou de ses aspirations sociales qu'à paraître ‹ dans le
coup ›. Peu se soucient dans leurs vêtements d'afficher leur
‹ réussite ›, mais qui ne s'emploie, en quelque manière, à
offrir de lui-même une image jeune et libérée, à adopter non
pas certes le dernier cri junior, mais l'allure, la *gestalt* jeune?
Même les adultes et les personnes âgées se sont mis au
sportswear, aux jeans, aux tee-shirts rigolos, aux baskets, aux
seins nus. Avec la promotion du style jeune, le mimétisme
s'est démocratisé, il s'est délesté de la fascination du modèle
aristocratique qui le commandait depuis toujours. Nouveau
foyer de l'imitation sociale, l'exaltation du look jeune est
inséparable de l'âge moderne démocratique-individualiste
dont il parachève la logique jusqu'à son terme narcissique :
chacun est en effet invité à travailler son image personnelle, à
s'adapter, s'entretenir et se recycler. Le culte de la jeunesse et
celui du corps marchent de concert, ils appellent le même
regard constant sur soi-même, la même autosurveillance
narcissique, la même contrainte d'information et d'adaptation
aux nouveautés : ‹ À quarante ans, vous devenez plus sereine,
plus épanouie, plus exigeante aussi. Votre peau, elle aussi,
change. Elle a maintenant besoin d'une attention toute
particulière et de soins appropriés... Pour vous, le moment est
donc venu d'adopter les Traitements Suractifs de Lancaster,
spécialement conçus pour donner à votre peau un aspect plus
jeune. › Agent incontestable de normalisation sociale et
d'incitation à la mode, l'impératif jeunesse est tout autant un
vecteur d'individualisation, les particuliers se devant de porter
une attention plus vigilante sur eux-mêmes.

Plus encore, le code jeune contribue à sa manière à la

poursuite de l'égalisation des conditions des sexes; sous son
égide, les hommes prennent davantage soin d'eux-mêmes,
sont plus ouverts aux nouveautés de mode, veillent à leur
apparence, ils entrent, ce faisant, dans le cycle narcissique,
jadis réputé féminin : « Yves Saint-Laurent pour Homme. Un
homme élégant, viril, un homme soucieux de son bien-être,
de son apparence. Il prend particulièrement soin de son visage
avec l'émulsion faciale gommante et l'émulsion faciale hydra-
tante, suivies de toute la gamme parfumée. » Les temps
consacrés aux soins du corps et de l'apparence sont maintenant
très proches pour les deux sexes : une enquête révèle que les
femmes y consacrent toujours plus de temps, mais l'écart est
seulement d'environ dix minutes par jour pour une moyenne
de neuf heures par semaine et l'écart le plus important réside
non pas entre les femmes et les hommes mais entre les
hommes âgés (12 h 35) et les jeunes étudiants (6 h 20).
Étonnant renversement : les hommes âgés consacrent à présent
davantage de temps en soins personnels que les femmes
âgées [1]. Hommes et femmes cessent d'avoir des comportements antinomiques en matière de soins personnels et d'apparence, la phase de la disjonction maximale des sexes s'est
effacée au profit d'une démocratisation narcissique et ce,
notamment, par le truchement de l'impératif jeunesse.

La mode au pluriel

La fin de la mode de cent ans ne coïncide pas seulement
avec la chute de la position hégémonique de la Haute
Couture, elle coïncide avec l'apparition de nouveaux foyers
créatifs et simultanément avec la multiplication et décoordi-
nation des critères de mode. Le système antérieur s'était
caractérisé par une forte homogénéité de goût, par l'existence
de tendances annuelles relativement unifiées dues à la fonction
et à la prééminence de la Haute Couture. Les haines et
rivalités légendaires entre grands couturiers, les styles reconnaissables propres à chacun d'eux, la diversité des modèles, ne
doivent pas occulter le consensus profond sur lequel la mode a

1. Caroline ROY, « Les soins personnels », *Données sociales*, I.N.S.E.E., 1984,
pp. 400-401.

fonctionné pendant tout ce temps. Sous l'égide de la Haute Couture se sont imposés une même esthétique de la grâce, un même impératif de la délicatesse, du seyant, du soigné, une même recherche de la « grande classe » et du charme féminin. L'ambition commune était d'incarner suprêmement l'élégance de luxe, le chic raffiné, de mettre en valeur une féminité précieuse et idéale. Au cours des années 1960 et 1970, ce consensus esthétique a été pulvérisé avec l'essor du sportswear, des modes jeunes marginales, des créateurs du prêt-à-porter : l'homogénéité de la mode de cent ans a fait place à un patchwork de styles disparates. Le phénomène est patent au niveau des créations saisonnières : sans doute trouve-t-on encore ici ou là, dans les collections, certains éléments similaires de largeur d'épaules ou de longueur de robes, mais d'impératifs qu'ils étaient, ils sont devenus facultatifs, inessentiels, traités librement « à la carte », selon le vêtement et le créateur. On assiste à la liquéfaction en douceur de l'idée de tendance saisonnière, ce phénomène si remarquable de la phase précédente. La mode de cent ans avait libéré la créativité des couturiers, encadrée néanmoins par des critères de métier et de « fini », des principes esthétiques de distinction, des lignes s'imposant à tous régulièrement. Un pas supplémentaire a été franchi dans l'autonomisation créatrice des professionnels de la mode : nous en sommes à l'âge de la démultiplication et fragmentation des canons du paraître, de la juxtaposition des styles les plus hétéroclites. Sont simultanément légitimes le modernisme (Courrèges) et le sexy (Alaïa), les amples superpositions et le près du corps, le court et le long, l'élégance classique (Chanel) et la vamp hollywoodienne (Mugler), le monacal ascétique (Rei Kawakubo) et la femme « monumentale » (Montana), le « look clochard » (*Comme des Garçons, World's End*) et le raffinement (Saint-Laurent, Lagerfeld), les mélanges ironiques de styles (Gaultier) et le « look japonais » (Miyaké, Yamamoto), les couleurs vives exotiques (Kenzo) et les tons poussiéreux. Plus rien n'est interdit, tous les styles ont droit de cité et se déploient en ordre dispersé. Il n'y a plus une mode, il y a des modes.

Tel est le stade ultime du procès de personnalisation de la mode très tôt mis en place par la Haute Couture, mais freiné par les valeurs dominantes de luxe et de raffinement de

« classe ». Une nouvelle donne dans l'individualisation de la création est apparue, portée par les nouvelles valeurs d'humour, de jeunesse, de cosmopolitisme, de négligé, de paupérisme ostensible. La mode éclate en collections singulières et incomparables, chaque créateur poursuit sa trajectoire propre en mettant en avant ses propres critères. La mode s'est rapprochée du même coup de la logique de l'art moderne, de son expérimentation multidirectionnelle, de son absence de règles esthétiques communes. Création libre tous azimuts dans l'art comme dans la mode : de même que les metteurs en scène contemporains s'approprient librement le répertoire officiel, le transgressent, abolissant l'autorité du texte et les principes extérieurs à la création du « plateau », de même les créateurs ont liquidé la référence implicite à un goût universel et réinvestissent ironiquement, anarchiquement, les styles du passé. Le théâtre de texte a cédé le pas à un théâtre d'images, d'intensités et de choc poétiques, la mode de son côté a relégué les défilés discrets des salons Haute Couture au profit de « l'effet podium », des shows son et lumière, du spectacle de l'étonnement : « La mode n'a de réalité que dans la stimulation », écrit Rei Kawakubo.

Même les collections particulières ne sont plus commandées par cette unité de style, d'emplacement, de longueur, si nettement apparente dans le *New-Look,* dans les lignes A ou Y de Dior, dans la ligne *trapèze* de Saint-Laurent. Ainsi du « style » Kenzo : « Il y a quatre looks qui reviennent tout le temps. D'abord les grandes blouses qui font également minirobes, ensuite la mode " victorienne ", féminine, antidécolletée, douce. Puis le look " poupée ", amusant, joli, gai, et la mode " garçonne " sportive et masculine. Dans chaque collection, ces quatre looks sont la base » (Kenzo). L'éclectisme, stade suprême de la liberté créatrice : le court n'exclut plus le long, chaque créateur peut jouer à loisir des formes, longueurs et amplitudes; l'unité « extérieure » n'est pas plus requise dans une collection qu'elle ne l'est dans une mise en scène contemporaine, avec ses « lectures » multiples et enchevêtrées, ses références de tous bords et de tout temps, ses « collages » hétérogènes. Certes demeure le principe, lancé par Dior, des *thèmes* des collections, mais ceux-ci se bornent maintenant à fonctionner comme motif d'inspiration libre ou métaphorique et non plus comme règle formelle exclusive. Seuls importent l'esprit des collections, la poétique de la griffe, le champ libre de la créativité d'artiste.

La fragmentation du système de la mode tient encore dans l'émergence d'un phénomène historiquement inédit : les modes de jeunes, modes marginales reposant sur des critères en rupture avec la mode professionnelle. Après la Seconde Guerre mondiale apparaissent les premières modes jeunes minoritaires (zazous, Saint-Germain-des-Prés, beatniks), premières « anti-modes » qui, à partir des années 1960, prendront une ampleur et une signification nouvelles. Avec les vogues hippie, « baba », punk, new-wave, rasta, ska, skinhead, la mode s'est trouvée déstabilisée, les codes ont été démultipliés par la culture anticonformiste jeune, se manifestant tous azimuts dans l'apparence vestimentaire, mais aussi dans les valeurs, goûts et comportements. Anticonformisme exacerbé trouvant son origine non seulement dans les stratégies de différenciation par rapport au monde des adultes et d'autres jeunes, mais plus profondément dans le développement des valeurs hédonistes de masse et dans le désir d'émancipation des jeunes lié à la marche en avant de l'idéal individualiste démocratique. Le plus important historiquement c'est que ces courants ont été impulsés en dehors du système bureaucratique caractéristique de la mode moderne. Des fractions de la société civile se sont ainsi réapproprié l'initiative de l'apparence, ont conquis une autonomie dans le paraître révélant une étonnante créativité du social en matière de mode dont les créateurs professionnels se sont largement inspirés pour renouveler l'esprit de leurs collections.

Avec les modes jeunes, l'apparence enregistre une forte poussée individualiste, une sorte de vague néo-dandy consacrant l'importance extrême du paraître, affichant l'écart radical avec la moyenne, jouant la provocation, la surenchère, l'excentricité, pour déplaire, surprendre ou choquer. À l'instar du dandysme classique, il s'agit toujours d'augmenter la distance, de se séparer de la masse, de provoquer l'étonnement, de cultiver l'originalité personnelle, à cette différence près qu'il ne s'agit plus maintenant de déplaire pour plaire, de se faire reconnaître des cercles mondains par le scandale ou l'imprévu, mais d'aller jusqu'au bout de la rupture avec les codes

dominants du goût et de la convenance. Fini l'habit sobre et
strict d'un Brummell, finie la recherche *high life* du raffinement et de la nuance dans le choix de la cravate ou des gants,
le néo-dandysme jeune a fonctionné à la marginalité outrancière, à l'exotisme et au folklorique (hippie), au brouillage des
sexes (cheveux longs pour les hommes), au laisser-aller, à la
surenchère du laid et du répulsif (punk), à l'affirmation
ethnique (rasta, afro). Le paraître n'est plus un signe esthétique de distinction suprême, une marque d'excellence individuelle, il est devenu un symbole total désignant une tranche
d'âge, des valeurs existentielles, un style de vie déclassée, une
culture en rupture, une forme de contestation sociale. Sans
doute ces modes, par leurs excès, marquent-elles un fossé avec
l'apparence moyenne, néanmoins elles n'ont fait en un sens
qu'anticiper ou accompagner d'une manière spectaculaire la
tendance générale à une volonté de moindre dépendance
envers les diktats officiels de la mode. Il faut voir dans ces
modes de jeunes moins un écart absolu que le miroir
grossissant-déformant d'une vague d'individualisation générale des comportements de mode propres au nouvel âge des
apparences.

On a parlé à ce sujet d'« anti-modes », mais l'expression ne
va pas sans difficultés. Certes, des normes carrément hostiles
aux canons officiels ont pris corps socialement, mais, loin de
ruiner le principe de la mode, elles n'ont fait qu'en complexifier et diversifier l'architecture générale. La nouvelle donne
c'est le cumul de critères absolument incompatibles, la
coexistence de paramètres professionnels et de critères « sauvages », la disparition d'une norme légitime s'imposant à tout
l'ensemble social. C'est la fin de l'âge consensuel des
apparences. Aussi n'est-il même plus possible de définir la
mode comme un système régi par une accumulation de petites
nuances puisque des codes radicalement dissidents, pouvant
revendiquer jusqu'à la laideur, se juxtaposent au système des
innombrables petits détails différentiels de l'élégance. D'un
côté, il y a de moins en moins d'écarts *tranchés* entre les
vêtements des classes et des sexes, mais, de l'autre, des
dissemblances extrêmes ressurgissent, en particulier dans les
modes minoritaires de jeunes et dans celles des stylistes
« aventuriers ». À la différence de l'art d'avant-garde, il n'y a

pas d'essoufflement dans la mode contemporaine, l'homogénéité ou le ressassement n'est pas son horizon.

Fin des tendances impératives, prolifération des canons de
l'élégance, émergence de modes jeunes, le système à coup sûr
est sorti du cycle normatif et unanimiste qui reliait encore la
mode de cent ans à l'âge disciplinaire-panoptique et ce, en
dépit même du procès de diversification esthétique enclenché
par la Haute Couture. Avec son émiettement polymorphe, le
nouveau système de la mode se trouve en parfaite concordance
avec l'*open society* qui institue un peu partout le règne des
formules à la carte, des réglementations flexibles, de l'hyperchoix et du self-service généralisé. L'impératif < dirigiste > des
tendances saisonnières a fait place à la juxtaposition des styles ;
le dispositif injonctif et uniforme de la mode de cent ans a
cédé le pas à une logique optionnelle et ludique où l'on choisit
non seulement entre différents modèles de vêtements, mais
entre les principes les plus incompatibles du paraître. Telle est
la *mode ouverte,* la seconde phase de la mode moderne, avec ses
codes hétéromorphes, sa non-directivité ayant pour idéal
suprême ce qu'on appelle aujourd'hui le *look.* Contre toutes les
< modes alignées >, contre le code aseptisé B.C.B.G. ou le
laisser-aller, le goût < branché > des années 1980 convie à la
sophistication des apparences, à inventer et changer librement
l'image du sujet, à réinsuffler de l'artifice, du jeu, de la
singularité [1]. Faut-il pour autant parler de < révolution coper-
nicienne du *look* > [2] ? En réalité, l'âge du *look* n'est rien d'autre
que le terminal de la dynamique individualiste consubstantielle à la mode depuis ses premiers balbutiements, il ne fait
que pousser à son extrême limite le goût de la singularité, de
la théâtralité, de la différence, que les époques antérieures ont
également manifesté, fût-ce, à l'évidence, d'une tout autre
manière et dans des limites plus étroites. Des mignons
d'Henri III aux dandys du XIXᵉ siècle, des lionnes aux égéries
de la mode moderne, l'anticonformisme, la fantaisie, le désir
de se faire remarquer, n'ont pas manqué d'adeptes dans les
couches supérieures de la société. Le *look* est moins en rupture
avec cette < tradition > individualiste séculaire que son exa-

1. Marylène DELBOURG-DELPHIS, *Le Chic et le Look,* Paris, Hachette, 1981.
2. Paul YONNET, *Jeux, modes et masses,* Paris, Gallimard, 1986, p. 355.

cerbation. Chacun, à présent, est invité à décloisonner et à
mêler les styles, à liquider les stéréotypes et copies, à sortir des
règles et des conventions fossilisées. Il y a là l'enregistrement,
dans l'ordre de la mode, de l'éthique hédoniste et hyperindividualiste générée par les derniers développements de la
société de consommation. Le *look* et son ivresse des artifices,
du spectacle, de la création singulière répondent à une société
où les valeurs culturelles primordiales sont le plaisir et la
liberté individuels. Ce qui est valorisé c'est l'écart, la
personnalité créative, l'image surprenante et non plus la
perfection d'un modèle. Lié à l'essor du psychologisme, aux
désirs d'indépendance accrue et d'expression de soi, le *look*
représente la face théâtralisée et esthétique du néo-narcissisme
allergique aux impératifs standardisés et aux règles homogènes. D'un côté, Narcisse est en quête d'intériorité, d'authenticité, d'intimité psy, de l'autre, il tend à réhabiliter le
spectacle de soi-même, l'exhibitionnisme ludique et décalé, la
fête des apparences. Avec le *look,* la mode se refait une
jeunesse, il n'y a plus qu'à jouer avec l'éphémère, s'éclater sans
complexe dans l'extase de sa propre image inventée et
renouvelée à loisir. Plaisirs de la métamorphose dans la spirale
de la personnalisation fantaisiste, dans les jeux baroques de la
sur-différenciation individualiste, dans le spectacle artificia-
liste de soi offert aux regards de l'Autre.

Masculin-féminin

La mode de cent ans reposait sur une opposition marquée
des sexes, opposition du paraître doublée d'un système de
production où la création pour femme et celle pour homme
n'obéissaient pas aux mêmes impératifs; le pôle du féminin y
incarnait en lettres d'or l'essence versatile de la mode. Depuis
les années 1960, diverses transformations, d'importance inégale, sont apparues qui ont modifié cette distribution séculaire
du masculin et du féminin. Ainsi, sur le plan organisationnel,
la Haute Couture, ce sanctuaire féminin, a-t-elle investi, au
début des années 1960, le secteur < hommes >. De leur côté,
certains créateurs et stylistes réalisent maintenant un prêt-
à-porter masculin d'avant-garde. Tandis que, dans certaines

collections, mannequins féminins et masculins défilent ensemble, indistinctement, les griffes les plus prestigieuses de la Haute Couture lancent des campagnes publicitaires pour les eaux de toilette et produits de beauté masculins. Après un grand moment d'exclusion sous le signe du noir et du compassé, « l'homme revient à la mode ».

Mais la vraie nouveauté réside surtout dans le formidable développement de ce qu'on a coutume d'appeler le *sportswear*. Avec le vêtement de loisir de masse, l'habillement masculin a fait son entrée véritable dans le cycle de la mode avec ses changements fréquents, son impératif d'originalité et de jeu. Après la raideur austère, les couleurs sombres ou neutres, le vêtement masculin a fait un pas en direction de la mode féminine en intégrant la *fantaisie* comme un de ses paramètres de base. Les couleurs vives et gaies ne sont plus inconvenantes : sous-vêtements, chemises, blousons, tenues de tennis, laissent maintenant jouer librement les couleurs dans leurs combinaisons multiples. Tee-shirts et sweat-shirts exhibent des inscriptions et graphismes drôles, ce qui est amusant, enfantin, peu sérieux, n'est plus interdit aux hommes. « La vie est trop courte pour s'habiller triste » : tandis que les signes de la mort disparaissent de l'espace public, le vêtement des deux sexes se met à l'heure du bonheur de masse propre à la société de consommation. Au procès de disjonction, constitutif de la mode de cent ans, s'est substitué un procès de réduction de l'écart vestimentaire des sexes se lisant, d'une part, dans l'inclusion, fût-elle partielle, du vêtement masculin dans la logique euphorique de la mode, d'autre part, dans l'adoption de plus en plus large, par les femmes, depuis les années 1960, de vêtements de type masculin (pantalon, jean, blouson, smoking, cravate, bottes). La division emphatique et impérative dans le paraître des sexes s'estompe, l'égalité des conditions poursuit son œuvre en mettant fin au monopole féminin de la mode et en « masculinisant » partiellement la garde-robe féminine.

Cela ne signifie aucunement que la mode ait cessé de trouver son lieu d'élection dans le féminin. Sans doute la Haute Couture et les créateurs présentent-ils des collections homme, mais ce sont les collections femme qui font toujours le renom des maisons et des stylistes, ce sont essentiellement elles qui sont commentées et diffusées dans les magazines spécialisés. Des créateurs comme Jean-Paul Gaultier s'efforcent d'accélérer la promotion de l' « homme objet » en créant une mode d'avant-garde masculine débarrassée des tabous, mais celle-ci reste très circonscrite, de toute façon moins variée, moins spectaculaire que celle des femmes. L'habillement masculin voit coexister deux logiques antinomiques : la mode du sportswear et la « non-mode » du costume classique : la fantaisie pour le loisir, le sérieux et le conservatisme du complet-cravate pour le travail. Une telle dissociation ne se retrouve pas comme telle chez les femmes où la fantaisie mode jouit d'une légitimité sociale beaucoup plus large; l'opposition qui règle la mode féminine est moins celle du vêtement de loisir et du vêtement de travail que celle des tenues de jour, plus ou moins « pratiques », et des toilettes du soir, plus habillées ou sophistiquées. Si l'habillement masculin enregistre de plein fouet l'opposition, propre aux sociétés néo-capitalistes, entre les valeurs hédonistes et les valeurs technocratiques, chez les femmes, le privilège de la mode écarte cette disjonction au profit d'un droit permanent à la frivolité, fût-il, dans le monde du travail, assurément plus modéré.

Moins d'austérité dans le vêtement masculin, plus de signes d'origine masculine dans la mode féminine, cela n'autorise pas à diagnostiquer l'uniformisation de la mode, la disparition à plus ou moins long terme des modes du sexe. Que les hommes puissent porter les cheveux longs, que les femmes adoptent en masse des tenues d'origine masculine, qu'il y ait des vêtements et des magasins unisexes, tout cela est loin d'être suffisant pour accréditer l'idée d'une unification finale de la mode. Que voit-on? À coup sûr, un mouvement de réduction de la différence emphatique entre le masculin et le féminin, mouvement de nature essentiellement démocratique. Mais le processus d' « égalisation » vestimentaire révèle très vite ses limites, il ne se poursuit pas jusqu'à l'annulation de tout écart, son point final ne s'identifie pas, comme logiquement on pourrait le penser en extrapolant la dynamique égalitaire, à une similitude unisexe radicale. Tandis que les femmes accèdent en masse aux vêtements de type masculin et que les hommes reconquièrent le droit à une certaine fantaisie, de nouvelles différenciations surgissent qui reconstituent un

clivage structurel des apparences. L'homogénéisation de la
mode des sexes n'a d'existence que pour un regard de survol,
en réalité, la mode ne cesse d'agencer des signes différentiels,
mineurs parfois, mais non inessentiels dans un système où
précisément c'est « le rien qui fait tout ». De même qu'un
vêtement est démodé, plaît ou déplaît pour une nuance
minime, de même un simple détail suffit à discriminer les
sexes. Les exemples sont innombrables : hommes et femmes
portent des pantalons, mais les coupes et souvent les coloris ne
sont pas semblables, les chaussures n'ont rien de commun, un
chemisier de femme se distingue aisément d'une chemise
d'homme, les formes des maillots de bain sont différentes tout
comme celles des sous-vêtements, des ceintures, des sacs, des
montres, des parapluies. Un peu partout, les articles de mode
réinscrivent, par le truchement des petits « riens », le partage
de l'apparence. C'est pourquoi les cheveux courts, les pantalons, vestes et bottes n'ont nullement réussi à désexualiser la
femme, toujours ils sont adaptés à la spécificité du féminin,
réinterprétés en fonction de la femme et de sa différence. Si la
division tranchée du paraître entre les classes s'estompe, en
revanche, celle des sexes demeure, à l'exception peut-être de
certaines catégories d'adolescents et de jeunes aux tenues plus
franchement androgynes. Mais à mesure que l'âge progresse, le
partage a tendance à se réaffirmer. La représentation de la
différence anthropologique a beaucoup plus résisté que celle
des classes sociales. Le repérage de l'identité sociale au travers
du vêtement s'est brouillé, pas celui de l'identité sexuelle
même, s'il est vrai que le dimorphisme sexuel n'a plus le
caractère souligné qu'il avait dans la mode de cent ans. Telle
est précisément l'originalité du processus en cours : le travail
progressif, incontestable, de diminution des extrêmes n'a pas
pour terme l'unification des apparences mais la *différenciation
subtile,* quelque chose comme la plus petite opposition
distinctive des sexes. La division dans le paraître des sexes
perd de son éclat, mais, à mesure que s'opère l'amenuisement
des distances, des oppositions discrètes voient le jour. Rien ne
serait plus faux que de penser l'horizon démocratique sous les
traits de l'indistinction-indifférenciation des sexes : la démocratisation de la mode fonctionne à la reproduction interminable de petites oppositions disjonctives, de différenciations

codées qui, pour être parfois mineures et facultatives, sont néanmoins aptes à désigner l'identité anthropologique et à érotiser les corps.

Parallèlement au travail de la disjonction minimale des sexes se perpétue un processus de *différenciation ostensible* des sexes au travers de ces signes *exclusivement féminins* que sont les robes, jupes, tailleurs, bas, escarpins, maquillage, épilation, etc. À géométrie variable, la mode laisse cohabiter désormais un système d'oppositions majeures avec un système d'oppositions mineures, c'est cette logique duale qui caractérise la mode ouverte, non la prétendue généralisation unisexe dont la sphère, au sens strict, reste circonscrite, et dont les éléments s'associent souvent, de manière diverse, à des signes sexués. Pas de panique, le terminal de l'âge démocratique n'est pas l'Un androgyne; avec la juxtaposition des codes de la différenciation minuscule et de la différenciation majuscule, la séparation vestimentaire des sexes demeure, elle s'est mise à l'heure des systèmes optionnels à la carte.

Dans la nouvelle constellation de l'apparence des sexes, femmes et hommes n'occupent pas une position équivalente, une dissymétrie structurelle ne cesse d'organiser le monde de la mode. Si les femmes peuvent se permettre de porter à peu près tout, d'incorporer dans leur garde-robe des pièces d'origine masculine, les hommes, en revanche, sont soumis à une codification implacable fondée sur l'exclusion rédhibitoire des emblèmes féminins. Le fait majeur est là, les hommes ne peuvent porter en aucun cas robes et jupes, ils ne peuvent pas davantage se maquiller. Derrière la libéralisation des mœurs et la déstandardisation des rôles, un interdit *intangible* continue toujours d'organiser au plus profond le système des apparences avec une force d'intériorisation subjective et d'imposition sociale ayant peu d'équivalent ailleurs : robes et fards sont l'apanage du féminin, ils sont rigoureusement proscrits aux hommes. Preuve que la mode n'est pas ce système de commutation généralisée où tout s'échange dans l'indétermination des codes, où tous les signes sont « libres de commuter, de permuter sans limites [1] ». La mode n'élimine pas tous les

1. Jean BAUDRILLARD, *L'Échange symbolique et la mort*, Paris, Gallimard, 1976, pp. 131-140.

contenus référentiels, elle ne fait pas flotter les repères dans l'équivalence et la commutabilité totale : l'antinomie du masculin et du féminin y est en vigueur comme une opposition structurale stricte où les termes sont tout sauf substituables. Le tabou qui règle la mode masculine est à ce point intégré, jouit d'une légitimité collective telle que nul ne songe à le remettre en cause, il ne donne lieu à aucun geste protestataire, à aucune tentative vraie de renversement. Seul J.-P. Gaultier s'est aventuré à présenter des pantalons-jupes pour homme, mais davantage coup publicitaire-provocateur que recherche d'une mode masculine nouvelle, l'opération n'a eu aucun retentissement sur l'habillement réel. Il ne pouvait pas en être autrement, le port de la jupe par un homme apparaît d'emblée comme signe « pervers », l'effet est inéluctablement burlesque, parodique. Le masculin est condamné à jouer indéfiniment au masculin.

Vestige appelé à disparaître à mesure de l'approfondissement du travail de l'égalité et de l'essor des valeurs d'autonomie individuelle? Rien n'est moins sûr. Certes, l'apparence des sexes, depuis les années 1960, s'est considérablement rapprochée : outre l'adoption généralisée du pantalon féminin, les hommes maintenant peuvent porter les cheveux longs, des couleurs jadis prohibées, des perles aux oreilles. Mais ce mouvement de convergence n'a pas ébranlé d'un iota l'interdit de fond qui pèse sur la mode masculine. La logique inégalitaire en matière d'apparence reste la règle, il y a reconnaissance sociale du *boy look* pour les femmes, mais les hommes, sauf à affronter le rire ou le mépris, ne peuvent adopter les emblèmes du féminin. En Occident, la robe est identifiée aux femmes depuis six siècles : ce facteur multiséculaire n'est pas sans effet. Si la robe est exclue pour les hommes, cela tient au fait qu'elle est *associée* culturellement à la femme et donc pour nous à la mode, alors que le masculin, depuis le XIXᵉ siècle, se définit, en partie du moins, *contre* la mode, contre les signes de séduction, contre le futile et le superficiel. Adopter le symbole vestimentaire féminin serait transgresser, dans le paraître, ce qui fait l'identité virile moderne : nous n'en sommes pas là. Et aucun signe du moment ne permet d'envisager une quelconque inflexion de tendance. En dépit des formes multiples de la démocratisation, la mode, au moins sur la base des sexes, reste essentiellement inégalitaire, le pôle masculin occupe toujours la position inférieure, stable, face à la mobilité libre et protéiforme du féminin. Le nouveau système, pour ouvert qu'il soit, est loin de s'être dégagé de l'ordonnancement antérieur, il reconduit d'une autre manière la prééminence féminine de la mode de cent ans. Aujourd'hui comme autrefois, les jeux du charme et des métamorphoses extrêmes sont interdits aux hommes, le masculin reste inséparable d'un procès d'identification individuelle et sociale excluant le principe de l'artifice et du jeu, dans le droit fil du « grand renoncement » du XIXe siècle.

À cette continuité du masculin répond une continuité plus profonde encore du féminin. Sans doute, depuis les années 1960, la silhouette féminine a-t-elle connu une « révolution » décisive avec la généralisation du port du pantalon. Mais si important soit-il, le phénomène n'a nullement disqualifié les signes traditionnels du trousseau féminin. En 1985, il s'est vendu en France 19,5 millions de pantalons féminins mais 37 millions de robes et jupes. Sur dix ans, le rythme moyen d'achat de pantalons augmente (en 1975, la consommation s'élevait à 13 millions de pièces), mais il en va de même des robes et jupes (en 1975, la consommation s'élevait à 25 millions de pièces). Depuis 1981, les ventes de robes fléchissent, mais celles des jupes sont en progression. Robes et jupes représentaient 13,4 % des achats d'habillement en 1953 et 16 % en 1984 : pour avoir adopté massivement le port du pantalon, les femmes n'ont nullement renoncé à la partie proprement féminine de leur garde-robe. Le pantalon ne se substitue pas progressivement aux vêtements archétypaux de la femme, il figure désormais à côté d'eux, en option supplémentaire. Persistance d'une garde-robe spécifiquement féminine qui ne doit pas être appréhendée comme survivance inerte appelée à disparaître, mais comme condition d'une liberté vestimentaire plus grande et plus variée. C'est pourquoi, en dépit de l'essor du pantalon, la robe ne cesse de poursuivre sa carrière : le maintien de la robe n'exprime nullement la reconduction des signes de la femme mineure mais, tout à l'inverse, l'aspiration à plus de choix et d'autonomie vestimentaire dans le droit fil, certes, des

passions « classiques » féminines pour le changement des
apparences, mais aussi de l'individualisme optionnel contemporain. En même temps, la robe permet de mettre en valeur
de manière spécifique le corps féminin, de le rendre « aérien »,
sage ou sexy, d'exhiber les jambes, de souligner les appâts de
la silhouette, elle rend possible le « grand jeu » comme la
discrétion. Si la robe ne connaît pas de désaffection collective
c'est qu'elle est une « tradition » ouverte, sans cesse mise en
mouvement par la mode, répondant aux aspirations les plus
fondamentales des femmes en matière d'apparence : la séduction, la métamorphose du paraître.

La continuité dans laquelle la mode féminine s'inscrit est
encore plus manifeste si l'on considère le maquillage et les
soins de beauté. Depuis la fin de la Première Guerre
mondiale, les sociétés modernes connaissent une croissance
constante de la consommation des produits cosmétiques, une
extraordinaire démocratisation des produits de beauté, une
vogue sans précédent du maquillage. Rouges à lèvres, parfums, crèmes, fards, vernis à ongles, produits industriellement
en masse et à bas prix, sont devenus des articles de
consommation courante [1], de plus en plus utilisés dans toutes
les classes de la société, après avoir été pendant des millénaires
des articles de luxe réservés à un petit nombre. Sans doute y
a-t-il des modifications dans le marché des produits de beauté
qui enregistre à présent une préférence accrue pour les produits
de soins et de traitement plutôt que pour les produits de
maquillage. Il reste qu'une forte demande de masse se porte
toujours sur les fonds de teint, produits pour ongles, lèvres et
yeux. Les eaux de toilette pour homme et les lotions avant et
après rasage connaissent un succès grandissant, mais les
produits « homme » ne représentaient encore en 1982 qu'un
milliard sur les onze milliards de francs du chiffre d'affaires
France des produits de parfumerie, de beauté et de toilette.
Quels que soient les glissements des préférences féminines et
la part croissante de « l'homme », le maquillage reste une
pratique exclusivement féminine gagnant même les très jeunes

---

1. Entre 1958 et 1968, le chiffre d'affaires général de la parfumerie française a
été multiplié, en francs constants, par 2,5. Toujours en francs constants, les
dépenses en produits de parfumerie, par an et par personne, s'élevaient à 284 F en
1970, à 365 F en 1978, à 465 F en 1985.

filles qui se maquillent, depuis quelques années, de plus en plus tôt les yeux et les lèvres. Dans la foulée des valeurs hédonistes et narcissiques, le maquillage a acquis une légitimité sociale élargie, il ne fait plus, pour les jeunes, « mauvais genre », mais tout au plus « mauvais goût », on ne le condamne pas plus chez les jeunes filles que chez les femmes âgées. En revanche, l'usage du « khôl » chez les hommes reste un fait très marginal, limité à quelques jeunes gens. Le naturel, le décontracté, le pratique s'imposent de plus en plus dans la mode, mais, simultanément, les fards sont l'objet d'une demande toujours soutenue : preuve non pas de la force du matraquage publicitaire mais de la prégnance de la valorisation immémoriale de la beauté féminine. L'émancipation sociale des femmes n'a nullement conduit le « deuxième sexe » à renoncer aux pratiques cosmétiques, tout au plus assiste-t-on à une tendance croissante à la *discrétion* dans le maquillage et le désir d'embellissement du plus grand nombre.

La pérennité des soins de beauté, du maquillage, de la coquetterie féminine est le fait majeur : la parenthèse hyperféministe dénonçant la soumission du deuxième sexe aux pièges de la mode n'a eu que des effets de surface, elle n'a pas réussi à ébranler les stratégies millénaires de la séduction féminine. Aujourd'hui, la dénonciation de la « femme-objet » ne fait plus recette, n'a plus de véritable écho social. Mais en a-t-elle jamais eu ? Retour à la case départ ? En réalité, la frivolité féminine perpétue moins maintenant une image traditionnelle qu'elle ne contribue à agencer une nouvelle figure du féminin où la revendication du charme n'exclut pas celle du travail et de la responsabilité. Les femmes ont conquis le droit de vote, le droit au sexe, à la procréation libre, à toutes les activités professionnelles, mais, en même temps, elles gardent le privilège ancestral de la coquetterie et de la séduction. C'est ce patchwork qui définit la « femme majeure » faite d'une juxtaposition de principes jadis antinomiques. Aimer la mode n'a plus le sens d'un destin subi, se parer, se « faire belle », n'a plus rien à voir avec de l'aliénation : comment s'obstiner à parler de manipulation ou de réification quand une large majorité de femmes déclare que la multiplication des cosmétiques, loin de les « opprimer », leur donne plus d'indépendance, plus de liberté pour plaire à qui elles veulent, quand elles veulent, comme elles veulent [1] ? Se faire belle est devenu un jeu du féminin avec l'archétype de la féminité, une frivolité au second degré où se côtoient désir de plaire et clins d'œil distanciés. Le « glamour » se dégage du rituel cérémoniel, il se met en fête dans une fantaisie délibérée aux références et évocations multiples. Au travers de la parure et du maquillage, la femme joue à la vamp, à la star, à l'égérie branchée, à la « femme-femme », elle se réapproprie, au choix, des styles, des airs, des mythes, des époques, la séduction s'amuse d'elle-même et du spectacle qu'elle offre en n'y croyant plus qu'à moitié. À l'instar du destin des messages dans la société de consommation, la mode et la séduction ont abandonné leur gravité antérieure, elles fonctionnent désormais pour une large part à l'humour, au plaisir, au spectacle ludique.

La persistance de la disjonction des sexes a des échos jusque dans la nouvelle figure dominante de l'individualité contemporaine partagée maintenant par les deux sexes : le narcissisme psy et corporel. Avec le néo-narcissisme, il y a bien brouillage des rôles et identités antérieurs des sexes au profit d'une immense vague « unisexe » d'autonomie privée et d'attention à soi, d'hyper-investissement du corps, de la santé, des problèmes relationnels. Mais cette déstabilisation de la division anthropologique ne signifie pas tout uniment un narcissisme homogène, dès lors qu'on prend en considération, précisément, la relation à l'*esthétique* des personnes. Le néo-narcissisme masculin investit principalement le corps comme réalité indifférenciée, image globale à entretenir en bonne santé et bonne forme ; peu d'intérêt pour le détail, rares sont les régions partielles du corps qui mobilisent le souci esthétique à l'exception de ces incontournables points critiques : les rides du visage, « l'estomac », la calvitie. C'est avant tout la *gestalt* d'un corps jeune, svelte, dynamique qu'il s'agit de conserver au travers du sport ou des régimes diététiques, le

---

1. Dans une enquête de 1983 réalisée par la Sofrès, 63 % des femmes interrogées considéraient que la multiplication des produits de beauté et d'hygiène leur donnait plus de liberté parce qu'elles pouvaient changer d'apparence selon les circonstances et l'envie du moment. 34 % considéraient que le phénomène donnait moins de liberté parce qu'elles se sentaient obligées de suivre une mode.

narcissisme masculin est davantage synthétique qu'analytique.

En revanche, chez la femme, le culte de soi est structurellement morcelé, l'image qu'elle a de son corps est rarement globale : le regard analytique l'emporte sur le synthétique. La jeune femme comme la femme « mûre » se voient en « bribes », il n'est pour s'en convaincre que de lire le courrier des lectrices des magazines : « j'ai seize ans, une peau affreuse, pleine de points noirs et de boutons blancs », « la quarantaine toute fraîche, je ne parais vraiment pas mon âge, si ce n'est au niveau des paupières supérieures. Légèrement flétries, elles me donnent un regard triste », « je mesure 1,57 mètre et pèse 49 kilos, mais j'ai trop de ventre et des hanches larges ». Toutes les régions du corps féminin sont investies, le narcissisme analytique détaille le visage et le corps en éléments distincts affectés chacun d'une valeur plus ou moins positive : nez, yeux, lèvres, peau, épaules, seins, hanches, fesses, jambes, sont l'objet d'une auto-appréciation, d'une autosurveillance entraînant des « pratiques de soi » spécifiques destinées à mettre en valeur et corriger telle ou telle partie du physique. Narcissisme analytique qui tient essentiellement à la force prépondérante du code de la beauté féminine : la valeur accordée à la beauté féminine enclenche un inévitable processus de comparaison avec les autres femmes, une observation scrupuleuse de son physique en fonction des canons reconnus, une évaluation sans reste s'attachant à toutes les parties du corps. Si la mode vestimentaire est maintenant polymorphe, si les normes ont un caractère beaucoup moins contraignant, en revanche, la célébration de la beauté physique féminine n'a rien perdu de sa force d'imposition, elle s'est sans doute renforcée, elle s'est généralisée et universalisée, parallèlement au développement des tenues déshabillées et de plage, du sport, des stars et pin up exhibées dans les media, du désir de paraître jeune. *Fat is beautiful, Ugly is beautiful,* tels sont les nouveaux slogans de la revendication minoritaire, les ultimes avatars démocratiques de la quête de la personnalité. Soit, mais qui les assume réellement? Qui y croit? Les chances qu'ils ont de dépasser le stade du symptôme dissident ou du gadget sont à peu près nulles quand on voit l'ampleur de la phobie de grossir, le succès grandissant des produits cosméti-

ques, des techniques et régimes d'amincissement : la passion
d'être belle reste la chose la mieux partagée. À coup sûr, les
hommes sont désormais davantage préoccupés par leur ligne,
leur peau, leur apparence, c'est cette transformation qui, entre
autres, confirme l'hypothèse du néo-narcissisme masculin. Il
reste que l'idéal de la beauté n'a pas la même vigueur pour les
deux sexes, les mêmes effets sur la relation au corps, la même
fonction dans l'identification individuelle, la même valorisation sociale et intime. L'exaltation de la beauté féminine
réinstitue au cœur même du narcissisme mobile et < trans-
sexuel > une division majeure des sexes, une division non
seulement esthétique mais culturelle et psychologique.

Dissymétrie dans l'apparence du masculin et du féminin : il
faut revenir sur cette division qui, même facultative et
estompée, reste énigmatique au regard de la visée historique
des démocraties modernes. La signification sociale de l'égalité
a ruiné l'idée que les êtres étaient foncièrement hétérogènes,
elle est à la base de la représentation du peuple souverain et
du suffrage universel, elle a contribué à émanciper les femmes,
à déstabiliser les rôles, statuts et identités. Pourtant, elle n'a
pas réussi à déraciner la < volonté > des sexes de manifester
par les signes frivoles leurs différences. À mesure même que
les symboles les plus ostensibles du partage s'atténuent
(apparition d'une mode féminine faisant place aux lignes
plates, aux cheveux courts, au pantalon), d'autres surgissent
contrecarrant la tendance démocratique à rapprocher les
extrêmes : fureur du rouge à lèvres après la Grande Guerre,
des vernis à ongles après 1930, du maquillage des yeux à
partir des années 1960. Tout se passe comme si l'égalité ne
parvenait pas à dépasser un seuil, comme si l'idéal démocratique achoppait sur l'impératif de la différenciation esthétique
des sexes. Apparaît ici une des limites historiques de l'imaginaire de l'égalité des conditions et de son œuvre de
réduction progressive des formes substantielles de la dissemblance humaine [1]. Nous nous reconnaissons tous d'essence
identique, nous revendiquons les mêmes droits et néanmoins
on ne veut pas ressembler à l'autre sexe. Tocqueville écrivait

---

1. Marcel GAUCHET, < Tocqueville, l'Amérique et nous >, *Libre*, n° 7,
1980.

que dans « les temps de démocratie, ceux qui naturellement
ne se ressemblent pas ne demandent qu'à devenir semblables
et se copient » [1]. Concernant la mode des sexes, le propos n'est
évidemment pas acceptable; lorsque les femmes portent des
pantalons, elles ne cherchent pas à ressembler aux hommes,
elles cherchent à offrir une image autre de la femme, plus
libre de ses mouvements, plus sexy ou plus décontractée. Non
pas mimétisme de l'Autre, mais réaffirmation d'une différence
plus subtile soulignée par la coupe spécifique des vêtements
ou les signes du maquillage. Sans doute, nombreuses sont les
manifestations de mode qui témoignent de la résorption
démocratique des formes de l'altérité sociale. Il reste néanmoins qu'avec la persistance de la disjonction du paraître des
sexes, il y a comme un échec de la dynamique égalitaire qui ne
peut parvenir à aller jusqu'au bout de l'effacement des
dissemblances.

Résistance opiniâtre au travail de l'égalité qui révèle la force
d'un principe social antinomique s'enracinant dans le fond des
âges : la sacralisation de la beauté féminine. Depuis l'Antiquité égyptienne puis grecque, où l'usage esthétique des fards
est attesté, les femmes n'ont sans doute jamais cessé, quoique
dans des proportions variables, d'utiliser des produits de
beauté pour leur toilette. Le maquillage devient un rituel
féminin pour s'embellir, être désirable, charmer, alors même
que les fards sont régulièrement objet de dénigrement et de
réprobation. L'étonnant c'est qu'en dépit des incessantes
dénonciations religieuses et morales qu'a suscitées pendant des
millénaires l'utilisation des cosmétiques, celle-ci a continué
d'être valorisée et pratiquée par les femmes, non seulement
chez les courtisanes et les femmes âgées, mais dans une
population féminine élargie. Ni la misogynie des mœurs, ni le
dogme du péché chrétien n'ont empêché les femmes d'être
coquettes, de vouloir paraître belles et plaire. Par quel miracle
l'égalité pourrait-elle réussir à mettre fin à un phénomène de
si longue durée que rien n'a arrêté dans sa course? Pourquoi
les femmes renonceraient-elles aux rituels immémoriaux de la
séduction, alors que depuis le Moyen Âge et la Renaissance la

1. TOCQUEVILLE, *De la démocratie en Amérique*, Paris, Gallimard, t. II,
p. 288.

beauté féminine s'est trouvée de plus en plus réhabilitée et exaltée? Avec le culte de la beauté féminine et la répudiation de l'image de la femme comme agent de Satan, le désir féminin de s'embellir, de plaire, va pouvoir acquérir une profonde légitimité sociale. De ce fait, les sociétés modernes reposent non seulement sur le principe de l'égalité entre les êtres, mais aussi sur le principe inégalitaire du « beau sexe » : la beauté reste un attribut, une valeur particulière du féminin, on l'admire, on l'encourage, on l'exhibe à profusion chez les femmes, peu chez les hommes. La marche démocratique des sociétés semble impuissante à enrayer cette vocation de plaire, cette célébration inégalitaire de la beauté féminine ainsi que les moyens ancestraux de la rehausser. On a même assisté, dans les sociétés modernes, au renforcement du prestige et de l'impératif de la beauté féminine avec les stars, le culte de la pin up et du sex-appeal, avec la production en masse des cosmétiques, la prolifération des instituts de beauté et des conseils esthétiques prodigués par les magazines, avec les concours de beauté nationaux et internationaux qui se développent après la Première Guerre mondiale. L'inégalité persistante dans les moyens de séduction et dans l'apparence des sexes tient essentiellement à cette valorisation inégalitaire de l'esthétique féminine. Comment en effet une culture du « beau sexe » pourrait-elle ne pas entraîner des désirs de mettre en scène la beauté ainsi que des modes spécifiques destinées à mettre en valeur le corps et le visage féminin? Moment transitoire avant que n'aboutisse un définitif triomphe de l'égalité du paraître? À observer la prospérité des industries cosmétiques, les récents développements de la mode, les images publicitaires, rien n'autorise à le penser. On a tout lieu d'imaginer au contraire la perpétuation d'un système à deux logiques antinomiques, égalitaire et inégalitaire, permettant une plus grande personnalisation de l'apparence féminine en accord avec les valeurs hyper-individualistes de notre temps. L'égalité s'emploie certes à dissoudre des dissemblances, mais l'idéal de l'individualité travaille à réinscrire des différences : le code du « beau sexe » qui contribue précisément à produire de la différence et à valoriser l'individualité esthétique a encore de beaux jours devant lui. Si l'égalité continuera sans aucun doute à rapprocher le paraître des sexes, la sacralisation de la beauté féminine, de son côté, aura pour effet de reproduire de nouvelles différenciations en matière de mode et de rituels de séduction.

Limite de la dynamique égalitaire qui va au-delà de la sphère de la mode, puisqu'elle concerne la représentation subjective de l'Ego. À l'âge moderne, femmes et hommes se reconnaissent tous assurément comme des semblables, à condition d'ajouter que cette identité d'essence n'exclut pas, paradoxalement, un sentiment d'altérité anthropologique. Il n'est pas vrai que, sous l'effet de l'égalité, les identités de sexe aient été marginalisées, reléguées au second plan par rapport à une identité substantielle fondamentale. Si idéologiquement, pourrions-nous dire, nous sommes semblables, intimement ou psychologiquement, chacun aussitôt s'identifie à son sexe, se vit d'abord dans sa différence comme femme ou homme. Ceci n'est pas superficiel, même comparé à l'immense ébranlement de l'organisation sociale démocratique : il en va ici de l'image même du Soi, de son identité propre, de ses repères les plus intimes par rapport aux autres, à son corps, à ses désirs. La résorption par l'égalité démocratique de l'altérité sociale marque ici le pas, au point qu'on peut douter du pouvoir réel de pénétration de l'idée égalitaire dans les tréfonds de l'existence subjective. Le néo-féminisme et ses revendications spécifiques, l'explosion de l'écriture féminine, les innombrables discours et « paroles de femmes », ne sont-ils pas les symptômes sociaux de cette limite de l'égalité? Le propre de l'égalité n'est pas d'agencer tout uniment une identité profonde anthropologique, il est d'engendrer une similitude d'essence entre les sexes s'accompagnant néanmoins d'un sentiment privé de dissemblance. Nous sommes semblables et non semblables indissociablement, sans pouvoir déterminer en quoi réside la différence anthropologique, sans pouvoir fixer nettement la ligne de partage. Tel est l'étonnant destin de l'égalité qui nous voue non à la similitude, mais à l'indétermination, à la juxtaposition intime des contraires, au questionnement interminable de l'identité sexuelle.

Une mode à vivre

Parallèlement à l'éparpillement des repères de l'apparence légitime sont apparus des goûts, des comportements individuels et collectifs en rupture avec le moment antérieur. Changements d'attitudes témoignant dans la sphère de la mode de l'émergence de la dominante néo-narcissique des personnalités contemporaines. Bien qu'elle ait favorisé l'élargissement des goûts d'originalité et démultiplié le nombre des modèles vestimentaires, la mode de cent ans s'est déployée en ordre groupé et unitaire, elle a reconduit la traditionnelle primauté du conformisme esthétique d'ensemble, le classique « despotisme » de la mode. Sous l'autorité de la Haute Couture et des journaux de mode, les tendances annuelles et saisonnières se sont imposées comme des diktats, il fallait pour être chic adopter le plus vite possible la dernière ligne en vogue, changer sa garde-robe au rythme des caprices des grands couturiers et des femmes *up to date*. La mode ouverte signifie précisément la fin de ce « dirigisme » unanimiste et disciplinaire, le décalage inédit existant entre l'innovation et la diffusion, l'avant-garde créative et le public consommateur. Désormais, la « rue » s'est émancipée de la fascination exercée par les leaders de mode, elle n'assimile plus les nouveautés qu'à son propre rythme, « au choix ». Dans le public est apparu un pouvoir fortement amplifié de filtrage et de distance en matière d'apparence, significatif de l'escalade individualiste des volontés d'autonomie privée.

La fureur de la minijupe au milieu des années 1960 a sans doute été le premier chaînon de ce processus d'autonomisation. Voilà une mode qui n'avait plus pour modèle, comme classiquement, la femme de trente ans mais la jeune fille de quinze à vingt ans. Le clivage entre le dernier cri et la grande diffusion devenait inéluctable, les femmes considérant, à partir d'un certain âge, qu'un vêtement de ce type n'était manifestement pas fait pour elles, les désavantageant par trop. Le phénomène d'indépendance vis-à-vis des derniers canons n'a fait, par la suite, que s'amplifier : le « maxi » à la fin des années 1960 n'a pas véritablement réussi à « prendre » et les innovations les plus marquantes des années 1970 ne sont guère sorties des frontières d'un petit monde. Où a-t-on vu les carrures très épaulées lancées dans la seconde moitié des années 1970 par Mugler et Montana? Qui a porté ensuite les amples superpositions des créateurs japonais? À présent, plus aucun style nouveau ne parvient aussitôt à se propager dans la rue. L'extrême diversification des créateurs, les aspirations accrues à l'autonomie privée, ont entraîné des comportements plus détachés, plus relativistes par rapport à la mode-phare. On connaît plus ou moins le dernier look à la page, mais on ne le copie pas fidèlement, on l'adapte à soi, voire on l'ignore au profit d'un tout autre style. Paradoxe : tandis que la création d'avant-garde est de plus en plus spectaculaire, la diffusion de masse est de plus en plus « tranquille », elle n'est affectée qu'avec lenteur par les innovations au sommet : ce n'est que dix ans après que les larges carrures commencent à faire leur apparition un peu partout. Ce qui caractérise la mode ouverte c'est l'*autonomisation* du public vis-à-vis de l'idée de tendance, la chute du pouvoir d'imposition des modèles prestigieux.

Ainsi, la propagation de mode s'est-elle, curieusement, *ralentie* après une longue phase d'accélération et d'adoption synchrone. Concernant la mode, le fait est suffisamment inhabituel pour devoir être souligné : elle avance désormais globalement sans fébrilité, sans fièvre d'assimilation instantanée. Qu'on ne s'y trompe pas, la mode souffre de tout sauf d'essoufflement ou de déficit créatif. Ce qui est apparu est moins radical : il s'est institué une double logique, une sorte de système dual dans l'ordre des apparences. D'un côté, une offre toujours aussi précipitée et inconstante, de l'autre, une demande défidélisée et « émancipée » qui ne marche pas au pas cadencé. Un cycle est clos : la mode vestimentaire, depuis des siècles symbole même des changements rapides d'adoption et de diffusion, s'est mise en vitesse de croisière, l'autonomisation individualiste, loin de conduire à changer toujours plus vite de goûts et de styles, incline davantage à une certaine « sagesse » frivole, à une certaine puissance modératrice chez les consommatrices.

Avec l'âge de la petite vitesse de mode, l'opposition tranchée antérieure, démodée / « à la mode », s'estompe, ses frontières se brouillent. Sans doute y a-t-il toujours un dernier

cri, mais sa perception sociale est plus vague, perdu qu'il est
dans la confusion pléthorique des créateurs et des divers looks.
Le temps n'est plus où une tendance dominante s'imposait à
tous sous l'autorité de la Haute Couture, des magazines et des
stars; aujourd'hui, le « must » n'est plus guère connu que
d'un public circonscrit de professionnels ou d'initiés, le plus
grand nombre ne sait plus exactement ce qui est à la pointe du
nouveau, la mode s'apparente de plus en plus à un ensemble
flou dont la connaissance est lointaine et incertaine. Simultanément, le démodé perd de sa radicalité; même s'il ne
disparaît pas, il est plus imprécis, moins rapide, moins
ridicule. Lorsque toutes les longueurs et amplitudes sont
possibles, lorsqu'une multitude de styles se côtoient, lorsque
le rétro est en vogue, lorsque paraître « ringard » est le fin du
fin new wave, il devient, en effet, difficile d'être absolument
démodé. Dans la nouvelle configuration de la mode, le
nouveau ne disqualifie plus subitement l'ancien, les injonc-
tions drastiques de la mode s'effacent parallèlement à l'essor
des valeurs psy, communicationnelles et humoristiques. En
dépit de sa large démocratisation, la mode de cent ans
fonctionnait encore comme un grand système d'exclusion
« autoritaire ». Ce moment est terminé, finis la « dictature »
de la mode et le discrédit social du démodé, le nouveau
dispositif est ouvert, décloisonné, non directif. En balayant la
culpabilité et le dénigrement qui s'attachaient au démodé, la
démocratisation de la mode est entrée dans sa phase finale, les
individus ont acquis une liberté vestimentaire très grande, la
pression conformiste du social est de moins en moins lourde,
homogène, permanente. De même qu'on ne se moque plus
guère des tares de l'Autre, de même on ne rit plus beaucoup
des tenues démodées : pacification de la mode qui traduit et
fait partie de l'adoucissement et de la tolérance croissante des
mœurs. La mode flexible, l'allergie profonde envers la
violence et la cruauté, la sensibilité nouvelle envers les
animaux, l'importance de l'écoute de l'Autre, l'éducation
compréhensive, l'apaisement des conflits sociaux : autant
d'aspects du même procès général de la « civilisation »
moderne-démocratique. Ainsi s'instaure cette mode à « visage
humain » où on accepte à peu près toutes les mises, où on juge
de moins en moins l'Autre au regard d'une norme officielle. Il

n'y a d'euphorie du *look* que sur fond de cette tolérance vestimentaire générale, sur fond de décrispation et dépassionnalisation sociale de la mode.

Parler d'autonomisation du public vis-à-vis de la mode n'équivaut évidemment pas à considérer qu'il y ait disparition des codes sociaux et des phénomènes mimétiques. Des contraintes sociales continuent à l'évidence de s'exercer sur les particuliers, mais elles sont moins uniformes, elles permettent davantage d'initiative et de choix. On n'avance guère dans la compréhension de ce qui change dans le monde moderne en dénonçant invariablement l'autonomie privée comme une illusion de la conscience présociologique. Il faut sortir de la querelle stérile entre le déterminisme et la liberté métaphysique. S'il est clair que l'indépendance individuelle, dans l'absolu, est un mythe, il ne s'ensuit pas qu'il n'y ait pas des *degrés* dans l'autonomie des personnes vivant en société. Même si, à l'évidence, des obligations sociales demeurent, même si de nombreux codes et modèles structurent la présentation de soi, les personnes privées ont désormais un volant de latitude beaucoup plus grand qu'autrefois : il n'y a plus une seule norme de l'apparence légitime, les individus ont la possibilité d'opter entre plusieurs modèles esthétiques. Les femmes sont toujours attentives à la mode, mais d'une autre manière, elles la suivent de façon moins fidèle, moins scrupuleuse, plus libre. Le mimétisme directif propre à la mode de cent ans a cédé le pas à un mimétisme de type optionnel et flexible, on imite qui on veut, comme on veut, la mode n'est plus injonctive, elle est incitative, suggestive, indicative. À l'heure de l'individualisme achevé, le look fonctionne à la carte, à la mobilité, au mimétisme ouvert.

En même temps, la mode ne suscite plus le même intérêt ni les mêmes passions. Comment le pourrait-elle dès lors qu'il règne une très large tolérance collective en matière vestimentaire, que les styles les plus hétérogènes coexistent, qu'il n'y a plus de mode unitaire. Dans un temps où les femmes ont de plus en plus une ambition et une activité professionnelles, où elles ont des goûts intellectuels, culturels, sportifs, proches ou semblables à ceux des hommes, l'intérêt pour la mode est sans aucun doute plus *général* mais moins intense, moins « vital » que dans les siècles aristocratiques où les jeux du paraître avaient une signification cruciale dans les existences. L'individualisme narcissique conduit à la décrispation-relaxation du souci de mode : le temps de l'extase enchantée *(New-Look)* comme celui des scandales et indignations *(La Garçonne)*, qui ont scandé la mode de cent ans, sont révolus, plus aucune nouveauté n'arrive vraiment à provoquer un émoi collectif, plus rien ne choque et n'entraîne des controverses majeures. Depuis la révolution Courrèges, sans doute le dernier événement à s'être accompagné d'une certaine effervescence, la mode se déploie dans un climat détendu, mi-admiratif, mi-indifférent, et ce, en dépit de la couverture médiatique abondante des magazines spécialisés. Pourtant, la mode poursuit avec succès sa dynamique créative : les collections d'un Montana, d'un Mugler, d'un Gaultier, d'une Rei Kawakubo ont fortement dérangé l'image de l'élégance et de l'archétype féminin. Cela n'a pas suffi pour tonifier significativement la réception sociale de la mode, même les nouveautés réelles, spectaculaires, ne réussissent plus à ébranler fortement le grand public, à dépasser le cercle des initiés. Tout se passe comme si, en quelque deux décennies, la mode avait perdu son pouvoir de transporter et d'irriter les foules. La mode suscite toujours de l'intérêt et de l'attraction, mais à distance, sans magnétisme débridé. La logique cool a gagné l'espace de la mode comme elle a gagné l'espace idéologique et la scène politique. La mode est entrée dans l'ère relativement dépassionnée de la consommation, dans l'ère de la curiosité décontractée et amusée.

De son côté, le rapport à l'habillement a subi de notables changements. Depuis plus de trente ans, la part de l'habillement dans les budgets familiaux des pays occidentaux développés est en baisse constante. En France, elle est tombée de 16 % en 1949 à 12 % en 1959, à 8,7 % en 1974. Les ménages consacraient 9,7 % de leur budget aux articles d'habillement en 1972, ils n'en consacraient plus que 7,3 % en 1984. À coup sûr, ce déclin n'est pas uniforme et touche davantage les catégories sociales défavorisées que les milieux aisés, ce sont les ouvriers et les inactifs qui réduisent désormais le plus la part de leurs dépenses d'habillement. À présent, sans que l'on sache s'il s'agit d'une tendance lourde ou d'un phénomène provisoire, on constate une disparité accrue dans la consommation vestimentaire des différents groupes socio-professionnels. En 1956, les ménages ouvriers consacraient à l'habillement 12,3 % de leur budget contre 11,4 % pour les professions indépendantes ou libérales. En 1984, les ouvriers n'affectaient plus que 6,8 % de leur budget aux dépenses d'habillement alors que les professions indépendantes et libérales leur consacraient 9,3 %. Mis à part les inactifs, ce sont désormais les ouvriers qui dépensent le moins en habillement. Mais même inégalement répartie, la part de l'habillement dans les budgets a diminué d'un tiers en trente ans, toutes les catégories socioprofessionnelles sont emportées dans le même mouvement à la baisse. Le poste habillement représentait pour un ménage cadre supérieur 12,5 % de son budget en 1956, il n'en représentait plus, en 1984, que 8,7 %; les employés affectaient 13,1 % de leur budget à l'habillement en 1956 contre 8,4 % en 1984. Pour être réelles, les disparités sociales ne doivent pas cacher le phénomène de fond général : la décroissance de la part des budgets consacrée à l'habillement, la désaffection à l'égard de la consommation vestimentaire.

Diminution des dépenses qui ne peut être séparée ni du développement du prêt-à-porter ni du fait que les prix de l'habillement ont augmenté moins vite que ceux d'autres biens ou services nécessaires à la vie des foyers. La disparition du sur mesure, la possibilité d'acheter des vêtements mode à des prix accessibles ou dans différentes gammes, la baisse du prix relatif des articles d'habillement, ont permis incontestablement la décroissance régulière de la part du poste habillement dans les budgets. Cela étant, ces phénomènes n'expliquent pas tout. Il n'y a pas eu seulement déclin du poste « vêtement » dans les dépenses des ménages, il y a eu en même temps une nouvelle répartition des achats, une nouvelle configuration de la garde-robe, tant chez l'homme que chez la femme. C'est cette distribution nouvelle des achats, ces goûts nouveaux qui ont contribué également au désinvestissement de la consommation vestimentaire. En trente ans, l'approvisionnement en vêtements s'est profondément réorganisé. La tendance la plus significative c'est, d'une part, la désaffection pour ce qu'on appelle les « grosses pièces » (manteaux, imperméables, tailleurs, costumes) et, d'autre part, l'essor des

« petites pièces », des vêtements sport et décontractés. En
1953, les hommes achetaient un costume tous les deux ans, ils
n'en achetaient plus, en 1984, qu'un tous les six ans. Les
« gros articles » d'extérieur représentaient en 1953, 38 % des
dépenses masculines contre 13 % en 1984. Les tenues sport et
loisir représentaient 4 % des achats masculins en 1953 et
31 % en 1984. Une même tendance commande l'évolution du
trousseau féminin : le manteau de lainage ou de fourrure,
l'imperméable et le tailleur, représentaient, en 1953, 33 % des
dépenses d'habillement féminin contre 17 % en 1984. En
revanche, les achats de vêtements « moyens » (pulls, blousons,
vêtements de sport, jeans, pantalons) sont passés de 9 % du
budget vestimentaire féminin à 30 % [1].

Sans doute faudrait-il montrer comment cette tendance se
répercute dans les diverses catégories socioprofessionnelles. Les
enquêtes sur les dépenses d'habillement révèlent ainsi que les
ménages ouvriers préfèrent la quantité à la qualité, ils achètent
essentiellement dans la gamme « bon marché », à la différence
des salariés plus aisés qui se portent davantage vers les
vêtements plus chers et de bonne qualité. Les ouvriers portent
peu le complet-cravate tandis que les cadres, chefs d'entreprise,
membres des professions libérales, achètent beaucoup plus
souvent costumes, blazers, chemises à cravate. Les femmes des
chefs d'entreprise et des membres des professions libérales
achètent plus souvent des articles classiques, tailleurs, robes de
demi-saison, chaussures à talons, au prix fort alors que les
femmes de cadres et ingénieurs consacrent le plus d'argent
pour les articles dernier cri [2]. Toutefois, ces différences ne
doivent pas occulter le mouvement global, la tendance du
marché vers le décontracté, le « pratique », le sportswear.
Même si l'approvisionnement de la garde-robe n'est pas
identique dans toutes les couches sociales, même si les achats
en prix et en qualité varient, il reste que, globalement, le goût
pour le « relax », la fantaisie et les vêtements de loisir se
répand dans tous les milieux. Les vêtements « lourds » se
vendent mal, tandis que les articles « légers » (blousons,

1. Cf. Nicolas HERPIN, « L'habillement : une dépense sur le déclin », *Économie et Statistique*, I.N.S.E.E., n° 192, oct. 1986, pp. 68-69.
2. N. HERPIN, « L'habillement, la classe sociale et la mode », *Économie et Statistique*, I.N.S.E.E., n° 188, mai 1986.

ensembles et pantalons de loisir, sweat et tee-shirts, etc.) progressent de plus en plus. À tous les âges, dans toutes les couches de la société, on porte de plus en plus des tenues décontractées, des vêtements sport et loisir, les anoraks, les survêtements, les tennis, sont même devenus maintenant des tenues de ville. En 1985, il s'est vendu 1,7 million de pantalons de ville féminins, mais 12 millions de pantalons loisir et sport. En 1975, les femmes ont acheté 4,5 millions de pantalons loisir et de jeans, dix ans plus tard, le nombre s'élevait à 18 millions. Partout, le sportswear l'emporte. Une tendance qui n'abolit évidemment ni les tenues plus habillées ou plus classiques du soir ou de travail, ni le maintien des tenues proprement féminines.

L'inclination vers le « relax » est symptomatique du nouvel âge de l'individualisme. De même qu'on assiste à une flambée de revendications d'autonomie dans le couple, le sexe, le sport, le temps de travail, de même il y a, dans la sphère du paraître, aspiration à des vêtements souples, vêtements *libres* n'entravant pas le mouvement et le confort des personnes. La vogue du sportswear traduit dans l'apparence cette revendication à plus de liberté privée, liberté qui, dans la mode, se traduit par l'aisance, la décontraction, la souplesse, l'humour des dessins et inscriptions. Le sportswear et le recul des « grosses pièces », c'est l'enregistrement dans la mode de la montée du néo-narcissisme, d'une personnalité plus à l'affût d'autonomie individuelle, moins dépendante du code de l'honorabilité sociale, moins tributaire des normes de l'affichage prestigieux, moins soucieuse de compétition et de différenciation sociale ostensible dans l'ordre des apparences. « L'habit du dimanche » a disparu, la fascination exercée par l'habit riche des classes supérieures s'est éclipsée; le vêtement mode perd de plus en plus son caractère de marque d'excellence et d'honorabilité sociale, il est de moins en moins perçu comme signe d'opulence et de rang. Il exprime moins une place dans la hiérarchie sociale qu'un désir de personnalité, une orientation culturelle, un style de vie, une disposition esthétique. Depuis toujours, le vêtement de mode a été un signe de classe et un instrument de séduction. L'individualisme contemporain est avant tout ce qui réduit la dimension du symbole hiérarchique dans le vêtement au bénéfice du plaisir, de l'aisance et de la liberté. On veut moins aujourd'hui susciter l'admiration sociale que séduire et être à l'aise, moins exprimer une position sociale qu'afficher un goût esthétique, moins signifier une position de classe que faire jeune et décontracté.

Dans ce contexte, le phénomène du *jean* mérite une attention particulière. Le boom du jean dans toutes les classes et à tous les âges, son succès depuis trente ans, fait qu'il n'est pas exagéré d'y reconnaître un des symboles les plus caractéristiques des goûts de mode de cette deuxième partie du XX⁰ siècle. Certes, depuis le début des années 1980, les ventes de jeans sont en baisse régulière : de 8,8 millions de pièces vendues (pour femme) en 1982, on est passé à 5,8 millions en 1985, recul sensible en raison, notamment, des velours et des toiles. Mais déjà les denim remontent doucement la pente, l'odyssée du jean est loin d'être terminée, il ne s'agit même plus d'une vogue mais d'un style faisant écho aux valeurs les plus chères à l'individu contemporain : « Entrez dans la légende », dit bien la publicité Levi's. On a souvent souligné l'impression d'uniformité et de conformisme donnée par ce type de vêtement : tout le monde se ressemble, les jeunes et les moins jeunes, les filles et les garçons ne se différencient plus, le jean consacrerait la standardisation de masse des apparences, la négation de l'individualisme vestimentaire. Illusion de perspective ; on manque de la sorte ce qu'il y a de plus spécifique dans le phénomène. Le jean, comme toute mode, est un vêtement choisi, nullement imposé par une quelconque tradition, il relève, de ce fait, de la libre appréciation des particuliers pouvant l'adopter, le rejeter, le combiner au choix à d'autres éléments. La grande propagation sociale du jean ne dit sur ce point rien d'autre que ceci : la mode conjugue toujours l'individualisme et le conformisme, l'individualisme ne se déploie qu'au travers des mimétismes. Mais les personnes privées ont toujours loisir d'accepter ou non le dernier cri, de l'adapter à eux, d'exercer un goût particulier entre différentes marques, différentes formes et coupes. Individualisme réduit à la portion congrue, objectera-t-on. C'est faire bon marché de tout ce que le jean a signifié et signifie encore en matière de liberté proprement individualiste : voilà en effet un vêtement peu salissant qui peut être porté dans les circonstances les plus variées, qui n'exige ni pli de repassage ni propreté méticuleuse, qui supporte l'usure, le délavé, le déchiré. Chargé intrinsèquement d'une connotation anticonformiste, le jean a été adopté d'abord par les jeunes, réfractaires aux normes conventionnelles toujours en vigueur, mais antinomiques avec les nouvelles valeurs hédonistes des sociétés libérales tournées vers la consommation. Le rejet des codes rigoristes et conformistes s'est illustré directement dans la musique rock et le vêtement décontracté; l'inclination pour le jean a anticipé, toutes proportions gardées, l'irruption de la contre-culture et de la contestation généralisée de la fin des années 1960. Expression des aspirations à une vie privée libre, moins contraignante, plus souple, le jean a été la manifestation d'une culture hyperindividualiste fondée sur le culte du corps et la recherche d'une sensualité moins théâtralisée. Loin d'être uniformisant, le jean souligne de près la forme du corps, il met en valeur les hanches, la longueur des jambes, les fesses – les dernières pub Lee Cooper exploitent allègrement ce registre sexy –, il dessine ce qu'il y a de singulier dans l'individualité physique. Au lieu d'un vêtement de dissimulation et de charme discret, apparaît un vêtement à résonance plus ‹ tactile ›, plus immédiatement sexuel. D'une sensualité en représentation on est passé à une sensualité plus directe, plus ‹ naturelle ›, plus vivante. La séduction féminine dans le jean est tout sauf destituée, elle abandonne son affectation antérieure au bénéfice de signes plus toniques, plus provocants, plus jeunes. Le jean illustre dans la séduction et la mode ‹ l'éclipse de la distance › mise en œuvre dans l'art moderne, dans la littérature d'avant-garde, dans le rock; la séduction se dégage de la sublimation des artifices, elle requiert la réduction des médiations, l'immédiateté, les signes démocratiques de la stimulation, du naturel, de la proximité, de l'égalité. Avec le jean, le paraître démocratique-individualiste a réalisé un nouveau bond en avant, il devient l'expression de l'individualité dégagée du statut social, le raffinement distingué et distant a cédé le pas à l'ostentation de la simplicité, à l'égalisation extrême des signes vestimentaires, à l'immédiateté du corps, à la décontraction des attitudes et des poses. Un certain unisexe a conquis le monde moderne sans pour autant ruiner la sexualisation et la séduction des apparences.

En chassant les signes sophistiqués des stratégies de charme, le sportswear a modifié profondément le registre de la séduction. Non pas disparition de la séduction, mais nouvelle donne dans laquelle le goût du paraître se trouve moins aliéné par le regard de l'Autre, moins tributaire de l'impératif de subjuguer. Plaire tout en étant à l'aise ; la séduction a conquis une autonomie accrue en accordant une priorité au confort, au pratique, au « vite-prêt ». On est entré dans l'âge de la *séduction express* : toujours charmer mais sans y consacrer un temps impossible, sans que cela nuise à d'autres activités. Une séduction-minute *presque* imperceptible, telle est la mode du décontracté. La mode contemporaine ne travaille pas à éliminer les stratégies de séduction, elle travaille, le jour, à les rendre de plus en plus discrètes, presque invisibles. C'est le temps de la séduction minimale qui coexiste très bien, au demeurant, avec les rituels plus élaborés du soir, quand les femmes veulent se mettre en fête pour plaire. La séduction, tout en restant un code du féminin, devient de plus en plus un choix et un plaisir : dans une récente enquête, 70 % des femmes interrogées considéraient qu'entretenir son corps et l'embellir étaient avant tout un plaisir. La séduction s'est recyclée, elle s'est recomposée partiellement sous l'angle de l'individualisme néo-narcissique, dans l'éclatement de l'esthétique à la carte et de l'autonomie subjective.

La nouvelle répartition de la garde-robe témoigne tout autant de l'envolée des valeurs hédonistes et psy propres à nos sociétés. Pour un nombre croissant de personnes, on préfère acheter souvent qu'acheter cher, on préfère acheter des petites pièces que des « gros vêtements », c'est là une expression vestimentaire typique du nouvel âge de l'individualisme. Avec l'achat de petites pièces, non seulement on a l'occasion d'exercer plus souvent son choix, mais on se fait plaisir plus souvent. Changer fréquemment, pour le plaisir du changement, pour la fête du déguisement et de la métamorphose de soi, non par désir d'ostentation sociale. L'achat vestimentaire n'est certes pas strictement égocentrique, il est toujours lié au rapport de l'Autre, au désir de séduction, mais une séduction mise à l'heure de la culture hédoniste démocratique. La visée du standing s'éclipse au profit de celle du renouvellement ludique, du plaisir du changement. Un renouvellement de garde-robe commandé de plus en plus par ce que l'on aime mais aussi par le désir de « changer de peau ». De nombreuses femmes ne s'en cachent pas, elles n'achètent pas tel ou tel article parce que c'est la mode ou parce qu'elles en ont besoin, mais parce qu'elles n'ont pas le moral, parce qu'elles dépriment, parce qu'elles veulent changer d'état d'âme. En allant chez le coiffeur, en achetant ceci ou cela, elles ont le sentiment de « faire quelque chose », de devenir autre, de rajeunir, de se donner un nouveau départ. « Recoiffe-moi le moral » : à mesure que la mode cesse d'être un phénomène directif et unanimiste, elle devient un phénomène plus fréquemment *psychologique,* l'achat de mode n'est plus seulement orienté par des considérations sociales et esthétiques, il devient en même temps un phénomène thérapeutique.

Avec la mode ouverte et le procès de réduction de la considération sociale vouée au vêtement, commence un nouveau régime de l'imitation de mode. Pendant des siècles, la diffusion de mode s'est essentiellement faite à partir de la cour et de l'aristocratie, les couches inférieures copiant invariablement les manières et les toilettes des classes supérieures : G. de Tarde pouvait ainsi parler de la « loi de propagation imitative de haut en bas » comme d'une loi réglant la marche même de l'imitation sociale. La mode de cent ans n'a nullement dérogé à cette loi, les modèles d'imitation étant ceux lancés par la Haute Couture et les femmes du grand monde. Mais qu'en est-il aujourd'hui où le décontracté et le sport sont à la mode, où même les stars s'habillent comme « tout le monde »? Un changement s'est opéré qui ruine radicalement la loi séculaire de la contagion imitative : on n'imite plus le supérieur, on imite ce qu'on voit autour de soi, les tenues simples et marrantes, les modèles pas chers présentés de plus en plus dans les magazines. À la loi verticale de l'imitation s'est substituée une imitation horizontale conforme à une société d'individus reconnus égaux. Comme le notait déjà Tocqueville au sujet des opinions et des croyances, l'évolution démocratique conduit au pouvoir de la majorité, à l'influence du plus grand nombre; la mode n'y échappe pas, c'est maintenant l'influence de la masse moyenne qui s'exerce de façon prépondérante. Ce qu'atteste le succès de plus en plus confirmé des « petites pièces », des vêtements loisir et sport.

Les données statistiques concernant l'évolution de l'approvisionnement vestimentaire révèlent d'une autre manière que la diffusion de mode obéit de moins en moins au schéma classique du « rattrapage » des classes supérieures par les classes inférieures. Le modèle pyramidal selon lequel les articles nouveaux se diffusent à partir des classes supérieures et gagnent progressivement les catégories inférieures n'est plus globalement pertinent. Ainsi le pull-over, au début des années 1950 et pendant vingt ans, a bien d'abord été acheté de façon dominante par les cadres et les professions indépendantes. Mais sa diffusion ne s'est pas faite selon l'ordre hiérarchique des catégories sociales. Après 1972, les employés dépassent le niveau de consommation des couches supérieures, mais « les milieux ouvriers et paysans, non seulement ne suivent pas les employés; ils délaissent même cet article avant que ne s'en lassent les catégories supérieures ». De même, le jean n'a pas obéi, dans sa diffusion, au principe de la hiérarchie descendante : il n'a pas commencé sa carrière dans les classes supérieures, ce sont les jeunes qui l'ont d'abord adopté. Au début des années 1970, ce sont bien les femmes des cadres supérieurs qui ont acheté le plus cet article. Mais dans les années qui ont suivi, ce ne sont pas les cadres moyens et les professions indépendantes qui ont consacré la dépense la plus importante à cet article, ce sont les femmes d'employés et les exploitants agricoles [1]. L'imitation de mode obéit désormais à des logiques complexes, elle ne s'ordonne plus « mécaniquement » selon le principe du rattrapage social. Plus généralement, on adopte un article non parce qu'il est en usage au sommet de la pyramide sociale, mais parce qu'il est nouveau, on s'habille mode non plus tant pour se distinguer des couches subalternes ou pour afficher un rang que pour changer, être moderne, plaire, exprimer une individualité. Certes, depuis qu'elle existe, la motivation de mode ne s'est jamais identifiée de part en part à la seule recherche de la distinction sociale, il y a toujours eu à l'œuvre, parallèlement, le goût des nouveautés et le désir de manifester une individualité esthétique. Mais on ne peut guère douter que le désir de

---

1. N. Herpin, « L'habillement : une dépense sur le déclin », art. cité, pp. 70-72.

différenciation sociale ait été, pendant des siècles, un mobile prépondérant, particulièrement intense. Ce à quoi nous assistons c'est à la recomposition de l'espace des motivations de mode. La dimension distinctive de classe ne disparaît pas, elle perd de son importance et de son poids au bénéfice des désirs de nouveautés, de séduction et d'individualité. De nos jours, on aime le Nouveau pour lui-même, il n'est plus un alibi de classe, il est une valeur en soi permettant de surcroît d'afficher une individualité esthétique, moderne, changeante. Le vêtement de mode est de moins en moins un moyen de distancement social et de plus en plus un instrument de distinction individuelle et esthétique, un instrument de séduction, de jeunesse, de modernité emblématique.

Depuis son commencement, la mode marie le conformisme et l'individualisme. Pour être ouverte, la mode contemporaine n'échappe pas à cette < structure > de fond. À ceci près que l'individualisme est devenu globalement moins compétitif, moins préoccupé par le jugement de l'Autre, moins exhibitionniste. Sans doute voit-on des minorités jeunes excentriques : elles ne font que mieux souligner la tendance du plus grand nombre, moins préoccupé d'originalité que d'élégance effacée, de confort et de décontraction. Surenchère d'extravagance pour un petit nombre, discrétion croissante de la masse. Tout est admis et pourtant la rue paraît terne, sans grande originalité, aux < folies > des créateurs répond la monotonie de l'apparence quotidienne, tels sont les paradoxes de la mode ouverte au moment même où sont exaltés le *look* et la fantaisie débridée. La privatisation des existences, l'essor des valeurs individualistes, la diversification du prêt-à-porter, loin de conduire, comme on aurait pu s'y attendre, à une flambée d'originalité individualiste ont mené à la neutralisation progressive du désir de distinction vestimentaire. En ce sens, il est sans doute vrai qu'il y a < moins > d'individualisme que dans les siècles antérieurs où la recherche de la différenciation sociale et personnelle était fébrile, source de rivalité et de jalousie, où il était impératif de se démarquer par des détails, des ornementations, des coloris, où il était insupportable que deux femmes soient semblablement vêtues.

Mais, par ailleurs, il est sans doute plus vrai encore de dire que l'individualisme vestimentaire s'est notablement accru :

de nos jours, on s'habille davantage pour soi-même, plus en fonction de ses goûts propres qu'en fonction d'une norme impérative et uniforme. Pendant des siècles, l'autonomie individuelle n'a pu s'affirmer que dans le choix des modèles et des variantes, la norme esthétique d'ensemble échappant à la liberté des particuliers. À présent, l'autonomie personnelle se manifeste jusque dans le choix des critères de l'apparence. L'individualisme est moins visible parce que le souci d'originalité est moins tapageur; en réalité, il est plus fondamental parce qu'il peut investir les repères mêmes du paraître. L'individualisme dans la mode est moins glorieux mais plus libre, moins décoratif mais plus optionnel, moins ostentatoire mais plus combinatoire, moins spectaculaire mais plus divers.

DEUXIÈME PARTIE

La mode achevée

Où commence-t-elle, où finit-elle, la mode, à l'âge de l'explosion des besoins et des media, de la publicité et des loisirs de masse, des stars et des « tubes »? Qu'est-ce qui n'est plus, au moins partiellement, commandé par la mode lorsque l'éphémère gagne l'univers des objets, de la culture, des discours de sens, lorsque le principe de séduction réorganise en profondeur l'environnement quotidien, l'information et la scène politique? Explosion de la mode : elle n'a plus désormais d'épicentre, elle a cessé d'être le privilège d'une élite sociale, toutes les classes sont emportées dans l'ivresse du changement et des engouements, l'infrastructure comme la superstructure sont soumis, fût-ce à des degrés différents, au règne de la mode. C'est l'âge de la *mode achevée,* de l'extension de son procès à des instances de plus en plus larges de la vie collective. Elle n'est plus tant un secteur spécifique et périphérique qu'une *forme* générale à l'œuvre dans le tout social. On est immergé dans la mode, un peu partout et de plus en plus, s'exerce la triple opération qui la définit en propre : l'*éphémère,* la *séduction,* la *différenciation marginale.* Il faut délocaliser la mode, elle ne s'identifie plus au luxe des apparences et de la superfluité, elle s'identifie au processus à trois têtes redessinant de fond en comble le profil de nos sociétés.

Avec l'extraordinaire dilatation de cette structure tripolaire, les sociétés modernes ont opéré un virage majeur les séparant radicalement du type de société mis en place à partir des XVIIe et XVIIIe siècles. Une nouvelle génération de sociétés bureaucratiques et démocratiques a fait son apparition, à dominante

« légère » et frivole. Non plus l'imposition coercitive des
disciplines, mais la socialisation par le choix et l'image. Non
plus la Révolution, mais l'engouement du sens. Non plus la
solennité idéologique, mais la communication publicitaire.
Non plus le rigorisme, mais la séduction de la consommation
et du psychologisme. Nous nous sommes dégagés en quelques
décennies du primat des idéologies dures et du schème
disciplinaire caractéristiques du stade héroïque des démocraties, les sociétés contemporaines se sont recyclées en kit et en
service express. Ce qui ne signifie évidemment pas que nous
ayons rompu tous les liens nous rattachant à nos origines : la
société frivole ne sort pas de l'univers concurrentiel et
bureaucratique, elle entre dans son moment flexible et
communicationnel ; elle ne sort pas de l'ordre démocratique,
elle l'accomplit dans la fièvre du spectaculaire, dans l'inconstance des opinions et des mobilisations sociales.

La suprématie de la *forme mode* n'a rien à voir avec une
quelconque « décadence » de l'Occident livré aux jouissances
privées, vidé de toute foi en des idéaux supérieurs. Rien à voir
avec le « snobisme » post-historique, cette fin hégéliano-
marxiste de l'histoire telle que l'analysait Kojève à la fin des
années 1950 [1]. La mode achevée ne signifie pas disparition des
contenus sociaux et politiques au profit d'une pure gratuité
« snob », formaliste, sans négativité historique. Elle signifie
un nouveau rapport aux idéaux, un nouvel investissement des
valeurs démocratiques et, dans la même foulée, accélération
des transformations historiques, plus grande ouverture collective à l'épreuve du futur, fût-ce dans les délices du présent.
Dissolution des grands référents prophétiques, fin des formes
traditionnelles de la socialisation, mise en circulation permanente des choses et du sens, le terminal de la mode fait
régresser les résistances sociales au changement, elle propulse
une humanité plus délibérément historique et plus sourcil-
leuse en matière d'exigence démocratique.

Qu'on se rassure, nous ne prétendons nullement définir nos
sociétés par un supersystème homogène et unique. C'est une
évidence, des aspects essentiels de la vie collective n'ont que

---

1. Alexandre KOJÈVE, *Introduction à la lecture de Hegel*, Paris, Gallimard,
1947, note de la seconde édition, 1959, pp. 436-437.

peu à voir avec la forme mode : spirale dans l'économie et la technologie de la guerre, attentats terroristes, catastrophe nucléaire, chômage, travail parcellarisé, xénophobie, autant de phénomènes disparates aux antipodes d'une image frivole de notre temps : l'euphorie de la mode est loin d'être omniprésente, l'âge de la séduction cohabite avec la course aux armements, l'insécurité quotidienne, la crise économique et subjective. Il faut le réaffirmer, notre société n'est pas un tout intelligible à la seule lumière du procès de mode. Les sciences, les technologies, l'art, les luttes d'intérêts, la nation, la politique, les idéaux sociaux et humanitaires reposent sur des critères spécifiques et ont une autonomie propre : la forme mode peut les croiser, parfois les réarticuler, elle ne les absorbe pas dans sa seule logique. Il s'est agi, ici, non pas d'homogénéiser le divers, mais de saisir une tendance historique dominante restructurant des pans entiers de notre univers collectif.

L'idée que les sociétés contemporaines s'agencent sous la loi du renouvellement impératif, de la désuétude orchestrée, de l'image, de la sollicitation spectaculaire, de la différenciation marginale, a été développée très tôt, à des niveaux différents et avec talent, aux U.S.A., chez des auteurs comme Riesman, V. Packard, Boorstin, Marcuse, plus tard en France chez les situationnistes et J. Baudrillard. Dès les années 1960, la perception d'une « nouvelle société » commandée, dirions-nous, par le procès de mode, est présente chez les théoriciens les plus attentifs à la modernité, avec cette particularité qu'elle restait néanmoins analysée dans le cadre conceptuel hérité de l'esprit révolutionnaire. On a dénoncé, dans une surenchère critique, l'hégémonie aliénante de la mode, en restant aveugle au fait que la perspective radicale-subversive devenait elle-même une vogue à l'usage de la classe intellectuelle. Point de leitmotiv théorique plus en vue : le devenir mode de nos sociétés s'identifie à l'institutionnalisation du gaspillage, à la création à grande échelle de besoins artificiels, à la normalisation et l'hypercontrôle de la vie privée. La société de consommation est programmation du quotidien, elle manipule et quadrille rationnellement la vie individuelle et sociale dans tous ses interstices, tout devient artifice et illusion au service du profit capitaliste et des classes dominantes. Les *swinging sixties* s'en sont donné à cœur joie pour stigmatiser l'empire de la séduction et de l'obsolescence : rationalité de l'irrationalité (Marcuse), organisation totalitaire de l'apparence et aliénation généralisée (Debord), conditionnement global (Galbraith), société terroriste (H. Lefebvre), système fétichiste et pervers reconduisant la domination de classe (Baudrillard), c'est à la lumière du schème de la lutte des classes et de la domination bureaucratique-capitaliste qu'a été lue la suprématie de la mode. Derrière l'idéologie de la satisfaction des besoins, on dénonçait le conditionnement de l'existence, la « survie augmentée » (Debord), la rationalisation et l'extension de la domination. Renforcé par l'outillage conceptuel du marxisme, le réflexe classique de la condamnation des apparences et de la séduction a joué à plein, il a trouvé, à l'échelle du tout social, son expression ultime.

Le dossier est à rouvrir de part en part. Dans l'obsession de l'enfer chloroformé et dans la fièvre dénonciatrice, l'œuvre historique du règne de la mode a été pour l'essentiel méconnue, ses effets réels sur la longue durée sont à mille lieues de ceux qu'ont fustigés et que fustigent encore les pensées en révolte et, à bien des égards, le sens commun lui-même. Avec la mode totale, la ruse de la raison est convoquée comme jamais sur le podium de l'histoire : sous la séduction opèrent les Lumières, sous l'escalade du futile se poursuit la conquête pluriséculaire de l'autonomie des individus.

I

LA SÉDUCTION DES CHOSES

On peut caractériser empiriquement la « société de consommation » par différents traits : élévation du niveau de vie, abondance des marchandises et des services, culte des objets et des loisirs, morale hédoniste et matérialiste, etc. Mais, *structurellement*, c'est la généralisation du procès de mode qui la définit en propre. La société centrée sur l'expansion des besoins est avant tout celle qui réordonne la production et la consommation de masse sous la loi de l'*obsolescence*, de la *séduction* et de la *diversification*, celle qui fait basculer l'économique dans l'orbite de la forme mode. « Toutes les industries s'efforcent de copier les méthodes des grands couturiers. C'est la clé du commerce moderne » : ce qu'écrivait L. Cheskin dans les années 1950 n'a pas été démenti par l'évolution future des sociétés occidentales, le procès de mode n'a pas cessé d'élargir sa souveraineté. La logique organisationnelle mise en place dans la sphère des apparences au milieu du XIXe siècle s'est en effet diffusée à toute la sphère des biens de consommation, partout ce sont des instances bureaucratiques spécialisées qui définissent les objets et les besoins, partout s'impose la logique du renouvellement précipité, de la diversification et de la stylisation des modèles. Initiative et indépendance du fabricant dans l'élaboration des marchandises, variation régulière et rapide des formes, démultiplication des modèles et séries, ces trois grands principes inaugurés par la Haute Couture ne sont plus l'apanage du luxe vestimentaire, ils sont le noyau même des industries de consommation. L'ordre bureaucratique-esthétique commande l'économie de la consommation à présent réorganisée par la séduction et la désuétude accélérée. L'industrie légère est une industrie structurée comme la mode.

Un objet comme il vous plaira

Forme mode qui se manifeste dans toute sa radicalité dans la cadence accélérée des changements de produits, dans l'instabilité et la précarité des choses industrielles. La logique économique a bel et bien balayé tout idéal de permanence, c'est la règle de l'éphémère qui gouverne la production et la consommation des objets. Désormais la temporalité courte de la mode a phagocyté l'univers de la marchandise, métamorphosé, depuis la Seconde Guerre mondiale, par un procès de renouvellement et d'obsolescence « programmée » propice à relancer toujours plus la consommation. Nous pensons moins à tous ces produits étudiés pour ne pas durer — kleenex, couches, serviettes, bouteilles, briquets, rasoirs, vêtements bon marché — qu'au processus général contraignant les firmes à innover, à lancer sans cesse de nouveaux articles tantôt de conception vraiment inédite, tantôt, et c'est le plus souvent, comportant de simples petits perfectionnements de détail donnant un « plus » aux produits dans la compétition marchande. Avec la mode achevée, le temps bref de la mode, sa désuétude systématique, sont devenus des caractéristiques inhérentes à la production et à la consommation de masse. La loi est inexorable, une firme qui ne crée pas régulièrement de nouveaux modèles perd en force de pénétration sur le marché et affaiblit son label de qualité dans une société où l'opinion spontanée des consommateurs est que, par nature, le nouveau est supérieur à l'ancien. Les progrès de la science, la logique de la concurrence, mais aussi le goût dominant pour les nouveautés, concourent à l'établissement d'un ordre économique organisé comme la mode. L'offre et la demande fonctionnent au Nouveau, notre système économique est entraîné dans une spirale où l'innovation grande ou petite est reine, où la désuétude s'accélère : certains spécialistes en marketing et en innovation peuvent assurer que, dans dix ans, 80 à 90 % des produits actuels seront déclassés, ils se présenteront sous une forme nouvelle et un conditionnement nouveau. « C'est nouveau, c'est Sony », toutes les publicités font pleins feux sur la nouveauté des produits ; « Nouveau Pampers », « Nouvelle Ford Escort », « Nouveaux flans aux œufs de Francorusse », le neuf apparaît comme l'impératif catégorique de la production et du marketing, notre économie-mode marche au forcing et à la séduction irremplaçable du changement, de la vitesse, de la différence.

Symbole de l'économie frivole : le *gadget* et sa folie technologique. Couteau électrique à huîtres, lave-vitres électrique, rasoir électronique à trois positions de coupe, nous baignons dans la surenchère et la profusion des automatismes, dans un environnement de féerie instrumentale. On a beaucoup dénoncé, au cours des années 1960 et 1970, la montée de cette économie néo-kitsch vouée au gaspillage, au futile, à la « pathologie du fonctionnel [1] ». Le gadget a pu apparaître comme l'essence et la vérité de l'objet de consommation, ustensile ni vraiment utile ni vraiment inutile : tout verse potentiellement dans le gadget, du grille-pain électrique à neuf positions à la chaîne stéréo sophistiquée, tous nos objets sont voués à la mode, au spectaculaire futile, à la gratuité technique plus ou moins affichée. Avec l'hégémonie du gadget, l'environnement matériel devient semblable à la mode, les rapports que nous entretenons avec les objets ne sont plus de type utilitaire mais de type *ludique* [2], ce qui nous séduit ce sont avant tout les jeux dont ils sont l'occasion, jeux des mécanismes, des manipulations et performances. Sans nullement remettre en cause la place du ludique dans notre rapport à l'environnement technique, on peut se demander si ce genre d'analyse est toujours en prise sur l'univers contemporain de la consommation, s'il est légitime de considérer le gadget comme le paradigme de l'objet de consommation ? N'y a-t-il pas, cachée derrière ces dénonciations, une des formes typiques de l'attitude anti-moderne considérant que les innovations programmées sont vaines, inauthentiques, artificielles, comparées à l'âge de l'artisanat « sauvage » et imprévisible ? On ne veut pas voir qu'au-delà de certaines de ces nouvelles préciosités ridicules il y a en marche un processus

1. Abraham MOLES, *Psychologie du Kitsch,* Paris, Denoël, bibliothèque Médiations, 1971, p. 199.
2. Jean BAUDRILLARD, *La Société de consommation,* Paris, S.G.P.P., 1970, pp. 171-172.

constant de progrès objectifs, de confort et d'efficacité accrus.
« L'inutilité fonctionnelle » n'est pas ce qui représente notre
univers technique de plus en plus aspiré vers le *high tech* haute
fidélité et informatique; le gadget s'estompe au bénéfice des
« terminaux intelligents », des vidéocommunications souples,
des programmations autonomes et à la demande. Le triomphe
intellectuel du gadget n'aura sans doute été que la traduction
de ce moment inaugural de la consommation de masse grisée
par le tape-à-l'œil technologique. À présent les attaques contre
les gadgets se sont assourdies, ils sont moins objets de scandale
qu'objets drôles, nous vivons le temps de la réconciliation des
hommes avec leur environnement matériel. Les consommateurs sont moins éblouis par l'esbroufe des ustensiles, ils
s'informent davantage de la qualité des produits, ils en
comparent les mérites, ils recherchent l'opérativité optimale.
La consommation devient plus adulte, l'attitude ludique n'est
plus prépondérante – l'a-t-elle jamais été? –, elle n'exclut pas
le désir accru de fonctionnalité et d'indépendance individuelle.
Non plus le culte des manipulations gratuites, mais celui du
confort et de l'habitabilité; on veut des objets fiables, des
« voitures à vivre ». La mode dans les objets a pris son régime
de croisière, on l'accepte comme un destin peu tragique,
source de bien-être et de petites excitations bienvenues dans le
train-train de la vie quotidienne.

L'impératif industriel du Nouveau s'incarne à présent dans
une politique de produits cohérente et systématique, celle de
la diversification et de la démassification de la production. Le
procès de mode déstandardise les produits, il multiplie les
choix et options, il se manifeste dans des politiques de
gammes consistant à proposer un large éventail de modèles et
versions construits à partir d'éléments standards et ne se
distinguant en fin de chaîne que par de petits écarts
combinatoires. Si dès les années 1920, avec le « sloanisme »,
la production de masse a commencé, tout au moins aux
U.S.A. et dans le secteur automobile, à mettre en œuvre le
principe des gammes complètes de produits et de renouvellement annuel des modèles [1], le processus n'a pris toute son

---

1. Paul YONNET, « La société automobile », *Le Débat*, nº 31, sept. 1984,
pp. 136-137, repris dans *Jeux, modes et masses.* Paris, Gallimard, 1986.

extension qu'au lendemain de la Seconde Guerre mondiale.
Avec la démultiplication des gammes, versions, options,
couleurs, séries limitées, la sphère des marchandises est entrée
dans l'ordre de la personnalisation, elle voit se généraliser le
principe de la « différenciation marginale [1] » longtemps l'apanage de la production vestimentaire. La forme mode y est
souveraine, il s'agit partout de substituer la diversité à
l'unicité, les nuances et petites variantes à la similitude, en
phase avec l'individualisation croissante des goûts. Tous les
secteurs sont gagnés par le procès mode de la variété et des
écarts secondaires; 22 versions *Supercinq* en un an, à quoi
s'ajoutent les couleurs et accessoires en option, environ
200 000 voitures différentes chez Renault, tous modèles et
options confondus. Nike ou Adidas proposent chacun plusieurs dizaines de modèles *training* en différentes couleurs.
Sony proposait, en 1986, cinq nouvelles chaînes portables
haute fidélité, neuf nouvelles platines compact disc, des
dizaines d'enceintes, ampli, platines-cassettes. Les *soft drinks*
ont pris le train en marche : Coca Cola a créé une véritable
gamme de sodas – Classic Coke, New Coke, Diet Coke,
Cafeine Free Coke, Cafeine Free Diet Coke, Cherry Coke –
vendus en différents conditionnements et volumes. La mode
achevée désigne la généralisation du système des petites
différences surmultipliées. Parallèlement au procès de minia-
turisation technique, la forme mode génère un univers de
produits agencé par l'ordre des micro-différences.

Avec l'extension des politiques de gammes, l'opposition
modèle/série, si ostensible encore pendant les premiers temps
de la consommation de masse, ne domine plus le statut de
l'objet moderne [2] : si la disjonction objet de luxe/modèle de
grande série est toujours présente, elle n'est plus le trait
marquant de l'univers des objets. On a opposé la série au
modèle de luxe par deux traits majeurs : d'une part, le
« déficit technique » vouant l'objet sériel à la médiocrité
fonctionnelle et à la mise au rebut accélérée; d'autre part, le
« déficit de style » condamnant l'objet grand public au

---

1. L'expression est empruntée à David RIESMAN, *La Foule solitaire*, Paris,
Arthaud, trad. franç. 1964, p. 77.
2. J. BAUDRILLARD, *Le Système des objets*, Paris, Denoël, bibliothèque Médiations, 1968, p. 163.

mauvais goût, à l'absence de cohérence formelle, de style et
d'originalité [1]. Mais comment ne pas voir les changements qui
se sont opérés tant dans les qualités techniques que dans les
qualités esthétiques des objets de masse? L'idée largement
répandue selon laquelle la production de masse travaille
systématiquement à réduire la durée de vie des produits par
vices de construction volontaires et dégradation de la qualité [2]
demande à être sérieusement réexaminée. Constat vrai pour
certains petits appareils, il ne l'est pas pour d'autres de durée de
vie stable ou même en hausse (postes de télévision, moteurs de
voiture, etc.) [3]. Une enquête de 1983 révélait que 29 % des
réfrigérateurs possédés par les personnes interviewées avaient
plus de dix ans, un quart des moulins à café, des casques
sèche-cheveux et des aspirateurs avaient également plus de dix
ans. L'objet de masse n'est pas condamné à voir sa fiabilité et sa
durabilité décliner sans cesse, la déqualification technique n'est
pas un destin inexorable, la tendance est davantage au « plus »
dans les finitions, aux produits « zéro-défaut ». La même
réserve s'impose au sujet de l'esthétique des objets : avec
l'essor du design et des politiques de gammes, on voit
apparaître de plus en plus de produits grand public d'une
incontestable qualité formelle. Le temps de la 2 CV, robuste
mais au degré zéro de la recherche plastique, est terminé, des
modèles de voiture ayant un prix de vente parfois inférieur de
50 % à d'autres versions d'une même gamme ont rigoureusement la même ligne. Le soin apporté à l'apparence extérieure
des produits grand public est le même que celui en vigueur
dans les hauts de gamme, les « petites voitures » sont des
modèles aux silhouettes élégantes et aérodynamiques très peu
différents dans leur conception formelle des « grosses voitures ». Notre société n'est pas emportée par la logique kitsch de
la médiocrité et de la banalité. Ce qui fait la différence est de
moins en moins l'élégance formelle et de plus en plus les
performances techniques, la qualité des matériaux, le confort,
la sophistication des équipements. Le style original n'est plus le

---

1. *Ibid.*, pp. 172-176.
2. Vance PACKARD, *L'Art du gaspillage*, Paris, Calmann-Lévy, trad. franç., 1962,
pp. 61-75.
3. Jean-Paul CERON et Jean BAILLON, *La Société de l'éphémère*, Grenoble,
P.U.G., 1979.

privilège du luxe, tous les produits sont désormais repensés en vue d'une apparence séduisante, l'opposition modèle/série s'est brouillée, elle a perdu son caractère hiérarchique et ostentatoire. La production industrielle poursuit le travail démocratique l'égalisation des conditions dans la sphère des objets : en lieu et place d'un système fait d'éléments hétérogènes, se déploie un système gradué constitué d'écarts et de petites nuances. Les extrêmes n'ont pas disparu, ils ont cessé d'exhiber orgueilleusement leur différence incomparable.

Un charme nommé design

Avec l'incorporation systématique de la dimension esthétique dans l'élaboration des produits industriels, l'expansion de la forme mode trouve son point d'accomplissement final. Esthétique industrielle, design, le monde des objets est désormais de part en part sous la coupe du stylisme et de l'impératif du charme des apparences. Le pas décisif dans cette avancée remonte aux années 1920-1930 lorsque, après la grande dépression au U.S.A., les industriels découvrirent le rôle primordial que pouvait prendre l'aspect extérieur des biens de consommation dans l'augmentation des ventes : *good design, good business*. S'est imposé de plus en plus le principe d'étudier esthétiquement la ligne et la présentation des produits de grande série, d'embellir et d'harmoniser les formes, de séduire l'œil conformément au slogan célèbre de R. Loewy : « La laideur se vend mal. » Révolution dans la production industrielle : le design est devenu partie intégrante dans la conception des produits, la grande industrie a adopté la perspective de l'élégance et de la séduction. Avec le règne du design industriel, la forme mode ne renvoie plus seulement aux caprices des consommateurs, elle est une structure constitutive de la production industrielle de masse.

Les modifications fréquentes apportées à l'esthétique des objets sont un corrélat de la nouvelle place accordée à la séduction. En introduisant périodiquement des changements dans la silhouette des modèles, les industries de consommation, dès les années 1950, se sont alignées ouvertement sur les méthodes de la mode féminine : même inconstance formelle,

même obsolescence « dirigée » permettant de rendre périmé
un produit par simple changement de style et de présentation.
L'âge de la consommation coïncide avec ce processus de
renouvellement formel permanent ayant pour but de provoquer artificiellement une dynamique du vieillissement et de
relancer le marché. Économie frivole tournée vers l'éphémère
et le dernier cri dont on trouve la description féroce mais
archétypale chez V. Packard[1] : voitures, articles ménagers,
vaisselle, literie, mobilier, le monde des objets valse au rythme
du *styling,* des changements annuels de lignes et de couleurs.

Il ne serait guère difficile de montrer tout ce qui nous relie
encore à cet univers du « complot de la mode » : l'apparence
des produits et leur renouvellement stylistique ont toujours
une place déterminante dans la production industrielle,
l'habillage des objets est toujours aussi crucial pour imposer le
succès sur le marché. Les publicités sont étrangement semblables dans leur rappel insistant du look mode. Il y a quelque
trois décennies, on pouvait lire « la voiture la mieux habillée
de l'année » (De Soto) ou « le dernier cri de la mode » (Ford).
À présent, nous voyons « un style Haute Couture, un prix de
prêt-à-porter » (Peugeot), « le tube de l'année, la Fiesta Rock.
Look de star » (Ford). Tandis que les grandes firmes automobiles proposent régulièrement des modèles aux lignes nouvelles, les produits les plus divers entrent dans le cycle interminable de l'opération mode et design. Même les produits
alimentaires commencent à être soumis à l'impératif de
l'esthétique industrielle : le designer italien Giugiaro a pu
ainsi dessiner la forme de nouvelles pâtes alimentaires. De
plus en plus de petits objets – horloges, lunettes, briquets,
crayons, stylos, cendriers, cahiers – perdent leur caractère
traditionnellement austère et deviennent des accessoires gais,
ludiques, changeants. L'industrie de la montre a particulièrement réussi son *aggiornamento* mode : Swatch lance chaque
année une vingtaine de modèles fantaisie en couleurs et
présentation plastique; nous en sommes à la montre clip qui
« se porte partout sauf au poignet », aux montres-gadgets
dont les aiguilles tournent à l'envers.

---

1. *Op. cit.,* pp. 76-97.

Quel que soit le goût contemporain pour la qualité et la fiabilité, le succès d'un produit tient pour une large part à son design, à sa présentation, son emballage et conditionnement. Si R. Loewy, dans les années 1940, a réussi à relancer la vente des Lucky Strike en rénovant leur présentation, plus près de nous, Louis Cheskin a donné un *nouveau* départ à Marlboro en concevant son célèbre paquet dur, rouge et blanc. Le « packaging » peut améliorer, dit-on, de 25 % la distribution d'un produit, il suffit souvent d'un nouvel emballage pour relancer un produit en perte de vitesse. Hier comme aujourd'hui, le client se détermine en partie en fonction de l'aspect extérieur des choses : le design de maquillage et de mode a une longue carrière devant lui.

Ce qui ne veut pas dire que rien n'a changé depuis l'âge héroïque de la consommation. L'époque de « l'art du gaspillage », de la voiture reine de la mode, où toutes les coques General Motors étaient changées chaque année, où les variations adoptaient le rythme et les excentricités de la mode, où la qualité technique semblait vouée à une dégradation irrésistible, ne s'est pas poursuivie sans quelques transformations significatives. Le moment présent est davantage à la mise en valeur du confort, du naturel, de la maniabilité, de la sécurité, de l'économie, de la performance : « L'Escort nouvelle est arrivée! Nouveau look, nouvelle technologie, nouvelles performances. Plus efficace avec de nouvelles suspensions à 4 roues indépendantes Mac Pherson : tenue de route et confort phénomènes. Plus chaleureuse, avec un intérieur complètement redessiné : tableau de bord à haute lisibilité, sièges ergonomiques grand confort, rangements très pratiques, vaste coffre modulable, sans oublier une habitabilité record. » Des valeurs moins tributaires de l'ivresse des apparences se sont massivement imposées. Que Renault ait pu lancer en 1984 la Supercinq, de conception entièrement nouvelle mais de ligne très semblable à celle de la R 5 née en 1972, est révélateur du changement en cours. Pour être atypique, le cas de la Supercinq est instructif. « On ne change pas un modèle qui gagne » a-t-on dit à son sujet : il reste qu'un tel phénomène n'a pu se produire qu'en raison d'un assagissement de la fièvre de renouveau formel. Ici, la logique de la production grand public s'est rapprochée du haut de gamme dans son refus des variations accélérées et systématiques. Il n'est plus possible de soutenir, au moins en Europe, qu'on déclasse les appareils électroménagers par de simples petites nouveautés de formes ou de couleurs. Dans de nombreuses branches, comme l'électronique grand public, l'électroménager ou l'ameublement, le classicisme des formes est dominant, les variations dans l'apparence discrètes. La forme des rasoirs électriques, des postes de télévision ou des réfrigérateurs change peu, aucune introduction stylistique ne parvient à les rendre obsolètes. Plus la complexité technique s'accroît, plus l'aspect extérieur des objets devient sobre et épuré. Les formes ostentatoires des ailes de voiture et l'éclat des chromes ont fait place à la compacité et aux lignes intégrées ; les chaînes hi-fi, les magnétoscopes, les micro-ordinateurs apparaissent avec des formes épurées et sérieuses. À la sophistication frivole des formes s'est substitué un superfonctionnalisme *high tech*. La mode se lit moins dans le tape-à-l'œil décoratif que dans le luxe de précision, de voyants et touches sensibles. Moins de jeu formel, plus de technicité, la mode tend au B.C.B.G.

Au centre du redéploiement mode de la production : l'*industrial design*. Ce qui ne va pas sans quelque paradoxe quand on se reporte aux intentions initiales du mouvement exprimées et concrétisées au début de notre siècle dans le Bauhaus et plus tard dans les positions du design orthodoxe. Le design, en effet, depuis le Bauhaus, s'oppose frontalement à l'esprit de mode, aux jeux gratuits du décoratif, du kitsch, de l'esthétique superfétatoire. Hostile par principe aux éléments surajoutés, aux ornementations superficielles, le design strict recherche essentiellement l'amélioration fonctionnelle des produits, il s'agit de concevoir des configurations formelles économiques définies avant tout par leur « richesse sémantique ou sémiologique ». Idéalement, le design ne se donne pas pour tâche de concevoir des objets plaisants à l'œil, mais de trouver des solutions rationnelles et fonctionnelles. Non pas art décoratif mais « design informationnel »[1] visant à créer des formes adaptées aux besoins et aux fonctions, adaptées aux conditions de la production industrielle moderne.

1. Henri VAN LIER, « Culture et industrie : le design », *Critique*, nov. 1967.

On sait que dans les faits cette opposition à la mode a été beaucoup moins radicale. D'abord parce que là où le design industriel s'est le plus vite développé, aux U.S.A., il s'est avant tout donné pour but d'embellir les objets et de séduire les consommateurs : *styling,* design d'enjolivement, de revêtement, de maquillage. D'autre part, parce qu'une fois passées les conceptions intransigeantes et puritaines du Bauhaus, le design s'est fixé des tâches moins révolutionnaires : après le projet d'assainir en profondeur la conception des produits industriels dans la voie puriste, celui plus modeste de « resémantiser »[1] le monde des objets courants, c'est-à-dire d'intégrer la rhétorique de la séduction. Le programme fonctionnaliste s'est humanisé et relativisé, il s'est ouvert aux besoins multiples de l'homme, esthétiques, psychiques, émotifs; le design a abandonné le point de vue de la rationalité pure où la forme serait déduite rigoureusement des seules exigences matérielles et pratiques de l'objet, « la valeur esthétique est partie inhérente de la fonction »[2]. Si l'ambition suprême du design est de créer des objets utiles adaptés aux besoins essentiels, son autre ambition est que le produit industriel soit « humain », place doit être faite à la recherche du charme visuel et de la beauté plastique. Du coup, le design s'insurge moins contre la mode qu'il n'institue une mode spécifique, une *élégance* nouvelle, caractérisée par l'aérodynamisme et l'épuration des formes, une beauté abstraite faite de rigueur et de cohérence architectonique. Mode d'un genre à part puisque unidimensionnelle, fonctionnelle, du moins si l'on excepte les fantaisies du *new design* de ces dernières années. À la différence de la *fashion* qui ne connaît que les virevoltes de style, le design est homogène, il restructure l'environnement avec un esprit constant de simplification, de géométrie, de logique. Ce qui n'empêche nullement les objets de se constituer en styles caractéristiques d'une même époque et de connaître le destin du démodé.

En s'insurgeant contre la sentimentalité irrationnelle des

1. *Ibid.,* pp. 948-950.
2. Victor PAPANEK, *Design pour un monde réel,* Paris, Mercure de France, trad. franç., 1974, p. 34.

objets, en utilisant des matériaux bruts, en consacrant le
dépouillement orthogonal et l'aérodynamisme, le design ne
sort pas de l'ordre de la séduction, il en invente une nouvelle
modalité. La mise en scène et l'artificialité n'ont pas disparu,
on y accède par la voie inédite du minimal et de la « vérité »
de l'objet [1] : c'est le charme discret du dénuement, de
l'économie des moyens et de la transparence. Séduction froide,
univoque, moderniste, après celle de la théâtralité capricieuse
et ornementale. Avec le design, le monde des objets se dégage
de la référence au passé, il met fin à tout ce qui appartient à
une mémoire collective pour n'être plus qu'une présence
hyperactuelle. En créant des formes contemporaines sans lien
avec un autrefois (copie de modèles anciens) ou un ailleurs
(esthétique florale, par exemple, et ses motifs inspirés de la
nature), le design est un hymne à la stricte modernité, il
connote et valorise, comme la mode, le présent social. L'objet
design apparaît sans racine, il n'induit aucune plongée dans un
imaginaire allégorique et mythologique, il se donne dans une
sorte de présence absolue sans faire signe à quelque chose
d'autre que lui-même, sans autre temporalité que le *présent*. Il
se déploie dans l'ici et le maintenant, son attrait tient dans
cette charge de modernité pure qui le constitue et qu'il
légitime. Hostile au futile, le design est néanmoins sous-tendu
par la même logique temporelle que la mode, celle du
contemporain, il apparaît comme une des figures de la
souveraineté du présent.

Encore faut-il ajouter que le design n'est nullement rivé par
essence à l'esthétique géométrique et rationaliste. Non seulement s'est imposé depuis longtemps un design style artisanal
de formes et de matériaux plus intimes, plus chauds (design
scandinave, *Habitat,* etc.), mais il est apparu, à la fin des années
1970, une nouvelle tendance réhabilitant l'émotionnel, l'ironie, l'insolite, le fantastique, le détournement d'objet, le collage
hétéroclite. En réaction contre le modernisme rationnel et
austère hérité du Bauhaus, le *Nuovo design* (Memphis,
Alchimia) présente des objets « post-modernes », improbables,
provocateurs, presque inutilisables, les meubles deviennent

1. J. BAUDRILLARD, « Le crépuscule des signes », *Traverses,* n° 2, Le design,
pp. 30-31.

jouets, gadgets, sculptures à caractère ludique et expressif. Avec la tendance poétisée et post-fonctionnaliste, le design, tout en opérant un revirement spectaculaire, ne fait qu'afficher plus ouvertement son essence mode. La fantaisie, le jeu, l'humour, ces principes constitutifs de la mode, ont maintenant droit de cité dans l'environnement moderniste, ils ont réussi à s'immiscer dans le design lui-même. Ainsi sommes-nous voués à la juxtaposition des contraires stylistiques : formes ludiques/formes fonctionnelles. D'un côté, de plus en plus de fantaisie et d'ironie; de l'autre, de plus en plus de fonctionnalité minimaliste. Le processus ne fait que commencer, l'uniformité n'est pas à l'horizon du monde des objets.

La rupture introduite par le design et le Bauhaus peut être mise en parallèle avec celle réalisée par la Haute Couture : le design et la mode moderne participent paradoxalement de la même dynamique historique. En refusant l'ornementation gratuite, en redéfinissant les objets en termes d'agencements combinatoires et fonctionnels, le Bauhaus consacrait, dans le rigorisme et l'ascétisme formel, l'autonomie du concepteur dans l'élaboration des choses, il établissait dans le domaine des objets ce que les couturiers avaient réalisé, autrement, dans le vêtement : l'indépendance de principe envers les goûts spontanés du client, la liberté démiurgique du créateur. Même si, à la différence du Bauhaus, tout entier attaché à un rationalisme fonctionnaliste et utilitaire, la Haute Couture a perpétué la tradition élitiste et ornementale, il reste que, structurellement, le design est aux objets ce que la Haute Couture a été au vêtement. À la base, il y a le même projet moderne de faire table rase du passé, de reconstruire de part en part un environnement dégagé de la tradition et des particularismes nationaux, d'instituer un univers de signes en phase avec les besoins nouveaux. La Haute Couture est restée fidèle à la tradition du luxe, de la gratuité et du travail artisanal alors que le Bauhaus s'est donné pour tâche d'être « utile » en prenant en compte les contraintes de l'industrie. Mais ensemble ils ont contribué à révolutionner et dénationaliser les styles, à promouvoir le cosmopolitisme des formes.

Radicalité du design qui empêche de le réduire à une idéologie de classe, à l'assimiler à un pur et simple effet des

nouvelles conditions du capitalisme tourné vers la consommation de masse et l'effort pour vendre. Toute une littérature
d'inspiration marxiste s'en est donné à cœur joie pour
démystifier l'idéologie créative et humaniste du design en
mettant l'accent sur son assujettissement aux impératifs de la
production marchande et à la loi du profit. Critique partiellement juste, mais qui laisse dans l'ombre les facteurs
historiquement complexes de l'émergence du design. Si les
nouvelles technologies, les nouvelles conditions de la production (produits standardisés, fabriqués industriellement en
grande série) et du marché ne peuvent être sous-estimés dans
l'essor du phénomène, elles ne peuvent éclairer à elles seules
l'apparition de l'esthétique fonctionnaliste. Il ne peut être
question, dans le cadre de cette étude, d'entreprendre l'examen détaillé des causes d'une telle mutation; on ne peut que
faire ressortir très schématiquement en quoi le design n'est pas
séparable des recherches des plasticiens modernes et plus
souterrainement des valeurs de l'univers démocratique.
Impossible, en effet, de ne pas voir tout ce que l'esthétique
design doit aux travaux des peintres et sculpteurs des
avant-gardes : cubisme, futurisme, constructivisme, < de
Stijl > [1]. De même que l'art moderne a conquis une autonomie
formelle en se libérant de la fidélité au modèle et de la
représentation euclidienne, de même le Bauhaus s'est attaché à
produire des formes définies essentiellement par leur cohérence interne, sans référence à des normes autres que la
fonctionnalité de l'objet. La peinture moderne a créé des
œuvres valant pour elles-mêmes, le Bauhaus de son côté a
prolongé ce geste en concevant des objets strictement combinatoires. Dans son exaltation du dépouillement, de l'angle
droit, de la simplicité des formes, le style fonctionnel est en
fait l'aboutissement de l'esprit artistique moderne en révolte
contre l'esthétique de l'éclat, de l'emphase, de l'ornementation. L'environnement fonctionnel ne fait que parachever la
révolution artistique moderne d'essence démocratique, enclenchée autour de 1860, chassant la solennité majestueuse,
l'anecdotique, l'idéalisation. Tout l'art moderne, en tant que

---

1. Raymond GUIDOT, < Et que l'objet fonctionne >, *Traverses*, n° 4, Fonction-
nalismes en dérive, pp. 144-145.

négation des conventions et réhabilitation du prosaïque, est inséparable d'une culture de l'égalité dissolvant les hiérarchies de genres, de sujets, de matériaux. Ainsi l'esthétique fonctionnaliste est-elle sous-tendue par les valeurs modernistes révolutionnaires et démocratiques : arracher les objets à la pratique ornementale, mettre fin aux modèles poétiques du passé, utiliser des matériaux « vulgaires » (projecteurs et lampes de table en acier chromé ou aluminium, chaises, fauteuils et tabourets en tubes métalliques de Breuer en 1925); le travail de l'égalité a éliminé les signes de la dissemblance ostentatoire, il a légitimé les nouveaux matériaux industriels non nobles, il a permis de promouvoir les valeurs d' « authenticité » et de « vérité » de l'objet. La célébration de la beauté fonctionnelle doit peu aux diverses stratégies sociales de la distinction, elle s'enracine dans les techniques industrielles de la production de masse, dans l'effervescence avant-gardiste et la révolution des valeurs esthétiques propres à l'âge démocratique.

La fièvre consommative
ou la rationalité ambiguë

Parmi les travaux théoriques ayant analysé l'extension de la forme mode dans les sociétés contemporaines, une place particulière doit être faite à ceux de J. Baudrillard dont le mérite est d'avoir vu, très tôt, en elle, non un épiphénomène mais la colonne dorsale de la société de consommation. En conceptualisant la mode et le procès de consommation en dehors du schéma de l'aliénation et des pseudo-besoins, en les ayant analysés comme logique sociale et non comme manipulation des consciences, nul doute qu'il n'ait contribué à ébranler les dogmes marxistes et réussi à redonner une vitalité, une noblesse théorique à la question. Radicalité des hypothèses, attention au concret, les textes de Baudrillard demeurent un point de départ obligé par toute théorisation de la mode dans nos sociétés.

Il reste que l'ébranlement du catéchisme marxiste et la volonté de saisir le nouveau ne se sont pas accomplis sans reconduire la clé de voûte de toutes les problématiques de la mode depuis le XIXᵉ siècle : les classes et leurs compétitions statutaires. A la base des analyses de Baudrillard, il y a l'effort de démystifier l'idéologie de la consommation comme comportement utilitariste d'un sujet individuel finalisé par la jouissance et la satisfaction de ses désirs. Idéologie trompeuse à ses yeux en ce que loin de renvoyer à une logique individuelle du désir, la consommation repose sur une logique de la prestation et de la distinction sociale. La théorie chère à Veblen, celle de la consommation ostentatoire comme institution sociale ayant charge de signifier le rang social, devient une référence majeure, elle acquiert une valeur de modèle interprétatif indépassable pour saisir dans la consommation une structure sociale de ségrégation et de stratification. Ainsi ne consomme-t-on jamais un objet pour lui-même ou pour sa valeur d'usage, mais en raison de sa « valeur d'échange signe », c'est-à-dire en raison du prestige, du statut, du rang social qu'il confère. Au-delà de la satisfaction spontanée des besoins, il faut reconnaître dans la consommation un instrument de la hiérarchie sociale et dans les objets un lieu de production sociale des différences et des valeurs statutaires [1]. Du coup, la société de consommation, avec son obsolescence orchestrée, ses marques plus ou moins cotées, ses gammes d'objets, n'est qu'un immense processus de production de « valeurs signes » dont la fonction est de connoter des rangs, de réinscrire des différences sociales dans un âge égalitaire ayant détruit les hiérarchies de naissance. L'idéologie hédoniste qui sous-tend la consommation n'est qu'un alibi à une détermination plus fondamentale qui est la logique de la différenciation et surdifférenciation sociales. La course à la consommation, la fièvre des nouveautés ne trouvent pas leur source dans la motivation du plaisir, elles s'opèrent sous la poussée de la compétition statutaire.

Dans une telle problématique, la valeur d'usage des marchandises n'est pas ce qui motive foncièrement les consommateurs, ce qui est visé en premier lieu c'est le standing, le rang, la conformité, la différence sociale. Les objets ne sont plus que des « exposants de classe », des

<hr/>

1. J. BAUDRILLARD, *Pour une critique de l'économie politique du signe*, Paris, Gallimard, 1972.

signifiants et discriminants sociaux, ils fonctionnent comme signes de mobilité et d'aspiration sociale. C'est précisément cette logique de l'objet signe qui impulse le renouvellement accéléré des objets de leur restructuration sous l'égide de la mode : il n'y a d'éphémérité et d'innovation systématique qu'afin de reproduire de la différenciation sociale. La théorie la plus orthodoxe de la mode revient au galop, l'éphémère trouve son principe dans la concurrence symbolique des classes; les nouveautés audacieuses et aberrantes de la mode ont pour fonction de recréer de la distance, d'exclure le plus grand nombre, incapable de les assimiler aussitôt, et de distinguer au contraire, pour un temps, les classes privilégiées qui peuvent, elles, se les approprier : « L'innovation formelle en matière d'objets n'a pas pour fin un monde d'objets idéal mais un idéal social, celui des classes privilégiées, qui est de réactualiser perpétuellement leur privilège culturel [1]. » Le nouveau de mode est avant tout un signe distinctif, un « luxe d'héritiers » : loin de ruiner les disparités sociales face aux objets, la mode « parle à tous pour mieux remettre chacun à sa place. C'est une des institutions qui restitue le mieux, qui fonde sous couleur de l'abolir l'inégalité culturelle et la discrimination sociale » [2]. Davantage même, la mode contribue à l'inertie sociale en ce que le renouvellement des objets permet de compenser une absence de mobilité sociale réelle et une aspiration déçue au progrès social et culturel [3]. Instrument de distinction de classes, la mode reproduit de la ségrégation sociale et culturelle, elle participe de la mythologie moderne masquant une égalité introuvable.

Ces analyses classiques soulèvent d'innombrables questions. Quel que soit leur intérêt, on ne doit pas cacher qu'elles ont raté, selon nous, l'essentiel de ce qui s'est produit avec l'explosion de la mode achevée, elles ont été aveugles à la véritable fonction historique du nouveau type de régulation sociale à base d'inconstance, de séduction et d'hyperchoix. Nous ne songeons nullement à nier que les objets puissent

1. J. Baudrillard, *op. cit.*, p. 34.
2. *Ibid.* p. 40.
3. *Ibid.* p. 39.

être ici ou là des signifiants sociaux et des signes d'aspiration, nous contestons l'idée que la consommation de masse est commandée principalement par un procès de distinction et de différenciation statutaire, qu'elle s'identifie à une production de valeurs honorifiques et d'emblèmes sociaux. La grande originalité historique de l'essor des besoins c'est précisément d'avoir enclenché un processus tendanciel de *désocialisation de la consommation,* de régression du primat immémorial de la valeur statutaire des objets au profit de la valeur dominante du plaisir individuel et de l'objet-usage. C'est ce renversement de tendance qui définit en propre l'œuvre de la mode achevée. Il est de moins en moins vrai que nous acquérons des objets pour obtenir du prestige social, pour nous démarquer des groupes de statut inférieur et nous affilier aux groupes supérieurs. Ce qui est visé, au travers des objets, c'est moins une légitimité et une différence sociale qu'une satisfaction *privée* de plus en plus indifférente aux jugements des autres. La consommation, pour l'essentiel, n'est plus une activité réglée par la recherche de la reconnaissance sociale, elle se déploie en vue du bien-être, de la fonctionnalité, du plaisir pour soi-même. La consommation a massivement cessé d'être une logique de prestation statutaire, elle a basculé dans l'ordre de l'utilitarisme et du privatisme individualiste.

Il est vrai qu'à l'aube de l'essor de la consommation de masse, certains objets, les premières voitures, les premiers postes de télévision, ont pu être des éléments de prestige, investis davantage de valeur sociale distinctive que de valeur d'usage. Mais qui ne voit que ce temps est révolu? Qu'en est-il aujourd'hui, où les individus considèrent les nouveaux objets comme un droit de nature? Qu'en est-il quand nous ne connaissons rien d'autre que l'éthique de la consommation? Même les nouveaux biens qui surgissent sur le marché (magnétoscope, micro-ordinateur, chaîne laser, four micro-ondes, minitel) n'arrivent pas à s'imposer comme matériel chargé de connotations de standing; de plus en plus vite, ils sont absorbés par une demande collective avide non de différenciation sociale mais d'autonomie, de nouveautés, de stimulations, d'informations. C'est le pire des contresens que d'interpréter l'engouement rapide des classes moyennes et populaires pour le magnétoscope ou la planche à voile à partir de la logique sociale de la différence et de la distinction : la prétention sociale n'est pas en jeu, ce qui l'est c'est la soif d'images et de spectacles, le goût de l'autonomie, le culte du corps, l'ivresse des sensations et du nouveau. On consomme de moins en moins pour éblouir l'Autre et gagner de la considération sociale et de plus en plus pour soi-même. On consomme pour les services objectifs et existentiels que nous rendent les choses, pour leur *self service,* ainsi va l'individualisme narcissique, lequel ne correspond pas seulement au développement de la fureur psy et corporelle, mais aussi à un nouveau rapport aux autres et aux choses. Il est désormais tout aussi inexact de se représenter la consommation comme un espace régi par la contrainte de différenciation sociale que par une « rivalité mimétique » débridée et la guerre envieuse de tous contre tous [1]. La libération des courants d'imitation et l'égalisation des conditions ne conduisent pas à plus de concurrence et de compétition entre les hommes; tout à l'inverse, on assiste à la réduction de l'importance du regard de l'Autre dans le processus d'acquisition des choses, à la pacification-neutralisation de l'univers de la consommation. Le néo-narcissisme réduit notre dépendance et notre fascination envers les normes sociales, il individualise notre rapport au standing, ce qui compte c'est moins l'opinion des autres que la gestion sur mesure de son temps, de son environnement matériel, de son plaisir propre.

Cela ne signifie évidemment pas que les objets n'ont plus de valeur symbolique et que la consommation est délivrée de toute compétition statutaire. Dans nombre de cas, l'achat d'une voiture, d'une résidence secondaire, d'articles griffés haut de gamme renvoie à une volonté explicite de se démarquer socialement, d'afficher un rang. Comme on le sait, les produits de luxe n'ont pas souffert de la crise : toujours recherchés et valorisés, ils révèlent, entre autres, la persistance du code de la différenciation sociale par le biais de certains produits. Mais la consommation prestigieuse ne doit pas être prise comme le modèle de la consommation de masse

---

1. Paul DUMOUCHEL et Jean-Pierre DUPUY, *L'Enfer des choses. René Girard et la logique de l'économie,* Paris, Éd. du Seuil, 1979.

qui, elle, repose bien davantage sur les valeurs privées de confort, de plaisir, d'usage fonctionnel. Nous vivons le temps de la revanche de la valeur d'usage sur la valeur statutaire, de la jouissance intime sur la valeur honorifique. L'attestent non seulement l'apparition du consumérisme contemporain mais la publicité elle-même qui met davantage l'accent sur les qualités de l'objet, le rêve et la sensation que sur les valeurs de standing : « Posséder la route, la dominer, la soumettre par la formidable puissance de la machine, mais surtout par sa prodigieuse intelligence... Effleurer, caresser le volant et sentir réagir un bel animal impétueux et docile... Glisser dans l'espace avec la superbe sérénité du plaisir total, c'est tout cela la Golf GTI. » Il y a eu une illusion de la critique de la critique de l'économie politique : loin d'engendrer la « relégation de la valeur d'usage », la mode achevée l'accomplit. Le fétichisme de l'objet signe appartient davantage au passé qu'au présent, nous sommes de plain-pied dans l'âge de la valeur d'usage, de la fiabilité, des garanties d'usage, des tests, des rapports qualité-prix. Nous voulons avant tout des appareils qui marchent, qui assurent une bonne qualité de confort, de durabilité, d'opérativité. Ce qui ne veut pas dire que la consommation ne soit pas associée à de nombreuses dimensions psychologiques et *images*. L'image de produit, pas le signe de classe qui n'est qu'un trait d'image parmi d'autres. Nous consommons, au travers des objets et des marques, du dynamisme, de l'élégance, de la puissance, du dépaysement, de la virilité, de la féminité, de l'âge, du raffinement, de la sécurité, du naturel, autant d'images qui influent sur nos choix et qu'il serait simpliste de rabattre sur les seuls phénomènes d'appartenance sociale quand précisément les goûts ne cessent de s'individualiser. Avec le règne des images hétérogènes, polymorphes, démultipliées, on sort du primat de la logique des classes, c'est l'âge des motivations intimes et existentielles, de la gratification psychologique, du plaisir pour soi-même, de la qualité et de l'utilité des choses qui a pris la relève. Même la bonne santé des produits griffés ne s'explique pas tout uniment par la contrainte du standing, elle témoigne aussi de la tendance néo-narcissique à se faire plaisir, d'un appétit croissant de qualité et d'esthétique dans des catégories sociales élargies qui se privent dans certains domaines et s'offrent ailleurs un « coup de folie », le plaisir de l'excellence technique, de la qualité et du confort absolu.

On gémit souvent sur le matérialisme de nos sociétés. Pourquoi ne souligne-t-on pas que, dans le même temps, la mode achevée contribue à détacher l'homme de ses objets? Dans l'empire de la valeur d'usage, on ne s'attache plus aux choses, on change facilement de maison, de voiture, de mobilier; l'âge qui sacralise socialement les marchandises est celui dans lequel on se sépare sans douleur de ses objets. On n'aime plus les choses pour elles-mêmes ou pour le statut social qu'elles confèrent, mais pour les services qu'elles rendent, pour le plaisir qu'on en tire, pour une fonctionnalité parfaitement échangeable. En ce sens, la mode déréalise les choses, elle les *désubstantialise* au travers du culte homogène de l'utilité et de la nouveauté. Ce que nous possédons, nous le changerons : plus les objets deviennent nos prothèses et plus nous sommes indifférents à eux, notre relation aux choses relève maintenant d'un amour abstrait, paradoxalement désincarné. Comment continuer à parler d'aliénation dans un temps où, loin d'être dépossédé par les objets, ce sont les individus qui s'en dépossèdent? Plus la consommation se développe et plus les objets deviennent des moyens désenchantés, des instruments, rien que des instruments, ainsi va la démocratisation du monde matériel.

Ceci contribue à adopter une tout autre perspective sur le rôle historique de la mode achevée. Loin d'apparaître comme un vecteur de reproduction des différenciations et ségrégations sociales, le système de la mode élargie a permis, plus que tout autre phénomène, de poursuivre la trajectoire séculaire de la conquête de l'autonomie individuelle. Instrument d'individualisation des personnes, non-reconduction de la distance sociale. En institutionnalisant l'éphémère, en diversifiant l'éventail des objets et des services, le terminal de la mode a multiplié les occasions du choix individuel, il a contraint l'individu à s'informer, à accueillir les nouveautés, à affirmer des préférences subjectives : l'individu est devenu un centre décisionnel permanent, un sujet ouvert et mobile au travers du kaléidoscope de la marchandise. Alors même que l'environ-

nement quotidien est de plus en plus pensé et produit du
dehors par des instances bureaucratiques spécialisées, chacun,
sous le gouvernement de la mode, est davantage sujet de son
existence privée, opérateur libre de sa vie par le truchement du
surchoix dans lequel nous sommes immergés. L'empire de la
mode signifie bien universalisation des standards modernes,
mais au bénéfice d'une émancipation et d'une déstandardisation sans précédent de la sphère subjective. Absorbée par le
projet de démystifier l'idéologie de la consommation, la
tradition critique révolutionnaire n'a pas vu la puissance
d'autonomie individuelle qu'impulsait inéluctablement l'hédonisme de masse, cet épicentre culturel de la mode achevée.
Quelle erreur de n'avoir vu dans le néo-hédonisme qu'un
instrument de contrôle social et de surmanipulation alors qu'il
est avant tout un vecteur d'indétermination et d'affirmation
de l'individualité privée. Marcuse pouvait écrire sans nuance :
« La domination de la société sur l'individu est infiniment
plus grande que jamais... Il n'y a plus d'opposition entre la vie
privée et la vie publique, entre les besoins sociaux et les
besoins individuels »[1], alors même qu'allait s'enclencher une
explosion hyperindividualiste affectant tous les domaines de la
vie privée. Analyse particulièrement aveugle au mouvement
de la modernité sociale quand on observe aujourd'hui l'extraordinaire processus d'émancipation privée des individus
dans les relations sexuelles, dans la vie familiale, dans les
comportements féminins, dans la procréation, dans le vêtement, dans le sport et les relations interhumaines. L'aspiration
à s'accomplir, à jouir tout de suite de l'existence n'est pas un
simple équivalent du dressage de l'*homo consumans* : loin
d'abrutir les êtres dans le divertissement programmé, la
culture hédoniste stimule chacun à devenir davantage maître
et possesseur de sa propre vie, à s'autodéterminer dans ses
relations avec les autres, à vivre plus pour soi-même.
L'absorption euphorique des modèles dirigés n'est qu'une des
manifestations de la mode; de l'autre côté, il y a l'indétermination croissante des existences, la *fun morality* travaille à
l'affirmation individualiste de l'autonomie privée.

1. Herbert MARCUSE, *L'Homme unidimensionnel*, Paris, Éd. de Minuit, 1968,
p. 16 et p. 21.

L'économie frivole a déraciné définitivement les normes et les comportements traditionnels, elle a généralisé l'esprit de curiosité, démocratisé le goût et la passion du Nouveau à tous les niveaux de l'existence et dans toutes les couches sociales : il en résulte un type d'individualité foncièrement labile. À mesure que l'éphémère envahit le quotidien, les nouveautés sont de plus en plus vite et de mieux en mieux acceptées; à son apogée, l'économie-mode a engendré un agent social à son image : *l'individu-mode* lui-même, sans attache profonde, mobile, à la personnalité et aux goûts fluctuants. Une telle disponibilité aux changements des agents sociaux demande qu'on rouvre le procès classique intenté à la société frivole, accusée de gaspillage organisé et d'irrationalité bureaucratique-capitaliste. Les arguments sont connus, les exemples légion : pourquoi dix marques de détergents équivalents? Pourquoi les dépenses de publicité? Pourquoi les kyrielles de modèles et versions automobiles? La belle âme se lamente, une immense irrationalité est au centre de l'univers technocratique. Arroseur arrosé, l'intelligence critique est ici victime paradoxalement du plus superficiel. L'arbre cache la forêt : comment évaluer en effet tout ce que représente pour une société moderne le développement d'un ethos flexible, d'un nouveau type de personnalité cinétique et ouverte? N'est-ce pas ce dont les sociétés en mouvement perpétuel ont le plus besoin? Comment nos sociétés pourraient-elles se mettre en phase avec les changements incessants et opérer les adaptations sociales nécessaires si les individus étaient soudés à des principes intangibles, si le Nouveau n'avait pas largement conquis une légitimité sociale? Les sociétés d'innovation engagées dans la compétition internationale ont impérativement besoin d'attitudes souples, de mentalités dérigidifiées : le règne de la mode, précisément, œuvre en ce sens, tant par l'économie des objets que par celle, nous y reviendrons, de l'information. On doit dépasser la vitupération moralisante contre la mode : par-delà son irrationalité et son gaspillage apparent, elle contribue à une édification plus rationnelle de la société parce que socialisant les êtres au changement et les préparant au recyclage permanent. Assouplir les raideurs et les résistances, la forme mode est un instrument de rationalité sociale, *rationalité invisible,* non mesurable, mais irremplaçable pour s'adapter vite à la modernité, pour accélérer les mutations en cours, pour constituer une société armée face aux exigences sans cesse variables du futur. Le système achevé de la mode installe la société civile en état d'ouverture vis-à-vis du mouvement historique, il crée des mentalités désenclavées, à dominante fluide, prêtes *dans le principe* à l'aventure délibérée du Nouveau.

Il est vrai qu'en même temps le terminal de la mode est à la source de difficultés d'adaptation sociétale, de dysfonctionnements plus ou moins chroniques des démocraties. Les individus dressés à l'éthique hédoniste sont peu enclins à renoncer aux avantages acquis (salaires, retraites, horaires de travail), à voir chuter leur niveau de vie, à accepter des sacrifices, ils tendent à se recroqueviller sur des revendications purement catégorielles. En exacerbant les passions individualistes, la mode achevée a pour pente l'indifférence au bien public, la propension au « chacun pour soi », la priorité accordée au présent sur l'avenir, la montée des particularismes et des intérêts corporatistes, la désagrégation du sens du devoir ou de la dette envers l'englobant collectif. Mouvement de corporatisation sociale correspondant à coup sûr à un contexte de crise économique, mais également au nouvel âge de l'individualisme refaçonné par la forme mode. Les luttes sociales les plus dures qui se développent de nos jours ne sont plus orientées vers des objectifs globaux d'intérêt général, mais vers la conquête ou la défense d'avantages très localisés, elles traduisent l'effritement de la conscience et des idéologies de classes, la prépondérance des égoïsmes catégoriels sur la recherche d'un progrès social d'ensemble. L'aspiration néo-individualiste dissout les identités de groupe et les solidarités de classe, elle tourne le dos aux contraintes macro-économiques, elle pousse envers et contre tout à la défense des intérêts segmentaires, au protectionnisme statutaire, au refus de la mobilité, elle n'hésite pas, dans le secteur protégé de l'économie, à paralyser des pans entiers de la vie nationale, à prendre en otage les usagers et la société au nom d'une revendication salariale limitée. Néo-corporatisme salarial ou étudiant, corporatisme des professions protégées par de vieilles législations, autant de manifestations qu'on ne doit pas sous-évaluer dans leur capacité à bloquer la dynamique du

changement, à perpétuer l'identique, à faire retarder les
inéluctables transformations requises par la modernisation des
démocraties et la compétition internationale. Il faut prendre
acte de la nature contradictoire du travail historique de la
mode achevée : par tout un côté, elle génère une attitude
positive vis-à-vis de l'innovation; par un autre côté, elle gèle
la ductilité du social. La société-mode accélère et rigidifie dans
la même foulée les tendances à la mobilité sociale, elle
impulse paradoxalement le modernisme comme le conservatisme.

Contradiction qui n'est peut-être pas absolument insurmontable dès lors qu'on replace le phénomène à l'échelle des
différents niveaux de la temporalité historique : les effets
culturels et sociaux de la mode achevée apparaissent sous des
jours différents selon les repères temporels mis en avant. Il est
sans doute vrai que sur le temps court, la Mode contribue à
l'immobilité, aux attitudes de défensive, au renforcement des
archaïsmes. Il n'en va pas de même sur le temps moyen et
long : au plus profond, l'âge frivole des sociétés libérales
assouplit les comportements, légitime massivement la modernisation, l'adaptation, la mutabilité. L'accueil général réservé
aux différents plans de rigueur ainsi qu'aux mesures de
dégraissage des effectifs dans les secteurs industriels en déclin
révèle, *grosso modo,* la « sagesse » des nations contemporaines,
la relative lucidité des acteurs sociaux face à la crise économique, même si cette conscience s'est opérée avec retard.
Quels que soient les blocages et les résistances qui ne
manquent pas de se produire, le règne terminal de la mode
permet aux démocraties d'accélérer la dynamique de la
modernisation.

Le problème, à l'échelle des nations, c'est que face à cette
mobilité requise par la concurrence internationale, toutes ne
l'abordent pas à armes égales, toutes n'ont pas la même
capacité d'être offensives dans cette nouvelle forme de la
guerre qu'est la guerre du temps, l'*avance* en temps. Les
intérêts corporatistes, l'aspiration au bien-être, la demande de
sécurité et de protection étatique n'ont pas partout le même
poids, ils ne freinent pas partout de la même manière la
dynamique du changement. En théorie, la forme mode oriente
les sociétés contemporaines dans la bonne direction histori-

que; en pratique, elle enlise certaines nations dans l'immobi-
lisme des intérêts particuliers et des avantages acquis, elle
enclenche un *retard* lourd de conséquence pour la construction de l'avenir. Il revient à l'instance politique de gérer la
nature contradictoire des effets de la mode achevée : optimi-
ser son potentiel moderne, réduire sa face conservatrice. Dans
les nations sans forte tradition libérale, l'État a la responsabilité historique de mener à bien cette entreprise vitale dans les
délais les plus rapprochés : gouverner le déficit de modernité
en utilisant la forte légitimité du changement qui existe en
même temps que son appréhension collective. Passer le plus
vite possible d'une modernisation souhaitée mais crainte à une
modernisation effective et sans déchirement social majeur,
telle est la plus haute tâche de nos gouvernements si nous ne
voulons pas être les derniers de la classe dans la guerre du
temps, si nous voulons être en piste dans la compétition du
futur. Modernisation qui, à l'évidence, dans les sociétés
fortement individualistes axées sur le culte du présent, ne
pourra pas se faire à marche forcée et se décréter souverainement d'en haut. La puissance publique doit préparer l'avenir
en tenant compte des aspirations au présent – par ailleurs
nécessaires sur un temps long à la croissance de nos sociétés –,
elle doit trouver un équilibre social entre les nécessités du
futur et les revendications du présent. Voué impérativement à
accélérer la flexibilité et la compétitivité de nos sociétés, l'État,
dans les nations européennes, n'a de chance de mener à bien
cette œuvre qu'en gérant en souplesse, mais sans atermoie-
ment, les différentes résistances du corps collectif, en imaginant des solutions nouvelles entre l'urgence d'être en bonne
place dans la guerre du temps et l'exigence de la vie au présent
des individus. D'un côté, forger l'Europe, muscler la compétitivité de nos industries, favoriser les investissements; de
l'autre, négocier la paix sociale, inventer des compromis
raisonnables pour les partenaires sociaux. Entreprise difficile,
incertaine, mais non insurmontable parce que sous-tendue
collectivement par la révolution des subjectivités de la mode
achevée.

Puissance du nouveau

Côté « offre », les raisons du boom de l'économie mode ne sont guère difficiles à mettre à jour. L'essor des progrès scientifiques, joint au système de la concurrence économique, est, à l'évidence, à la racine du monde de l'éphémère généralisé. Sous la dynamique de l'impératif du profit, les industriels créent de nouveaux produits, innovent continûment pour accroître leur pénétration de marché, pour gagner de nouveaux clients et relancer la consommation. La mode achevée est bien fille du capitalisme. Côté « demande », le problème est plus complexe. Dès lors qu'on ne se contente pas d'un déterminisme mécanique par la production et la publicité, type « filière inversée » (Galbraith), le développement des désirs de mode appelle une interrogation plus approfondie. Pourquoi les innombrables petites nouveautés mordent-elles sur les consommateurs, qu'est-ce qui fait qu'elles sont acceptées par le marché? Qu'est-ce qui fait qu'une économie peut marcher à l'obsolescence rapide et aux petites différences combinatoires? La réponse sociologique dominante a au moins le mérite d'être claire : c'est la concurrence des classes et les stratégies de distinction sociale qui soutiennent et accompagnent la dynamique de l'offre. Ce type d'analyse est à la base des premiers travaux de Baudrillard comme de ceux de Bourdieu. Pour celui-ci, il n'y a pas à s'étonner si les nouveautés trouvent toujours une clientèle. Ni conditionnement par la production, ni soumission de celle-ci aux goûts du public, la « correspondance quasi miraculeuse » qui s'établit entre les produits offerts par le champ de la production et le champ de la consommation est l'effet de « l'orchestration objective de deux logiques relativement indépendantes » mais fonctionnellement homologues : d'un côté, la logique de la concurrence inhérente au champ de la production; de l'autre, la logique des luttes symboliques et des stratégies de distinction des classes qui déterminent les goûts de consommation [1]. L'offre comme la demande sont structurées par des luttes de concurrence relativement autono-

---

1. Pierre BOURDIEU, *La Distinction*, Paris, Éd. de Minuit, 1979, pp. 255-258.

mes, mais strictement homologues qui font que les produits trouvent à chaque moment leur consommation adéquate. Si les nouveaux produits élaborés dans le champ de la production sont aussitôt ajustés aux besoins, cela ne tient pas à un effet d'imposition, mais à « la rencontre entre deux systèmes de différences », à la rencontre entre, d'une part, la logique des luttes internes au champ de la production et, d'autre part, la logique des luttes internes au champ de la consommation. La mode résulte de cette correspondance entre la production différentielle des biens et la production différentielle des goûts qui trouve son lieu dans les luttes symboliques entre les classes [1].

Même combinées au procès de la production capitaliste, les stratégies distinctives des classes ne sont pas suffisantes pour comprendre le déploiement d'une économie restructurée par la forme mode. Allez expliquer les milliers de versions automobiles, les innombrables gammes de *soft drink*, chaînes hi-fi, cigarettes, skis, montures de lunettes à partir des mécanismes de distinction entre les différentes classes! Allez expliquer la multiplication des idoles et disques de variétés à l'aune de la dynamique de la distinction et de la prétention sociale! L'entreprise risque de ne pas manquer de contorsions acrobatiques. À quelle fraction dominante ou dominée va correspondre telle ou telle couleur, tel ou tel moteur, telle ou telle ligne, telle ou telle catégorie de cigarette ou de basket? La logique de la distinction appréhende l'économie mode avec une grille de plomb incapable de rendre compte de l'escalade sans fin de la diversification et du surchoix industriel. On ne comprendra jamais l'installation permanente de la mode achevée dans nos sociétés sans redonner aux *valeurs culturelles* le rôle qui leur revient et que le marxisme tout autant que le sociologisme n'ont cessé d'occulter. Point d'économie frivole sans l'action synergique de ces finalités culturelles majeures que sont le confort, la qualité esthétique, le choix individuel, la nouveauté. Comment les innombrables perfectionnements, petits ou grands, de l'électroménager auraient-ils pu connaître un tel essor s'ils n'avaient répondu aussi aux désirs de bien-être des particuliers, aux goûts modernes des facilités matérielles, à la

1. *Ibid.*, p. 259.

satisfaction de gagner du temps [1] et d'avoir moins d'effort à fournir? Comment comprendre le succès de la télé couleur, de la hi-fi, des lecteurs de compact disc sans le relier aux désirs de masse de la qualité image et de la qualité musicale? Comment comprendre les politiques de gammes sans prendre en considération la valeur démocratique accordée aux choix privés, l'individualisation des goûts, le désir des personnes d'avoir des articles sur mesure, adaptés à leurs préférences idiosyncrasiques? Même si toutes ces dispositions et significations se sont en effet incarnées initialement dans les couches sociales supérieures, elles ont acquis, par la suite, une autonomie propre, une légitimité diffuse dans toutes les strates de la société. Le procès de mode qui gouverne notre économie est moins dépendant, « en dernière analyse », des oppositions de classes que d'*orientations communes* à tout le corps social, toutes orientations ayant pour effet de rendre possible socialement une dynamique interminable de renouvellement et de diversification. Les rivalités symboliques de classes sont secondaires par rapport au pouvoir de ces significations imaginaires infiltrées dans toutes les classes et qui maintenant ont une puissance propre.

Surtout, comment ne pas insister sur ce qui, dans l'empire de la mode, revient à la puissance culturelle du *Nouveau*. La concurrence des classes est peu de chose comparée aux effets de cette signification sociale impulsant d'elle-même le goût du différent, précipitant l'ennui du répétitif, faisant aimer et désirer quasiment *a priori* ce qui change. L'obsolescence « dirigée » des produits industriels n'est pas le simple résultat de la technostructure capitaliste, elle s'est greffée sur une société acquise, en très grande partie, aux frissons incomparables du neuf. À la racine de la demande de mode, il y a de moins en moins l'impératif de se démarquer socialement et de plus en plus la soif du Nouveau. La mode achevée, au même titre que les premières manifestations historiques de la mode à la fin du Moyen Âge, est foncièrement tributaire de l'envolée d'un certain nombre de significations sociales au premier rang desquelles se trouvent l'exaltation et la légitimité des nou-

1. Aujourd'hui, la rapidité des fours à micro-ondes entre pour 70 % dans les motivations d'achat des consommateurs.

veautés. Si, pendant des siècles, cet ethos n'a été partagé que
par l'élite sociale aristocratique et bourgeoise, il est désormais
en vigueur à tous les étages du social. Et s'il ne fait aucun
doute que la production de masse a contribué à développer
l'aspiration au Nouveau, d'autres facteurs y ont fortement
contribué. Le code du Nouveau dans les sociétés contemporaines est en particulier inséparable de l'avancée de l'égalisation des conditions et de la revendication individualiste. Plus
les individus se retirent à l'écart et sont absorbés par
eux-mêmes, plus il y a de goûts et d'ouverture aux nouveautés. La valeur du Nouveau marche parallèlement à l'appel de
la personnalité et de l'autonomie privée. Déjà, à la fin du
Moyen Âge, la mode s'est trouvée liée à l'aspiration à la
personnalité individuelle, à l'affirmation de la personne
singulière dans un monde social et idéologique aristocratique.
Le processus n'a fait que s'exacerber avec le règne de l'égalité
et de l'individualisme démocratique. Tocqueville l'a fortement souligné, l'individualisme démocratique est le tombeau
du règne du passé : chacun reconnu libre aspire à se dégager
des liens contraignants et impératifs qui l'attachent au passé.
La soumission aux règles indiscutées de la tradition est
incompatible avec l'individu maître de lui-même. « On
oublie aisément ceux qui vous ont précédé » : tandis que le
legs ancestral est disqualifié par l'âge de l'*homo aequalis*,
corrélativement se trouvent dignifiés le présent et les normes
changeantes qui apparaissent comme autant de conduites
choisies, s'imposant non plus par autorité mais par persuasion.
En se soumettant aux décrets nouveaux, « le concitoyen des
temps nouveaux se flatte de faire un *libre choix* entre les
propositions qui lui sont faites [1] : alors que l'obéissance aux
prescriptions anciennes est antinomique avec l'affirmation de
l'individu autonome, le culte des nouveautés favorise le
sentiment d'être une personne indépendante, libre de ses
choix, se déterminant non plus en fonction d'une légitimité
collective antérieure mais en fonction des mouvements de son
cœur et de sa raison. Avec l'individualisme moderne, le
Nouveau trouve sa pleine consécration : à l'occasion de chaque
mode, il y a un sentiment, aussi ténu soit-il, de libération

---

1. Gabriel DE TARDE, *Les Lois de l'imitation, op. cit.,* p. 267.

subjective, d'affranchissement par rapport aux habitudes passées. Avec chaque nouveauté, une inertie est secouée, un souffle d'air passe, source de découverte, de positionnement et de disponibilité subjective. On comprend pourquoi, dans une société d'individus voués à l'autonomie privée, l'attrait du neuf est si vif : il est ressenti comme instrument de « libération » personnelle, comme expérience à tenter et vivre, petite aventure du Moi. Le sacre du Nouveau et l'individualisme moderne marchent de concert : la nouveauté est en phase avec l'aspiration à l'autonomie individuelle. Si la mode achevée est portée par la logique du capitalisme, elle l'est également par des valeurs culturelles trouvant leur apothéose dans l'état social démocratique.

II

LA PUB SORT SES GRIFFES

La publicité a quelques raisons de voir son avenir en rose.
Tandis que le volume global des dépenses publicitaires est en
augmentation constante, elle ne cesse d'envahir de nouveaux
espaces : télévisions d'État, colloques, manifestations artistiques et sportives, films, articles en tous genres, des tee-shirts
aux voiles de wind-surf, le nom des marques s'étale à peu près
partout dans notre environnement quotidien. Publicité sans
frontières : on a connu la campagne des « produits libres »
pour les produits sans marque, aujourd'hui on fait de la pub
pour « prendre son pied » sur minitel ou sur lignes télépho-
niques, on annonce l'installation de lieux de prière dans les
hypermarchés, on insère des spots dans les silences des
33 tours, on organise des campagnes pour vendre au grand
public les actions des entreprises dénationalisées. Elle s'éclate,
la pub. À cette logique expansive répond une sorte d'état de
grâce : les enfants en raffolent, les plus âgés ont mis en
sourdine les anathèmes dont ils l'accablaient il y a peu encore,
un nombre croissant de personnes en ont une image plutôt
positive. Communication socialement légitime, elle accède à
la consécration artistique, la pub entre au musée, on organise
des expositions rétrospectives d'affiches, on distribue des prix
d'excellence, on la vend en cartes postales. Fin de l'âge de la
réclame, vive la communication créative, la pub louche sur
l'art et le cinéma, elle se prend à rêver d'embrasser l'histoire.
   Les partis politiques, les grandes administrations d'État,
les gouvernements eux-mêmes l'adoptent allègrement : dès
1980, en France, l'État pouvait être considéré comme le
premier annonceur. Se développe de plus en plus, aux côtés

de la publicité de marques, une publicité de service public et d'intérêt général, de vastes campagnes ont été lancées pour la sécurité routière, l'emploi, les femmes, les économies d'énergie, les personnes âgées. La S.N.C.F., le téléphone, le métro, la poste, goûtent à présent aux délices branchés de la communication. La pub, une stratégie qui fait son chemin. La pub pas la propagande : un univers sépare ces deux formes de la communication de masse qu'on a trop tendance à amalgamer. Avec la publicité, la communication adopte un profil tout à fait original, elle est saisie dans les rets de la forme mode : aux antipodes de la logique totalitaire, elle nage dans l'élément du superficiel et de la séduction frivole, dans la fantaisie des gimmicks; aux antipodes du contrôle total qu'on attribue bien légèrement aux formes déraisonnables de la raison commerciale et politique, on commence à comprendre la position et l'effet foncièrement démocratiques de la donne publicitaire.

Pub chic et choc

Arme clé de la publicité : la surprise, l'inattendu. Au cœur de la publicité travaillent les principes mêmes de la mode : l'originalité à tout prix, le changement permanent, l'éphémère. Tout sauf endormir et devenir invisible par habitude : une campagne d'affichage en France est d'une durée moyenne de sept à quatorze jours. Sans cesse créer de nouvelles annonces, de nouveaux visuels, de nouveaux spots. Même lorsqu'il y a répétition de slogan (« Des pâtes oui, mais des Panzani ») ou de jingle (les six notes des bas Dim), les scénarios et les images changent, il faut « décliner » le concept. La compétition entre les marques et la standardisation industrielle impulsent une course interminable à l'inédit, à l'effet, au différent, pour capter l'attention et la mémoire des consommateurs. Impératif du nouveau qui respecte néanmoins la règle imprescriptible de la lisibilité immédiate des messages et des convenances du moment. Ce qui n'empêche nullement la publicité de déranger joyeusement un certain nombre de conventions, de repousser les limites, d'être emportée par une ivresse hyperbolique.

« Toute mode finit en excès », disait Paul Poiret; la pub, de son côté, ne recule pas devant la surenchère et fait preuve d'imagination folle (Grace Jones avalant la CX), d'emphase (« Le temps ne peut rien contre nous » : Cinzano; « L'Amérique est complètement Pepsi »), elle est une communication à excès contrôlé où le superlatif est toujours pondéré par le jeu et l'humour. « Demain, j'enlève le bas », les squelettes des jeans Wrangler, la Visa qui décolle d'un porte-avions : la pub est discours de mode, elle se nourrit comme elle d'effet choc, de mini-transgressions, de théâtralité spectaculaire. Elle ne vit que de « se faire remarquer » sans jamais tomber dans la provocation agressive.

Cela n'exclut pas de nombreuses campagnes moins débridées, construites explicitement en vue de persuader le consommateur sur la base de la crédibilité des messages. Depuis longtemps, la publicité s'est attachée à énoncer des propositions d'allure vraisemblable affirmant la qualité inégalable des produits (« Omo lave plus blanc »), en faisant témoigner des grandes vedettes ou des individus du commun dans des « tranches de vie ». Ce type d'annonces pouvait conduire Boorstin à soutenir que la publicité se situait « au-delà du vrai et du faux », que son registre était celui de la « vraisemblance »[1] non celui de la vérité : livrer moins des faits vérifiables que des déclarations d'apparence vraisemblable, à peu près crédibles. C'est encore ce qu'on voit de nos jours avec ce que les Anglo-Saxons appellent « reason-to-believe »[2] : « Quand vous êtes second, vous vous efforcez d'en faire plus » (Avis), « Notre métier depuis trente-deux ans » (Bis); il s'agit de donner des arguments plausibles, des raisons de croire. Mais tout indique que cette tendance est en recul : à présent, la pub veut moins convaincre que faire sourire, étonner, amuser. La « prophétie se réalisant elle-même » chère à Boorstin, les énoncés ni vrais ni faux ont été relayés par les jeux d'associations et les courts-circuits de sens, par une communication de plus en plus irréaliste, fantasque, délirante, cocasse, extravagante. C'est l'âge de la publicité créative, de la

---

1. Daniel Boorstin, *L'Image*, Paris, U.G.E., 1971.
2. Jean-Marie Dru, *Le Saut créatif*, Paris, Jean-Claude Lattès, 1984, pp. 187-197.

fête spectaculaire : les produits doivent devenir des stars, il faut transformer les produits en « être vivants », créer des « marques personne » avec un style et un caractère [1]. Non plus énumérer des performances anonymes et des qualités platement objectives, mais communiquer une « personnalité de marque ». La séduction publicitaire a changé de registre, elle s'investit désormais dans le look personnalisé, il faut humaniser la marque, lui donner une âme, la psychologiser : l'homme tranquille de Marlboro, la femme libérée, sensuelle, humoristique de Dim, les chaussures insouciantes et irrespectueuses Éram, le métro branché R.A.T.P., la folie Perrier. De même que la mode individualise l'apparence des êtres, la pub a pour ambition de personnaliser la marque. S'il est vrai, comme le dit Séguéla, que la « vraie » pub s'aligne sur les méthodes du star-system, il est encore plus vrai de dire qu'elle est une communication structurée comme la mode, de plus en plus sous la coupe du spectaculaire, de la personnalisation des apparences, de la séduction pure.

Apothéose de la séduction. Jusqu'alors, l'*appeal* publicitaire restait assujetti aux contraintes du marketing, il fallait se plier à la rationalité argumentative, justifier des promesses de base. Sous le règne de la *copy strategy,* la séduction devait se concilier avec le réel de la marchandise, exposer les mérites et l'excellence des produits. Avec ses slogans redondants et explicatifs, la séduction voyait son empire bridé par la prééminence du vraisemblable, du quantitatif, des vertus « objectives » des choses. Aujourd'hui, la pub créative prend le grand large, elle donne la priorité à un imaginaire quasi pur, la séduction est libre de se déployer pour elle-même, elle s'affiche en hyper-spectacle, magie des artifices, scène indifférente au principe de réalité et à la logique de la vraisemblance. La séduction fonctionne de moins en moins à la sollicitude, à l'attention chaleureuse, à la gratification et de plus en plus au ludique, à la théâtralité hollywoodienne, à la gratuité superlative (AX : « Révolutionnaire! »). On a trop cru que l'essence de la publicité résidait dans son pouvoir de distiller de la chaleur communicative, qu'elle parvenait à nous conquérir en devenant instance maternelle tout aux petits soins

---

1. Jacques SÉGUÉLA, *Hollywood lave plus blanc,* Paris, Flammarion, 1982.

pour vous [1]. Certes, aujourd'hui encore, on joue la carte de l'affection (« Vous aimez la Une, la Une vous aime ») et de la sollicitude (« Nous mettons toute notre énergie à régler le moindre détail, pour vous offrir toujours plus de liberté. Pour nous, un voyage d'affaires doit être réussi sur toute la ligne » : Air Canada), mais on voit également se développer des publicités à tonalité « cynique » : ainsi, dans la campagne « U.T.A. for U.S.A. », on vous lance, si vous n'avez pas compris de quoi il s'agit, « Consultez votre médecin habituel » ou bien l'annonce Epson pour ordinateur : « Inhumain notre P.C. A.X.? Parfaitement! » Ce qui séduit ce n'est pas qu'on veuille nous séduire, qu'on nous cajole, qu'on nous valorise (eau de toilette Kipling : « Pour les hommes qui font bouger le monde »), c'est qu'il y ait de l'originalité, du spectaculaire, de la fantaisie. La séduction procède de la suspension des lois du réel et du rationnel, de la levée du sérieux de la vie, du festival des artifices.

Même si l'heure est au « concept » et à la communication créative, même si on ne se contente plus de faire de belles et attrayantes affiches, l'esthétique demeure un axe primordial du travail publicitaire. Mise en valeur plastique du produit, photos léchées, intérieur de luxe, raffinement des décors, beauté des corps et des visages, la publicité poétise le produit et la marque, elle idéalise l'ordinaire de la marchandise. Quelle que soit l'importance prise par l'humour, l'érotisme ou l'extravagance, l'arme classique de la séduction, la beauté, ne cesse d'être largement exploitée. Les produits cosmétiques, les marques de parfums en particulier, ont systématiquement recours à des publicités raffinées, sophistiquées, mettant en scène des créatures sublimes, des profils et maquillages de rêve. Mais beaucoup d'autres publicités, dessous féminins, vêtements mode, alcools, cigarettes, cafés, sont également à la recherche de l'effet chic. La technologie de haute précision s'y met : Sharp et Minolta ont lancé des campagnes d'affiches aux images épurées et design. De même que la mode ne peut être séparée de

---

1. Cf. D. Boorstin, *op. cit.*, pp. 309 et 327-328; également Jean Baudrillard, *Le Système des objets*, Paris, Denoël/Gonthier, coll. Médiations, 1968, pp. 196-203.

l'esthétisation de la personne, de même la pub fonctionne comme cosmétique de la communication. Au même titre que la mode, la pub s'adresse principalement à l'œil, elle est promesse de beauté, séduction des apparences, ambiance idéalisée avant d'être information. Elle prend place dans le processus d'esthétisation et de décoration généralisé de la vie quotidienne, parallèlement au design industriel, à la rénovation des quartiers anciens, à l'habillage d'antenne, à la décoration des vitrines, au paysagisme. Partout se déploient le maquillage du réel, la valeur ajoutée style mode.

Au-delà du charme esthétique, la séduction exploite les voies fantaisistes du « saut créatif ». Jeux de mots (« Fran-Choix Iᵉʳ » : Darty), allitérations et redoublements des syllabes de type enfantin (« Qu'est-ce tu bois, doudou, dis donc » : Oasis), glissements et détournements de sens (« Voulez-vous coucher avec moi » : Dunlopillo), renversement « Get 27 c'est l'enfer »), films émotionnels (la statue qui pleure : cassettes B.A.S.F.), imageries fantastiques et surréalistes (une petite fille marche sur l'eau : Schneider), la pub ne séduit pas *Homo psychanalyticus* mais *Homo ludens,* son efficacité tient à sa superficialité ludique, au cocktail d'images, de sons et de sens qu'elle offre sans souci des contraintes du principe de réalité et du sérieux de la vérité. « Il y a de l'Urgo dans l'air, il y a de l'air dans Urgo », rien n'est à déchiffrer, tout est là aussitôt dans la simplicité des astuces, dans la légèreté des clins d'œil : résorption de la profondeur, célébration des surfaces, la pub est luxe de jeux, futilité du sens, elle est l'intelligence créative au service du superficiel. S'il est vrai que la publicité peut contribuer à lancer des modes, il est encore plus vrai de dire qu'elle est la mode elle-même dans l'ordre de la communication, elle est avant tout communication frivole, une communication dans laquelle le « concept » est gadget : « Paris-Bagdad : 120 F » (Éram). Et si la mode est féerie des apparences, nul doute que la publicité ne soit, elle, féerie de la communication.

Aujourd'hui, les publicitaires se plaisent à afficher la radicale nouveauté de leurs méthodes. Finie la réclame, finie la *copy strategy,* gloire à la communication et à l'idée créative. Sans sous-estimer les changements en cours, il n'est peut-être pas inutile de souligner tout ce qui rattache le nouveau à l'ancien. Il est vrai que de nos jours la pub se veut « conceptuelle » : cela ne l'empêche pas de prolonger une logique de plus longue durée, constitutive de la publicité moderne : la fantaisie et le jeu. Jadis on voyait des slogans tels que « Dubo, Dubon, Dubonnet » ou « Le chausseur sachant chausser », à présent on lit « Mini Mir, mini prix, mais il fait le maximum » : par-delà la différence de registre, la pub reste toujours trouvaille, astuce, combinaison ludique, gadget de sens. Points d'autres ressorts que la légèreté et la superficialité du sens, la pub demeure dans l'ordre du superficiel et de la communication euphorique. Il n'y a pas eu mutation absolue, il y a eu inflexion de trajectoire dans un processus travaillant continûment à assouplir la communication, à évacuer la solennité et la lourdeur des discours, à promouvoir l'ordre frivole des signes.

On doit relier l'aggiornamento actuel de la publicité aux transformations profondes des mœurs et de la personnalité dominante de notre époque. Le phénomène vient en écho aux métamorphoses de l'individu contemporain moins soucieux d'afficher des signes extérieurs de richesse que de réaliser son Ego. En tournant le dos aux promesses de base et à l'énumération des qualités anonymes des produits, la pub créative enregistre dans l'ordre de la communication la sensibilité néo-narcissique détachée de l'éthique du standing, absorbée par la subjectivité intime, par la « soif de vivre » et la qualité de l'environnement. Films et slogans cherchent moins à prouver l'excellence objective des produits qu'à faire rire, faire « sentir », provoquer des résonances esthétiques, existentielles, émotionnelles. Cette spirale de l'imaginaire répond au profil de l'individualité « post-moderne », elle n'a pu se déployer que sous l'action conjuguée du code du Nouveau et des valeurs hédonistes et psychologiques ayant favorisé la montée aux extrêmes dans la recherche du jamais vu. Dans un âge de plaisir et d'expression de soi, il faut moins de répétition lassante et de stéréotypes, davantage de fantaisie et d'originalité. La publicité a su très vite s'adapter à ces transformations culturelles, elle a réussi à construire une communication en phase avec les goûts d'autonomie, de personnalité, de qualité de la vie en éliminant les formes lourdes, monotones, infantilisantes de la communication de masse. Wrangler affiche des squelettes, l'agence Avenir-Publicité promet ‹ Demain, j'enlève le bas › : la pub créative exhibe un look émancipé, elle s'adresse à un individu majeur, peu conformiste, largement indifférent aux principaux tabous, capable d'apprécier une annonce au second degré. Ce qui n'autorise pas néanmoins à imaginer la publicité prenant la place du cinéma défaillant comme machinerie de mythes (Séguela). Par son rythme même et la perception qu'elle engage, la pub fait obstacle au rêve et à l'évasion prolongée, elle n'a pas de retentissement subjectif, elle ne produit aucune participation affective. Comme la mode, elle est faite pour être aussitôt oubliée, elle entre dans la gamme croissante des produits sans reste de la culture autodégradable. Nul doute cependant qu'ainsi réoxygénée, elle ne réussisse mieux dans sa tâche : établir une image positive des produits, ne pas faire fuir le public, limiter la pratique du *zapping*. N'est-ce pas là le vrai rêve de tout publicitaire ?

Impossible, d'autre part, de séparer les nouvelles orientations publicitaires de la volonté promotionnelle des publicitaires eux-mêmes. Dans une société sacralisant le Nouveau, l'audace imaginative permet mieux que tout autre moyen de s'affirmer dans le champ de la culture et de la communication : point de meilleure image pour un publicitaire qu'une superproduction hyper-spectaculaire et ce, quelle que soit son efficacité commerciale réelle, pas toujours proportionnelle aux qualités créatives. Le devenir de la publicité est en grande partie l'œuvre de la logique publicitaire elle-même, de l'impératif mode imposant la recherche d'une image de marque artistique. Parallèlement aux stylistes du prêt-à-porter et des chefs d'entreprise qui sont devenus des ‹ créateurs ›, des coiffeurs qui se désignent ‹ stylistes visagistes ›, des sportifs qui s'expriment, des artisans qui sont tous des artistes, les publicitaires sont entrés dans l'immense vague de valorisation sociale caractéristique des sociétés démocratiques : ils sont reconnus comme des ‹ créatifs ›. Ainsi va l'âge de l'égalité : le business a gagné un supplément d'âme, les activités lucratives ne sont jamais autant elles-mêmes qu'au moment où elles réussissent à s'élever à la dimension expressive et artistique.

Une force tranquille

Pour être une communication mode, la publicité n'en est pas moins une forme typique du procès de domination bureaucratique moderne. En tant que message de persuasion élaboré par des concepteurs spécialisés, la pub se rattache à la logique du pouvoir bureaucratique propre aux sociétés modernes : bien que mettant en œuvre des méthodes douces, il s'agit toujours, comme dans les institutions disciplinaires, de guider du dehors les comportements, de pénétrer la société jusque dans ses ultimes replis. Figure exemplaire de l'administration bienveillante des hommes, la pub élargit l'œuvre rationalisatrice du pouvoir, elle traduit l'extension de l'organisation bureaucratique moderne ayant pour trait spécifique de produire, recomposer, programmer d'un point de vue extérieur et scientifique le tout collectif. L'analyse est maintenant classique : avec le développement de la « filière inversée »[1], les besoins sont dirigés et manœuvrés, l'autonomie du consommateur s'éclipse au bénéfice d'un conditionnement de la demande orchestré par les appareils techno-structurels. La visée rationalisatrice et planificatrice du pouvoir bureaucratique fait un bond en avant : après la production, c'est la demande elle-même qui se trouve globalement planifiée, la pub produit des besoins strictement adaptés à l'offre, elle permet de programmer le marché, de piéger la liberté des consommateurs, la société dans son ensemble tend à devenir un système circulaire, sans extériorité, sans différence, sans hasard. En modelant scientifiquement les goûts et les aspirations, en conditionnant les existences privées, la publicité ne fait pas autre chose que parfaire l'avènement d'une société d'essence totalitaire[2]. Dans sa volonté de soumettre de part en

---

1. John Kenneth GALBRAITH, *Le Nouvel État industriel*, Paris, Gallimard, 1968, pp. 205-225.
2. Cette idée se retrouve aussi bien chez Herbert MARCUSE, *L'Homme unidimensionnel*, Paris, Éd. de Minuit, 1968 (par ex. pp. 21 et 29) que chez Guy DEBORD, *La Société du spectacle*, Paris, Éd. Champ Libre, 1971, pp. 36 et 44. Au sujet de la « recherche des mobiles » en publicité, Vance PACKARD évoquait le monde cauchemardesque orwellien, *La Persuasion clandestine*, Paris, Calmann-Lévy, trad. franç., 1958, pp. 9 et 212.

part la société aux normes du pouvoir bureaucratique, de réagencer un quotidien délesté de toute épaisseur et de toute autonomie propre, la publicité révélerait sa connivence avec le totalitarisme, un totalitarisme compatible par ailleurs avec les élections libres et le pluralisme des partis.

Ces thèses ont eu leur heure de gloire. Elles continuent en grande partie à servir de toile de fond à l'appréhension du phénomène [1], alors même que le rejet social de la pub est à la baisse. À nos yeux, toute cette problématique est à reprendre de fond en comble, exemplaire qu'elle est du dérapage spéculatif auquel peuvent donner lieu les forceps de la pensée hypercritique. On s'inscrira radicalement en faux contre toute assimilation de l'ordre publicitaire à la logique totalitaire. La disjonction est en effet de taille : rien de commun avec le travail d'absorption de la société civile par le pouvoir politique et le projet illimité de changer l'homme, de le reconstituer de part en part. Rien de commun non plus avec le processus de contrôle ténu des « disciplines » d'essence également totalitaire dans leur prétention à normaliser et programmer les corps. Les disciplines telles que Foucault les a analysées relèvent structurellement de la logique totalitaire [2] : les instances de pouvoir œuvrent à reconstituer de bout en bout le mouvement des corps, elles pensent à la place des sujets, elles les dirigent « rationnellement », orchestrant du dehors les détails les plus infimes des comportements. Rien de tel avec la publicité : en lieu et place de la coercition tatillonne, la communication, au lieu de la rigidité réglementaire, la séduction, au lieu du dressage mécanique, le divertissement ludique. Là où les disciplines quadrillent les corps et barrent l'initiative du sujet par les détails des réglementations, la publicité ouvre un espace de large indétermination, elle laisse toujours la possibilité de se soustraire à son action persuasive : changer de chaîne, tourner les pages du

---

1. Dénonçant le bluff de la critique journalistique, Cornélius CASTORIADIS peut écrire : « L'imposture publicitaire n'est pas, à la longue, moins dangereuse que l'imposture totalitaire... l'asservissement commercial-publicitaire ne diffère pas tellement, de ce point de vue, de l'asservissement totalitaire », in *Domaines de l'homme, les carrefours du labyrinthe II*, Paris, Éd. du Seuil, 1986, pp. 29 et 33.

2. Marcel GAUCHET et Gladys SWAIN, *La Pratique de l'esprit humain*, Paris, Gallimard, 1980, pp. 106-108.

journal. La forme mode est en rupture avec la logique panoptique-totalitaire : la pub intègre dans son ordre la libre disponibilité des personnes et l'aléatoire des mouvements subjectifs. Avec elle, une nouvelle échelle du contrôle est en place, il ne s'agit plus de ne rien laisser dans l'ombre en administrant les moindres parcelles de la vie, il s'agit d'influencer un tout collectif en laissant les atomes individuels libres de se soustraire à son action. La pub s'exerce sur la masse non sur l'individu, son pouvoir n'est pas mécanique mais statistique. La discipline de l'infime a cédé le pas à un mode d'action négligeant l'univers du minuscule. Ni « anatomie politique » ni technologie de l'assujettissement, la publicité est une stochastique de la stimulation.

On le sait, l'entreprise totalitaire ne trouve sa singularité historique que rapportée à la visée d'absorption pleine et entière de la société civile par l'instance étatique. Tandis que la vie collective devient objet à contrôler et à organiser par l'État dans tous ses interstices, une répression et une domination sans bornes s'exerce sur tous les éléments apparaissant comme extérieurs ou étrangers aux normes de l'État-parti. Doit être exclu et broyé tout ce qui existe hors du pouvoir, tout ce qui tisse un lien de sociabilité relevant d'une humanité passée. Comme le disait Hannah Arendt, le totalitarisme trouve son ressort dans la croyance fantasmagorique que tout est possible, son dessein est de « transformer la nature humaine elle-même »[1], l'homme comme la société sont des champs expérimentaux, tables rases, pures matières amorphes intégralement modelables par le pouvoir illimité de l'État : il faut façonner et éduquer un esprit nouveau, un homme nouveau. Entreprise véritablement démiurgique qui n'a rien de commun avec celle, d'horizon beaucoup plus limité, de la publicité et de la « filière inversée ». Ce n'est que par une analogie insidieuse qu'on a pu voir dans la « programmation » de la vie quotidienne et la création des besoins une manifestation totalitaire du pouvoir : la publicité a ceci qui la distingue qu'elle ne vise pas à réformer l'homme et les mœurs, elle prend en réalité *l'homme tel qu'il est*, s'employant

---

1. Hannah ARENDT, *Le Système totalitaire*, Paris, Éd. du Seuil, 1972, p. 200.

seulement à stimuler la soif de consommation qui existe *déjà.*
En lançant continûment de nouveaux besoins, la pub se
contente d'exploiter l'aspiration commune au bien-être et au
nouveau. Aucune utopie, aucun projet de transformation des
esprits, l'homme y est considéré *au présent,* sans vision
d'avenir. Il s'agit moins de reconstituer l'homme que d'utiliser pragmatiquement les goûts existants de jouissances matérielles, de bien-être, de nouveautés. Diriger la demande, créer
le désir, en dépit des contempteurs du conditionnement
généralisé, cela reste toujours dans un horizon *libéral* où le
pouvoir reste de fait limité. Sur l'individu s'exercent, certes,
de multiples pressions, mais toujours dans le cadre d'une
autonomie de choix, de refus, d'indifférence, toujours dans le
cadre d'une permanence des aspirations humaines et des
modes de vie. Il faut insister sur ce point : la publicité est
renoncement au pouvoir total, elle ne s'emploie pas à
refabriquer de fond en comble les pensées et les attitudes, elle
reconnaît une spontanéité humaine échappant aux menées
dominatrices du tout-pouvoir. L'administration bureaucratique de la quotidienneté se détache paradoxalement sur un
fond humain irréductible avec lequel la publicité cohabite en
parfaite intelligence.

Il est vrai que la pub s'exerce dans d'autres domaines que la
consommation, elle est de plus en plus mobilisée pour susciter
une prise de conscience des citoyens devant les grands
problèmes de l'heure et modifier divers comportements et
inclinations : alcoolisme, drogue, vitesse sur la route, égoïsme,
procréation, etc. Mais si la publicité ambitionne parfois de
réorienter certaines attitudes même morales ou existentielles,
rien ne justifie pour autant d'y voir une manifestation de type
totalitaire. Les campagnes publicitaires sont de < sensibilisation >, non d'endoctrinement; en humour et en < petites
phrases > elles balaient le dirigisme idéologique, la langue de
bois du tribunal de l'histoire. La publicité ne dit pas de haut
le Vrai et le Juste, elle conseille en douceur, elle s'adresse à des
individus majeurs capables de comprendre la gravité des
problèmes derrière le jeu et le spectacle. Point de recours à des
traîtres, à des complots, à une épopée historique, la pub
n'appelle pas à la dénonciation, à la violence sociale, au
sacrifice de soi, son registre n'est pas la dramatisation mais la

bienveillance, la détente, la séduction, conformément à une société pacifiée valorisant le dialogue souple, l'autonomie et l'intérêt privé des personnes. Elle influence mais ne menace pas, elle suggère mais sans prétention à la domination doctrinale, elle fonctionne sans manichéisme ni culpabilisation dans la croyance que les individus sont capables de s'autocorriger *presque* d'eux-mêmes, par éveil médiatique, par prise de conscience responsable. Comme pour la publicité de marques, il ne s'agit aucunement, contrairement aux apparences, d'inventer *ex nihilo* un homme nouveau à partir d'exigences idéologiques et politiques à contre-courant des désirs spontanés de masse. Il s'agit de diffuser des normes et des idéaux en réalité *acceptés par tous,* mais peu ou insuffisamment pratiqués. Qui n'est pas d'accord avec les méfaits de l'alcool? Qui n'aime pas les bébés? Qui n'est pas indigné par la faim dans le monde? Qui n'est pas bouleversé par la détresse des personnes âgées? La pub ne prend pas en charge la redéfinition complète du genre humain, elle exploite ce qui est en germe en le rendant plus attractif pour davantage d'individus. Loin de signifier la course exponentielle vers la domination totale, l'extension de la publicité traduit le renforcement d'une modalité de pouvoir à *idéologie minimale,* à visée strictement limitée.

Que n'a-t-on pas dit et écrit sur la puissance diabolique de la publicité? Pourtant, à mieux y regarder, y a-t-il un pouvoir dont l'impact soit aussi modique? Car sur quoi s'exerce-t-elle? Tout au plus réussit-elle, non mécaniquement et non systématiquement d'ailleurs, à faire acheter telle marque plutôt que telle autre, Coca Cola plutôt que Pepsi, la 205 plutôt que la Supercinq. C'est peu. Vital pour la croissance des entreprises, c'est insignifiant pour les individus dans leurs vies et leurs choix profonds. Tel est le paradoxe du pouvoir publicitaire : décisive pour les firmes, sans conséquence majeure pour les particuliers, elle n'a d'action efficace que sur l'accessoire et l'indifférent. Répondant à la superficialité de ses messages, la pub n'est elle-même qu'un pouvoir de surface, une sorte de degré zéro du pouvoir dès lors qu'on la mesure à l'aune des existences individuelles. Elle pèse sans aucun doute sur les décisions des particuliers, mais dans l'ordre des choses *équivalentes,* dans cet état de relative indifférence généré

tendanciellement par l'essor de l'univers du surchoix industriel. Il faut remettre les choses à leur place : l'influence
publicitaire est moins abolition du règne de la liberté humaine
qu'action exercée dans les bornes de son « plus bas degré », là
où règne l'état d'indifférence, l'embarras du choix entre des
options peu différenciées.

Le phénomène est finalement similaire dans la sphère de
la culture. Certes, la diffusion à haute dose des tubes sur les
chaînes de radio fait vendre des disques. Certes, les affiches
et têtes d'affiches attirent en masse le public vers les salles
obscures. Mais toujours avec un grand coefficient d'imprévisibilité et de toute façon avec des succès très inégaux.
Certes, les media, les techniques promotionnelles, parviennent à faire grossir les ventes de livres, à orienter partiellement les choix du public. Mais faut-il pour autant crier au
décervelage? Pouvoir de quoi? Faire lire telle autobiographie
bâclée plutôt que tel roman ciselé en orfèvre? En quoi est-ce
un scandale démocratique? Donner de l'autorité médiatique
à tel essai trivial ou tel auteur télégénique plutôt qu'à telle
œuvre majeure? Mais qu'on ne s'y trompe pas, le pouvoir
publicitaire, direct ou indirect comme ici, n'est qu'un pouvoir ponctuel, ses échos sont foncièrement superficiels. Le
public élargi absorbe le dernier succès comme autre chose,
par curiosité, pour être au courant, pour voir. Rien de plus.
Lecture vide, sans effet, à coup sûr sans prolongement
intellectuel durable et majeur dès lors que l'œuvre n'est que
poudre aux yeux. Tout sauf un pouvoir de direction et de
formation totalitaire des consciences, la pub est un pouvoir
sans conséquence. Grosse vente, répercussion intellectuelle
nulle; couverture médiatique stéréo pour un effet inaudible,
aussitôt étouffé dans les baffles du dernier nouveau best-
seller. Le phénomène ne justifie en rien l'accusation de vice
totalitaire. Si le public non spécialisé est vulnérable aux
stridences publicitaires, cela n'empêche nullement un espace
public de pensée, la propagation et la discussion collective
des idées nouvelles. Plus ou moins rapidement, plus ou
moins indirectement, des contre-feux s'allument, de nouveaux titres et éloges apparaissent, jetant le doute dans les
esprits ou portant ailleurs la curiosité. Rien n'est rédhibitoire, les vraies questions, les grandes œuvres, rebondissent

inéluctablement sur la scène médiatique, elles ne peuvent jamais rester très longtemps dans l'ombre du fait même de la boulimie publicitaire et de l'esprit de mode. On peut déplorer le fait que notre époque élève au sommet des œuvres de quincaillerie, mais qu'on ne crie pas à la destruction de l'espace public démocratique là où il n'y a que complexification et flottement des repères intellectuels. Les effets médiatiques sont épidermiques, la publicité n'a pas la force qu'on lui prête volontiers, celle d'annihiler la réflexion, la recherche de la vérité, la comparaison et l'interrogation personnelle, elle n'a de pouvoir que dans le temps éphémère de la mode. Tout au plus peut-elle amplifier de pseudo-valeurs et retarder sur un temps court la reconnaissance publique du vrai travail intellectuel en chantier. Les techniques promotionnelles ne détruisent pas l'espace de la discussion et de la critique, elles mettent en circulation les autorités intellectuelles, elles démultiplient les références, les noms et célébrités, elles brouillent les repères en rendant équivalents le toc et le chef-d'œuvre, en égalisant le superficiel et le sérieux. Alors même qu'elles ne cessent de porter aux nues des ouvrages de deuxième zone, elles minent l'ancienne hiérarchie aristocratique des œuvres intellectuelles, elles placent sur le même plan les valeurs universitaires et les valeurs médiatiques. Mille penseurs, dix mille œuvres contemporaines incontournables : on peut certes sourire, reste que par là est enclenché un processus systématique de *désacralisation* et de *rotation* accélérée des œuvres et des auteurs. Il n'est pas vrai que les grands noms soient occultés par l'imposture culturelle, ils perdent seulement, du fait du harcèlement et du foisonnement médiatique, leur aura, leur autorité incontestée, leur position souveraine, inaccessible. En ce sens, le marketing de la « pensée » accomplit un travail démocratique; même s'il consacre régulièrement des starlettes de kermesse, il dissout en même temps les figures absolues du savoir et les attitudes de révérence immuable au bénéfice d'un espace d'interrogation à coup sûr plus confus mais plus large, plus mobile, moins orthodoxe.

Point d'idée plus communément admise que celle-ci : la publicité uniformise les désirs et les goûts, elle lamine les personnalités individuelles; à l'instar de la propagande totalitaire, elle est lavage de cerveau, viol des foules, atrophiant la faculté de juger et de décider personnellement. Il est difficile en effet de contester que la publicité ne réussisse à faire augmenter le volume des achats et à orienter massivement les goûts vers les mêmes produits. Mais s'en tenir à ce processus de standardisation cache l'autre face de son œuvre, beaucoup moins apparente mais sans aucun doute beaucoup plus décisive au regard du destin des démocraties. Vecteur straté-gique de la redéfinition du mode de vie centré sur la consommation et les loisirs, la publicité a contribué à disqualifier l'éthique de l'épargne au profit de celle de la dépense et de la jouissance immédiate. Partant, il faut lui rendre ce qu'on lui doit : paradoxalement, par le biais de la culture hédoniste qu'elle insémine, la publicité doit être vue comme un agent de l'individualisation des êtres, un agent accélérant la quête de la personnalité et de l'autonomie des particuliers. Par-delà les manifestations réelles d'homogénéi-sation sociale, la publicité travaille, parallèlement à la promo-tion des objets et de l'information, à l'accentuation du principe d'individualité. Dans l'instantané et le visible, elle produit de la massification, dans le temps plus long et de façon invisible, de la déstandardisation, de l'autonomie subjective. Elle est une pièce dans l'avancée de l'état social démocratique.

Gagne-t-on beaucoup à appréhender l'effet publicitaire au travers de la grille psychanalytique? En quoi, par exemple, éclaire-t-on son originalité en y reconnaissant une logique perverse? On peut certes toujours dire qu'elle fait allusion au désir pour aussitôt en occulter la béance constitutive, qu'elle permet de voiler le manque du désir en proposant l'escalade des objets fétiches [1]. Mais du même coup, on perd de vue son efficacité autrement plus significative qui est de déstabiliser-dynamiser systématiquement les mouvements de désir jusque dans la sphère des besoins du quotidien. La publicité contribue à agiter le désir dans tous ses états, à l'instituer sur une base hypermobile, elle le détache des circuits fermés et répétitifs inhérents aux systèmes sociaux

---

1. Doris-Louise HAINEAULT et Jean-Yves ROY, *L'Inconscient qu'on affiche*, Paris, Aubier, 1984, pp. 207-209.

traditionnels. Parallèlement à la production de masse, la pub est une technologie de déliaison et d'accélération des déplacements de désir. D'un ordre où tout un pan des désirs était largement stationnaire, on est passé à un registre ouvert, mobile, éphémère. La pub engendre à grande échelle le *désir mode,* le désir structuré comme la mode. Dans la même foulée, la signification sociale de la consommation s'est transformée pour le plus grand nombre : en glorifiant les nouveautés, en déculpabilisant l'acte d'achat, la publicité a décrispé le phénomène de la consommation, elle l'a délesté d'une certaine gravité contemporaine de l'éthique de l'épargne. À présent, la consommation tout entière se déploie sous le signe de la mode, elle est devenue une pratique *légère* ayant assimilé la légitimité de l'éphémère et du renouvellement permanent.

Le politique enlève le haut

La sphère du politique a pris le train en marche : malgré qu'elle en ait, elle s'est assez vite mise au diapason de la pub et du look. Dès les années 1950, aux U.S.A., s'est développée une communication politique proche de la publicité moderne, utilisant les principes, les techniques, les spécialistes de la publicité : orchestration des campagnes électorales par des agents de publicité et des conseils en media, réalisation de spots minute sur le modèle publicitaire, application des méthodes de la recherche motivationnelle dans l'élaboration des discours, du positionnement et de l'image des leaders. Après le marketing commercial, le marketing politique, il ne s'agit plus de convertir idéologiquement les citoyens, il s'agit de vendre un ‹ produit › sous le meilleur emballage possible. Non plus le matraquage austère de la propagande, mais la séduction du contact, de la simplicité, de la sincérité; non plus l'incantation prophétique, mais l'enjôlement des *shows* personnalisés et la vedettisation des leaders. Le politique a changé de registre, la séduction l'a en grande partie annexé : tout est fait pour donner de nos dirigeants une image de marque sympathique, chaleureuse, compétente. Exhibition de la vie privée, petits entretiens feutrés ou catch à deux, tout est mis en œuvre pour renforcer ou corriger une image, pour susciter, au-delà des mobiles rationnels, un phénomène d'attraction émotionnelle. Intimisme et proximité, l'homme politique intervient dans les émissions de variétés, il apparaît en tenue de jogging, il n'hésite plus à monter sur les planches : jadis V. Giscard d'Estaing jouait de l'accordéon, aujourd'hui François Léotard entonne *L'Ajacienne,* Lionel Jospin interprète *Les Feuilles mortes,* Mitterrand essaie de donner dans le « câblé ». La scène politique se détache des formes emphatiques et distantes au bénéfice du strass et des variétés : dans les campagnes électorales, on a recours aux vedettes de l'écran et du show-biz, on lance des tee-shirts drôles, des autocollants et gadgets de soutien. Euphorie et confettis, dans les meetings politiques, c'est la fête, on visionne des clips, on danse le rock et *cheek to cheek.*

Les affiches également ont été métamorphosées par l'*appeal* publicitaire. Les affiches agressives, solennelles, lourdement symboliques, ont cédé la place au sourire des hommes politiques cravate au vent, et à l'innocence des enfants. Les publicitaires ont gagné la partie, l'expression politique doit être « branchée », il faut du divertissement et de la communication créative; désormais, on voit se multiplier affiches et slogans à tonalité affective, émotionnelle, psychologique (« La force tranquille », « Vivement demain », « N'ayons pas peur de la liberté »). Il ne suffit plus de dire le vrai, il faut le dire sans ennui, avec imagination, élégance et humour. Les clins d'œil drôles, les pastiches montent en ligne : déjà le président Carter avait engagé un *gagman* pour rendre ses discours plus attrayants, aujourd'hui, l'esprit *fun* s'étale dans les campagnes humoristiques des partis publiées dans la presse sous forme de BD ou sur les affiches (« Au secours la droite revient! », « Dis-moi, jolie droite, pourquoi as-tu de si grandes dents? », « La grande désillusion : 12 mois d'exclusivité »). Le procès de mode a restructuré la communication politique : nul n'entre ici s'il n'est séducteur et détendu, la compétition démocratique passe par les jeux de la drague, par les paradis artificiels de l'*entertainment,* de l'apparence, de la personnalité médiatique.

La politique séduction a déclenché un tir croisé de réprobations plus ou moins indignées. On en connaît le refrain : hypnotisé par les leaders-stars, mystifié par les jeux d'images personnalisées, par des artifices et faux-semblants, le peuple citoyen s'est transformé en peuple de spectateurs passifs et irresponsables. La politique spectacle masque les problèmes de fond, substitue aux programmes le charme de la personnalité, elle engourdit la capacité de raisonnement et de jugement au profit des réactions émotionnelles et des sentiments irrationnels d'attirance et d'antipathie. Avec la média-politique, les citoyens sont infantilisés, ils ne s'engagent plus dans la vie publique, ils sont aliénés, manipulés par des gadgets et des images, la démocratie est < dénaturée > et < pervertie > [1]. La politique *show* ne se contente pas d'anesthésier le citoyen par le divertissement, elle transforme jusqu'aux contenus mêmes de la vie politique : parce qu'il faut viser l'électorat le plus large, les discours politiques ont tendance à gommer les aspects les plus controversés de leurs programmes, à chercher une plate-forme indolore, satisfaisante pour presque tous. Les discours de droite comme de gauche deviennent ainsi de plus en plus homogènes, on assiste à un processus d'uniformisation et de neutralisation du discours politique qui est < peut-être en train de dévitaliser et, qui sait, de tuer la politique > [2]. La communication enchantée anémie le débat collectif, elle est lourde de conséquence pour la santé démocratique.

Ces critiques ne sont pas toutes sans fondement quand on prend la mesure des effets de la politique spectacle sur les élections démocratiques. On ne peut plus en effet soutenir en tant que telle la thèse célèbre du *two step flow of communication,* le double étage de la communication, affirmant que l'influence des media est faible, qu'elle est moins importante que la communication interpersonnelle, que seuls les leaders d'opinion sont véritablement exposés à l'action des media. Depuis la formulation de cette théorie datant des années 1940, l'importance des leaders, de la famille, des idéologies, s'est fortement émoussée; dans tous les États démocratiques on assiste à une déstabilisation du

---

1. Roger-Gérard SCHWARTZENBERG, *L'État spectacle*, Paris, Flammarion, 1977.
2. Roland CAYROL, *La Nouvelle Communication politique*, Paris, Larousse, 1986, pp. 10 et 155-156.

comportement des électeurs, les citoyens s'identifient de moins en moins de façon fidèle à un parti, le comportement de l'électeur et celui du consommateur pragmatique et flottant tendent à se rapprocher. Si depuis longtemps on sait que les media réussissent difficilement à ébranler les citoyens convaincus et qu'ils renforcent davantage les opinions qu'ils ne les dérangent, on sait également qu'ils ont un rôle non négligeable sur cette catégorie d'électeurs que sont les hésitants, les individus peu motivés par la vie politique. C'est dans ce créneau que s'exerce à plein le processus de séduction. Un certain nombre d'enquêtes ont révélé qu'au cours d'une campagne électorale il s'opérait de notables modifications d'intention de vote chez les indécis, qu'il y avait basculement des électeurs flottants, ceux-là mêmes qui déterminent l'issue du scrutin final, la victoire ou la défaite aux élections [1]. Dans une société où la part de l'électorat mobile a des chances de grossir, le rôle du marketing politique est appelé à gagner en importance. Loin d'être une manifestation périphérique, la séduction politique réussit d'ores et déjà à peser significativement et problématiquement sur les orientations de la vie politique.

Qu'est-ce qui pousse tant d'analyses à ne voir toujours qu'une des faces des phénomènes? Paradoxalement, la dénonciation de la forme mode dans l'arène politique s'en tient au plus immédiat, au plus superficiel, elle ne voit pas que la séduction contribue dans le même temps à maintenir, à enraciner de façon durable les institutions démocratiques. En adoptant une forme spectaculaire, le discours politique devient moins ennuyeux, moins « étranger », ceux qui ne s'y intéressent pas peuvent y trouver un certain intérêt, fût-il non politique, alimenté par le catch des ténors ou le show de « l'homme dans l'arène ». Les grands duels électoraux, les prestations des leaders dans les différents types d'émissions télévisées en direct sont largement suivis du public; même s'ils sont appréhendés dans l'ordre du jeu et de la distraction, nul doute que le public ne soit, à ces occasions, en situation de réception et d'acquisition d'informations, son niveau de connaissance des diverses positions politiques s'en trouve

1. R. CAYROL, *op. cit.*, pp. 178-180.

accru, même de façon très inégale. Contrairement aux thèses
des pourfendeurs de l'État-spectacle, il n'y a pas à tracer une
ligne de démarcation rigide entre information et divertissement, la forme mode, loin d'être antinomique avec l'ouverture au politique, la rend possible pour une part croissante de
la population. La séduction rend moins rébarbatif le débat
engageant le tout collectif, elle permet au moins aux citoyens
d'écouter, d'être plus informés sur les différents programmes
et critiques des partis. Elle est davantage l'instrument d'une
vie politique démocratique de masse qu'un nouvel opium du
peuple.

Il n'est pas vrai, par ailleurs, que le procès de séduction
tende à neutraliser les contenus, à homogénéiser les discours
politiques. Le programme de la gauche en 1981 était-il
semblable à celui de ses adversaires? Aujourd'hui, même la
politique spectacle n'a nullement empêché les thèses du
Front national d'être défendues sur la scène publique. C'est
dans le pays où le star-system en politique est le plus
développé, aux U.S.A., que s'est déployé le programme
néo-libéral dur que l'on connaît : les talents de « grand
communicateur » de Reagan ne l'ont pas empêché d'être le
symbole d'une autre politique. Si la séduction unifie tendanciellement la communication politique vers plus de
cordialité, de simplicité, de personnalisation, elle laisse subsister le clivage des questions de fond, des possibilités très
larges d'écarts référentiels.

Perversion de la démocratie ou bien actualisation historique d'une de ses voies inscrites dans sa dynamique profonde? En reconnaissant dans la volonté collective la source de
la souveraineté politique, les démocraties entraînent la sécularisation du pouvoir, elles font de l'instance politique une
pure institution humaine dégagée de toute transcendance
divine, de tout caractère sacré. Corrélativement, l'État abandonne les symboles de sa suréminente supériorité sur la société
qu'il n'a cessé depuis toujours d'afficher. L'État, devenu
expression de la société, doit de plus en plus ressembler à
celle-ci, renoncer aux signes, rituels et apparats de sa dissemblance « archaïque ». En ce sens, la politique spectacle ne fait
que prolonger le processus de désacralisation politique engagé
à la fin du XVIIIᵉ siècle. En exhibant leurs hobbies, en

apparaissant en col roulé ou dans des émissions de variétés, les représentants du pouvoir font un pas supplémentaire dans la voie séculaire de résorption de l'altérité de l'État. Le pouvoir n'a plus beaucoup de hauteur, il est fait de la même chair que les hommes, à proximité de leurs goûts et de leurs intérêts quotidiens : non pas « désécularisation culturelle » reconduisant les composantes irrationnelles et affectives sous-jacentes au pouvoir traditionnel [1], mais, au contraire, paroxysme du processus démocratique de la sécularisation politique.

État-spectacle soit. Il reste que l'analogie entre la scène politique contemporaine et le star-system a des limites. Tandis que ce dernier élève des « monstres sacrés », le spectacle politique fait tomber les instances dirigeantes de leur piédestal, il rapproche le pouvoir des hommes. Le star-system produit du rêve, le marketing politique ne cesse de banaliser la scène du pouvoir, de le vider de son aura. Le premier enclenche de l'engouement, le second du désenchantement. Plus il y a de médiapolitique, plus le politique bascule dans le consommable, dans l'indifférence de masse, dans la mobilité flottante des opinions. Plus il y a de séduction, moins il y a de manichéisme et de grandes passions politiques : on écoute avec intérêt ou distraction les émissions politiques, mais ça ne transporte pas les masses, ça décourage plutôt le militantisme fervent, les citoyens sont de moins en moins enclins à investir émotionnellement dans les causes politiques, privées à leurs yeux de grandeur supérieure. Là est la grande efficacité démocratique du nouveau registre communicationnel : incompatible avec l'hystérie agressive, avec l'appel à la violence et à la haine, la politique « légère » favorise l'autodiscipline des discours, la pacification du conflit politique – et ce, quelle que soit la férocité de certains *negative spots* –, le respect des institutions démocratiques. L'humour, les « variétés », le *jeu* publicitaire, minent l'esprit de croisade et d'orthodoxie, ils disqualifient l'autoritarisme, les excommunications, l'exaltation des valeurs de guerre et de révolution. Dans la lutte politique, les têtes d'affiches doivent adopter un ton modéré, les adversaires à la télévision sont contraints d'être détendus et souriants, de

1. R.-G. Schwartzenberg, *op. cit.*, pp. 353-354 (in *Livre de Poche*).

discuter, de se reconnaître. La séduction est instrument de paix
civile et de renforcement de l'ordre démocratique, le spectaculaire ne produit qu'en apparence la domination du passion-
nel ou de l'émotionnel, en vérité, il travaille à dépassionner et
désidéaliser l'espace politique, à l'expurger des tendances aux
guerres saintes. Est-ce donc pathétique si la propagande dure a
été relayée par le *one man show* et la créativité publicitaire?
Faut-il être désespéré de ce que la politique n'invite plus à la
mobilisation militante, n'engendre plus d'effusion de masse?
N'est-ce pas au contraire une condition sans pareille pour la
stabilité des institutions démocratiques et l'alternance légale
du pouvoir? En substituant la séduction au discours de la
guerre, la nouvelle communication ne fait que renforcer
l'hostilité des masses à la violence, elle accompagne la
tendance lourde au *fair play*, au calme, à la tolérance des
sociétés contemporaines. À coup sûr, certaines manifestations
peuvent inquiéter : ainsi les clips politiques dégradent parfois
à l'excès le sens du débat politique et risquent de déséquilibrer
l'égalité des chances des formations dans la compétition
démocratique, du fait de leurs coûts très élevés : une régle-
mentation en la matière est en ce sens hautement souhaitable.
Il reste que, pris globalement, le procès frivole ne menace pas
l'ordre démocratique, il l'assied sur des bases plus sereines,
plus ouvertes, plus larges mais plus lisses.

L'explication de l'essor de la politique séduction n'est
qu'apparemment simple. La réflexion est courte qui n'y voit
que la conséquence du boom de la télévision, des sondages et
de la pub : tout se passe comme si le décor de la scène
politique actuelle se déduisait directement des nouvelles
technologies médiatiques. Mais si le développement de la
télévision, notamment, a joué un rôle à coup sûr déterminant,
tout ne lui est pas dû. Il suffit pour s'en convaincre de
considérer la nature de la communication politique dans les
États totalitaires. En fait, le marketing politique correspond à
l'installation des sociétés démocratiques dans l'ère de la
consommation mode : ce sont les valeurs inhérentes à son
ordre, l'hédonisme, le loisir, le jeu, la personnalité, le
psychologisme, la cordialité, la simplicité, l'humour qui ont
impulsé la restructuration des prestations politiques. La
politique-pub n'est pas un effet strictement médiatique, elle

s'est affirmée parallèlement aux nouveaux codes de la sociabilité démocratique-individualiste. Moins de distance, plus de
cordialité et de détente affichée, comment ne pas voir que ces
transformations sont inséparables de référents culturels portés
par l'âge frivole. La classe politique et les media n'ont fait que
se conformer aux nouvelles aspirations de masse. La mode
achevée a dérigidifié les formes des relations humaines, elle a
impulsé le goût pour le direct, le naturel, le distrayant.
L'intimisme qui traduit l'irruption des valeurs psy dans le
relationnel est également à relier au terminal historique de la
mode, pour autant qu'elle a creusé l'atomisation sociale,
développé les aspirations subjectives, le goût pour la connaissance de soi et le contact. C'est sur la base de ce bouleversement culturel qu'ont pu s'illuminer les *sunlights* de la
démocratie spectacle.

III

CULTURE À LA MODE MEDIA

Tubes en stock

La culture de masse est plus représentative encore du procès de mode que la *fashion* elle-même. Toute la culture mass-médiatique est devenue une formidable machine commandée par la loi du renouvellement accéléré, du succès éphémère, de la séduction, de la différence marginale. À une industrie culturelle s'organisant sous le principe souverain de la nouveauté correspond une consommation exceptionnellement instable, plus que partout y règne l'inconstance et l'imprévisibilité des goûts : dans les années 1950, le temps moyen d'exploitation d'un long métrage était de cinq ans environ, il est maintenant d'un an; le cycle de vie moyen d'un « tube » musical oscille aujourd'hui entre trois et six mois; rares sont les best-sellers dont la durée de vie dépasse un an, et nombre de bouquinistes ne reprennent même plus les ouvrages dont la date de parution excède six mois. Certes quelques séries et feuilletons télévisés ont une longévité remarquable – *Gun Smoke* a duré vingt ans et *Dallas* est programmé depuis 1978 –, mais le phénomène est exceptionnel comparé à la quantité de séries télévisées lancées chaque année aux U.S.A. et dont très peu réussissent à passer le cap des treize premiers épisodes. Il est vrai que, par le truchement des nouveaux moyens de diffusion audiovisuelle, on assiste à l'augmentation de la durée de vie des produits culturels, les films en particulier pouvant être visionnés au choix, indépendamment des sorties et programmations en salles. Mais ce qui vaut pour le cinéma ne vaut pas pour la musique et les livres, chaque mois, un

disque chasse l'autre, un livre un autre livre, l'obsolescence y
règne comme nulle part ailleurs.

Au cœur de la consommation culturelle : l'engouement de
masse. En quelques mois, la vente d'un tube peut atteindre
plusieurs centaines de milliers d'exemplaires et dépasser le
million, des dizaines de disques de platine (un million
d'exemplaires) s'ajoutent aux disques d'or (500 000 exemplaires). En 1984, il y a eu vingt millions d'albums de
Michael Jackson et dix millions d'albums de Prince vendus
dans le monde. Pendant quelques semaines, tout le monde est
fou du même disque, les stations de la F.M. le diffusent dix
fois par jour. Même phénomène pour le cinéma où une sortie
fracassante se mesure en millions d'entrées : au Japon, en
moins de dix semaines, *E.T.* a attiré dix millions de
spectateurs, à Buenos Aires, un spectateur sur quatre s'est
déplacé pour voir ce film de Spielberg. La mode se traduit
exemplairement par l'ampleur de l'engouement, le succès de
masse visible dans les hit-parades, charts et best-sellers.
Engouement culturel qui a ceci de particulier qu'il ne heurte
rien, ne choque aucun tabou. On a voulu analyser l'engouement comme forme subtile de la transgression, comme plaisir
de contrevenir par quelque côté aux normes et aux convenances : point d'engouement, dit-on, qui ne chercherait à enfrein-
dre un interdit de goût ou de mœurs, qui ne se présente
comme « audace »[1]. Si, en effet, divers engouements sont
inséparables d'une certaine charge subversive (minijupe, rock
des débuts, modes avant-gardistes), il est impossible d'y
reconnaître un trait d'essence. Où y a-t-il transgression dans le
vent de folie se portant tantôt sur tel disque de M. Jackson,
tantôt sur tel autre de Madonna ou Sade? L'originalité du
tube est précisément qu'il soulève une folie ne dérangeant, le
plus souvent, aucune institution, aucune valeur, aucun style.
Le tube n'exprime pas le plaisir de perturber, il manifeste de
façon pure la passion tranquille des petites différences sans
désordre, sans risque : l'extase du « changement dans la
continuité ». Émotion instantanée liée à la nouveauté reconnaissable, non forme de la subversion.

1. Olivier BURGELIN, « L'engouement », *Traverses*, n° 3, La mode, pp. 30-
34.

Les industries culturelles se caractérisent par leur aspect hautement aléatoire. En dépit des techniques promotionnelles, nul n'est en mesure de prévoir qui sera classé au sommet des hit-parades. En France, chaque année, dans le monde du disque, seule une vingtaine de titres se vendent à plus de 500 000 exemplaires, les hit-parades ne représentent que 7 % des numéros de variétés : sur 24 000 numéros déposés en trois ans, seulement 320 30 centimètres ont figuré aux hit-parades [1]. On estime qu'aux U.S.A. 70 % des titres musicaux produits chaque année sont déficitaires, les pertes étant compensées par les surprofits réalisés par quelques autres en petit nombre [2]. Le succès des films n'échappe pas non plus à l'aléatoire : pour un film sortant à Paris, le nombre d'entrées varie de moins de 10 000 à deux millions. Même phénomène dans le livre : quelles que soient les difficultés de vérification des données, on estime que, sur cent titres de romans publiés en France, la majorité se vend entre 300 et 400 exemplaires. Cette incertitude consubstantielle au marché culturel a pour effet d'impulser le renouvellement permanent : en multipliant les titres, on prend une assurance contre le risque, on accroît les chances de décrocher un tube ou un best-seller permettant de compenser les pertes effectuées, sur le plus grand nombre : ainsi, un éditeur de disques français réalise 50 % de son chiffre d'affaires avec seulement 3 % de ses titres [3]. Même si les grandes maisons de disques ou de livres ne vivent pas uniquement de « gros coups » (il y a le fond de catalogue, les classiques, etc.), toutes recherchent le tube en multipliant et en renouvelant titres, auteurs, créateurs, toutes les industries culturelles sont agencées par la logique de la mode, par la visée du succès immédiat, par la course aux nouveautés et à la diversité : 9 000 phonogrammes par an en 1970, 12 000 en 1978 en France. Alors même que la vente des disques chutait, le nombre total de phonogrammes présentés au dépôt légal augmentait encore légèrement entre 1978 et 1981. Même si, entre 1950 et 1976, la production U.S. des majors a fortement chuté de 500 à 138 longs métrages par an, celle-ci est à

1. Antoine HENNION, *Les Professionnels du disque*, Paris, A.-M. Métailié, 1981, p. 173.
2. Patrice FLICHY, *Les Industries de l'imaginaire*, P.U.G., 1980, p. 41.
3. *Ibid.*, pp. 41-42.

nouveau en augmentation : le nombre global de films produits est passé de 175 en 1982 à 318 en 1984 et à 515 en 1986. À quoi s'ajoute l'énorme quantité de feuilletons, séries et téléfilms qui se comptent en milliers d'heures de programmes. Toujours du nouveau : pour limiter les risques de lancement des programmes et gagner la guerre des taux d'écoute, on multiplie les essais, on produit en grand nombre des « pilots », épisode-test qu'on diffuse « expérimentalement » sur les écrans aux U.S.A. avant que ne soit prise la décision de produire une série complète : en 1981, 23 programmes aboutis ont été précédés par 85 pilots, 31 pilots ont été lancés pour la saison télévisuelle 1983-1984 à la N.B.C. [1]. Les industries culturelles sont de part en part des industries de mode, le renouvellement accéléré et la diversification y sont des vecteurs stratégiques.

Pour s'assurer contre les aléas inhérents à la demande, les industries culturelles poussent à la hausse leur budget de promotion et de publicité. Dans ce domaine, l'édition du livre, du moins en France, est encore en retard, mais aux U.S.A., pour lancer un livre tel que *Princesse Daisy* de Judith Krantz, vendu à plus de six millions d'exemplaires, les frais de promotion ont été évalués à plus de 200 000 dollars. Ailleurs les dépenses publicitaires sont partout en augmentation. Le lancement d'un disque de variété coûte souvent aussi cher, parfois plus cher, que sa production, et la tendance ne fera que s'accentuer avec le développement des vidéo-clips. Un album en France coûte aujourd'hui entre 250 et 450 000 francs à l'enregistrement, mais le prix d'un clip qui assure sa promotion peut varier entre 100 000 et 400 000 francs, le coût de *Thriller* s'est élevé à 500 000 dollars [2]. Si le budget moyen d'un film américain est estimé maintenant à 10 millions de dollars (avant post-production), les dépenses publicitaires s'élèvent à elles seules à 6 millions. *Star Treck* a coûté 45 millions de dollars plus un budget de lancement de 9 millions de dollars. *Midnight express* a coûté

1. Armand MATTELART, Xavier DELCOURT, Michèle MATTELART, *La Culture contre la démocratie ? L'audiovisuel à l'heure transnationale*, Paris, La Découverte, 1983, p. 176.

2. José FERRÉ, « Transnational et transtechnologique », *Autrement*, n° 58, Show-biz, 1984, p. 78.

3,2 millions de dollars, ses dépenses de publicité se sont
élevées à 8,4 millions de dollars. On peut considérer d'autre
part que dans les frais de production entrent en fait déjà des
sommes inhérentes à la promotion puisque y sont intégrés les
cachets des vedettes. L'inflation des budgets de marketing est
parallèle à la spirale des cachets des stars. Paradoxe : au
moment où les grandes stars s'éclipsent, les cachets qu'elles
perçoivent montent aux extrêmes : Sean Connery qui avait
touché 17 000 dollars en 1962 pour *James Bond contre docteur
No* a reçu 2 millions de dollars pour *Cuba*; Marlon Brando a
reçu 3,5 millions de dollars pour dix jours de tournage dans
Superman, Steve McQueen exigeait, à la fin des années 1970,
5 millions de dollars par film. Plus que toute autre, les
industries culturelles sont tributaires de la forme mode, de la
pub, des différents vecteurs de séduction et de promotion.
L'excroissance même des budgets a un effet de séduction : le
fait qu'un film ou un clip soit le plus cher devient argument
publicitaire, haute définition du produit, facteur de vente et
de succès.

Les nouvelles stratégies dites « multi-media » permettent
non seulement de répartir sur différentes filiales les risques très
élevés inhérents au marché culturel, mais également de
promouvoir des produits à vocation multi-media. Ainsi les
conglomérats multi-media s'organisent-ils de telle sorte que la
croissance d'une activité bénéficie aux autres : un film a succès
conduit à un programme télévisé, d'un livre on tire un film ou
une série, les B.D. donnent naissance à des films : « Les
personnages des bandes dessinées Warner se retrouvent dans
de nombreux films, à commencer par les trois films de
Superman qui ont en retour engendré de nouveaux produits
Superman, dont un jeu Atari, des poupées fabriquées par
Knickerbocker Toys et le franchissage du logo "Superman"
par Warner's Licensing Corporation of America » [1]. On
voit se multiplier des opérations de lancement multi-
media : il s'agit de sortir simultanément un film, un disque,
un livre, un jouet de même famille, chacun d'entre eux
bénéficiant du succès des autres. Le livre qui est sorti à la suite

1. Cité par Bernard GUILLOU, « La diversification des entreprises de communication : approches stratégiques et organisationnelles », *Réseaux*, n° 14, 1985,
p. 21 (hors commerce).

d'*Holocauste* aux U.S.A. a été vendu à plus d'un million et demi d'exemplaires, et le disque tiré du film *La Fièvre du samedi soir* s'est vendu à 30 millions d'exemplaires [1]. Chaque produit amplifie le phénomène de notoriété, chacun relançant les autres, faisant rebondir l'engouement de l'heure. On n'attend plus qu'un personnage devienne célèbre (Mickey par exemple) pour en tirer des produits dérivés, on accompagne aussitôt la sortie d'un film ou d'un dessin animé par des jouets et vêtements produits sous licence : le dessin animé *D' Slump* a donné naissance en six mois à 8 000 produits dérivés différents; les jeux, poupées, publications tirés de la série *Marco Polo* ont rapporté à la R.A.I. près de 1,4 milliard de lires [2]; en France, les jouets produits sous licence représentaient déjà 11 % du chiffre d'affaires de tout le secteur en 1985. Avec les opérations multi-media, une certaine « rationalisation » de la mode est à l'œuvre : non parce que les modes seraient désormais dirigées et contrôlées de bout en bout — ce qui n'a aucun sens —, mais parce que chaque production fonctionne comme publicité pour une autre, tout est « récupéré » de façon synergique pour amplifier et accélérer le phénomène du succès.

Culture clip

La contrainte de renouvellement propre aux industries culturelles n'a, bien entendu, rien à voir avec la « tradition du nouveau » caractéristique de l'art moderne. À la différence de la radicalité avant-gardiste, le produit culturel se moule dans des formules déjà éprouvées, il est inséparable de la répétition de contenus, de structures, de styles déjà existants. La culture industrielle, disait bien Edgar Morin, réalise la synthèse de l'original et du standard, de l'individuel et du stéréotype [3], conformément, au fond, au système de la mode en tant qu'aventure sans risque, variation sur le style d'une époque, logique des petits écarts. Le produit présente toujours une individualité, mais encadrée dans des schémas typiques. Au

1. P. FLICHY, *op. cit.*, p. 196.
2. A. MATTELART..., *op. cit.*, p. 179.
3. Edgard MORIN, *L'Esprit du temps*, Paris, Grasset, t. I, 1962, pp. 32-37.

lieu de la subversion avant-gardiste, la nouveauté dans le
cliché, un mixte de forme canoniale et d'inédit. À coup sûr,
certaines œuvres réussissent à sortir des sentiers battus et à
innover, mais la règle générale est à la variation minime dans
l'ordre connu : cent westerns développent la même trame du
hors-la-loi et du justicier, cent « policiers » mettent en scène
les mêmes affrontements dans la ville, avec chaque fois des
petites différences déterminant le succès ou l'insuccès du
produit. *Dynastie* reprend autrement *Dallas,* chaque épisode
de série policière ou de saga familiale est l'exploitation d'un
style reconnaissable, d'une formule inchangée et répétitive,
définissant l'image de marque de la série. Comme dans le
vêtement ou dans la publicité, la nouveauté est la loi à la
condition de ne pas heurter de front le public, de ne pas
déranger les habitudes et les attentes, d'être immédiatement
lisible et compréhensible par le plus grand nombre. Il faut
éviter le complexe, présenter des histoires et des personnages
aussitôt identifiables, offrir des produits à interprétation
minimale. Aujourd'hui, les séries télévisées vont très loin pour
obtenir une compréhension maximale, sans effort : les dialo-
gues sont élémentaires, les sentiments sont exprimés-redoublés
de façon appuyée par les mimiques des visages et la musique
d'accompagnement. La culture de masse est une culture de
consommation, tout entière fabriquée pour le plaisir immédiat
et la récréation de l'esprit, sa séduction tient en partie à la
simplicité qu'elle déploie.

En travaillant à réduire la polysémie, en visant le grand
public, en lançant sur le marché des produits *fast food,* les
industries culturelles instituent dans la sphère du spectacle le
primat de l'axe temporel propre à la mode : le présent. À
l'instar de la *fashion,* la culture de masse est de part en part
tournée vers le *présent* et ce, triplement. D'abord, parce que sa
finalité explicite réside avant tout dans le loisir immédiat des
particuliers; il s'agit de divertir, non d'éduquer, d'élever
l'esprit, d'inculquer des valeurs supérieures. Même si des
contenus idéologiques, évidemment, transparaissent, ils sont
secondaires par rapport à cette visée distractive. Ensuite, parce
qu'elle reconvertit toutes les attitudes, et tous les discours dans
le code de la modernité. Pour la culture industrielle, le présent
historique est mesure de toutes choses, elle ne craindra pas

l'adaptation libre, l'anachronisme, la transplantation du passé dans le présent, le recyclage de l'ancien en termes modernes. Enfin, parce qu'elle est une culture sans trace, sans futur, sans prolongement subjectif important, elle est faite pour exister dans le présent vivant. Comme les rêves et le mot d'esprit, la culture de masse, pour l'essentiel, retentit ici et maintenant, sa temporalité dominante est celle-là même qui gouverne la mode.

On voit le fossé qui nous sépare des temps antérieurs. Pendant une grande partie du parcours de l'humanité, les œuvres supérieures de l'esprit se sont constituées sous l'autorité esthétique des anciens, elles s'édifiaient en vue de la glorification de l'au-delà, des souverains et des puissants, elles étaient tournées avant tout vers le passé et le futur. Depuis au moins la Renaissance, les œuvres ont certes suscité des engouements de mode; dans les cours et salons, différents thèmes et styles ont pu faire fureur; des auteurs et des artistes ont pu jouir d'un très grand succès. Les œuvres n'en étaient pas moins étrangères, par leur orientation temporelle, au système de la mode et à sa soif inextinguible de renouvellement. Le respect des règles du passé, l'exigence d'un sens profond, la recherche d'une beauté sublime, la prétention au chef-d'œuvre ont disqualifié, en tout cas limité la fuite en avant du changement et la vitesse de la désuétude. Lorsque l'art avait charge de louer le sacré et la hiérarchie, l'axe temporel des œuvres était bien davantage l'avenir que le présent éphémère : il fallait témoigner de la gloire éternelle de Dieu, de la grandeur d'une lignée ou d'un règne, offrir une hymne grandiose, un signe immortel de magnificence en vue de la postérité. Fidèle aux leçons du passé et tournée vers l'avenir, la culture a échappé structurellement à la production de mode et au culte du présent. L'ordre subjectif des motivations a œuvré dans le même sens : écrivains et artistes ont visé jusqu'à ces derniers temps l'éternité, l'immortalité, la gloire non éphémère. Quel que soit le succès connu et recherché, les créateurs aspiraient à former des œuvres durables au-delà de l'approbation instable des contemporains. Pétrarque soutenait que la gloire ne commençait vraiment qu'après la mort, beaucoup plus près de nous, Mallarmé, Valéry, Proust tenaient en mépris l'actualité et trouvaient naturel de rester inconnus jusqu'à un âge avancé. La mode est alors extérieure à l'agencement des œuvres; elle peut l'accompagner, elle n'en constitue pas le principe organisateur. La culture industrielle, au contraire, s'installe de plain-pied dans le périssable; elle s'épuise dans la quête forcenée du succès immédiat, son critère ultime est la courbe des ventes et la masse de l'audience. Cela n'interdit pas la réalisation d'œuvres « immortelles », mais la tendance globale est autre, elle marche à l'obsolescence intégrée, au vertige du présent sans regard pour le lendemain.

Cette primauté du présent apparaît désormais jusque dans l'architecture rythmique des produits culturels dominés de plus en plus par l'extase de la célérité et de l'immédiateté. Partout, le rythme précipité publicitaire l'emporte, la production télévisuelle, américaine en particulier, s'agence au travers du code souverain de la vitesse. Surtout pas de lenteur, de temps mort, il doit toujours se passer quelque chose sur l'écran électronique, maximum d'effets visuels, harcèlement de l'œil et de l'oreille, beaucoup d'événements, peu d'intériorité. À une culture du récit se substitue en quelque sorte une culture de mouvement, à une culture lyrique ou mélodique se substitue une culture cinématique construite sur le choc et le déluge d'images, sur la recherche de la sensation immédiate, sur l'émotion de la cadence syncopée. Culture rock et pub : depuis les années 1950, le rock a ébranlé les sucreries crooner, maintenant les séries et feuilletons américains font une chasse impitoyable aux lenteurs [1] : dans les histoires policières (*Starsky et Hutch, Miami Vice*), dans les drames intimes et professionnels des sagas familiales, tout s'accélère, tout se passe comme si le temps médiatique n'était plus qu'une succession d'instants en compétition les uns avec les autres. Le vidéo-clip musical ne fait qu'incarner la pointe extrême de cette culture express. Il ne s'agit plus d'évoquer un univers irréel ou d'illustrer un texte musical, il s'agit de surexciter le défilé d'images, changer pour changer de plus en plus vite avec de plus en plus d'imprévisibilité et de combinaisons arbitraires et extravagantes : on en est maintenant au taux d'I.P.M. (idées par minute) et à la séduction

---

1. A. MATTELART..., *op. cit.*, p. 180.

seconde. Dans le clip, chaque image vaut au présent, seules comptent la stimulation et la surprise qu'elle provoque, il n'y a plus qu'une accumulation disparate et précipitée d'impacts sensoriels dessinant un surréalisme *in* en technicolor. Le clip représente l'expression ultime de la création publicitaire et de son culte de la surface : la forme mode a conquis l'image et le temps médiatique, la force de frappe rythmique met fin à l'univers de la profondeur et à la rêverie éveillée, ne reste qu'une stimulation pure, sans mémoire, une réception mode.

Pourquoi dès lors continuer à mettre en avant, au sujet des programmes de masse, la fonction idéologique de « *consensus national et mondial* »[1] alors qu'ils ne font que mettre en circulation temporaire et *transporter nulle part* : après l'âge de l'adoration contemplative, celle de la défonce vidéo, on n'y absorbe pas des contenus, on vide les siens, on s'éclate dans l'excès des images, dans l'ivresse de la bande image survoltée, pour rien, dans le seul plaisir du changement sur place comme un stock-car mental. Même dans les *soaps operas* construits sur une continuité psychologique et sur une claire identification des personnages, personne n'y croit, il ne reste rien, tout s'agite dans les combinaisons et recombinaisons perpétuelles. La vraisemblance n'est plus un souci dominant, les personnages peuvent changer de visage (comme dans *Dallas* ou *Dynastie*), le drame poursuit sa trajectoire. Le tempo du récit y est très vif, les séquences et les situations les plus contrastées se succèdent sans transition[2]. Ne pas lasser, vite autre chose : l'identification aux personnages ne fonctionne pas, l'inculcation idéologique a été neutralisée, pulvérisée par la *vitesse* même du déroulement de la bande vidéo, le rythme mode des produits télévisuels a court-circuité l'aliénation spectatrice au profit d'une désimplication et d'une distance amusée.

Partout la fièvre du *rush* règne en maître : il en va du *soap opera* comme du porno. Celui-ci également évacue la lenteur au bénéfice du « direct » libidinal, seuls comptent les jeux ponctuels des combinaisons, les imbrications accélérées du sexe. On a remarqué que le porno éliminait tout rituel, toute profondeur, tout sens, ajoutons qu'il est inséparable d'une

1. *Ibid.*, pp. 183-185.
2. Jean BIANCHI, « Dallas, les feuilletons et la télévision populaire », *Réseaux*, n° 12, 1985, p. 22.

temporalité spécifique : fast sex, sexe minute. À la différence
du strip-tease, le film porno ou le *peep show* a peu de
médiations, il fonctionne sur le « tout, tout de suite », la
surexposition d'organes est accompagnée d'une précipitation
soutenue, sorte de rallye de bolides. L'excitation du zoom et
celle du chrono vont ensemble : le porno est une érotique de
l'immédiateté, de l'action opérationnelle et du renouvellement
répétitif, toujours de nouvelles positions, de nouveaux partenaires en vue de la mécanique déchaînée des organes et des
plaisirs. En ce sens, le porno est un clip du sexe comme le clip
est un porno vidéo-musical. Chaque instant doit être rempli
par une nouvelle image, spot libidinal, spot spectaculaire. La
forme mode et sa temporalité discontinue a investi jusqu'au
sexe médiatique.

Stars et idoles

Si la culture de masse est immergée dans la mode c'est tout
autant parce qu'elle gravite autour de figures de charme au
succès prodigieux impulsant des adorations et des engouements extrêmes : stars et idoles. Depuis les années 1910-1920,
le cinéma n'a jamais cessé de fabriquer des stars, ce sont elles
qu'exhibent les placards publicitaires, ce sont elles qui attirent
le public vers les salles obscures, ce sont elles qui ont permis
de relancer l'industrie défaillante du cinéma dans les années
1950. Avec les stars, la forme mode brille de tous ses éclats, la
séduction est au zénith de sa magie.

On a souvent décrit le luxe et la vie frivole des stars : villas
somptueuses, galas, réceptions mondaines, amours éphémères,
vie de plaisirs, toilettes excentriques. On a également souligné
leur rôle dans les phénomènes de mode : elles ont réussi très
tôt à détrôner la prééminence des femmes du monde en
matière d'apparence et s'imposer comme des leaders de mode.
Garbo a diffusé la coupe des cheveux mi-longs, le port du
béret et du tweed ; la vogue du « blond platiné » vient de Jean
Harlow ; Joan Crawford a séduit le public avec ses lèvres
allongées, Marlène Dietrich a fait fureur avec ses sourcils
épilés. Cl. Gable a réussi à démoder le port du tricot de corps
masculin à la suite de *It happened one night*. Les stars ont

suscité des comportements mimétiques en masse, on a largement imité leur maquillage des yeux et des lèvres, leurs mimiques et postures, il y eut même au cours des années 1930 des concours de sosies de M. Dietrich et de Garbo. Plus tard, les coiffures « queue de cheval » ou « choucroute » de B. Bardot, les tenues décontractées de James Dean ou Marlon Brando ont été des modèles dans le vent. Aujourd'hui encore, les jeunes adolescents ont pris modèle sur le look M. Jackson. Foyer de mode, la star est plus encore, en elle-même, figure de mode en tant qu'*être-pour-la-séduction,* quintessence moderne de la séduction. Ce qui la caractérise c'est le charme irremplaçable de son apparaître et le star-system peut se définir comme la fabrique enchantée d'images de séduction. Produit mode, la star doit plaire, la beauté, même si elle n'est ni absolument nécessaire ni suffisante, est un de ses attributs principaux. Une beauté qui exige mise en scène, artifice, refabrication esthétique : les moyens les plus sophistiqués, maquillage, photos et angles de vue étudiés, costumes, chirurgie plastique, massages, sont utilisés pour confectionner l'image incomparable, la séduction envoûtante des étoiles. Comme la mode, la star est construction *artificielle,* et si la mode est esthétisation du vêtement, le star-system est esthétisation de l'acteur, de son visage, de toute son individualité.

Plus encore que la beauté, c'est la *personnalité* qui est l'impératif souverain de la star. Celle-ci rayonne et conquiert le public essentiellement par le type d'homme ou de femme qu'elle réussit à imposer à l'écran : Garbo a incarné la femme inaccessible et hautaine, M. Monroe la femme innocente, sensuelle et vulnérable, C. Deneuve la sensualité glaciale. Cl. Gable a été le type exemplaire de l'homme viril, complice et impudent, Clint Eastwood est identifié à l'homme cynique, efficace, dur. « Montrez-moi une actrice qui ne soit pas une personnalité et je vous montrerai une actrice qui n'est pas une vedette », disait Katharine Hepburn. La star est image de personnalité construite à partir d'un physique et de rôles faits sur mesure, archétype d'individualité stable ou peu changeante que le public retrouve dans tous les films. Le star-system fabrique de la superpersonnalité qui est la griffe ou l'image de marque des divas du grand écran.

Fondée sur le principe d'une identité permanente, la star

n'est-elle pas, du coup, aux antipodes de la mode et de son indéracinable versatilité? Ce serait oublier que la star repose sur les mêmes valeurs que la mode, sur la sacralisation de l'individualité et des apparences. De même que la mode est personnalisation apparente des êtres, de même la star est personnalisation de l'acteur; de même que la mode est mise en scène sophistiquée du corps, de même la star est mise en scène médiatique d'une personnalité. Le « type » que personnifie la star est sa griffe au même titre que le style d'un couturier, la personnalité cinématographique procède d'un artificialisme des surfaces de même essence que la mode. Dans les deux cas, c'est le même effet de personnalisation et d'originalité individuelle qui est visé, c'est le même travail de mise en scène spectaculaire qui les constitue. La star est féerie de la personnalité comme la mode est féerie du paraître, ensemble elles n'existent qu'en raison de la double loi de séduction et de personnalisation des apparences. Tout comme le couturier crée de part en part son modèle, le star-system redéfinit, invente, élabore le profil et les traits des étoiles. Est à l'œuvre le même pouvoir démiurgique-démocratique, la même ambition de tout refabriquer, de tout remodeler sans modèle préétabli pour la plus grande gloire de l'image, de l'artifice, de la personnalité rayonnante.

Pour être le symbole médiatique de la personnalité, la star n'est nullement étrangère au système des petits écarts propre à la mode. Le phénomène est devenu manifeste dans les années 1950 où est apparue toute une série de vedettes féminines incarnant des variations sur le thème de la femme-enfant: l'innocente Marilyn, le petit animal sexuel B.B., la poupée Baker, l'espiègle Audrey Hepburn. Même processus concernant les stars masculines autour du thème du héros jeune, révolté, tourmenté dont M. Brando et J. Dean ont été les prototypes: ont suivi Paul Newman, Antony Perkins, M. Clift, D. Hoffman. Le sacre cinématographique de la personnalité s'accomplit selon le procès de la mode, selon une logique parallèle à celle de la production combinatoire des différences marginales.

Inventées par le cinéma, les grandes vedettes ont envahi très vite l'univers de la chanson et du music-hall. Les chanteurs de charme ont fait se pamer les foules au même titre que les grands noms du cinéma, ils ont attiré les mêmes ferveurs, la même curiosité, la même adoration : Tino Rossi, B. Grosby, Fr. Sinatra, L. Mariano recevaient des milliers de lettres de leurs fans inconditionnels. Avec l'explosion de la musique rock combinée à la révolution du microsillon et du pick-up, le paysage des idoles s'est quelque peu transformé. La multiplication des chanteurs et groupes à succès a enclenché une forte accélération dans la rotation des vedettes. Même si quelques grandes rock stars semblent résister à l'épreuve du temps, le plus grand nombre est entré dans l'ère de la mobilité et de l'obsolescence. En produisant de plus en plus de mini-idoles qui s'éclipsent vite, le show-biz a démocratisé en quelque sorte la scène des étoiles, il les a fait sortir de l'immortalité : moins de cimaise et d'altitude divine, moins d'adulation immuable, les idoles en grand nombre sont descendues de leur Olympe, elles ont été gagnées à leur manière par l'avancée de l'égalité des conditions. Et tandis que les idoles sont annexées par la versatilité de la mode, le look, corrélativement, prend une importance accrue. Le phénomène n'est pas né en un jour : les chanteurs du music-hall ont depuis longtemps cherché à fixer visuellement leur image en exhibant une tenue de scène originale : canotier de Maurice Chevalier, cheveux ébouriffés de Trenet, petite robe noire simple de Piaf. Mais le spectaculaire restait limité, l'image n'instituait pas une véritable rupture avec le quotidien ; qui plus est, elle était stable, quasiment ritualisée pour chaque artiste. Chanteurs en complet-cravate ou chemise entrouverte, le monde visuel du music-hall affichait la respectabilité et la sobriété. Sous la poussée convergente du rock et de la pub, l'image scénique implique à présent, au contraire, la débauche d'originalité, la surenchère des apparences, le renouvellement incessant (Boy George, Prince, Sigue Sigue Sputnik) : non plus le petit signe distinctif, carrément le *mutant*. La prestation visuelle n'est plus un élément décoratif, elle est constitutive du positionnement, de l'identité, de l'originalité des groupes, et prendra sans doute de plus en plus d'importance avec le développement des vidéo-clips. Plus il y a de groupes et de chanteurs, plus s'impose une logique publicitaire totale, plus il y a de différence marginale, plus s'impose la logique de l'effet, de l'impact spectaculaire, de l'innovation mode.

Tandis que le show-business cultive l'hyperthéâtralité, les
stars du cinéma perdent de plus en plus de leur éclat, de leur
pouvoir de fascination. Cette démocratisation de l'image des
vedettes prolonge un processus enclenché depuis un demi-
siècle : à partir des années 1930, les figures des stars ont subi
des transformations significatives les rapprochant davantage
des normes du réel et du quotidien; à la beauté irréelle et
inaccessible des vedettes du muet s'est substitué un type de
stars plus humaines, moins royales, moins marmoréennes [1]. La
vamp immatérielle fait place à une femme plus incarnée et plus
piquante, les héros idéalisés cèdent le pas à des stars aux beautés
moins canoniques mais plus « intéressantes », plus personnalisées. La star plus proche du réel et du spectateur s'épa-
nouit avec le *sex-appeal* des années 1950 (Bardot,
M. Monroe) qui désublime l'image de la femme par un érotisme « naturel ». Sous l'impulsion souterraine du travail de
l'égalité, les stars sortent de leur univers lointain et sacré, leurs
vies privées s'exhibent dans les magazines, leurs attributs érotiques apparaissent sur les écrans et les photos, on les voit sou-
riantes et détendues dans des situations plus profanes, en
famille, en ville, en vacances. Ce courant de désacralisation
d'essence démocratique n'a pas été d'un coup au bout de sa
trajectoire, le cinéma a certes inventé des stars plus réalistes et
moins distantes, mais toujours dotées d'une beauté et d'une
puissance séductrice hors série. Toilettes, photos, mensurations
idéales, générosité mammaire, l'âge d'or du star-system n'a
pas abandonné aussitôt la splendeur de l'excès et la féerie de
l'idéal, il a agencé une formation de compromis : des figures
magiques se détachant ostensiblement du commun et auxquelles, néanmoins, le public peut s'identifier. À présent, tout
indique que le processus « d'humanisation » de la star,
d'érosion de sa dissemblance, est parvenu au final de sa
course. C'est le temps des stars au physique « quelconque »,
elles séduisent non plus parce qu'elles sont extraordinaires,
mais parce qu'elles sont comme nous : « Ce ne sont pas les
gens qui lui ressemblent c'est lui qui ressemble aux gens », ce
propos d'un fan de Jean-Jacques Goldman s'adresse adéqua-
tement à ces nouvelles vedettes à l'apparence « normale »,

1. E. MORIN, *Les Stars* (1957), Paris, Éd. du Seuil, coll. Points, pp. 21-35.

sans particularité ostensible, les Miou-Miou, Isabelle Huppert, Marlène Jobert, Marie-Christine Barrault. Les stars étaient des modèles, elles sont devenues des reflets, on veut des stars « sympa », ultime phase de la dissolution démocratique des hauteurs entraînée par le code de la proximité communicationnelle, de la décontraction, du contact, du psychologisme. Les valeurs psy dans lesquelles nous baignons ont pris les étoiles dans les filets de la grisaille terrestre.

L'univers du spectacle ne cesse de rejoindre la vie, de s'impliquer dans le monde : parallèlement aux nouveaux profils esthétiques des stars, on les voit intervenir en grand nombre pour *Band Aid* ou les *Restaurants du Cœur*. Le phénomène n'exprime pas seulement un essoufflement idéologique collectif, il traduit l'irrépressible démocratisation de la starité. Les idoles ne se contentent plus de s'associer extérieurement aux grandes causes de l'histoire et aux grands choix des élections démocratiques, ils collectent des fonds, créent des associations d'entraide et de charité, ils s'engagent pour les plus déshérités des hommes. Les demi-dieux ont pris leurs bâtons de pèlerins, ils sont revenus parmi les hommes, sensibles aux malheurs des damnés de la terre.

Plus les stars se banalisent, plus elles investissent différents media. Parallèlement aux multi-media, les multi-stars. Là encore le phénomène a des antécédents : depuis longtemps, les vedettes ont utilisé leurs succès au music-hall pour pénétrer le monde du cinéma (Bob Hope, Sinatra, B. Crosby, Montand). Ce phénomène jusqu'alors plutôt exceptionnel est en passe de devenir une règle, on ne compte plus les idoles du show-biz qui se lancent dans le cinéma (J. Hallyday, A. Souchon, Madonna, Tina Turner, Grace Jones), les vedettes de l'écran deviennent chanteurs de variétés (I. Adjani, J. Birkin), ceux-ci prennent la plume (R. Zaraï, Jean-Luc Lahaye) tandis que les stars de télé deviennent romanciers et essayistes (P. Poivre d'Arvor, Fr. de Closets). Les êtres de séduction veulent se délivrer du carcan de l'image et ambitionnent aussi la profondeur. Les stars ne sont plus tout à fait des êtres superficiels, comme tout le monde, elles aspirent à s'exprimer (les autobiographies sont légion), à témoigner, à délivrer des messages. Le succès ouvre la voie à la diversification, il appelle l'utilisation tous azimuts du nom, la meilleure des publicités.

La célébrité ici induit une probabilité de succès ailleurs : on ne peut pas produire un effet de vogue à part entière, on peut *via* les stars amplifier l'audience, se mettre dans les meilleures conditions de succès.

L'énigme des stars tient moins dans leur pouvoir de séduction que dans le culte paroxystique dont elles sont l'objet. Là est la question la plus troublante : comment expliquer les transports émotionnels des fans? Comment en rendre compte dans une société moderne à pente scientifique et technologique? Autrefois, E. Morin y voyait la permanence du sentiment religieux et magique au sein du monde rationaliste [1] : les stars participent du divin, elles sont des demi-dieux avec leurs fidèles aimant sans contrepartie, se disputant ses objets intimes, entrant en délire en sa présence. Non pas repas totémique au sens strict mais son équivalent, l'indigestion de confidences, interviews, indiscrétions se rapportant au dieu. La magie archaïque n'a pas été éliminée, elle resurgit dans l'adoration fétichiste des stars. Religion des stars? Mais dans ce cas, pourquoi cette adulation trouve-t-elle son sol privilégié dans la jeunesse? Pourquoi disparaît-elle si vite avec l'âge? L'éphémérité de cette passion contraint à l'assimiler non à une manifestation du religieux, mais à une *passion de mode,* une toquade temporaire. L'idolâtrie des stars n'est pas de même essence que le religieux, elle n'est qu'une des formes extrêmes de l'*engouement* moderne. À la différence de l'adoration religieuse inséparable d'une organisation symbolique, d'un sens ou d'un contenu transcendant, celle des stars a ceci de particulier qu'elle ne s'attache qu'à une image, elle est extase de l'apparence. Ce qui transporte les fervents n'est ni une qualité humaine, ni un message de salut, c'est le charme d'une image sublimée et esthétisée. Culte de la personnalité, non culte du sacré, culte esthétique, non culte archaïque. Rêverie intime, non mysticisme transcendant.

Il n'y a que continuité formelle et artificielle entre l'amour des dieux et celui des stars, analogie abstraite dissimulant la disparité de deux logiques sans commune mesure. L'*homo religiosus* procède fondamentalement d'une institution symbolique séparant l'ici-bas d'un au-delà fondateur, il implique un

1. *Ibid.,* p. 8 et pp. 94-97.

ordre sacral déterminant des contenus stricts de croyance, des rituels collectifs, des prescriptions impératives. Rien de tel avec l'idolâtrie des stars qui n'est pas une institution sociale, mais l'expression de personnalités dispersées avec tout ce que le phénomène comporte de demandes subjectives, fantasmes et délires, comportements aberrants, incontrôlables, imprévisibles. Derrière l'hystérie collective, il y a le mouvement erratique des individualités; au-delà du mimétisme de l'idole, il y a les aspirations et rêveries incomparables des personnes, révélées notamment par les lettres des admirateurs. Loin d'être un comportement archaïque, le culte des stars est typiquement un fait moderne *individualiste* reposant sur le mouvement à l'état libre des individus : aucun dogme, aucun corps de croyance instituée, aucun rituel obligé, rien que le déchaînement des passions amoureuses et fantasmatiques des sujets individuels.

On ne voit qu'une partie du phénomène en parlant de forme aiguë d'aliénation et de dépendance. En réalité, par la voie de l'adulation des stars, de nouveaux comportements peuvent faire leur apparition, les jeunes conquièrent une part, aussi minime soit-elle, d'autonomie, en se délivrant d'un certain nombre d'emprises culturelles, en imitant de nouvelles attitudes, en se dégageant de l'influence de leurs milieux d'appartenance. Inconditionnel de l'idole, le fan révèle par là même un goût personnel, une préférence subjective, il affirme une individualité par rapport à son environnement familial et social. Manifestation de l'hétéronomie des êtres, le culte des stars est paradoxalement tremplin d'autonomisation individuelle des jeunes. Avoir une idole : manière pour eux de témoigner, dans l'ambiguïté, de leur individualité propre, manière d'accéder à une forme d'identité subjective et de groupe. Si le phénomène se manifeste chez les jeunes c'est qu'à cet âge les goûts et les préférences esthétiques sont les moyens principaux d'affirmation de la personnalité. Le culte des stars, au moins pendant l'âge d'or du cinéma, a été un phénomène principalement féminin : dans les années 1940, 80 % environ des fans étaient de sexe féminin. Nul doute que ce ne soit pour les mêmes raisons, les jeunes filles ayant, dans une société « phallocratique », beaucoup moins de moyens que les garçons pour imposer leur indépendance. La dévotion aux stars a

été pour des générations de jeunes filles une façon de créer un
continent à elles, d'ouvrir leur horizon intime, d'accéder à de
nouveaux modèles de comportement.

Tout laisse à penser que cette différence entre les sexes est
en voie de se résorber dans la foulée de la libéralisation des
mœurs et de l'émancipation féminine. À présent, le culte des
stars se caractérise moins par l'identité sexuelle des admirateurs que par l'âge de plus en plus précoce où il se manifeste :
la fièvre pour M. Jackson a gagné, ces dernières années, les
enfants de dix ans. Comment s'en étonner dans une société où
l'autorité familiale décroît et où l'éducation repose sur le code
du dialogue et de la communication. Dans cet environnement
social, les désirs d'indépendance apparaissent de plus en plus
tôt avec de plus en plus d'impatience. En affichant des goûts
et préférences en vigueur dans le groupe des jeunes, les enfants
et jeunes adolescents mettent en branle la dynamique de
l'autonomisation individuelle, le processus de la séparation
subjective, la conquête de critères à soi, fussent-ils ceux du *peer
group*.

L'idolâtrie des stars n'est pas une drogue de masse, elle ne
s'explique pas à partir de la « misère du besoin », de la vie
morne et anonyme des cités modernes [1]. Pourquoi dès lors ne
se diffuse-t-elle pas chez les adultes? Pour autant que le
phénomène est inséparable de la quête de l'identité et de
l'autonomie privée, il ne peut apparaître que dans l'univers
démocratique là où se sont opérées la dissolution de l'ordre
hiérarchique-inégalitaire et la désagrégation individualiste du
tissu social. Point de stars dans un monde où les places et les
rôles sont fixés d'avance selon un ordre préétabli depuis
toujours. L'inégalité entre le fan et la star n'est pas celle qui lie
le fidèle à Dieu, elle est celle liée à la révolution démocratique, où tous les êtres, détachés, libres, peuvent se reconnaître
les uns dans les autres, où l'on veut tout connaître de
l'intimité quotidienne de l'autre, où l'on peut exprimer son
amour sans barrière ni retenue, par-delà les différences d'âge,
de positions sociales, de célébrité. C'est parce qu'il n'y a plus
de formes réglées de coappartenance entre les êtres que la
passion amoureuse peut prendre une intensité débridée, c'est

1. *Ibid.*, p. 91.

parce qu'il n'y a plus d'inégalité substantielle entre les individus que s'ouvre la possibilité d'une adoration où l'être le plus admiré est en même temps un confident, un grand frère, un directeur de conscience, un amant souhaité, où le prestige mythique n'exclut pas le désir de connaître les détails de la vie intime et la proximité-spontanéité des contacts. La passion amoureuse dégagée de tout code social impératif peut investir les figures les plus distantes, sans règle, selon les impulsions variables de chacun. À la racine de la « liturgie stellaire », il y a plus que la magie du star-system, plus que le besoin anthropologique de rêves et d'identifications imaginaires, il y a la dynamique de l'égalité démocratique ayant libéré le sentiment amoureux de tout cadre rituel.

Les media crèvent l'écran

Nul doute que le formidable succès remporté par les diverses manifestations de la culture médiatique ne soit à mettre au compte de sa capacité à offrir un univers de dépaysement, de loisir, d'oubli, de rêve. D'innombrables études empiriques ont pu ainsi, sans grand risque, souligner que l'*évasion* était le besoin primordial sous-tendant la consommation culturelle. Chez des sociologues comme Lazarfeld ou Merton et plus encore chez des philosophes comme Marcuse ou Debord, la culture d'évasion est devenue un nouvel opium du peuple ayant charge de faire oublier la misère et la monotonie de la vie quotidienne. En réponse à l'aliénation généralisée, l'imaginaire industriel étourdissant et récréatif. En accroissant la parcellisation des tâches et la nucléarisation du social, la logique bureaucratique-technocratique engendre la passivité et la déqualification professionnelle, l'ennui et l'irresponsabilité, la solitude et la frustration chronique des particuliers. La culture mass-médiatique pousse sur ce terrain, elle a le pouvoir de faire oublier le réel, d'entrouvrir le champ illimité des projections et identifications. Nous consommons en spectacle ce que la vie réelle nous refuse : du sexe parce que nous en sommes frustrés, de l'aventure parce que rien de palpitant n'agite nos existences au jour le jour; une ample littérature sociologique et philosophi-

que a développé à satiété cette problématique de l'aliénation
et de la *compensation*. Encourageant les attitudes passives,
émoussant les facultés d'initiative et de création, décourageant
les activités militantes, la culture de masse ne fait qu'élargir la
sphère de la dépossession subjective, agir comme instrument
d'intégration au système bureaucratique et capitaliste.

Si la culture de masse est à coup sûr largement destinée à
satisfaire le besoin d'évasion des individus, qu'en est-il de ses
effets sur le plus long terme? En analysant la culture
médiatique comme moyen de distraction, on fait comme si
tout s'effaçait une fois le rêve achevé, comme si le phénomène
ne laissait aucune trace et ne transformait pas les comportements et les coordonnées du public. Ce n'est évidemment pas
le cas. Par-delà ses évidentes satisfactions psychologiques, la
culture de masse a eu une fonction historique déterminante :
réorienter les attitudes individuelles et collectives, diffuser de
nouveaux standards de vie. Impossible de comprendre l'attraction de la culture de masse sans prendre en considération
les nouveaux référents idéologiques, les nouveaux modèles
existentiels qu'elle a réussi à diffuser dans toutes les couches
sociales. Sur ce point, les analyses célèbres d'E. Morin sont
parfaitement éclairantes et justes : la culture de masse, dès les
années 1920 et 1930, a fonctionné comme agent d'accélération dans le dépérissement des valeurs traditionalistes et
rigoristes, elle a désagrégé les formes de comportements
héritées du passé en proposant de nouveaux idéaux, de
nouveaux styles de vie fondés sur l'accomplissement intime, le
divertissement, la consommation, l'amour. Au travers des
stars et de l'érotisme, des sports et de la presse féminine, des
jeux et des variétés, la culture de masse a exalté la vie de loisir,
le bonheur et le bien-être individuels, elle a promu une
éthique ludique et consommative de la vie [1]. Les thèmes
centraux de la culture de masse ont puissamment aidé à
l'affirmation d'une nouvelle figure de l'individualité moderne
absorbée par son accomplissement privé et son bien-être. En
proposant, sous des formes multiples, des modèles d'autoréa-
lisation existentielle et des mythes centrés sur la vie privée, la
culture de masse a été un vecteur essentiel de l'individualisme

1. E. MORIN, *L'Esprit du temps, op. cit.*

contemporain aux côtés et même antérieurement à la révolution des besoins.

Mais comment entendre cet individualisme? Il est remarquable qu'aussitôt l'enjeu de la question souligné, la pensée la
plus accueillante à la culture de masse ait en même temps
renoué avec la problématique du négatif, avec l'aliénation et
la consolation des consciences. La culture de masse ne travaille
qu'à produire une pseudo-individualité, elle rend « fictive une
partie de la vie de ses consommateurs. Elle fantomalise le
spectateur, projette son esprit dans la pluralité des univers
imagés ou imaginaires, fait essaimer son âme dans les
innombrables doubles qui vivent pour lui... D'une part, la
culture de masse nourrit la vie, d'autre part, elle atrophie la
vie » [1]. Son œuvre est « hypnotique », elle ne sacralise
l'individu qu'en fiction, elle magnifie le bonheur tout en
déréalisant les existences concrètes, elle fait « vivre par
procuration imaginaire ». C'est un individualisme « somnam-
bulique » qui surgit, dépossédé de lui-même par les figures
enchantées de l'imaginaire. Les standards individualistes sont
en grande partie une mystification, ils ne font que prolonger
autrement les consolations de l'opium du peuple. Du même
coup s'est trouvée occultée l'œuvre réelle de la culture de
masse rapportée à la longue durée des démocraties, sa
contribution paradoxale, mais effective à l'essor de l'autonomie subjective. Par le biais de la mythologie du bonheur, de
l'amour, du loisir, la culture mode a permis de généraliser les
désirs d'affirmation de soi et d'indépendance individuelle. Les
héros du *self-made-man,* les histoires d'amour en photo-
romans ou sur l'écran, les modèles émancipés des stars ont
enclenché de nouveaux repères pour les individus les stimulant à vivre davantage pour eux-mêmes, à se détacher des
normes traditionalistes, à se rapporter à eux-mêmes dans le
gouvernement de leurs existences.Toute la culture de masse a
travaillé dans le même sens que les stars : un extraordinaire
moyen de détacher les êtres de leur enracinement culturel et
familial, de promouvoir un Ego disposant plus de lui-même.
Par le biais de l'évasion imaginaire, la culture frivole a été une
pièce dans la conquête de l'*autonomie privée* moderne : moins

1. *Ibid.*, p. 238.

d'imposition collective, davantage de modèles identificatoires
et de possibilités d'orientations personnelles, la culture médiatique n'a pas fait que diffuser les valeurs de l'univers
petit-bourgeois, elle a été un vecteur de la révolution
démocratique individualiste. On ne peut qu'insister : le
superficiel ne se réduit pas à ses effets manifestes, il y a une
positivité historique des artifices, la mode achevée délivre les
individus des normes sociales homogènes et contraignantes
plus qu'elle ne les assujettit à son ordre euphorique.

Mais déjà apparaît une nouvelle phase : l'impact de la
culture industrielle n'est plus ce qu'il a été, on ne peut plus le
concevoir sur le modèle de ce qui s'est produit à partir des
années 1930. Pendant tout cet âge d'or, la culture de masse
s'est imposée avec éclat à une société très largement attachée à
des principes traditionalistes, à des normes puritaines ou
conformistes. Du fait même de cette disjonction, elle a eu un
rôle considérable d'acculturation moderniste, de restructuration des comportements. À présent, ce fossé est *grosso modo*
comblé, la société qui a massivement assimilé les normes jadis
sublimées par le cinéma n'est plus subjuguée par une culture
différente. Depuis les années 1960, la culture de masse
reproduit davantage les valeurs dominantes qu'elle n'en
propose de nouvelles; hier, elle anticipait l'esprit du temps,
elle était « en avance » sur les mœurs; aujourd'hui, elle ne fait
plus que les suivre ou les accompagner, elle n'offre plus de
pôles d'identification en rupture. Les standards de vie exhibés
par la culture médiatique sont ceux-là mêmes qui sont en
vigueur dans le quotidien : conflit du couple, drame familial,
drogue, problèmes de l'âge, de la sécurité, de la violence, les
figures de l'imaginaire industriel ne proposent plus rien
d'absolument neuf. Tout au plus grossissent-elles ce que nous
voyons chaque jour autour de nous. Certes, la fiction demeure
avec ses univers hyper-spectaculaires ou insolites, mais cette
distance d'avec le commun ne doit pas cacher que la
thématique et les mythes véhiculés sont davantage l'écho de la
société qu'ils n'en précèdent l'irruption. Au lieu d'initier à un
nouveau style de vie il n'y a que renforcement de la quête
individualiste présente à toutes les hauteurs du corps social.
Voyez *Dallas* : tout en un sens nous sépare de l'univers de
l'homme ordinaire (grandes affaires, *jet society,* luxe), tout

d'un autre côté rappelle les soucis et les problèmes de chacun (éclatement des couples, drame du divorce, désir de se réaliser). La culture influe encore sur les goûts esthétiques, en musique par exemple, mais peu sur les valeurs, les attitudes, les comportements des individus, elle rejoint de plus en plus son essence mode, d'être une culture superficielle sans conséquence. Si elle continue d'accélérer le procès d'individualisation c'est moins par sa thématique propre que par son cocktail de choix et de diversités : toujours plus de styles musicaux, de groupes, de films, de séries, cela ne peut que susciter davantage de petites différenciations, de possibilités d'affirmer des préférences plus ou moins personnalisées. Mais, pour l'essentiel, c'est ailleurs que s'accomplit la dynamique de la subjectivisation des personnes.

C'est désormais l'*information* qui a pris le relais, c'est elle qui produit les effets culturels et psychologiques les plus significatifs, elle s'est globalement substituée aux œuvres de fiction dans la marche en avant de la socialisation démocratique individualiste. Les magazines d'information, les débats et enquêtes ont davantage de répercussions sur les consciences que tous les succès du *box-office*. *Psy show* ou *Ambitions* invitent à davantage de redéploiement subjectif que toutes les heures passées devant les œuvres de l'imaginaire industriel. Certes, depuis longtemps, l'information, par le truchement de la presse écrite et de la radio, n'a pas manqué d'ouvrir le champ de vue des individus, mais avec le développement de la télévision, le phénomène a pris une ampleur incomparable. En transmettant en permanence les informations les plus variées sur la vie en société, de la politique à la sexualité, de la diététique au sport, de l'économie à la psychologie, de la médecine aux innovations technologiques, du théâtre aux groupes rock, les media sont devenus de formidables instruments à former et intégrer les individus. Impossible de séparer le boom de l'individualisme contemporain de celui des media : avec le foisonnement des informations multi-services et les connaissances qu'elles livrent sur d'autres univers, d'autres mentalités, d'autres pensées, d'autres pratiques, les individus sont conduits inéluctablement à « se positionner » par rapport à ce qu'ils voient, à réviser plus ou moins vite les opinions reçues, à faire des comparaisons entre ici et ailleurs, eux-mêmes et les autres, l'avant et l'après. Les reportages, les débats télévisés, les actualités font connaître sur les questions les plus diverses différents points de vue, différents éclairages, ils contribuent à individualiser les opinions, à diversifier les modèles et les valeurs de référence, à ébranler les cadres communs traditionnels, à être moins tributaire d'une culture une et identique. Comme un zoom permanent, l'information dans les démocraties affranchit les esprits des limites de leur monde particulier, elle est machine à mettre en mouvement les consciences, à démultiplier les occasions de la *comparaison* dont on sait, depuis Rousseau, le rôle primordial qu'elle joue dans le développement de la raison individuelle.

Quel que soit le côté *digest* de l'information, quelle que soit sa dimension distractive, il est impossible de continuer à affirmer que par son biais « le raisonnement tend à se transformer en consommation », « que la consommation de la culture de masse ne laisse aucune trace et procure ce genre d'expériences dont les effets ne sont pas cumulatifs mais régressifs » [1]. Le réflexe élitiste-intellectualiste est ici manifeste : ce qui amuse ne saurait éduquer l'esprit, ce qui distrait ne peut que déclencher des attitudes stéréotypées, ce qui est consommé ne peut que contrecarrer la communication rationnelle, ce qui séduit la masse ne peut qu'engendrer des opinions irrationnelles, ce qui est facile et programmé ne peut que produire de l'assentiment passif. Contresens radical : l'univers de l'information conduit massivement à secouer les idées reçues, à faire lire, à développer l'usage critique de la raison, il est machine à complexifier les coordonnées de la pensée, à susciter de la demande d'argumentations, fût-ce dans un cadre simple, direct, peu systématique. Il faut opérer une révision de fond : la consommation médiatique n'est pas le fossoyeur de la raison, le spectaculaire n'abolit pas la formation de l'opinion critique, le *show* de l'information poursuit la trajectoire des Lumières.

C'est encore autrement que l'information collabore à l'essor de l'individualisme. On parle beaucoup du « village planétaire », de la contraction du globe provoquée par les media ; il

1. Jürgen HABERMAS, *L'Espace public*, trad. franç. Paris, Payot, 1978, p. 169 et p. 174.

faudrait ajouter que dans le même temps ils sont un formidable instrument de surinvestissement du Moi. Les media nous tiennent au courant des multiples menaces qui nous entourent, ils nous informent sur le cancer, l'alcoolisme, les maladies sexuellement transmissibles et autres, ils sont des caisses de résonance des différents dangers qui nous guettent sur les routes, sur les plages, dans les contacts, ils signalent les précautions à prendre pour garder la forme et assurer sa sécurité. Tous ces flots d'informations ont des effets centripètes, ils poussent les individus à mieux s'observer, à gérer « rationnellement » leur corps, leur beauté, leur santé, à veiller plus attentivement sur eux-mêmes, alertés qu'ils sont par la tonalité inquiétante, parfois catastrophique des émissions. Plus les individus sont informés, plus ils prennent en charge leur propre existence, plus l'Ego est objet de soins, d'autosollicitudes, de préventions. Même lorsqu'ils s'emploient à ne pas dramatiser, les media produisent de l'inquiétude et de l'angoisse diffuse, source de préoccupations narcissiques. Alors même qu'ils inquiètent sous perfusion, les media travaillent à déculpabiliser de nombreux comportements (drogués, femmes violées, impuissance sexuelle, alcoolisme, etc.) : tout y est montré, tout y est dit, mais sans jugement normatif, davantage comme faits à enregistrer et à comprendre qu'à condamner. Les media exhibent à peu près tout et jugent peu, ils contribuent à agencer le nouveau profil de l'individualisme narcissique anxieux mais tolérant, à la moralité ouverte, au Surmoi faible ou fluctuant.

Dans nombre de domaines, les media ont réussi à se substituer à l'Église, à l'école, à la famille, aux partis, aux syndicats comme instances de socialisation et de transmission de savoir. C'est de plus en plus par les media que nous apprenons le cours du monde, ce sont eux qui nous livrent les données nouvelles aptes à nous adapter à notre environnement changeant. La socialisation des êtres par le truchement de la tradition, de la religion, de la morale, cède de plus en plus de terrain à l'action de l'information médiatique et des images. Nous sommes sortis définitivement de ce que Nietzsche appelait « la moralité des mœurs » : la domestication cruelle et tyrannique de l'homme par l'homme, à l'œuvre depuis le fond des âges, de même que l'instruction disciplinaire ont été remplacées par un type de socialisation tout à fait inédit, *soft,* pluriel, non coercitif, fonctionnant au choix, à l'actualité, au plaisir des images.

L'information a ceci de particulier qu'elle individualise les consciences et dissémine le corps social par ses innombrables contenus, tandis que, par ailleurs, elle travaille en quelque sorte à l'homogénéiser par la « forme » même du langage médiatique. Sous son action notamment, les systèmes idéologiques lourds ne cessent de perdre de leur autorité, l'information est un agent déterminant dans le processus de désaffection des grands systèmes de sens qui accompagnent l'évolution contemporaine des sociétés démocratiques. Sous-tendue par une logique du factuel, de l'actuel, de la nouveauté, l'information dans les sociétés démocratiques ne cesse de réduire l'impact des ambitions doctrinaires, elle forge une conscience de plus en plus étrangère aux interprétations « religieuses » du monde, aux discours prophétiques et dogmatiques. Et ce, non seulement par le truchement des actualités quotidiennes fragmentées, discontinues, ponctuelles, mais encore par le biais de toutes ces émissions où interviennent les experts, les hommes de science, les divers spécialistes expliquant de façon simple et directe au public l'ultime état des questions. Les media marchent au charme discret de l'objectivité documentaire et scientifique, ils minent les interprétations globales des phénomènes au bénéfice de l'enregistrement des faits et des synthèses à dominante « positiviste ». Alors que les grandes idéologies tendaient à s'affranchir de la réalité immédiate présumée trompeuse et mettaient en œuvre « la puissance irrésistible de la logique », les procédures implacables de la déduction, les explications définitives découlant de prémisses absolues [1], l'information, elle, sacralise le changement, l'empirique, le relatif, le « scientifique ». Moins de gloses plus d'images, moins de synthèses spéculatives plus de faits, moins de sens plus de technicité. Aux argumentations surcohérentes succède l'événement, aux jugements normatifs les données factuelles, aux doctrines les flashes, aux idéologues les experts, à l'avenir radieux la fascination du présent, du scoop, de

1. Hannah ARENDT, *Le Système totalitaire,* Paris, Éd. du Seuil, pp. 215-224.

l'actualité éphémère. En mettant en scène les nouveautés et la positivité du savoir, les media disqualifient l'esprit de système, ils propagent une allergie de masse aux visions totalisantes du monde, aux prétentions exorbitantes des raisonnements dialectiques hyperlogiques, ils favorisent l'émergence d'un esprit *hyperréaliste,* épris de faits, de « direct », de vécu, de sondages, de nouveautés. L'orientation des individus par les valeurs n'a, bien entendu, aucunement disparu, elle s'est mixée avec l'appétit réaliste de l'information et l'écoute de l'Autre, elle s'est assouplie parallèlement à l'érosion de la foi dans les religions séculières. Si l'information est un accélérateur de la dispersion individualiste, elle n'y parvient qu'en diffusant dans le même temps des valeurs communes de dialogue, de pragmatisme, d'objectivité, qu'en promouvant un *homo telespectator* à tendance réaliste, relativiste, ouvert.

Si l'on accorde que les media individualisent les êtres par la diversité des contenus, mais recréent une certaine unité culturelle par le traitement de leurs messages, le débat actuel sur les effets sociaux de la « télévision fragmentée » gagne peut-être en clarté. On en connaît les termes [1] : tantôt on fait valoir la menace que fait peser la démultiplication des réseaux de communication sur l'unité culturelle des nations, l'accroissement des canaux et des programmes ne pouvant que diviser davantage le corps collectif et faire obstacle à l'intégration sociale. Tantôt, au contraire, on souligne que plus il y aura de « choix » audiovisuel, plus les programmes s'aligneront les uns sur les autres et plus la standardisation sociale ira en s'accroissant. Vieux débat remis en selle : hyper-désagrégation contre hyper-homogénéisation. En réalité, l'éclatement des media n'infléchira pas foncièrement la dynamique enclenchée par l'essor des communications de masse, le phénomène développera dans la même foulée la spirale de l'individualisation et celle de l'homogénéisation culturelle. D'un côté, davantage de programmes et de canaux ne peuvent que disséminer les goûts des personnes et accentuer les passions d'autonomie privée. De l'autre côté, la démultiplication des

---

1. Jean-Louis MISSIKA, Dominique WOLTON, *La Folle du logis, La télévision dans les sociétés démocratiques,* Paris, Gallimard, 1983, pp. 265-273.

émissions ne se fera évidemment pas selon des voies radicalement adverses, les mêmes principes communicationnels
seront mis en œuvre : séduire le public, distraire, présenter
l'actualité brûlante, viser l'effet plus que la démonstration
académique. Quel que soit l'éventail de choix, les mêmes
grands thèmes problématiques seront traités, les mêmes
informations essentielles seront diffusées, les émissions à
succès capteront un public élargi. Les media ne cesseront pas
de promouvoir une culture de l'actualité, de l'efficacité, de
l'échange communicationnel, de l'objectivité. La télécommu-
nication fragmentée va pousser d'un cran la tendance lourde à
la démassification-autonomisation des subjectivités en même
temps que celle à l'acculturation hyperréaliste. Le lien social
n'est pas menacé de déchirement, tout au plus va-t-il
s'assouplir davantage, permettant les mouvements browniens
des individualités sur fond de culture-spot et d' « idéologies »
dépassionnées. Gardons-nous des scénarios science-fiction : la
démassification des media n'est pas annonciatrice de désintégration sociale. C'est l'inverse qui est vrai, plus il y a de libre
choix et d'individualisation, plus la capacité d'intégration
sociale est grande, plus les individus ont des chances de se
reconnaître dans leur société, de trouver dans les media ce qui
correspond à leurs attentes et leurs désirs.

En discréditant les mégasystèmes idéologiques, en mettant
sur orbite une culture fondée sur l'événementialité, la scien-
tificité-minute et les nouveautés, les media contribuent également à développer un nouveau rapport des individus au
savoir. Par la presse et la télévision, les individus sont de plus
en plus au courant, sur le mode *digest* et superficiel, de « ce
qui se passe » dans le monde, des pans entiers de ce que nous
savons viennent des media, non seulement pour ce qui
concerne les dernières connaissances scientifiques et techniques, mais aussi pour ce qui a trait à la vie quotidienne
pratique. Ce qui nous oriente dépend de moins en moins de
savoirs traditionnels et de plus en plus d'éléments captés ici et
là dans les media. Comment s'alimenter, comment rester
jeune, comment garder la santé, comment élever ses enfants,
qu'est-ce qu'il y a à lire ? : à toutes ces questions, ce sont les
reportages et les ouvrages de vulgarisation qui apportent non
pas, certes, une réponse définitive, mais les termes, les

données, les informations du débat. Il en résulte un savoir de masse essentiellement *fragile,* de moins en moins assimilé en profondeur. Les media ont pour effet de déstabiliser les contenus et l'organisation des connaissances : au savoir clos mais maîtrisé de l'univers traditionnel s'est substituée une culture de masse beaucoup plus étendue, mais aussi plus épidermique, plus flottante. Les media déterminent un type de culture individuelle caractérisée par la turbulence, l'éclatement, le brouillage systématique : ne disposant plus de savoirs fixes, surexposés aux innombrables messages changeants, les individus sont beaucoup plus réceptifs aux nouveautés du dehors, ils sont ballottés dans diverses directions en fonction des informations reçues. Aussi notre rapport au savoir est-il de plus en plus élastique : on sait beaucoup de choses, presque rien de solide, d'assimilé, d'organisé. La culture de chacun ressemble à un patchwork mobile, à une construction émiettée sur laquelle notre maîtrise est faible : « culture mosaïque ou rhapsodique », dit J. Cazeneuve. Tandis qu'on tient à distance les idéologies monolithiques, on est plus réceptif aux informations du présent et aux nouveautés, gagné que l'on est par un vague scepticisme à teneur réaliste. L'information dissout la force des convictions et rend les individus perméables, prêts à abandonner sans grand déchirement leurs opinions, leurs systèmes de référence. L'individu néo-narcissique, labile, déstabilisé dans ses convictions, à la culture chewing-gum, est l'enfant des media. Opinions molles et flexibles, ouverture au réel et aux nouveautés, les media, conjointement à la consommation, permettent aux sociétés démocratiques de passer à une vitesse d'expérimentation sociale plus rapide et plus souple. Media : non pas rationalisation de la domination sociale, mais superficialisation et mobilité du savoir, vecteurs d'une puissance supérieure de transformation collective et individuelle.

Est-il besoin, du coup, de lourdement insister sur tout ce qui nous sépare des analyses hypermatérialistes de Mc Luhan ? À l'évidence, le vrai message n'est pas le médium, il est temps de redonner aux *contenus* véhiculés le rôle qui est le leur, dans les transformations culturelles et psychologiques de notre temps. Ainsi la télévision, en tant que « médium froid », n'est-elle que pour bien peu de chose dans les bouleversements anthropologiques du monde contemporain, c'est avant tout l'explosion de l'information et sa réorganisation sous la loi de la mode qui ont été un agent majeur du bond en avant individualiste. Il est curieux de lire, sous la plume de Mc Luhan, que la télévision a pour effet de susciter une « participation en profondeur », une implication intense de soi, alors qu'elle travaille, tout au contraire, à rendre les masses indifférentes, à dévitaliser la scène politique, à démobiliser les individus de la sphère publique. On regarde la télé du dehors, on écoute distraitement, on glisse sur les images, on saute de chaîne en chaîne : tout sauf de l'engagement intense. L'exigence accrue de motivation personnelle et d'expression de la personnalité à laquelle nous assistons ne concerne que l'Ego intime, non l'homme public de plus en plus corporatiste, pragmatique, désillusionné. Tout invite à émettre les plus grandes réserves sur le soi-disant pouvoir de l'image vidéo, en tant qu'image à « faible définition », d'être la source des nouvelles habitudes de perception et d'expérience : dire que l'image technologiquement pauvre en détails contraint le téléspectateur « à chaque instant à compléter les blancs de la trame en une participation sensuelle convulsive, profondément cinétique et tactile »[1] n'est qu'un artifice d'analyse, une gymnastique argumentative tournant à vide, cachant les ressorts multiples, complexes du devenir de l'individualisme démocratique. La décontraction des attitudes, le goût pour l'intimité et l'expression de soi, sont réels mais loin de devoir être reliés à l'image vidéo de faible intensité, ils doivent l'être à la galaxie des *valeurs démocratiques* (autonomie, hédonisme, psychologisme) impulsées par la culture de masse et plus généralement par le système de la mode achevée.

L'information joue et gagne

Le rôle majeur de l'information dans le processus de socialisation et d'individualisation n'est pas détachable de son registre spectaculaire et superficiel. Vouée à la factualité et à

---

1. Marshall MCLUHAN, *Pour comprendre les media,* trad. franç. 1968, Paris, Éd. du Seuil, coll. Points, p. 357.

l'objectivité, l'information n'est nullement à l'abri du travail de la mode, elle est refaçonnée en grande partie par les impératifs du *show* et de la séduction. Informer certes, mais dans le plaisir, le renouvellement, la distraction, toutes les émissions à vocation culturelle ou informative doivent adopter la perspective du *loisir*. La communication de masse fait une chasse impitoyable au pédagogique, à l'instruction austère et fastidieuse, elle nage dans l'élément de la facilité et du spectaculaire. Les reportages doivent être courts, les commentaires clairs et simples, entrecoupés d'interviews hachées, de vécu, d'éléments anecdotiques; partout l'image doit distraire, retenir l'attention, faire choc. L'objectif fondamental est d' « accrocher » le public le plus nombreux par la technologie du rythme rapide, de la séquence flash, de la simplicité : nul besoin de mémoire, de références, de continuité, tout doit être aussitôt compris, tout doit changer très vite. L'ordre de l'animation et de la séduction est premier, on sollicite à présent des stars de variétés (Y. Montand) ou du business (B. Tapie) pour présenter des émissions sur la crise et le lancement d'entreprises. C'est la même finalité de divertissement qui rend compte de la tendance à organiser de multiples débats. Certes, l'exotisme des images, ici, fait défaut, mais c'est au profit du frisson du direct, du cinéma des personnalités et des réactions imprévues, des joutes d'esprit et de positions. Tantôt l'échange est courtois et feutré (*Les Dossiers de l'écran, L'Avenir du futur, Apostrophes*), tantôt il l'est moins : ainsi *Droit de réponse* n'a-t-il fait que pousser à la limite les épousailles démocratiques de l'information et de l'animation spectaculaire en laissant jouer l'affrontement désordonné, sympathique, confus, des idées et des milieux. De toute façon, c'est le *show* qui fait la « qualité » médiatique des émissions, qui dessine la mise en information.

La communication médiatique s'agence sous la loi de la séduction et du divertissement, elle est restructurée implacablement par le procès de mode parce qu'y règnent la loi des sondages, la course aux scores d'audience. Dans un univers communicationnel pluraliste soumis aux ressources publicitaires, c'est la forme mode qui agence la production et la diffusion des programmes, qui règle la forme, la nature, les horaires des émissions. Dès lors que les media marchent aux sondages, le procès de séduction règne en maître, pouvant même se parer du mérite < scientifique > et démocratique. La république des sondages ne fait qu'accentuer la souveraineté de la mode dans les media, autrement dit, la loi du succès immédiat auprès du plus grand public. L'éclatement de l'audiovisuel n'y mettra pas fin : plus il y aura de canaux et de media spécialisés en concurrence, plus le principe de séduction, mesuré à coups de sondages, sera impitoyable. C'est sur les mêmes segments limités qu'il faudra déployer de nouveaux charmes, imaginer de nouvelles présentations et de nouvelles formules d'accrochage. Plus que jamais, la petite différence fait la séduction.

Les journaux télévisés sont entrés dans la danse. Le phénomène n'est pas récent, il s'accentue. Il n'est, pour s'en convaincre, que d'observer les changements intervenus dans la tonalité et la présentation des bulletins télévisés. On est passé d'un type d'information dominée par un ton officiel et pédagogique, caractéristique des premiers temps audiovisuels, à une information moins distante, moins solennelle, plus naturelle. Hier, les journalistes parlaient d'une voix compassée et professorale, aujourd'hui la tonalité est détendue; après l'atmosphère stressante, l'ambiance cool. Sans doute l'information télévisée garde-t-elle une part inéliminable de gravité et de sérieux, les flashes brefs, sans rhétorique, n'ont rien de commun avec la fantaisie désinvolte de la mode. Pourtant, l'impératif de séduction y est manifeste par le biais des présentateurs jeunes, sympa, attractifs, à la voix et au charme rassurants. La loi du *glamour* est souveraine, elle est mesurée à l'aune des indices d'écoute. Depuis longtemps la télévision a permis l'avènement des grandes vedettes de l'information, les R. Dimbedy en Grande-Bretagne, les W. Cronkite aux U.S.A. Le phénomène ne fait que se multiplier en exploitant de nouvelles pistes, toutes les chaînes sont à l'affût de journalistes au look attirant. La présentation des actualités est dominée par des journalistes vedettes réussissant à infléchir de façon sensible les taux d'écoute. L'information se vend aux millions de téléspectateurs par le truchement de la personnalité, du rayonnement, de l'image des présentateurs. C'est le temps des *anchormen*, des présentateurs vedettes avec leur forte cote de popularité, alors même que les grandes stars du cinéma s'éclipsent. L'information fabrique et requiert des stars, tout se passe comme si le style performant des journaux télévisés avait besoin en contrepartie d'un éclat humain, d'un luxe d'individualité. Il en va de l'information comme des objets ou de la publicité, partout travaille la forme mode, l'impératif de personnalisation et de séduction.

On a relevé depuis longtemps combien les *news* reposaient sur les ressorts mêmes du spectacle : dramatisation des faits divers, recherche du sensationnel, fabrication artificielle de vedettes, toute l'information est tendanciellement saisie par la rage du scoop, par la volonté de livrer du nouveau et de l'inattendu selon une logique analogue à celle de la mode. Mais c'est plus directement encore que l'information télévisée ressortit à la forme mode. Ce qui la caractérise en propre c'est qu'elle est essentiellement mise en *images*. Invasion d'images, parfois inouïes, souvent banales, sans intérêt particulier, seulement illustratives, l'image accompagne presque systématiquement les commentaires et faits rapportés : plus de vingt minutes dans un journal télévisé d'une demi-heure. Le journal télévisé oscille de l'anecdotique au thriller, il est inséparable du plaisir de l'œil, de la représentation directe, de la stimulation hyperréaliste. Il n'y a d'information que *via* le kaléidoscope des images, c'est le règne de la bande-image, de l'effet visuel, du décoratif (scénographie du plateau, harmonie des couleurs, titres, génériques) : le théâtre visuel a colonisé le journal télévisé.

Dans la presse écrite, le procès de séduction se traduit moins par la profusion des images que par la légèreté de la mise en page, le ton de l'écriture, par l'usage de plus en plus fréquent du style humoristique dans les articles, titres et « chapeaux ». Plus aucun journal n'y échappe, partout la logique de l'information et celle du jeu se sont réconciliées. De même que la mode au XVIIIe siècle s'est mise à jouer avec les grandes et petites choses de l'histoire, à s'amuser en rubans et coiffures du système de Law, des révoltes populaires, de la débâcle de la Seine, de même, aujourd'hui, l'information ne cesse d'adopter un style décontracté et fantaisiste vis-à-vis des faits du jour, aussi tragiques soient-ils. En envahissant les media, le code humoristique a fait basculer le registre de

l'information dans la logique désinvolte et ludique de la
mode. Il est vrai que les journaux télévisés n'ont pas cette
tonalité moqueuse, parfois irrespectueuse : la nécessité de tenir
un discours clair, synthétique dans une plage de temps resserré
empêche l'usage des jeux de mots et des clins d'œil. L'humour
du journaliste ne peut apparaître qu'incidemment, tout en
demi-teinte. La séduction dans l'information télévisuelle est
B.C.B.G., elle combine le sérieux du discours aux *jeux* de plus
en plus fréquents des nouvelles images rendus possibles par les
technologies électroniques et informatiques. Dans les journaux
télévisés, on voit se multiplier les signes de représentation et
de visualisation sophistiqués, sortes de gadgets scénographi-
ques destinés à spectaculariser et esthétiser l'espace de l'information, à produire des effets et de l'animation, à confectionner
une image de marque et un look à la chaîne. Avec les
nouveaux traitements de l'image, on construit des maquettes
de journaux télévisés, on design des « pages-écrans » en
introduisant touches infographiques, inserts, titres, vignettes,
logos et bandeaux électroniques, en faisant se déplacer les
images sur l'écran, en les rétrécissant ou en les grossissant à
volonté, en les juxtaposant lors des duplex (« l'homme
incrusté »). Le journal télévisé repose de plus en plus sur une
recherche stylistique (génériques à effets spéciaux et rhétorique
moderniste : imagerie électronique abstraite sur les téléviseurs
du « 20 heures » de TF 1) et donne lieu à un show *décoratif*
fait de clignotements, incrustations furtives, variations et
recompositions d'images redoublant l'accéléré et le spectacle
moderne de l'actualité [1]. Avec « l'habillage d'antenne » et ses
images de synthèse, le procès mode de séduction a trouvé un
second souffle, l'information accède à l'ère chic des gadgets
électroniques.

On connaît les termes du procès intenté à l'information
médiatique : celle-ci est avide de sensationnel, elle monte en
épingle des faits secondaires ou insignifiants, elle met sur un
pied d'égalité des phénomènes culturels incommensurables,
elle est le produit d'un « montage » empêchant l'usage
critique de la raison et l'appréhension d'ensemble des phéno-

1. P. MOEGLIN, « Une scénographie en quête de modernité : de nouveaux
traitements de l'image au journal télévisé » dans *Le JT – mise en scène de l'actualité
à la télévision* (ouvrage collectif), Paris, I.N.A. La Documentation française, 1986.

mènes. S'il est vrai que le spectaculaire est consubstantiel aux *news,* on perd trop de vue, néanmoins, que la séduction fixe également les attentions, capte l'audience, accroît le désir de voir, de lire, d'être informé. Les effets sont les mêmes que ceux induits par le marketing politique : grâce à des émissions vivantes et distrayantes, les questions les plus variées touchant aux progrès de la science et de la technique, au monde des arts et de la littérature, à la sexualité, à la drogue, au proxénétisme, sont mises à la portée de tous. En organisant des rencontres de spécialistes, en produisant des magazines sur le rythme des variétés, des blocs de savoir se trouvent mis à la disposition des masses, ce qui est ésotérique devient proche, ce qui pouvait ressembler à des « cours du soir » devient attractif et tient en haleine des millions de téléspectateurs. L'irréalité du « pseudo-événement » (Boorstin) est à la surface du phénomène : beaucoup plus qu'une aliénation-manipulation du spectateur, il faut parler d'une réappropriation partielle d'un univers, participation à l'état du savoir, élargissement de l'horizon des connaissances du plus grand nombre, fût-ce dans un cadre décousu. Non pas « assujettissement au pouvoir »[1] et dégradation de l'usage culturel de la raison, mais démocratisation de l'accès à la culture, possibilité élargie d'avoir une opinion plus libre. Pour positif qu'il soit, le phénomène a des limites évidentes : si la somme des connaissances s'accroît, il n'en va pas de même du pouvoir de *synthèse* et de mise en perspective des données reçues. En « gonflant » le présent, l'information brouille les repères d'interprétations, elle surexpose l'anecdotique visible au détriment du fondamental invisible, elle occulte les grandes lignes de force au bénéfice de l'événementiel. Limite et puissance des media : ils émiettent et superficialisent le savoir; néanmoins, ils rendent le public, à l'échelle de l'histoire des démocraties, globalement plus ouvert sur le monde, plus critique, moins conformiste.

De même faudrait-il réviser le jugement hâtif concernant le prétendu déclin de la sphère publique lié à l'extension des

1. Louis QUÉRÉ, *Des miroirs équivoques, Aux origines de la communication moderne,* Paris, Aubier, 1982, pp. 153-175.

media. Les théoriciens ont rivalisé en dénonciation critique : les media instituent une « communication sans réponse » (Debord) et un « monopole de la parole »[1], ils retirent au public « la possibilité de prendre la parole et de contredire »[2], ils font disparaître les contacts de société, les relations d'échange. La culture prête-à-consommer et l'architecture sans réciprocité des media court-circuitent la communication sociale, la discussion entre les individus. Plaçant les êtres en situation de consommateurs passifs, irresponsables, sans initiative, les media brisent la vie relationnelle, ils isolent les êtres, raréfient les occasions de se réunir, atrophient le goût de l'échange et de la conversation. On consomme des messages, on ne se parle plus, les media ruinent la sociabilité, ils accélèrent le déclin de l'homme public, d'autant plus que l'information qu'ils véhiculent est de plus en plus tributaire d'une exigence « performative »-positiviste « incompatible avec la communication » : en valorisant le critère d'efficience érigé en monopole du vrai, l'information à dominante objectiviste barre « l'échange d'arguments rationnels », elle a « pour effet de substituer des échanges de marchandises à ce qui était interaction communicationnelle »[3]. L'ère des communications de masse est détérioration de la communication interhumaine.

Pourtant, à y regarder d'un peu plus près, les media sont aussi ce qui occasionne d'innombrables discussions, ils ne cessent de fournir des sujets d'échange entre les particuliers. Sur la communication médiatique se greffe une multitude de petits circuits relationnels dans le public lui-même. De même que les spectacles permettent un échange de points de vue, de même la télé offre de nombreux sujets de conversation, les reportages des magazines sont objets de discussion et d'appréciation en famille et en société – qui n'a pas parlé de *Psy Show* ou de *Dallas*? –, les séries et les films diffusés sont matière à jugement et négociation : qu'est-ce qu'on se met ce soir ? Les media n'asphyxient pas le sens de la communication, ils ne mettent pas fin à la sociabilité, ils reproduisent d'une autre

1. Jean BAUDRILLARD, *Pour une critique de l'économie politique du signe*, Paris, Gallimard, 1972, pp. 208-212.
2. J. HABERMAS, *op. cit.*, p. 179.
3. L. QUÉRÉ, *op. cit.*, p. 141 et p. 146.

manière des occurrences d'échange social. Ils l'instituent essentiellement sous une forme moins ritualisée et plus libre : les individus ne communiquent pas « moins » que jadis – sans doute n'a-t-on jamais autant communiqué sur autant de questions avec autant de personnes –, ils communiquent de manière plus éclatée, plus informelle, plus discontinue, en accord avec les goûts d'autonomie et de rapidité des sujets.

Il reste que les media ne créent pas un espace de communication semblable à celui de l'espace public libéral classique, tel qu'on le trouve décrit par Habermas évoquant les salons, sociétés, clubs où les personnes sont face à face, discutent et échangent raisons et argumentations. Même si cette description de la sphère publique est très idéalisée et même si ce type de communication rationnelle ne s'est sans doute incarné historiquement que de façon très limitée, on peut accepter l'idée que la communication humaine faisant suite à l'exposition médiatique ressemble peu en effet à un échange d'argumentations suivies et systématiques. Mais cela n'autorise pas pour autant à parler de désintégration de la sphère publique si celle-ci renvoie au lieu où se forme l'opinion et la critique du public. Il est faux de considérer les media comme des appareils de manipulation à fin de consensus social, la séduction de l'information est aussi un instrument de la raison individuelle. Nous devons comprendre que le développement du raisonnement individuel passe de moins en moins par la discussion entre les personnes privées et de plus en plus par la consommation et les voies séductrices de l'information. Quand bien même y aurait-il déclin des formes de la discussion en société, il serait illégitime d'en inférer la disparition de l'esprit critique. La séduction n'est pas ce qui abolit la pratique de la raison, elle est ce qui l'élargit et l'universalise tout en en modifiant l'exercice. En fait, les media ont permis de généraliser la sphère du débat public : d'abord en permettant à un nombre sans cesse accru de citoyens d'être plus au courant des différentes données des options politiques, d'être davantage juges du jeu politique [1]. Ensuite en élargissant l'espace du

1. J.-L. Missika, D. Wolton, *op. cit.,* pp. 307-308.

questionnement : que font les journaux télévisés, les magazines, les reportages et débats, sinon enclencher une dynamique de l'interrogation sur toutes les questions de la vie collective et individuelle ? Prison, homosexualité, énergie nucléaire, euthanasie, boulimie, techniques de procréation, il n'y a plus une seule question qui ne soit objet d'informations, d'analyses, de discussions. L'espace public n'a pas cessé d'être le lieu d'une discussion critique, pénétré qu'il serait par l'action administrative et les normes de performativité du système. Les experts, les ouvrages et émissions de vulgarisation scientifique, n'entravent aucunement la possibilité des clivages de fond sur l'évaluation des problèmes : loin d'étouffer le débat public, les media le nourrissent et le placent dans l'espace démocratique du questionnement sans fin. L'information n'est pas colonisée par les normes de la rationalité utilitariste ; au travers des débats médiatiques, les différents conflits de valeurs propres au monde moderne surgissent, mettant aux prises les normes de l'efficacité, de l'égalité, de la liberté. Ce qui est reçu par le public ce ne sont pas seulement des recettes, c'est la multiplicité des approches et points de vue. L'atrophie relative des mouvements sociaux, l'indifférence au politique, la frivolité spectatrice, ne signifient pas tout uniment déclin de la sphère publique et monopole de l'idéologie utilitariste. En même temps qu'ils réussissent à produire du consensus, les media creusent les différences de perspective, la séduction intègre le public à la société contemporaine tout en développant la critique et la polémique civile.

Tandis que les media élargissent l'espace de l'interrogation critique, ils en pacifient les termes. On se plaint parfois du ton feutré des émissions de télévision, de leur mondanité aseptisée. On ne prend pas alors la mesure de l'efficacité communicationnelle d'un tel dispositif : les media recyclés par le procès de mode forment à l'ethos de la communication, ils diffusent à haute dose la norme pacifique de la conversation, un modèle de sociabilité non violente. Les scènes de violence dans les films et séries sont largement compensées par cette mise en scène du dialogue incessant et de l'échange d'argumentations. La « simulation » de la communication qu'effectuent les media (question du public, sondages par minitel, etc.), les 'débats, la tonalité amène sont essentiels, ils produisent de l'idéal de civilité, ils disqualifient la polémique outrancière, l'agressivité non contrôlée. En ce sens, on doit tenir les media comme une pièce majeure dans la consolidation des démocraties vouées désormais au code de l'affrontement verbal mais non sanglant. Les media socialisent à la séduction de l'échange verbal et du relationnel, ils participent à la civilisation du conflit idéologique et social.

IV

ET VOGUE LE SENS

La soutenable légèreté du sens :
Mode et idéologie

Au même titre que les objets et la culture de masse, les grands discours de sens se trouvent saisis par la logique irrépressible du Nouveau, ils sont emportés par une turbulence qui, pour n'être pas absolument identique à celle de la mode au sens restreint du terme, n'en est pas moins analogue dans le principe. À présent, le monde de la conscience est, lui aussi, ordonné par l'éphémère et le superficiel, telle est la nouvelle donne des sociétés démocratiques. Précisons aussitôt qu'il ne s'agit pas de prétendre, hypothèse absurde, que le procès frivole annexe de part en part la vie des idées et que les volte-face idéologiques sont commandées par une logique de renouvellement gratuit. Il s'agit de montrer qu'il réussit à s'immiscer jusque dans les sphères à priori les plus réfractaires aux jeux de la mode. Nous ne vivons pas la fin des idéologies, voici venu le temps de leur recyclage dans l'orbite de la mode.

Jamais comme dans nos sociétés le changement en matière d'orientation culturelle et idéologique n'a connu une telle précipitation, jamais il n'a autant ressorti à l'engouement. La vitesse avec laquelle se sont succédé et multipliées les fièvres du sens depuis deux ou trois décennies est particulièrement saisissante : se sont succédé ou chevauchés au hit-parade des idées la contre-culture, le psychédélisme, l'anti-autoritarisme, le tiers-mondisme, la pédagogie libertaire, l'antipsychiatrie, le néo-féminisme, la libération sexuelle, l'autogestion, le consumérisme, l'écologie. Parallèlement ont fait fureur dans la sphère plus directement intellectuelle le structuralisme, la sémiologie, la psychanalyse, le lacanisme, l'althussérisme, les philosophies du désir, « la nouvelle philosophie ». Et les années 1980 poursuivent le ballet avec le revirement spectaculaire du néo-libéralisme, du moins d'État, de la « révolution conservatrice », du retour du sacré, l'extase des « racines », le sacre des entreprises, le caritatisme. Dans les années 1960-1970, l'idéologie contestataire et hypercritique a fait un tabac au même titre que la minijupe ou les Beatles, Marx et Freud, superstars, ont suscité des exégètes en délire, des discours mimétiques en masse, des flots d'émules et de lecteurs. Qu'en reste-t-il aujourd'hui? En quelques années, les références les plus vénérées sont tombées dans l'oubli, « Mai 68, c'est vieux! », ce qui était « incontournable » est devenu « ringard ». Non par mouvement critique mais par désaffection : une vogue est passée, une autre s'enclenche avec la même force épidémique. À la limite, on change d'orientation dans la pensée comme on change de résidence, de femme, de voiture, les systèmes de représentation sont devenus objets de consommation, ils fonctionnent virtuellement dans la logique de l'engouement et du kleenex.

Évitons d'emblée un malentendu : parler de procès mode dans les idées ne signifie pas pour autant que tout flotte dans une indifférence absolue, que les opinions collectives oscillent d'un pôle à un autre sans aucun point d'ancrage fixe. La mode achevée n'a de sens qu'à l'âge démocratique où règnent un consensus et un attachement fort, général, durable, se rapportant aux valeurs fondatrices de l'idéologie moderne : l'égalité, la liberté, les droits de l'homme. L'obsolescence accélérée des systèmes de représentation se déploie et n'est possible que sur fond de cette légitimité, de cette stabilité globale des référents majeurs constitutifs des démocraties. Là est le paradoxe du terminal de la mode : tandis que la société démocratique est de plus en plus inconstante en matière de discours d'intelligibilité collective, elle est, dans le même temps, de plus en plus équilibrée, constante et ferme dans ses bases idéologiques de fond. En parodiant Nietzsche, on pourrait dire, l'*homo democraticus* est superficiel par profondeur, c'est l'arrimage solide des principes de l'idéologie individualiste qui rend possible la ronde légère du sens.

Nul ne le contestera, les modes touchant à la vie de l'esprit ne datent pas d'aujourd'hui. Depuis au moins le XVIIIᵉ siècle, la sphère culturelle a été agitée, dans les cercles mondains et intellectuels, d'innombrables « fureurs », et les idées politiques elles-mêmes ont connu des cycles multiples de variation et d'alternance. Pourtant, en ce qui concerne les diverses fluctuations idéologiques ayant secoué les démocraties jusqu'au milieu de notre siècle, il est impossible d'y reconnaître à l'œuvre le procès de mode et ce, en raison de la teneur et de l'investissement émotionnel des formations idéologiques propres à cet âge. La forme mode comme système de circulation du sens est une invention récente; jusqu'alors, les grandes idéologies politiques ont conjuré l'expansion de la mode, elles ont fonctionné comme autant d'obstacles systématiques au devenir frivole des représentations sociales majeures. Sacralisant la République, la Nation, le Prolétariat, la Race, le Socialisme, la Laïcité, la Révolution, les idéologies politiques se sont donné pour mission de rénover et révolutionner le monde, elles se sont cristallisées en doctrines et dogmes impliquant la fidélité, le dévouement, le sacrifice des personnes. Systèmes d'interprétations globales de l'univers prétendant donner la connaissance totale du présent, du passé, de l'avenir, les discours laïcs et révolutionnaires modernes ont reconduit une certaine foi religieuse au travers de leurs doctrines eschatologiques, de leur ambition « scientifique » à dire et détenir avec certitude le vrai et le juste. « Religions séculières », elles ont suscité un militantisme et des passions absolues, une soumission sans faille à la ligne juste, un engagement total des personnes faisant don de leur vie et de leur individualité subjective. Renoncement à soi en faveur de la Révolution, de la Nation, du Parti, l'âge glorieux des idéologies est tout entier contre la mode et son indéracinable superficialité relativiste. Tandis que le règne héroïque de l'idéologie exige l'abnégation, voire l'absorption des individualités, celui de la mode repose sur l'exigence du bonheur immédiat des personnes; tandis que l'idéologie génère orthodoxie et scolastique, la mode s'accompagne de petits écarts individuels et d'investissement flottant; tandis que l'idéologie est manichéenne, sépare les bons et les mauvais, clive le social, exacerbe les conflits, la mode est pacification et neutralisation des antagonismes. Quels que soient les revirements intervenus pendant deux siècles dans la sphère des idées politiques et sociales, la mode n'a pu y déployer sa législation fugitive, contrecarrée qu'elle était par des idéologies à prétention théologique.

Nous sommes sortis de l'âge des prophéties séculaires a résonance religieuse. En quelques décennies, les discours et référents révolutionnaires ont été massivement balayés, ils ont perdu toute légitimité et tout ancrage social, plus personne ne croit à la patrie radieuse du socialisme, plus personne ne croit à la mission salvatrice du prolétariat et du parti, plus personne ne milite pour le « Grand Soir ». On ne saurait trop insister sur l'importance historique de cette débâcle de l'imaginaire révolutionnaire. Dès lors que s'effondrent les convictions eschatologiques et les croyances dans une vérité absolue de l'histoire, un nouveau régime des « idéologies » se met en place : celui de la Mode. La ruine des visions prométhéennes ouvre un rapport inédit aux valeurs, un espace idéologique essentiellement éphémère, mobile, instable. Nous n'avons plus de mégasystèmes, nous avons le flottement et la versatilité des orientations. Nous avions la foi, nous avons l'engouement. Après l'ère intransigeante et théologique, l'ère de la frivolité du sens : les interprétations du monde ont été délestées de leur gravité antérieure, elles sont entrées dans l'ivresse légère de la consommation et du service minute. Et le fugitif en matière « idéologique » est sans doute appelé à s'accélérer, en quelques années on a déjà pu voir comment les plus « convaincus » politiquement ont fait table rase de leurs opinions et opéré des tête-à-queue impressionnants. Il n'y a que les idiots qui ne changent pas d'avis, les marxistes d'hier sont devenus talmudistes et les « enragés » des chantres du capitalisme, les héros de la contestation culturelle se sont convertis au culte de l'Ego, les hyperféministes prônent la femme au foyer et les fervents de l'autogestion les mérites de l'économie de marché. On adore sans problème ce qu'on jetait au feu il y a peu. Cette déstabilisation ne concerne pas uniquement l'homme de masse mais aussi bien la classe politique comme l'atteste la vogue libérale récente. Elle ne concerne pas uniquement le quidam ordinaire mais la classe intellectuelle elle-même comme l'attestent éloquemment les pirouettes à répétition de quelques-unes de nos starlettes hexagonales. La mobilité des consciences n'est certes pas un privilège de notre temps. Ce qui l'est, en revanche, c'est la façon dont l'inconstance est devenue générale, quasi systématique, elle s'érige à présent en mode de fonctionnement « idéologique » dominant.

Les religions séculières s'éteignent au bénéfice du ravissement de la précarité. On croit encore à des causes mais dans la décontraction, sans jusqu'au-boutisme. Les êtres sont-ils encore disposés à mourir en grand nombre pour leurs idées? Prêts au changement, toujours, la constance est devenue vieux jeu. On vit de moins en moins en fonction de systèmes d'idées dominatrices, comme le reste ils ont été happés par l'ordre du « léger »; les finalités supérieures ne disparaissent pas, elles ne surplombent plus. Elles sont certes capables ici et là de mobiliser les masses, mais par à-coups, de façon imprévisible comme des flambées passagères vite éteintes, remplacées par la quête de plus longue haleine du bonheur privé. La tendance majeure est aux « plans » rectifiables et périssables, le temporaire l'emporte sur la fidélité, l'investissement superficiel sur la mobilisation croyante. Nous sommes embarqués dans un procès interminable de désacralisation et de désubstantialisation du sens qui définit le règne de la mode achevée. Ainsi meurent les dieux : non dans la démoralisation nihiliste de l'Occident et l'angoisse du vide des valeurs, mais dans les saccades du sens. Non dans l'assombrissement européen, mais dans l'euphorie des idées et actions fugitives. Non dans le désenchantement passif, mais dans l'hyperanimation et le doping temporaire. Il n'y a pas à pleurer la « mort de Dieu », son enterrement se déroule en technicolor et en bande accélérée : loin d'engendrer la volonté de néant, elle pousse à son extrême la volonté et l'excitation du Nouveau.

Versatilité qui doit être replacée dans la continuité de la dynamique démocratique. En posant l'organisation de la société sous la dépendance des hommes et non plus d'une instance sacrée, les idéologies modernes ont été les matrices instituantes de notre univers démocratique entièrement voulu par la volonté du corps collectif. Mais en érigeant des dogmes intransigeants et en établissant un sens inéluctable de l'histoire, ce procès de sécularisation s'est en quelque sorte arrêté en chemin, il a reconduit, sous des traits laïcs, le vieux dispositif religieux de la soumission humaine envers un principe supérieur hors de prise. Avec l'âge de la mode, un pas supplémentaire dans l'élimination démocratique de l'intangible et du hiératique est franchi, l'ultime forme hybride de sacralisation du discours social se dissipe par l'inconstance qui s'y loge, par l'instabilité des mobilisations et engouements, par la primauté de l'individu sur la doctrine. Plus rien n'exige le sacrifice de soi, les discours sont ouverts au débat souple, à la rectification, à la révision non déchirante des principes, la forme mode traduit le terminal de la démocratisation du sens et des esprits.

Par-delà les sautes d'humeur de la mode, la société démocratique creuse paradoxalement un sillon homogène, elle poursuit une même trajectoire. Une des limites de la théorie cyclique des comportements collectifs tient précisément en ce qu'elle appréhende les brusques changements de coordonnées idéologiques comme des mouvements pendulaires, des va-et-vient entre vie privée et vie publique [1], comme si tout changeait par volte-face à 180 degrés, comme s'il n'y avait que discontinuité historique, revirement radical instituant chaque fois une nouveauté sociale antinomique avec ce qui précède. Or, si l'on considère les oscillations caractéristiques de ces trois dernières décennies, force est de constater qu'en dépit de ces retournements c'est une même dynamique historique qui paradoxalement se trouve à l'œuvre. Certes, en apparence, tout oppose la vague utopique des années 1960 à notre moment désenchanté-pragmatique-corporatiste, tout sépare un moment d'investissement public d'un moment globalement défini par des préoccupations hyperindividualistes, quelle que soit la vigueur des conflits sociaux partiels qui surgissent ici et là. Pourtant qu'est-ce qu'a été la contre-culture ou Mai 68, sinon une vague de revendications individualistes transpolitiques [2]? Qu'est-ce qu'a été le néo-féminisme, sinon un mouvement ayant permis l'appropriation de nouvelles libertés par les femmes? L'idéologie contestataire

---

1. Albert HIRSCHMAN, *Bonheur privé, action publique*, Paris, Fayard, 1983.
2. Je me permets ici de renvoyer à mon article, « Changer la vie, ou l'irruption de l'individualisme transpolitique », *Pouvoirs*, n° 39, 1986.

a brandi l'oriflamme révolutionnaire, mais un de ses ressorts a
été l'aspiration individualiste à vivre libre, sans contrainte
organisationnelle et conventionnelle, elle a contribué, avec ses
moyens, à accentuer la marche de l'individualisme démocratique, à faire sauter un certain nombre d'encadrements lourds
et répressifs, réfractaires à l'autonomie personnelle. Nul fossé
irréductible avec le moment actuel, rien que des voies
différentes dans la même trajectoire de la conquête individualiste. Aujourd'hui, la vogue des valeurs privées et même le
retour d'un certain conservatisme moral poursuivent d'une
autre manière le travail historique de la conquête de l'autonomie. Dès lors que les repères du progressisme sont brouillés
et que sont mis en avant de nouveaux référents antinomiques,
la pression collective est moins forte et moins homogène, le
juste est moins assuré, la gamme de choix individuels s'élargit,
la possibilité de panacher les valeurs qui orientent nos vies
s'accroît d'autant. Ruse de la raison : hier le « gauchisme »
servait la progression historique de l'individualisme, à présent
c'est au tour des valeurs de l'Ordre et des Affaires d'assurer,
parfois malgré elles, ce même rôle. En dépit de leurs virevoltes
manifestes, les idéologies temporaires ne dérangent pas la
continuité séculaire des démocraties, elles en accélèrent le
déroulement.

Le régime mode des représentations collectives ne s'est pas
substitué d'un seul coup à l'âge des idéologies prométhéennes.
Il s'est produit un moment charnière ayant fonctionné comme
une formation de compromis entre la phase historique de la
Révolution et celle de la mode achevée. La « dernière »
manifestation de l'esprit révolutionnaire s'est trouvée curieusement combinée, dans les *sixties,* à son autre : l'esprit de
mode. D'un côté, incontestablement, les années 1960 et leurs
prolongements ont reconduit l'imaginaire de la Révolution au
travers de la contestation étudiante, de la contre-culture, du
néo-féminisme, des mouvements alternatifs. On a vu se
déployer une escalade idéologique appelant à « changer la
vie », à détruire l'organisation hiérarchique et bureaucratique
de la société capitaliste, à s'émanciper de toutes les formes de
domination et d'autorité. Avec les thèmes de « l'État patronal
et policier », le retour de la grève générale, de *L'Internationale,* des barricades, la mythologie révolutionnaire a su redorer

son blason. Mais d'un autre côté, la contestation des années 1960 a rompu, pour l'essentiel, les liens l'unissant aux projets démiurgiques de l'édification du nouveau monde, cristallisés au XIXe siècle. Mai 68 incarne à cet égard une figure inédite : sans objectif ni programme définis, le mouvement a été une insurrection sans futur, une révolution au présent témoignant à la fois du déclin des eschatologies et de l'incapacité à proposer une vue claire de la société à venir. Sans projet explicite, et sous-tendu par une idéologie spontanéiste, Mai 68 n'a été qu'une parenthèse de courte durée, une révolution frivole, un *engouement pour la Révolution* plus qu'une mobilisation de fond. Il y a eu spectacle de la Révolution, affirmation joyeuse des signes de la Révolution, non enjeu et affrontement révolutionnaire. À la différence des révolutions sanglantes axées sur la construction volontaire d'un futur autre, Mai 68 s'est organisé selon l'axe temporel de la mode, le présent, dans un *happening* ressemblant davantage à une *fête* qu'aux jours qui ébranlent le monde. Le printemps étudiant n'a ni proposé ni édifié sérieusement, il a critiqué, palabré, réuni les gens dans les rues et les facs, dérangé les certitudes, il a appelé à « l'insurrection de la vie », au « tout, tout de suite », à l'accomplissement total des individus contre les organisations et les bureaucraties. Vivre sans entraves ici et maintenant dans l'éclatement des hiérarchies instituées, Mai 68 a été porté par une idéologie individualiste « libertaire », hédoniste et communicationnelle, aux antipodes de l'abnégation de soi des révolutions antérieures. C'est le *présent* collectif et subjectif qui a été le pôle temporel dominant de Mai 68, première *révolution-mode* où le frivole l'a emporté sur le tragique, où l'historique s'est marié avec le ludique. Mai 68 a mobilisé les passions révolutionnaires plus en apparence qu'en profondeur, la forme mode avait déjà réussi, de fait, à annexer l'ordre de la subversion. En parodiant la Révolution, Mai 68 a moins rallumé les feux millénaristes qu'il n'a porté à son apothéose et pour un temps court, la *mode de la contestation*.

Le climat proprement idéologique du moment a eu un rôle prépondérant dans l'essor du phénomène contestataire en France. Ce n'est ni la situation objective des étudiants, ni la dégradation des perspectives d'emploi et d'avenir pour les futurs titulaires de diplômes qui peuvent expliquer la rébellion utopiste de la jeunesse. En Mai, il n'y avait nulle inquiétude vraie face à l'avenir, les étudiants se souciaient fort peu de la valeur de leurs diplômes, ils ont rejeté tout au contraire l'adaptation de l'enseignement universitaire aux besoins de l'économie capitaliste, la crise des débouchés n'était pas dans les têtes. L'esprit de Mai n'a pas été l'effet de dispositions sociales à l'inquiétude, il a été, avant tout, l'effet de dispositions idéologiques, de modes d'idées dans une classe d'âge donnée, du *chic* de la critique sociale, de l'attitude révolutionnaire, du marxisme, de l'anticapitalisme, au moment même où disparaissait précisément la perspective révolutionnaire réelle s'incarnant dans le parti et la classe ouvrière. La vogue révolutionnaire s'est développée en contrepartie de la décomposition du parti révolutionnaire et de l'intégration de la classe ouvrière au néo-capitalisme; elle a pu faire fureur parce qu'elle était disqualifiée de fait dans les masses et leurs organisations de combat, parce qu'elle a pu fonctionner chez les jeunes comme signe d'affirmation, spectacle de la différence ostensible. Les idées en rupture étaient certes particulièrement en ébullition dans les groupes gauchistes hyperpolitisés, mais en fait elles étaient répandues peu ou prou dans des couches très larges du monde étudiant. À la faveur de la « répression » policière, la solidarité étudiante mêlée à la vogue plus ou moins marquée de l'idéologie anticapitaliste a entraîné la propagation et l'exacerbation du phénomène contestataire. Même s'ils n'expliquent pas tout, ce snobisme de la radicalité, ce conformisme hypercritique dans la jeunesse sont essentiels pour comprendre l'ampleur et la contagion de l'esprit de Mai. On a assisté à un phénomène étonnant : pendant quelques années, la contestation et la Révolution ont fonctionné comme signes de mode, manifestations *in* s'accompagnant de surenchère ostentatoire, de verbalisme irréaliste dénonçant tout, appelant à la libération totale au nom de Marx, Freud, Reich. Il est beaucoup plus juste de se représenter Mai 68 comme un *mouvement de mode* que comme un phénomène ayant « ouvert une nouvelle période de l'histoire universelle ».

D'autres facteurs culturels ont joué un rôle majeur dans le développement de l'esprit contestataire. Aucune explication de type circonstanciel ou structurel (guerre du Viêt-nam, État centralisateur et dominateur, archaïsme de l'Université, régime gaulliste en France) n'est à même de rendre compte d'un phénomène ayant touché la jeunesse de manières diverses, certes (hippies, contre-culture, psychédélisme, provo, Mai 68, mouvements alternatifs, néo-féminisme, mouvements homosexuels), mais dans toutes les sociétés démocratiques avancées. On peut bien sûr relier l'insurrection des *sixties* à l'augmentation des populations scolarisées, à la prolongation des études, à une vie adolescente et post-adolescente inactive, irresponsable, séparée du monde réel du travail. Mais tous ces facteurs n'ont eu une importance que dans le cadre plus large du bouleversement des valeurs de la vie quotidienne induit par la nouvelle organisation mode de la société. Au cœur de l'individualisme contestataire, il y a l'empire de la Mode comme tremplin des revendications individualistes, appel à la liberté et à l'accomplissement privés. L'âge hédoniste de la Mode et le culte de l'épanouissement intime qu'il impulse ont été les vecteurs de l'ébranlement des années 1960 et début 1970, ébranlement qui s'est effectué dans la jeunesse parce que groupe moins assujetti aux formes anciennes de socialisation, parce qu'ayant assimilé plus vite, plus directement, plus intensément les nouvelles normes de vie. L'individualisme hédoniste s'est heurté de plein fouet à des cadres de socialisation « archaïque », autoritaire-conventionnelle-sexiste, c'est cet antagonisme entre une culture centrée sur les valeurs de la Mode et une société encore largement dirigiste, culturellement « bloquée », qui a alimenté la vague contestataire. Au plus profond, il s'est agi d'une révolte consistant à accorder, à unifier une culture avec elle-même, avec ses nouveaux principes de base. Non pas « crise de civilisation », mais mouvement collectif pour arracher la société aux normes culturelles rigides du passé et accoucher d'une société plus souple, plus diverse, plus individualiste, conforme aux exigences de la mode achevée.

L'attrait exercé par la phraséologie révolutionnaire s'est aujourd'hui dissipé. Les récits eschatologiques ne survoltent plus personne, nous sommes bel et bien installés dans le règne terminal de la mode du sens. Régime versatile des idéologies qu'il faut relier à l'approfondissement du travail de la forme mode ayant réussi à annexer la production, la communication, le quotidien. La désaffection des odyssées idéologiques et son corrélat, l'avènement du sens « léger », sont moins le produit d'une prise de conscience collective de l'enfer du Goulag et du totalitarisme de la révolution communiste que des changements survenus à l'intérieur même du monde occidental livré au procès de la mode achevée. C'est le style de vie ludique-esthétique-hédoniste-psychologiste-médiatique qui a miné l'utopie révolutionnaire, qui a disqualifié les discours prônant la société sans classes et le futur réconcilié. Le système final de la mode stimule le culte du salut individuel et de la vie immédiate, il sacralise le bonheur privé des personnes et le pragmatisme des attitudes, il brise les solidarités et consciences de classes au bénéfice des revendications et préoccupations explicitement individualistes. L'empire de la séduction a été le fossoyeur euphorique des grandes idéologies qui, ne prenant en compte ni l'individu singulier ni l'exigence de vie libre *hic et nunc,* se sont trouvées à contre-pied exact des aspirations individualistes contemporaines.

Des inquiétudes plus ou moins marquées portant sur la vitalité des démocraties accompagnent la fluidité du sens propre à nos sociétés. Vidées des croyances dans les grandes causes, indifférentes aux grands projets d'édification collective, les démocraties ne sont-elles pas hautement fragiles, vulnérables aux menaces du dehors, habitées par l'esprit de capitulation? Sous le règne de la Mode, les ferveurs militantes s'éteignent : n'est-ce pas un phénomène propice, dans certaines circonstances, à l'établissement de régimes musclés? Que deviennent l'esprit de liberté, le courage face aux périls, la mobilisation des énergies, dans une société sans but supérieur, obsédée par la recherche du bonheur privé? Sans nier ces problèmes, il n'est pas légitime d'en conclure hâtivement à la dégénérescence de l'esprit démocratique, émoussé par la mollesse des convictions. On peut à bon droit se demander si, aujourd'hui, les hommes seraient prêts à mourir en masse pour les institutions de la République, mais comment aller raisonnablement au-delà de l'interrogation? Nul ne peut donner de réponse sérieuse à ce genre de question qui situe ce que nous sommes dans un scénario catastrophe aux données forcément inédites. La volonté de combattre a-t-elle été étouffée par le culte de l'Ego ? Au vu du profil de la société contemporaine, rien n'autorise à le penser de façon catégorique, la débâcle des idéologies héroïques ne conduit nullement à la couardise générale, à la paralysie des citoyens, au refus de la guerre : le service militaire ne suscite pas le délire, mais il n'est l'occasion d'aucun mouvement de refus collectif et, mis à part les pacifistes extrémistes, le principe de la défense armée, d'une force de dissuasion crédible, du renforcement du potentiel militaire n'est remis en cause par personne. Tandis que les États démocratiques, soutenus par leurs populations, ne cessent de s'armer, de poursuivre leur course militaro-industrielle, la société civile manifeste de son côté un calme collectif et une fermeté d'opinion remarquable devant le phénomène terroriste qui frappe le cœur des villes européennes. La tentation de céder aux chantages terroristes est rejetée par le plus grand nombre, malgré les menaces qui pèsent sur la tranquillité publique ; l'indépendance des juges, le verdict sans compromis prononcé, en dépit des risques encourus, contre le chef d'une organisation terroriste, ont été globalement salués par la société et la classe politique. L'*homo democraticus* ne rêve certes pas de sacrifices héroïques et de hauts faits d'armes, il ne sombre pas pour autant dans la lâcheté et l'inconscience de la capitulation et du présent immédiat. À la violence terroriste doit répondre la fermeté et l'application de la loi ; à la menace des nations étrangères doit répondre le renforcement de la puissance militaire, l'individu contemporain a adopté, sans enthousiasme mais avec lucidité, le vieil adage : « Si tu veux la paix, prépare la guerre. »

Non seulement le dépérissement des options idéologiques dures n'équivaut pas à l'avènement de l'esprit de reddition et d'imprévoyance collective, mais il renforce la légitimité sociale des institutions démocratiques. Mis à part les groupuscules terroristes ultra-minoritaires rejetés par toutes les formations politiques, les démocraties n'ont plus, chose tout à fait nouvelle, d'adversaires inconditionnels dans leur sein : il n'y a plus d'organisations fascistes importantes, et les partis révolutionnaires n'ont plus aucun impact. Dans un monde plus relativiste, sans foi historique ardente, le respect des institutions l'emporte sur la subversion, la violence politique ne fait plus d'adeptes et devient collectivement illégitime, tout ce qui est sanglant, appel à la violence physique, est rejeté par le corps social et politique. On ne cesse de critiquer tel ou tel aspect de nos sociétés, mais finalement on s'y complaît; les hommes, pour la première fois depuis l'avènement de l'âge démocratique, n'ont plus d'utopie sociale, ils ne rêvent plus d'une société autre. En surface, les virevoltes de la Mode déstabilisent les démocraties, en profondeur elles les assagissent, les rendent plus stables et plus imperméables aux guerres saintes, moins menacées de l'intérieur, moins vulnérables aux délires hystériques de la mobilisation totale.

Non pas décadence de l'esprit démocratique, mais son avancée. La dérive molle du sens s'accompagne, certes, de la banalisation-spectacularisation du politique, de la chute du militantisme et des effectifs syndicaux, d'esprit de citoyenneté aligné sur l'attitude consommative, d'indifférence et parfois de désaffection envers les élections : autant d'aspects révélateurs d'une crise de l'*homo democraticus* conçu idéalement. Mais comment ne pas voir, en même temps, que la liquéfaction des idéologies et le règne de la mode achevée vont de pair avec une société civile plus autonome, plus mobilisée autour de ce qui la touche au plus vif : les droits de la femme, l'environnement, l'École, l'Université, etc. D'un côté, il y a de moins en moins d'investissement religieux des causes politiques; de l'autre, il y a davantage de « conflits de société » témoignant du fait que la société civile n'est pas aussi passive qu'on le dit, qu'elle intervient plus directement, plus spontanément dans les affaires ayant trait à la vie des individus et des familles. Moins encadrée par des dogmes lourds, plus mobile, plus attachée à la qualité de la vie et aux libertés individuelles, la société est plus libre d'intervenir, plus capable de faire pression sur l'État, plus apte à exprimer ses aspirations en dehors des organisations politiques et syndicales traditionnelles. La défidélisation idéologique qui nous caractérise conduit à plus de conflits éclatés, à plus de proximité des citoyens avec leurs affaires immédiates, à moins de pouvoir arrogant des courtes majorités électorales. À la différence du chantage de certaines corporations surpuissantes à l'abri de la concurrence, les manifestations de masse autour des problèmes de société ne sont pas une dégradation de la vie démocratique, elles l'enrichissent en contraignant l'autorité centrale à moins gouverner d'en haut, à prendre en compte les multiples aspirations composant un tout collectif. La société se fait davantage entendre et la puissance publique doit apprendre à imaginer des solutions moins technocratiques et plus souples, moins autoritaires et plus diverses, en conformité avec le monde individualiste ouvert contemporain.

Le frisson du come-back

Mais considérons la grande fluctuation idéologique qui s'opère sous nos yeux. En quelques années le paradigme marxiste a fait place au paradigme libéral, la rupture avec le capitalisme a cédé le pas au sacre de la libre entreprise et au désengagement de l'État. Après la vogue contestataire, l'état de grâce du marché; après le grand Refus, l'extase du profit. L'air du temps était hier aux utopies, il bascule aujourd'hui dans le pragmatisme et le réalisme gestionnaire. Corrélativement à la promotion idéologique de la concurrence économique, on assiste à la réhabilitation des valeurs individualistes compétitives. Tandis que l'ambition, l'effort, l'argent prennent du galon, on proclame la fin de la ‹ récré soixante-huitarde ›, on dénonce une institution scolaire de plus en plus avachie et assujettie à l'idéologie pédagogique. Fini l'enthousiasme de la communauté éducative et du vécu, place au savoir, à l'instruction, à l'autorité du Maître, à ‹ l'élitisme républicain ›. C'est le mérite, l'excellence, la compétence individuels qui l'emportent; après l'euphorie contre-culturelle et relationnelle, les pendules se sont mises globalement à l'heure de l'efficacité et du bilan comptable.

Comme on le sait, la vague néo-libérale est loin pourtant de s'imposer sans couacs. S'il y a incontestablement coup de cœur pour l'entreprise privée et le moins d'État, cela n'empêche nullement le corps social, même aux U.S.A., d'être favorable aux systèmes de protections sociales, aux politiques sociales mises en place dans le cadre de l'État-Providence. Il y a désaffection envers un certain interventionnisme étatique en matière économique sans que cela ruine en rien l'attachement collectif à la justice sociale, à la couverture des grands risques, à l'intervention étatique en matière sociale et même universitaire, comme l'a révélé le dernier mouvement lycéen-étudiant en France et en Espagne. On célèbre le dynamisme entrepreneurial, mais nombreux sont ceux qui manifestent leur attachement aux salaires à l'ancienneté et aux avantages acquis. Il y a volonté de restaurer l'autorité de l'enseignant et du savoir sans que cela détruise le moins du monde l'importance du relationnel et de la prise en considération des motivations subjectives dans l'ordre pédagogique. La mode a ses ultras, mais socialement elle se diffuse en gommant ses arêtes tranchées, elle se recompose de façon hétéroclite, elle perd tout caractère doctrinal pour réaliser, de fait, une certaine « continuité dans le changement », une transformation plus rapide du corps collectif ne fracturant pas néanmoins les grands équilibres des sociétés démocratiques.

Le courant actuel néo-libéral est bien davantage une mode qu'un credo idéologique dur, c'est davantage l'attrait du nouveau et l'image du « privé » qui séduisent que le programme politique libéral. Comme toute mode, celle-ci sécrétera son antithèse, nous aurons sans aucun doute, dans un laps de temps indéterminé, un nouveau vent de folie pour l'État et la rationalité de l'Universel, nous aurons de nouvelles vagues de contestataires hirsutes ou pas, d'utopies romantiques en guerre contre le monde de l'argent, de la hiérarchie, du travail. Dès lors que l'âge théologique des idéologies est caduc, nous sommes voués à l'instabilité chronique des valeurs, aux va-et-vient des actions et réactions, à « l'éternel retour » de la mode qui ne cesse de recycler dans la modernité les formes et valeurs anciennes. Nous vibrons dans ces années 1980 au son du modernisme *high tech* et de la compétitivité mâtinée d'air rétro : pour combien de temps ?

Il est certes possible de resituer ce moment dans un de ces cycles périodiques de l'histoire moderne caractérisée par le surinvestissement des affaires privées en opposition à une phase antérieure attachée à la chose publique. Il y a bien basculement par rapport à l'axe public/privé, un nouveau cycle « privatique » est en marche faisant suite aux divers engagements collectifs des années 1960 et début 1970. La question est de savoir si une telle fluctuation peut être éclairée, fût-ce partiellement, à la manière d'Hirschman qui met l'accent sur l'expérience de la *déception* procurée par la participation aux actions publiques [1]. En soulignant le rôle de l'insatisfaction et de la frustration personnelle, l'analyse d'Hirschman a le mérite d'essayer de rendre compte de la brutalité des revirements collectifs par-delà la considération des facteurs objectifs conjoncturaux et des « acteurs rationnels ». Est affirmé, du coup, tout ce que les changements de préférences doivent à l'inconstance et à la frivolité des motivations humaines : la logique de la mode est en un sens sous-jacente à cette théorie des oscillations idéologiques et sociales. Mais l'importance accordée à la déception « endogène » est très largement surestimée, elle n'a, en l'occurrence, aucun caractère explicatif dans le cycle qui nous occupe. Aujourd'hui, ce ne sont pas seulement les déçus de la mobilisation révolutionnaire qui investissent le privé, c'est *grosso modo* tout le corps social, la majorité silencieuse elle-même très largement apathique politiquement depuis des décennies. Rien à voir avec la déception occasionnée par les actions d'intérêt public, il y a déjà longtemps que les masses ne prennent plus une part active aux grands combats eschatologiques et n'adhèrent plus aux espoirs de changer le monde. Les mêmes qui condamnaient vaguement le capitalisme et ses excès mais ne s'engageaient pas politiquement en viennent à réviser leurs jugements au profit de la libre entreprise. Pas la déception : l'attraction invincible du Nouveau. Le basculement actuel tient moins au vécu de l'insatisfaction qu'à la ruine des grandes idéologies « de fer », moins à la frustration qu'à la fièvre du changement et à la passion de tout ce qui exalte l'individu libre. Quelles que soient les raisons de fond – nous y viendrons plus loin – qui expliquent le nouvel emportement idéologique, celui-ci ne peut être détaché de la passion de mode : le goût pour la nouveauté fait à présent son œuvre jusque dans les discours et orientations majeurs. Sans la séduction du neuf, jamais les nouvelles idées libérales n'auraient pu gagner *aussi vite* une telle audience. Ce n'est pas seulement par « réalisme » lié à la crise qu'a pu se produire la promotion culturelle de l'entreprise, c'est aussi, fût-ce secondairement, par esprit de mode.

Pour être en partie une mode, la nouvelle culture entre-

[1]. A. HIRSCHMAN, *op. cit.*

preneuriale n'en produit pas moins des transformations
fondamentales et sans doute durables dans les comportements individuels et collectifs. Avec le changement de
l'image sociale de l'entreprise, celle-ci devient moins le lieu
de l'exploitation et de la lutte des classes qu'un lieu de
création de richesses appelant davantage la participation de
tous : l'idée de « cercles de qualité » commence timidement
à percer en Europe, et la figure du patron profiteur cède
massivement du terrain devant celle du créateur et du
héros-star d'entreprise. D'ores et déjà, le syndicalisme commence à tenir compte de ce changement de climat dans son
langage et ses pratiques : l'autogestion fait figure de *has
been,* le capitalisme n'est plus le mal absolu, la grève
elle-même devient ici et là une arme dont l'emploi fait
problème. Parallèlement, le goût du business, de créer son
entreprise, se diffuse et gagne une nouvelle légitimité sociale, c'est l'heure des gagnants, des patrons médiatiques, des
Yuppies. Aggiornamento idéologique capital pour les sociétés
libérales qui, débarrassées d'une image de société d'exploitation invétérée, se trouvent dotées d'une légitimité renforcée
et d'une culture favorable, au moins dans le principe, à une
participation plus réaliste des salariés, à un processus de
« coopération conflictuelle » dans les entreprises.

Un tel revirement dans les coordonnées idéologiques ne
peut laisser inchangée la sphère subjective elle-même, portée
par de nouveaux buts et sens. On est loin du culte de la
dissidence marginale, on s'inquiète à présent de l'avenir;
l'effort, le courage, le risque, sont remis en vedette, vive
l'émulation, le professionnalisme, l'excellence. Ce nouvel
environnement culturel sonne-t-il pour autant le glas du profil
narcissique des personnalités contemporaines? Réhabilitation
de l'esprit compétitif et de l'ambition, consensus autour de
l'entreprise, n'est-ce pas là une nouvelle donne incompatible
avec le règne de l'Ego absorbé par lui-même, à l'affût de ses
sensations intimes et de son plus-être? En un sens, une page
est en passe d'être tournée : l'air du temps n'est plus au
laxisme, à la permissivité, au psychologisme tous azimuts,
tout un pan de la culture *cool* cède le pas à des référents plus
« sérieux », plus responsables, plus performants. Mais l'individualisme psy n'a pas succombé, il s'est recyclé en intégrant

la nouvelle soif de business, de logiciels, de media, de pub. Une nouvelle génération narcissique est en marche, saisie par la fièvre de l'informatique et du performatif, des affaires et du baromètre-image. Non seulement le culte psy, l'idolâtrie du corps et de l'autonomie privée sont plus que jamais à l'œuvre, mais la relation interhumaine originale, unique historiquement, instituée par la seconde révolution individualiste, ne cesse d'être reconduite. Certes, nous connaissons une < réaction > méritocratique; certes, le goût de la réussite, de la compétition et des affaires revient en force, mais comment faut-il interpréter ce moment? Nullement comme réinvestissement classique des valeurs hiérarchiques et primat des critères de l'Autre, mais beaucoup plus fondamentalement comme poursuite, par d'autres moyens, du procès proprement narcissique de *réduction* – ce qui ne signifie pas abolition – de la dépendance subjective envers les critères collectifs de l'honorabilité sociale. Au cœur de ce qui constitue l'individualisme contemporain, il y a la nouvelle structure de la relation interpersonnelle où l'Ego l'emporte sur la reconnaissance sociale, où l'aspiration individuelle au bonheur et à l'expression de soi fait reculer la primauté immémoriale du jugement de l'Autre (honneur, dépense ostentatoire, standing, rang social, etc.). Loin d'être aboli, ce basculement du rapport social entre les êtres, instituant à part entière l'ultime phase du règne des individus, poursuit sa dynamique. Il est simpliste de croire qu'on assiste au retour pur et simple de l'idéologie concurrentielle, à une frénésie de réussite et d'ascension sociale, le nouvel air du temps ne fait que continuer le travail d'émancipation des individus vis-à-vis des repères collectifs du succès social et de l'approbation de l'Autre.

Même le démon des media qui fait désormais courir artistes, journalistes, écrivains, patrons et tout un chacun, ne doit pas être compris comme le signe de la prééminence de l'obsession de l'Autre, mais bien davantage comme autopublicité, jouissance narcissique de paraître à l'écran, d'être vu par le très grand nombre, désir d'être aimé et de plaire plus que d'être respecté et estimé pour ses œuvres : Narcisse veut plus séduire qu'être admiré, il veut qu'on parle de lui, qu'on s'attache à lui, qu'on le choie, P. Poivre d'Arvor pouvait déclarer à un grand quotidien : < J'ai besoin d'être aimé. >

Gagner de l'argent, réussir socialement sont réhabilités, mais avec des ressorts psychologiques et culturels qui ont peu à voir avec le désir de s'élever dans la pyramide sociale, de se hisser au-dessus des autres, d'attirer l'admiration et l'envie, de gagner la respectabilité. L'ambition elle-même est prise dans le vertige de la subjectivité intimiste : le business est autant un moyen de se faire une place économiquement confortable qu'une manière de se réaliser soi-même, de se surpasser, d'avoir un but stimulant dans l'existence. La structure narcissique de l'Ego domine; il s'agit, d'un côté, d'avoir de l'argent pour jouir en privé des biens et services de la vie moderne, de l'autre, de faire quelque chose par soi-même et pour soi-même, de connaître l'excitation de l'aventure ou du risque, à l'instar de cette nouvelle race de managers que sont les *Gamesmen*. La compétition et le risque ont pris une nouvelle coloration : non plus celle de l'arrivisme conquérant, mais celle du narcissisme plus attentif à soi-même et à ses vibrations intimes qu'à l'esbroufe, à l'échelon social et au prestige. Il n'y a aucune rupture entre le nouveau culte entrepreneurial et les passions démultipliées des individus pour l'écriture, la musique ou la danse, partout c'est l'expression de soi, la « création », la « participation en profondeur » de l'Ego qui l'emportent. On voit se multiplier les cas de changements d'activités professionnelles chez les cadres, les professions libérales et autres, non parce que le « profil de carrière » est bouché, mais parce qu'on ne s'y réalise pas comme on le désire. L'âge néo-narcissique ne signifie pas disparition de la rivalité entre les êtres, mais assujettissement des formes de la compétition aux désirs d'accomplissement intime. L'Autre est moins un obstacle ou un ennemi qu'un moyen d'être soi-même. Si une pente des démocraties, renforcée aujourd'hui, pousse les individus à se mesurer les uns aux autres, à s'affirmer individuellement dans la comparaison avec autrui, on ne doit pas y voir un nouveau cycle prenant la relève pure et simple de l'individualisme hédoniste et psy. C'est le même processus de privatisation narcissique qui agrandit les frontières, l'Ego se rend davantage maître de la concurrence inter-humaine à l'instar de ces sports (courses de jogging, tennis hors tournoi) où la compétition avec l'Autre est avant tout une manière de se défoncer, de garder la forme, de se lancer un défi à soi-même, de réaliser une performance individuelle.

La vogue néo-libérale mérite qu'on s'y arrête. Comment la libre entreprise, si longtemps décriée, a-t-elle pu conquérir en un laps de temps aussi court le cœur des populations? Comment expliquer ce revirement culturel en faveur du profit et du marché? Comment, dans une nation comme la France, si encline séculairement au centralisme protecteur de la puissance publique, a-t-il pu se produire un mouvement tel que le désengagement de l'État? On sait que, dans le cas français, l'expérience « rose » n'a pas peu contribué à ce basculement, elle a notamment permis de révéler les limites de l'action de l'État dans une économie engagée dans le marché international, d'ouvrir les yeux sur les contraintes de l'économie et la réalité de la crise, elle a sapé les rêves de gauche en mettant en œuvre, après une phase initiale de relance, une gestion pragmatique des affaires. Au-delà de l'alternance politique, le contexte de crise économique a été déterminant. D'abord très concrètement par le biais de l'accroissement continu des prélèvements obligatoires depuis 1973 : ce qui apparaissait comme moyen de protection, garant de liberté et de bien-être, a commencé à apparaître, pour certains, obstacle à l'autonomie et à la responsabilité des individus. Sous le poids dès lors perceptible des impôts et cotisations sociales, toujours plus de prélèvements et de redistributions publiques a cessé d'aller de soi et fait naître le sentiment que nous forgions des nations d'assistés, des démocraties mineures. Plus profondément encore, la crise a été un instrument pédagogique convertissant les esprits au réel, rendant obsolètes les visions utopiques et la solution miracle du tout-État. Chômage persistant, croissance zéro, faiblesse industrielle, perte de compétitivité, déficit de la balance des paiements, la nouvelle donne économique a enclenché avec retard une prise de conscience de l'essouffle-ment des nations européennes, de la nécessité de se donner les moyens de sortir de l'état de crise, elle est à la base de la promotion culturelle de l'entrepreneur, du risque, du mérite individuel comme moyens de redynamiser nos sociétés et leur ouvrir les chances du futur.

Si importants soient-ils, tous ces facteurs n'ont pu jouer leurs rôles que greffés sur les transformations des valeurs et des modes de vie propres à l'âge de la mode achevée. En surindividualisant les êtres, en développant les goûts d'autonomie, en privilégiant l'enregistrement des faits, le règne des objets et de l'information a conduit à valoriser tout ce qui relève de la liberté et de la responsabilité individuelle. La vogue néo-libérale est, en partie, une adaptation idéologique aux modes de vie centrés sur l'atome individuel indépendant, réfractaire aux systèmes omniscients, aux encadrements lourds, homogènes, dirigistes. Impossible de séparer le consensus autour du profit et de l'entreprise, de l'action propre de la mode généralisée dont on a vu qu'elle ne cessait de travailler à promotionner l'autonomie individuelle et à déraciner les croyances dogmatiques-eschatologiques. Ainsi l'ère de la mode totale peut-elle être à la base des phénomènes culturels les plus opposés : avant-hier, le grand refus utopique; aujourd'hui, la consécration du business. La contradiction encore une fois n'est qu'apparente, on assiste seulement aux effets antinomiques d'une même poussée de type individualiste. À l'heure de la contestation, la revendication individualiste s'est donné libre cours en dénonçant le système bureaucratique-capitaliste et en se mariant avec le radicalisme révolutionnaire : il s'agissait d'une phase intermédiaire entre un âge révolutionnaire militant et celui d'un individualisme absorbé prioritairement par les préoccupations privées. La mode achevée a poursuivi son œuvre, l'individualisme narcissique qui nous domine, hostile aux grandes prophéties, friand d'hyperréel, a été le sol nourricier de la renaissance libérale. L'exigence de flexibilité, les dénationalisations et dérégulations viennent en écho aux transformations de l'individualité, elle-même flexible, pragmatique, aspirant avant toute chose à l'autonomie privée.

On sait que, parallèlement à ce deuxième souffle libéral, se déploient diverses manifestations de type nettement conservateur traduisant un revirement tout aussi spectaculaire des valeurs. L'idéologie *law and order* a le vent en poupe : la peine de mort jouit de la faveur de l'opinion publique, et de nombreux États aux U.S.A. l'ont déjà rétablie et appliquée. En ce qui concerne les prisons, les idées d'amendement et de réinsertion sociale ont de moins en moins d'écho, il faut mettre fin à la « prison molle » et au laxisme de la justice, il faut punir avec fermeté, rétablir la certitude de la peine. En Angleterre, d'aucuns menacent de revenir aux châtiments corporels. On a prôné « l'injonction thérapeutique » pour les drogués et la pénalisation de la consommation des stupéfiants. De nombreuses associations, *Pro-life, Laissez-les vivre,* partent en croisade pour l'abolition de l'avortement légal : aux U.S.A., les attentats contre les cliniques pratiquant l'avortement se multiplient, et depuis 1977 les I.V.G. ne peuvent plus être financées par les fonds publics; des hommes politiques de premier plan en France comme en Amérique annoncent la nécessité de mettre fin à la législation de l'avortement. Un nouvel ordre moral tente de s'imposer, le thème « travail, famille, patrie » est de retour. Après la fièvre de la libération sexuelle et féministe, on refait ici et là l'éloge de la chasteté, de la femme au foyer, de la virginité, on stigmatise le péché de contraception, le SIDA apparaît comme un signe de courroux divin, la sodomie et la fellation sont devenues des délits passibles de prison dans certains États américains. Plus inquiétant encore, les thèmes racistes et xénophobes s'étalent désormais sans honte sur la place publique, on émet des doutes sur l'Holocauste, les attentats contre les étrangers se multiplient, les partis d'extrême droite obtiennent de bons scores aux élections sur la base « la France aux Français, les étrangers dehors ». Le climat antiautoritaire et émancipateur des années 1960-1970 est derrière nous, le conservatisme est à la une.

Peut-on tenir tous ces phénomènes disparates mais significatifs d'un incontestable revirement idéologique comme des manifestations de la mode généralisée? N'assiste-t-on pas à un véritable *come-back* conservateur et moraliste prenant la relève du libéralisme culturel exacerbé des années antérieures? N'est-ce pas le signe même de l'éternel retour de la mode, de l'alternance de l'ancien et du nouveau, du recyclage du passé, du cycle alternatif du néo et du rétro? L'analogie est trompeuse : pour l'essentiel, ce qu'on appelle parfois la « révolution conservatrice » est antinomique avec l'esprit et la logique de la mode. Tandis que la mode achevée fonctionne sur une logique de l'hédonisme, de la séduction, du nouveau, le néo-conservatisme réhabilite le moralisme, la « répression », la « tradition », c'est un procès adverse qui est en cours :

l'ordre moral non l'ordre frivole. Tandis que la forme mode divinise le choix subjectif individuel, le rigorisme actuel écrase la diversité et les combinaisons libres sous la houlette de dogmes à reconduire comme tels. La mode s'alimente du désir insatiable du Nouveau, le néo-conservatisme s'enracine dans le dogme religieux intangible; la mode répond aux goûts du changement, le nouvel ordre moral à l'angoisse de l'insécurité physique, économique, culturelle; la mode est exaltation du présent, la *moral majority* est nostalgique d'un ordre passé. Offensive rigoriste en matière de mœurs, au demeurant explicitement dirigée contre l'hypermodernisme et le laxisme de l'esprit de mode accusé d'avoir ébranlé les repères de la normalité, de la femme, de l'enfant, d'avoir détruit les valeurs de l'effort, de la famille, de la religion, du travail, du patriotisme. Ce à quoi nous assistons est une réaction contre la morale permissive, contre la « destruction » de l'autorité et de la famille, contre le mélange des races et le « suicide » de la nation, contre la « décadence » de l'Occident dont la responsabilité est attribuée au règne débridé de la mode totale.

Si l'on excepte la volonté sécuritaire, la *moral majority* est avant tout l'effet d'un fondamentalisme religieux que la mode achevée n'a pas réussi à éradiquer. Il s'agit moins d'un effet de mode que d'une survivance religieuse intolérante, moins d'un trait essentiel aux démocraties contemporaines que de manifestations typiques de nations où prolifèrent groupes et Églises intégristes ayant pu regagner de l'audience du fait même du raz de marée émancipateur antérieur, de la désintégration des identités sociales et de l'anxiété individuelle et collective qu'ils véhiculent. Ce néo-conservatisme ne traduit pas le règne flexible du terminal de la mode, il reconduit l'esprit de religion hyperorthodoxe d'un autre âge parce que ne reconnaissant pas l'action et le jugement libres des personnes privées. L'empire de la mode n'est pas encore au bout de sa course, il a déminé nombre de clivages et enclenché en peu d'années une revendication individualiste sans pareille. Dans les sociétés au sentiment puritain profondément ancré, le procès de mode s'est heurté à des convictions et une foi intransigeantes qu'il n'a pas réussi à ébranler. N'invoquons pas trop vite un absolu religieux imperméable au siècle : le temps est à prendre en considération, les effets culturels de la mode élargie n'ont guère que quelques décennies. N'invoquons pas davantage le pouvoir omnipotent du règne de la mode : rien n'indique qu'il parviendra jamais à faire basculer la sphère des croyances dans l'ordre pur du consommable et du versatile. On peut seulement raisonnablement penser qu'à la faveur de la dynamique irréversible de la mode, l'intégrisme sera de moins en moins partagé, de moins en moins dominant dans les démocraties modernes. Il n'est pas sûr qu'il puisse jamais disparaître.

Pour n'être pas assimilable à une forme d'engouement, ce moment rigoriste et autoritaire n'est pas sans lien avec la mode achevée. En quête de nouveautés, les media ont très fortement « gonflé » le *remake* traditionaliste, comme si l'opinion publique avait subitement viré de bord. On sait qu'il n'en est rien, il s'agit davantage d'un « pseudo-événement » que d'une réalité culturelle de fond; en cela, l'effet « retour des valeurs » est inséparable des media et ressortit du coup, paradoxalement, à la mode, alors même qu'il s'insurge contre elle. Tous les sondages le révèlent, la passion pour l'autonomie et les désirs de jouissance intime ne cessent de se développer. On invoque la valeur retrouvée de la famille, mais les divorces ne cessent d'augmenter et la natalité de baisser, les personnes se marient de plus en plus tard et de moins en moins, les enfants « naturels » représentent désormais en France une naissance sur cinq. On annonce le déclin de la sexualité permissive, mais, dans les lycées parisiens, un garçon sur deux a des relations sexuelles et une fille sur trois n'est plus vierge, l'écrasante majorité trouve légitimes les moyens de contraception et la sexualité libre des adolescents. Hostilité à l'avortement? Même aux U.S.A., la majorité est opposée à son interdiction légale, et les électeurs du Front national sont partisans à 30 % du maintien de l'I.V.G. Reviviscence du fondamentalisme religieux? C'est ne pas voir que majoritairement les croyants ont des pratiques et des croyances de plus en plus libres, éclectiques, individualisées. C'est oublier que le phénomène se déploie en télévangélisme, en pub vidéo christique, en parc d'attraction chrétien avec spectacle au laser, piscine où l'on se baigne le jour et où l'on baptise le soir. Beaucoup d'échos en surface médiatique, peu en étendue sociale, n'est-ce pas là un des traits de la mode?

Une société restructurée par la forme mode n'empêche nullement la vedettisation des valeurs rigoristes, à condition d'ajouter que le phénomène reste un *spectacle* aux effets non pas nuls, mais épidermiques et minoritaires.

De même que le néo-puritanisme ne relève pas d'un engouement, de même les revendications et mesures sécuritaires ne peuvent être considérées comme des mouvements de mode. Retour de la peine de mort, justice plus ferme, contrôles d'identité sur la voie publique, restriction du droit d'asile, code de la nationalité, « légitime défense », autant de manifestations qui n'ont rien à voir avec les fluctuations éphémères de la mode. Les sondages sont unanimes : la lutte contre la criminalité et le désir de sécurité sont en tête des préoccupations des personnes. Nous n'avons pas fini de connaître l'exigence d'ordre et ce, parce qu'il ne s'agit pas, au plus profond, d'une *idéologie* mais d'une composante inéluctable de la société individualiste policée restructurée par la forme mode. Dans une société hyperindividualiste, où la socialisation exclut les formes de violence et de cruauté physiques, où différentes populations sont face à face, où la communication se substitue à la répression, où l'ordre public est très largement assuré, la *peur* est consubstantielle à l'individu pacifié et désarmé. L'angoisse sécuritaire n'est pas une toquade, elle est en quelque sorte un invariant de la vie démocratique. Tocqueville l'avait déjà souligné : si l'homme démocratique a un goût naturel pour la liberté, il a une passion encore plus ardente pour l'ordre public, il est toujours prêt, dans les circonstances troublées, à renoncer à ses droits pour étouffer les germes du désordre : « Le goût de la tranquillité publique devient alors une passion aveugle, et les citoyens sont sujets à s'éprendre d'un amour très désordonné pour l'ordre [1]. » Tout en s'inscrivant dans le prolongement de cette pente démocratique, le moment actuel présente néanmoins un caractère singulier : les citoyens exigent, en effet, à la fois plus de sécurité quotidienne et plus de libertés individuelles. Plus d'ordre public, mais pas moins de droits et d'indépendance individuels. Le désir de sécurité n'a aucune-

1. Alexis de TOCQUEVILLE, *De la démocratie en Amérique*, Paris, Gallimard, t. I, vol. II, p. 308. Également pp. 147-148 et p. 301.

ment pour contre-partie le renoncement aux libertés politiques et privées comme le craignait Tocqueville. Nous ne voyons pas s'enclencher une dynamique de restriction des droits des personnes au profit de l'augmentation des prérogatives de l'État, nous voyons se cristalliser une exigence accrue de contrôle et de protection publiques au sein d'une société profondément attachée aux libertés individuelles et démocratiques.

De même que les mesures sécuritaires ne s'alimentent pas d'une idéologie constituée, de même la résurgence de la xénophobie ne s'inscrit pas dans la continuité de l'idéologie raciste classique. Aujourd'hui, ceux-là même qui nourrissent les sentiments les moins amènes pour les faciès basanés ne prônent plus la destruction de l'Autre, ils ne proclament plus la supériorité incontestée de l'Aryen ou de l'Occidental. Non plus le génocide, chacun chez soi. Quel que soit le nombre trop élevé de crimes racistes, le phénomène reste circonscrit, nous ne voyons plus de pogromes, de massacres et de violations systématiques. Le racisme n'a plus la virulence de jadis, il est massivement plus rentré, moins agressif. Beaucoup n'aiment pas les étrangers, peu approuvent l'effusion de sang, on ne se lie pas avec eux, mais on ne s'agresse pas. L'âge frivole n'élimine pas le racisme, il en modifie certains traits : plus personne n'imagine de « solution finale », plus personne ne soutient l'idée d'infériorité congénitale des populations de couleur. On est sorti de la thématique de la pureté de la race, la xénophobie actuelle pousse sur le terrain de l'obsession de la sécurité et de la protection des intérêts. Il en va du racisme comme des autres idéologies, il s'est vidé de son sens lourd, il est devenu moins sûr de lui-même, moins dominateur, « post-idéologique », davantage l'expression de l'angoisse individuelle que d'une vision manichéenne du monde. Est-il besoin de préciser qu'il n'a pas pour autant basculé, tant s'en faut, dans l'ordre léger de la mode.

Les Lumières en libre service

Pour ne pas être antinomique avec un fonctionnement stable des institutions démocratiques, la nouvelle régulation sociale du sens n'en pose pas moins une épineuse question quant à l'idéal démocratique de l'autonomie subjective dans la sphère des opinions. Comment parler de liberté individuelle là où la vie de la conscience vibre au rythme des humeurs changeantes de la mode? Si les idées oscillent au gré des engouements fluctuants, si nous adoptons régulièrement les courants « à la page », qu'en est-il de la finalité démocratique-individualiste par excellence qu'est la souveraineté personnelle ou l'autodétermination de soi-même dans l'ordre des pensées? Question essentielle dont on trouve déjà une formulation typique chez Tocqueville. Même s'il n'y a pas de théorie de la mode dans *De la démocratie en Amérique,* l'analyse tocquevillienne de la source des croyances dans les nations démocratiques illustre au plus près le règne grandissant des influences nouvelles sur les intelligences particulières. Le pessimisme nuancé de Tocqueville sur le destin des démocraties est connu : à mesure que progresse l'égalité des conditions, le joug des habitudes et les préjugés de groupe régressent au profit de l'indépendance d'esprit et de l'effort individuel de la raison. Mais, alors que les individus sont ramenés sans cesse vers leur propre entendement, une tendance adverse se développe, les conduisant à se fier à l'opinion de la masse. D'un côté, davantage d'effort pour chercher en soi-même la vérité; de l'autre, davantage d'inclination à suivre sans examen les jugements du plus grand nombre. Dans les démocraties, l'action de l'opinion commune sur les atomes privés a une puissance nouvelle et incomparable, elle s'exerce comme la mode, non par coercition mais par pression invisible du nombre. À la limite, les temps démocratiques conduisent au « pouvoir absolu de la majorité », « à ne plus penser », à la négation de la liberté intellectuelle [1]. Comment aujourd'hui ne pas prendre au sérieux l'inquiétude de Tocqueville au vu de l'impact des media sur les succès de librairie, au vu des gourous ésotériques, au vu des programmes d'*entertainment,* de la prolifération des vedettes minute, de la multiplication des modes intellectuelles et idéologiques?

Quelle que soit l'ambiguïté de l'économie frivole du sens, il ne nous paraît pas fondé d'y voir à l'œuvre une entreprise

1. *Ibid.,* pp. 18-19.

d'éradication de la liberté individuelle et un signe d'assujettissement grandissant des consciences. Au travers de l'accélération et du foisonnement des conformismes de mode, il se
produit en effet un mouvement partiel mais effectif d'autonomisation des esprits; au travers des épidémies mimétiques,
il y a marche vers une plus grande individualisation des
pensées. On se plaît couramment à dénoncer la bêtise
moutonnière de nos contemporains, leur absence de réflexion,
leur fâcheuse propension à l'inconstance et aux parcours
zigzagants. Mais les esprits étaient-ils plus libres lorsque
religions et traditions réussissaient à produire une homogénéité sans faille des croyances collectives, lorsque les grandes
idéologies messianiques imposaient des doctrines dogmatiques
sans place pour l'examen critique individuel? On voit sans
mal ce qui s'est perdu : moins d'assurance dans les convictions, moins de résistance personnelle face à la séduction du
nouveau et à celle du grand nombre. On remarque moins ce
qui, du même coup, a été gagné : plus d'interrogations sans a
priori, plus de facilité à se remettre en cause. Sous le règne de
la mode totale, l'esprit est moins ferme mais plus réceptif à la
critique, moins stable mais plus tolérant, moins sûr de
lui-même mais plus ouvert à la différence, à la preuve, à
l'argumentation de l'autre. C'est avoir une vue superficielle de
la mode achevée que de l'assimiler à un processus sans pareil
de standardisation et de dépersonnalisation; en réalité, elle
impulse une interrogation plus exigeante, une multiplication
des points de vue subjectifs, le recul de la similitude des
opinions. Non pas ressemblance croissante de tous, mais
diversification des petites versions personnelles. Les grandes
certitudes idéologiques s'effacent au profit de l'éclatement des
micro-différences individuelles, au profit des singularités
subjectives peut-être peu originales, peu créatives, peu réflé-
chies, mais plus nombreuses et plus souples. Dans le creux
laissé par l'effondrement des catéchismes et orthodoxies, la
mode ouvre la voie à la démultiplication des opinions
subjectives. Rien de plus faux que de représenter la mode sous
les traits de l'unanimisme des consciences. Soit l'engouement
actuel pour le libéralisme et le moins d'État : loin de se
traduire par un discours homogène, il s'accompagne d'une
gamme de variantes et adaptations, des néo-libertariens aux

sociaux démocrates en passant par les néo-conservateurs et autres. À peu près toutes les familles de pensée, à des degrés divers, participent de la vogue du moment, mais aucune n'en fait absolument le même usage. Quelques années plus tôt, le phénomène s'est produit avec la pensée révolutionnaire-marxiste qui a donné lieu à une kyrielle d'interprétations et de combinaisons : spontanéisme, autogestion, maoïsme, freudo-marxisme, utopie marginale, structuralo-marxisme, anti-humanisme théorique, etc. La mode est un self-service où les particuliers se confectionnent un univers intellectuel plus ou moins sur mesure, fait d'emprunts variés, de réactions à ceci et à cela. Nous sommes voués à la floraison des différences d'opinions petites et grandes; les consciences, loin d'être massifiées par la mode, sont emportées dans un processus de différenciation élargie, de bricolage intellectuel à la carte.

Même si cela heurte de front une pensée formée à l'école marxiste et aux jeux de l'anti-hégélianisme de type nietz-schéen, il ne faut pas craindre de reprendre les termes d'une problématique aujourd'hui quelque peu passée de mode : le progrès. Oui, il y a progrès dans la liberté de pensée et ce, en dépit des mimétismes et conformismes de mode. Oui, la marche des Lumières se poursuit, les hommes « dans leur ensemble », comme disait Kant, continuent de sortir de leur « minorité ». Extinction des fanatismes idéologiques, décom-position des traditions, passion de l'information, les individus sont de plus en plus capables d'exercer un libre examen, de moins subir les discours collectifs, de se servir de leur entendement, de « penser par eux-mêmes », ce qui ne signifie évidemment pas hors de toute influence. Certes, la mode reconduit une forme d'extro-détermination des pensées; certes, elle signifie un règne particulier de l'influence de l'Autre. Mais l'autorité y est non directive, elle s'exerce sans monoli-thisme, elle s'accompagne d'une volonté d'argumentation et d'une capacité d'interrogation plus grandes chez les individus. La mode achevée ne fait pas obstacle à l'autonomie des consciences, elle est la condition d'un mouvement de masse vers les Lumières. Penser sans le secours d'autrui, hors d'un climat intellectuel et idéologique nourricier, n'a rigoureuse-ment aucun sens : « Il faut donc toujours, quoi qu'il arrive, que l'autorité se rencontre quelque part dans le monde

intellectuel et moral. Sa place est variable, mais elle a nécessairement une place. L'indépendance individuelle peut être plus ou moins grande, elle ne saurait être sans bornes [1]. »
Si, dans l'absolu ou par rapport à la logique du génie créateur, le règne mimétique de la mode fait injure à l'autonomie personnelle, socialement et historiquement, il en rend possible le déploiement au niveau de la majorité des hommes.

Quelque chose nous fait toujours résister à l'idée de considérer la mode comme un instrument de liberté. Outre l'uniformité apparente qu'elle réalise, ne conduit-elle pas à décourager l'effort réflexif des particuliers dans la recherche du vrai et du juste, elle qui opère par séduction et repose sur la facilité mimétique? Être maître de ses pensées n'est-ce pas nécessairement le résultat d'un travail individuel, d'un acte de courage et de construction explicite? Point de vue indépassable en un sens, mais qui s'applique davantage à l'œuvre de découverte intellectuelle qu'à la constitution des pensées plus générales des hommes. À s'en tenir à une définition volontariste de l'autonomie intellectuelle, seuls quelques professionnels du concept peuvent prétendre accéder au royaume de la liberté de l'esprit, la masse, elle, est vouée, comme il se doit, à l'idolâtrie, au spectacle, à la consommation des idées-images, incapable qu'elle est d'accéder à la Majorité, à l'usage libre et créateur de l'entendement. Il nous semble qu'une telle dichotomie élitiste laisse échapper le processus beaucoup plus complexe en cours dans les sociétés modernes. La conquête de la liberté intellectuelle est pensable en dehors du modèle prestigieux de la raison architectonique, elle peut s'effectuer à un tout autre niveau, beaucoup plus empirique, par le biais de la multiplicité des influences et de leurs chocs, par le jeu des comparaisons diverses. La marche du gouvernement de soi-même dans l'histoire ne s'effectue pas par la voie royale de l'effort spéculatif individuel, mais par un ensemble de phénomènes culturels et sociaux apparemment contraires aux Lumières. « Aie le courage de te servir de ton propre entendement. Voilà la devise des Lumières » : la mode achevée est ce moment permettant à de très larges masses de faire usage de leur propre raison et ce, parce que l'ordre

1. *Ibid.*, p. 17.

immémorial de la tradition a éclaté et que les systèmes terroristes du sens ne mordent plus sur les esprits. On subit des influences en grand nombre, mais plus aucune n'est strictement déterminante, plus aucune n'abolit la capacité de retour sur soi. L'esprit critique se répand dans et par les mimétismes de mode, dans et par les fluctuations de « l'opinion », tel est le plus grand paradoxe de la dynamique des Lumières, l'autonomie est inséparable des dispositifs de l'hétéronomie.

Gardons-nous de toute vision béate : les réactions impulsives du public, les sectes, les différentes croyances ésotériques et parapsychologiques qui défraient fréquemment la chronique, sont là pour rappeler que les Lumières n'avancent pas sans leur contraire, l'individualisation des consciences conduit aussi bien à l'apathie et au vide intellectuel, à la pensée-spot, au salmigondis mental, aux adhésions les plus déraisonnables, à de nouvelles formes de superstitions, au « n'importe quoi ». Si réels et si spectaculaires soient-ils, ces phénomènes ne doivent pas occulter la lame de fond qui modifie le rapport des individus au vrai et au sens : on consacre peu de temps et d'effort à l'œuvre de pensée, mais on parle davantage en son nom propre. Peu de méditations délibérées et pourtant de plus en plus de majorité et de maturité des êtres. La déraison de mode contribue à l'édification de la raison individuelle, la mode a ses raisons que la raison ne connaît point.

V

LES GLISSEMENTS PROGRESSIFS
DU SOCIAL

Le règne de la mode généralisée porte à son point culminant l'énigme de l'être ensemble propre à l'âge démocratique. Ce qu'il s'agit de comprendre c'est comment une société fondée sur la forme mode peut faire coexister les hommes entre eux. Comment peut-elle instaurer un lien de société alors qu'elle ne cesse d'élargir la sphère de l'autonomie subjective, démultiplier les différences individuelles, vider les principes régulateurs sociaux de leur substance transcendante, dissoudre l'unité des modes de vie et des opinions? En restructurant de fond en comble la production comme la circulation des objets et de la culture sous la coupe de la séduction, de l'éphémère, de la différenciation marginale, la mode achevée a bouleversé l'économie du rapport inter-humain, elle a généralisé un nouveau type de rencontre et de relation entre les atomes sociaux, elle désigne le stade terminal de l'état social démocratique.

Corrélativement à cette forme inédite de cohésion sociale, elle a développé un nouveau rapport à la durée, une nouvelle orientation du temps social. Se généralise de plus en plus la temporalité qui gouverne depuis toujours la mode : le présent. Notre société-mode a liquidé définitivement la puissance du passé s'incarnant dans l'univers de la tradition, elle a également infléchi l'investissement sur l'avenir qui caractérisait l'âge eschatologique des idéologies. Nous vivons dans les programmes courts, le changement perpétuel des normes, la stimulation à vivre tout de suite : le présent s'est érigé en axe majeur de la durée sociale.

L'apothéose du présent social

Dès lors que la mode ne renvoie plus exclusivement au
domaine des futilités et désigne une logique et une temporalité
sociale d'ensemble, il est utile, nécessaire, de revenir sur
l'œuvre qui a été le plus loin dans la conceptualisation,
l'amplification et la mise en relief du problème : celle de
Tarde. Gabriel de Tarde, le premier à avoir réussi à théoriser
la mode au-delà des apparences frivoles, à avoir donné une
dignité conceptuelle au sujet en y reconnaissant une logique
sociale et un temps social spécifiques. Le premier à avoir vu
dans la mode une forme générale de socialité, à avoir défini
des époques et des civilisations tout entières par le principe
même de la mode.

Pour G. de Tarde, la mode est essentiellement une forme
de relation entre les êtres, un rapport social caractérisé par
l'imitation des contemporains et l'amour des nouveautés
étrangères. Il n'y a de société que par un fond d'idées et de
désirs communs, c'est la ressemblance entre les êtres qui
institue le lien de société, au point qu'il est affirmé « la
société, c'est l'imitation » [1]. La mode et la coutume sont les
deux grandes formes de l'imitativité permettant l'assimilation
sociale des personnes. Lorsque l'influence des ancêtres
cède le pas à la soumission aux suggestions des novateurs, les
âges de coutume font place aux âges de mode. Tandis que
dans les siècles de coutume on obéit aux règles des aïeux, dans
les siècles de mode on imite les nouveautés du dehors et ceux
qui nous entourent [2]. La mode est une logique sociale
indépendante des contenus, toutes les conduites, toutes les
institutions sont susceptibles d'être emportées par l'esprit de
mode, par la fascination du nouveau et l'attrait des modernes.
Deux principes strictement corrélatifs caractérisent la mode aux
yeux de G. de Tarde : d'une part, une relation de personne à
personne régie par l'imitation des modèles contemporains ;
d'autre part, une nouvelle temporalité légitime, le *présent
social,* qu'illustre au plus près la devise des âges de mode :

1. Gabriel DE TARDE, *Les Lois de l'imitation, op. cit.,* p. 95.
2. *Ibid.,* pp. 265-269.

‹ tout nouveau, tout beau ›. Dans les temps où la mode domine, ce n'est plus le passé traditionnel qui est objet de culte, le moment actuel magnétise les consciences, le prestige va aux nouveautés : on vénère le changement, le présent. En opposant les périodes où règne la mode à celles où règne la coutume, G. de Tarde a souligné avec force que la mode était beaucoup plus qu'une institution frivole : forme d'une temporalité et d'une socialité spécifiques, la mode, avant d'être ce qui s'explique par la société est un stade et une structure de la vie collective.

En dépit de cette avancée théorique majeure, on sait que G. de Tarde n'est pas parvenu à saisir le lien consubstantiel unissant la mode aux sociétés modernes. À la recherche des lois universelles de l'imitation et de leur marche irréversible, de Tarde n'a pas reconnu dans la mode une invention propre à l'Occident moderne, il en a fait une forme inéluctable et cyclique de l'imitation sociale. Principe invariant dans l'immense parcours historique des hommes, la mode apparaît comme une phase transitoire et révolutionnaire entre deux âges de coutume. La vie sociale est universellement et nécessairement rythmée par l'oscillation de phases traditionalistes où sévit l'imitation des modèles anciens et autochtones, et de phases de mode où se déploient des vagues d'imitation de nouveautés étrangères ébranlant l'équilibre coutumier : ‹ L'imitation, d'abord coutume, puis mode, redevient coutume... telle est la formule générale qui résume le développement total d'une civilisation quelconque [1]. › Formule s'appliquant d'ailleurs davantage aux différents étages de la vie sociale pris un à un, langue, religion, morale, besoins, gouvernement, qu'au tout collectif, rares étant les moments historiques, comme la Grèce du Ve siècle avant J.-C., Florence au XVe siècle, Paris au XVIe siècle, l'Europe des XVIIIe et XIXe siècles, où l'imitation-mode gagne synchroniquement toutes les sphères de l'activité sociale [2]. Prisonnier d'une conception transhistorique de la mode, G. de Tarde a procédé à une extension abusive du concept, il a occulté la discontinuité historique qu'elle opère, il l'a appliquée à des types de

1. *Ibid.*, p. 275.
2. *Ibid.*, p. 276 et 369.

civilisation dont tout le fonctionnement social tend à en conjurer l'irruption. Ce qui ne l'a pas empêché d'observer avec lucidité l'ampleur exceptionnelle des phénomènes de contagions de mode dans les sociétés modernes démocratiques : « Le XVIIIe siècle a inauguré le règne de la mode en grand... nous traversons incontestablement une période d'imitation-mode remarquable entre toutes par sa largeur et sa durée [1]. »

Si fortes que soient les vagues de mode, précise G. de Tarde, le prestige des ancêtres continue toujours de l'emporter sur celui des nouveautés : il en va de la persistance sociétale. Même dans les sociétés modernes les plus sujettes aux engouements passagers, la part de l'élément traditionnel est toujours prépondérante, le prestige des ancêtres est supérieur à celui des novateurs, « l'imitation engagée dans les courants de la mode n'est donc qu'un bien faible torrent à côté du grand fleuve de la coutume, et il faut nécessairement qu'il en soit ainsi » [2]. Aucune cohésion sociale n'étant possible sans communauté de croyances, sans similitude de cœur et d'esprit, il faut, pour que ne soit pas rompue la chaîne des générations et que les enfants ne deviennent pas étrangers à leurs pères, que se maintienne le respect des croyances anciennes. Via l'imitation des mêmes modèles du passé, les générations continuent de se ressembler et forment une société une. La prééminence de la tradition est une constante sociétale, un impératif catégorique du lien de société et ce, quels que soient les bouleversements et les crises de mode.

Analyse sans doute justifiée à la fin du XIXe siècle, au moment où écrivait G. de Tarde, lorsque la mode n'avait pas encore pris toute son extension et laissait subsister de larges pans de la vie collective sous le joug de la tradition et de l'autorité du passé, mais qu'on ne peut reconduire telle quelle dans un temps où l'économie, la culture, le sens, l'existence quotidienne se trouvent régulés par l'éphémère et la séduction. Avec la mode achevée s'est opérée une mutation capitale dans l'axe du temps social, un retournement dans la composition des forces entre mode et coutume : pour la première fois,

1. *Ibid.*, p. 317 et 386.
2. *Ibid.*, p. 266.

l'esprit de mode l'emporte à peu près partout sur la tradition, la modernité sur l'héritage. À mesure que la mode englobe des sphères de plus en plus larges de la vie collective, le règne de la tradition s'éclipse, il ne représente plus qu'un « bien faible torrent » comparé au « grand fleuve » de la mode. Voilà le nouveau historique : nos sociétés fonctionnent en dehors de la puissance régulatrice et intégratrice du passé, l'axe du présent est devenu une temporalité socialement prévalente. Partout se développent les phénomènes d'engouement et la logique de l'inconstance, partout se manifestent le goût et la valeur du Nouveau, ce sont des normes fluctuantes, sans cesse réactualisées, qui nous socialisent et guident nos comportements. L'empire de la mode désigne cette immense inversion de la temporalité sociale consacrant la prééminence du présent sur le passé, l'avènement d'un espace social arc-bouté sur le présent, le temps même de la mode. Si la mode nous gouverne, c'est que le passé n'est plus le pôle ordonnant le détail de nos actions, de nos goûts, de nos croyances; les décrets anciens sont largement disqualifiés pour orienter les comportements, les exemples que nous suivons sont pris de plus en plus autour de nous dans un environnement précaire. Que ce soit en matière d'éducation, de savoir, d'hygiène, de consommation, de sport, de relations humaines, de loisirs, c'est ici et maintenant que nous trouvons nos modèles, non derrière nous. Le legs ancestral ne structure plus, pour l'essentiel, les comportements et les opinions, l'imitation des aïeux s'est effacée devant celle des modernes, l'esprit coutumier a cédé le pas à l'esprit de nouveauté. La mode est aux commandes parce que le passé législateur n'est plus régulateur, parce que l'amour des nouveautés est devenu général, régulier, sans limites, « la curiosité est devenue une passion fatale, irrésistible », écrivait Baudelaire. Dans la plupart des domaines, les individus recherchent passionnément les nouveautés, à la vénération du passé immuable se sont substitués les folies et les engouements de mode, plus que jamais domine la devise « tout nouveau, tout beau ».

La mode est notre loi parce que toute notre culture sacralise le Nouveau et consacre la dignité du présent. Non seulement dans les techniques, l'art ou le savoir, mais dans le mode de vie lui-même réagencé par les valeurs hédonistes. Légitimité

du bien-être et des jouissances matérielles, sexualité libre et
déculpabilisée, invitation à vivre plus, à satisfaire ses désirs, à
« profiter de la vie », la culture hédoniste oriente les êtres vers
le présent existentiel, elle exacerbe les phénomènes d'engouement et la recherche du salut individuel dans les nouveautés
comme autant de stimulations et de sensations propices à une
vie riche et accomplie. Le règne du passé n'est pas aboli, il est
neutralisé, assujetti qu'il est à l'impératif incontesté de la
satisfaction privée des individus.

   Prépondérance du présent social qui n'est que la pointe
ultime de la transformation séculaire du rapport à la durée
ayant fait muter les sociétés modernes vers l'âge futuriste.
Depuis des siècles, nos sociétés ont enclenché un immense
« basculement du temps » nous détachant de la fidélité au
passé et nous tournant toujours plus vers l'avenir. Accompagnant le développement du capitalisme, de la nation, de
l'État, des sciences, une logique temporelle inédite s'est mise
en place : la légitimité du passé fondateur propre aux sociétés
traditionnelles a cédé le pas à celle de l'organisation de
l'avenir [1]. Nul doute, en effet, que les sociétés modernes ne
reposent sur l'administration et la prise en charge de l'avenir
par les différentes instances politiques et économiques; nul
doute encore que l'État administratif démocratique, délesté de
toute référence transcendante, ne trouve sa légitimité profonde
dans sa capacité à préparer un futur ouvert et orchestrer le
changement collectif. Reste que cette visée et cette légitima-
tion futuriste n'éclairent pas la nature du temps *social* propre
aux sociétés démocratiques à l'âge de la mode achevée. Si les
pouvoirs publics et économiques sont tournés vers la gestion
du futur, et si la référence à l'avenir est devenue constitutive
du fonctionnement de l'État et du capitalisme, l'espace
inter-humain, lui, se trouve de plus en plus sous la dépendance des décrets du présent. D'un côté, l'organisation
futuriste du changement, de l'autre, l'amour des nouveautés,
les fureurs et engouements, les flux de plus en plus larges
d'imitation des contemporains, la précarité des normes collectives. On peut, à coup sûr, définir l'âge moderne par

   1. Krzysztof POMIAN, « La crise de l'avenir », *Le Débat*, n° 7, 1980. Et Marcel
GAUCHET, *Le Désenchantement du monde, op. cit.*, pp. 253-260.

l'investissement et la légitimation de l'avenir à condition
d'ajouter que parallèlement s'est développé un type de
régulation sociale assurant la prééminence et la légitimité du
présent. Dans le même moment, l'orientation vers l'avenir a
perdu le caractère détaillé et arrêté que lui conféraient hier les
grandes idéologies messianiques et que le totalitarisme reconduit encore [1]. Nous n'avons plus de vision claire et distincte de
l'avenir, celui-ci apparaît flou et ouvert; du coup, l'idée de
programme politique pur et dur tend à perdre de sa
crédibilité, il faut de la flexibilité, de la capacité à piloter à
vue, à rectifier rapidement ses positions dans un monde sans
dynamique prétracée. Même primat du présent dans la sphère
économique où le grand rêve des politiques industrielles
< dirigistes > est terminé : la rapidité des changements tech-
nologiques implique désormais la mobilité des décisions,
l'adaptation de plus en plus rapide au marché-roi, l'aptitude à
la souplesse et à l'expérimentation dans le risque. La gestion
du futur entre dans l'orbite du temps court, de l'état
d'urgence permanent. La suprématie du présent n'est pas
contradictoire avec l'orientation vers le futur, elle ne fait que
l'accomplir, accentuer la tendance de nos sociétés à s'émanciper des pesanteurs de l'héritage et se constituer en systèmes
quasiment < expérimentaux >. Le règne du présent traduit la
débâcle des idéologies démiurgiques, l'accélération de l'invention du lendemain, la capacité de nos sociétés à s'autocorriger,
s'autopiloter sans modèle préétabli, à accélérer l'œuvre de
l'autoproduction démocratique.

La suprématie de la mode signifie moins annihilation de
l'élément traditionnel que perte de son pouvoir collectif
contraignant. Nombreuses sont les coutumes qui perdurent :
mariage, fêtes, cadeaux, cuisine, cultes religieux, règles de
politesse, autant de traditions qui ont toujours une existence
sociale, mais qui ne réussissent plus à imposer des règles de
conduite socialement impératives. Les normes héritées du
passé persistent sans coercition de groupe, assujetties qu'elles
sont au règne des subjectivités autonomes : on fête toujours
Noël, mais dans les stations de ski, sur les plages du Sud,
devant les variétés du petit écran. Les jeunes femmes se

1. M. GAUCHET, *ibid.*, p. 262.

marient encore en blanc, mais par jeu, plaisir esthétique, choix
libre. Les croyances et pratiques religieuses résistent avec force,
mais tendent à fonctionner à la carte. On mange casher des
spécialités italiennes et de la cuisine française; le judaïsme
lui-même entre dans l'âge du supermarché, du bricolage des
rites, prières et symboles religieux : à présent, chez les juifs
américains réformistes, les femmes conduisent la prière, elles
portent les emblèmes jadis masculins et peuvent devenir
rabbins. Même si certaines formes traditionnelles se perpé-
tuent, l'adaptation et l'innovation dérangent partout la permanence ancestrale, les traditions se recyclent dans le registre
de l'ouverture, de la créativité institutionnelle et individuelle.
L'esprit de tradition est collectivement mort, c'est le présent
qui commande notre rapport au passé, nous ne gardons de
celui-ci que ce qui nous « arrange », que ce qui n'est pas en
contradiction flagrante avec les valeurs modernes, avec les
goûts et la conscience personnels. L'âge de la tradition est
terminé, sapé qu'il est par l'essor des valeurs et aspirations
individualistes. Les traditions ont perdu leur autorité et leur
légitimité incontestées, c'est l'unité individuelle, souveraine et
autonome qui est première, plus aucune règle collective n'a en
soi de valeur si elle n'est expressément admise par la volonté
de l'individu. Dans ces conditions, les coutumes se dissolvent
dans un procès de personnalisation, elles ont le charme d'un
passé révolu reconduit moins par respect des ancêtres que par
jeu et désir d'affiliation individualiste à un groupe déterminé.
Paradoxalement, les traditions deviennent des instruments de
l'affirmation individualiste : ce ne sont plus les normes
collectives qui s'imposent à moi, c'est moi qui y adhère
délibérément, par volonté privée de m'assimiler à tel ou tel
ensemble, par goût individualiste d'afficher une différence,
par désir d'une communication privilégiée avec un groupe
social plus ou moins restreint.

À coup sûr, en matière culturelle et artistique, notre
relation avec le passé est plus complexe. Nulle part, en effet,
les œuvres « classiques » ne se trouvent disqualifiées, tout au
contraire, elles sont admirées et appréciées au plus haut point.
L'opéra et la musique classique ont un large public d'admirateurs fidèles, les grandes expositions de peinture (Raphaël,
Turner, Manet), organisées depuis quelques années à Paris,

attirent chaque fois des centaines de milliers de visiteurs. Dire que notre société fonctionne au présent ne signifie pas que le passé soit dévalué, cela signifie qu'il n'est plus modèle à respecter et reproduire. On l'admire, il ne commande plus, les grandes œuvres du passé ont un immense prestige, mais nous produisons des « tubes » faits pour ne pas durer, à obsolescence incorporée.

Cela ne concerne pas seulement la culture de masse. Avec le modernisme artistique et les avant-gardes, les œuvres ont cessé explicitement de se rattacher au passé, il s'agissait de rompre tous les liens avec la tradition et d'ouvrir l'art à l'entreprise de rupture radicale et de renouvellement permanent. L'art d'avant-garde s'est insurgé contre le goût du public et les normes du beau au nom d'une création sans limites et de la valeur ultime de la novation. En guerre contre l'académisme, le « bon goût », la répétition, les avant-gardes ont réalisé des œuvres hermétiques, dissonantes, disloquées, scandaleuses, aux antipodes de la logique de mode et de sa soumission à l'esprit du temps. Si le procès moderniste a trouvé inauguralement son modèle dans l'escalade révolutionnaire, il reste que la forme mode a réussi, dans un second temps, à absorber dans son registre la forme révolutionnaire elle-même : s'est agencé un champ artistique structurellement hybride, fait à la fois de révolte contre l'institué et de revirements versatiles systématiques. D'un côté, l'esprit de subversion, de l'autre, l'inconstance des va-et-vient, la visée ostentatoire du jamais-vu. Le développement des avant-gardes a de plus en plus coïncidé avec la prépondérance de la forme mode, l'art a vu se déchaîner la recherche de l'originalité et de la nouveauté à tout prix, le chic de la déconstruction, le boom sophistiqué du minimal et du conceptuel, la prolifération des gadgets « anartistes » (happening, non-art, actions et performances, body-art, land-art, etc.), fondés davantage sur l'excès, le paradoxe, la gratuité, le jeu ou le saugrenu que sur la radicalité révolutionnaire. La scène artistique a basculé dans un âge d'obsolescence accélérée : explosion d'artistes et de groupes d'avant-garde aussitôt épuisés, oubliés, remplacés par d'autres courants toujours plus « dans le vent ». La sphère artistique est devenue le théâtre d'une révolution frivole ne dérangeant plus personne : beaucoup d'emphase théorique,

peu de ruptures effectives. En lieu et place des bouleversements de fond du début du siècle, la multiplication des
micro-nouveautés et variations marginales; au lieu de la
conquête des grandes avant-gardes historiques, le ressassement, l'académisme moderniste, l'immobilité des pseudo-
différences sans importance. Tout en continuant à user de
l'alibi subversif, le confort tranquille de la mode l'a emporté
sur la discontinuité révolutionnaire. L'art est de plus en plus
structuré par les impératifs éphémères du présent, par la
nécessité de faire événement, par l'inconstance des vogues
orchestrées par les marchands, relayées par les media. Le fossé
entre la création de mode et celle de l'art ne cesse de se
réduire : tandis que les artistes ne réussissent plus à faire
scandale, les défilés de mode se veulent de plus en plus
créatifs, il y a désormais autant d'innovations et de surprises
dans la *fashion* que dans les beaux-arts, l'âge démocratique a
réussi à dissoudre la division hiérarchique des arts en les
assujettissant *également* à l'ordre de la mode. C'est partout la
surenchère en originalité, le spectaculaire, le marketing, qui
ont remporté la palme.

Le moment « post-moderne » (« trans-avant-garde », « fi-
guration libre », retour à la tradition, etc.), ne modifie en rien
le processus en cours. En valorisant la reprise du passé et la
tradition artistique, l'art contemporain parachève son devenir
mode : dès lors que la rupture avec le passé n'est plus un
impératif absolu, on peut mélanger les styles dans des œuvres
baroques, ironiques, plus faciles d'accès (architectures post-
modernes). L'austérité moderniste décline au bénéfice du
métissage sans frontières de l'ancien et du nouveau, l'art
campe davantage dans l'ordre de l'*effet,* dans l'ordre *in* du
« clin d'œil », du « second degré », des combinaisons et
recombinaisons ludiques. Tout peut revenir, toutes les formes
du musée imaginaire peuvent être exploitées et contribuer à
déclasser plus vite ce qui est en vue, l'art entre dans le cycle
mode des oscillations éphémères du néo et du rétro, des
variations sans enjeu ni dénigration, on ne s'exclut plus, on se
recycle. Le *revival* fait recette : néo-fauves, néo-expressionnis-
tes, bientôt sans aucun doute, nouvelle-nouvelle abstraction.
L'art, délesté du code de la rupture moderniste, n'a plus
aucun repère, plus aucun critère d'évaluation, tout est possi-

ble, y compris re-commencer « à la manière de », en jouant l'imitation décalée du passé; l'art peut mieux adopter le rythme léger de l'éternel retour des formes, la danse accélérée et sans tension du renouvellement des styles. Quoi qu'en disent les tenants du post-modernisme, le Nouveau artistique n'est pas une valeur dévaluée, il n'est certes plus celui que visaient les avant-gardes « classiques », il est bien davantage celui qui commande la mode.

Conflit et lien social

Tandis que les individus cherchent avant tout à ressembler à leurs contemporains et non plus à leurs ancêtres, les flux d'imitation se détachent des groupes familiaux et des milieux d'origine. En lieu et place des déterminismes fermés de corps, de classes, de pays, se déploient des influences multiples, transversales, réciproques. Le terminal de la mode désigne « le domaine libre et non entravé de l'imitation » [1], l'état social où les contagions mimétiques s'accélèrent et s'exercent par-delà les clôtures de classes et de nations. Non certes que les classes, les nations, les groupes d'âge ne déterminent plus des comportements spécifiques, mais les influences de ce type sont de moins en moins exclusives et unilatérales. Avec le décloisonnement et l'ouverture des courants d'imitation, la révolution démocratique poursuit son œuvre, elle liquide les étanchéités de classes et de pays, elle érode le principe des influences aristocratiques, le monopole de l'influence directrice de groupes particuliers et supérieurs. Au régime de l'imitation globale et fermée propre aux âges de tradition s'est substitué celui de l'imitation individuelle et partielle. On imite ceci et non cela, d'un tel on copie ceci, d'un autre cela, nos emprunts n'ont plus d'origine fixe, ils sont pris dans des sources innombrables. Loin d'être équivalent à l'uniformisation des comportements, des usages et des goûts, l'empire de la mode va de pair avec la personnalisation des individus. Dans les âges de coutume, on imite peu d'hommes, mais on les imite en tout. C'est l'inverse dans nos sociétés. On ne peut ici que citer

1. G. DE TARDE, *op. cit.*, p. 398.

dans son intégralité ce texte de Tarde, d'une indépassable rectitude : « Ce qui est le contraire à l'accentuation personnelle, c'est l'imitation d'un seul homme, sur lequel on se modèle en tout; mais quand, au lieu de se régler sur quelqu'un ou sur quelques-uns, on emprunte à cent, à mille, à dix mille personnes, considérées chacune sous un aspect particulier, des éléments d'idée ou d'action que l'on combine ensuite, la nature même et le choix de ces copies élémentaires, ainsi que leur combinaison, expriment et accentuent notre personnalité originale [1]. »

Comment, dès lors, souscrire tout à fait à l'idée « qu'un état social pleinement démocratique est un état social dans lequel il n'y a pour ainsi dire plus d'influences individuelles [2]? À coup sûr, l'analyse tocquevillienne est juste qui enregistre le recul progressif des influences fortes et durables de famille et de corps. Mais cela ne signifie pas érosion et disparition des influences individuelles. La société démocratique libère et démultiplie les flux d'imitation, les influences individuelles sont certes moins profondes, mais permanentes et diverses. Il est vrai que les grands leaders intellectuels s'éteignent, que l'autorité des maîtres s'éclipse, que les classes supérieures ne sont plus des modèles prééminents, les stars elles-mêmes ne sont plus les pôles magnétiques qu'elles étaient. Mais dans le même moment prolifèrent les influences microscopiques, les exemples *kit* pris ici et là. L'état social démocratique régi par la mode c'est, d'un côté, la tendance à l'éclipse des grandes autorités directrices, de l'autre, la dissémination des petites influences, tantôt déterminantes, tantôt superficielles, c'est le temps des influences précaires à la carte.

Fin de la tradition, instabilité des normes de socialisation, surindividualisation des êtres, la mode achevée, en tant que stade ultime de l'état social démocratique, ne fait que soulever avec plus d'insistance la question du principe de cohésion des sociétés contemporaines. Comment une société, faite d'unités libres et indépendantes, sans nul lien substantiel de sociabilité, peut-elle se reconnaître comme une? Comment

---

1. *Ibid.*, préface de la deuxième édition, p. XX.
2. Pierre MANENT, *Tocqueville et la nature de la démocratie*, Paris, Julliard, 1982, pp. 26-27

une société dégagée des liens communautaires traditionnels, constituée d'individus autonomes, flottants, tournés de plus en plus vers eux-mêmes, peut-elle échapper au processus de désintégration et tenir ensemble? La question rebondit d'autant plus que l'univers démocratique, loin de reposer sur la similitude des opinions et l'unité des croyances, ne cesse d'ouvrir une multitude de foyers de dissensions, de nouveaux conflits d'idées et de valeurs. L'unité des repères s'est évanouie, nos sociétés sont inséparables de l'antagonisme permanent du sens. Certes, les sociétés démocratiques ne sont pas au degré zéro des valeurs : la liberté et l'égalité notamment constituent un socle d'idéal commun. Mais, principes abstraits susceptibles d'interprétations foncièrement adverses, les référents majeurs de l'âge démocratique ne font que stimuler un processus illimité de critiques, discordes et remises en cause de l'ordre en place. Même s'il est vrai que le temps des grandes divisions et excommunications politiques contemporain de l'ère religieuse des idéologies a cédé le pas à un consensus universel sur les institutions démocratiques et sur les impératifs d'une gestion rigoureuse de l'économie, nous ne sommes nullement dans une phase unanimiste sans clivage de fond : des différences majeures, des points de vue inconciliables sont au centre de nos débats, l'image d'une société où « les opinions ne diffèrent que par des nuances » [1] ne peut s'appliquer à nous. On a enterré la hache de guerre à propos de la dictature du prolétariat et de la Révolution, mais de nouveaux antagonismes ont surgi : peine de mort, immigration, prisons, avortement, drogue, euthanasie, énergie nucléaire, moyens de procréation, protection sociale, sélection, autant de questions sur lesquelles il est vain d'espérer pouvoir rencontrer une quelconque unanimité, nos sociétés sont livrées au déchirement des perspectives.

L'ère de la mode achevée signifie tout sauf uniformisation des convictions et des comportements. Elle a certes, d'un côté, homogénéisé les goûts et les modes de vie en pulvérisant les ultimes résidus des coutumes locales, elle a diffusé les standards universels du bien-être, des loisirs, du sexe, du

---

1. Alexis DE TOCQUEVILLE, *De la démocratie en Amérique,* éd. citée, t. I, vol. I, p. 199.

relationnel, mais d'un autre côté, elle a enclenché un processus sans pareil de fragmentation des *styles de vie*. Même si l'hédonisme et le psychologisme sont des valeurs dominantes, les modes de vie ne cessent d'éclater et de se différencier en de nombreuses familles qu'essaient d'inventorier les sociologues du quotidien. Il y a de moins en moins d'unité dans les attitudes vis-à-vis de la consommation, de la famille, des vacances, des media, du travail, des loisirs, le disparate a gagné l'univers des styles de vie. Si nos sociétés creusent le cercle des différences dans les croyances et les genres de vie, qu'est-ce qui permet d'assurer la stabilité du corps collectif?

Dans des analyses profondes, M. Gauchet a montré comment la société démocratique, vouée au déchirement des opinions, faisait se maintenir les hommes ensemble dans et par leurs oppositions, dans et par leurs divergences. Nul besoin, à l'instar d'un Tocqueville, de poser une unité de croyances à la base de la permanence sociétale, c'est le conflit lui-même touchant aux significations sociales et aux intérêts qui, loin de briser le lien de société, s'emploie à produire une dimension de communauté d'appartenance. La division et l'antagonisme social sont créateurs de lien social symbolique, ils soudent les hommes les uns aux autres en ce que les partis opposés continuent de se définir à partir d'un même monde, ils s'affirment comme membres d'une seule et même société à transformer en fonction d'un enjeu commun. Moyen de faire participer les individus, de les impliquer dans la définition d'un même univers, le conflit est facteur de socialisation, d'inclusion et de cohésion sociale [1]. Mais le conflit social garde-t-il un rôle d'intégration aussi marqué dès lors que se généralise la perte de crédibilité des partis politiques, que s'accélère la désyndicalisation, que les combats collectifs sont plus sporadiques, que le culte de la vie privée devient dominant? La division sociale a joué un rôle assimilateur incontestable lorsque se sont développées les grandes luttes historiques fondatrices du visage des démocraties modernes. Mais aujourd'hui? Les conflits autour de la *res publica* n'ont plus un caractère de guerre sainte, ils ne mettent plus aux

1. M. Gauchet, « Tocqueville, l'Amérique et nous », *Libre*, n° 7, 1980, pp. 116-117.

prises des visions du monde inconciliables, le plus souvent ils ne mobilisent que par intermittence les passions des masses, la force intégratrice de l'affrontement social est à la baisse, elle est loin de suffire à expliquer la cohésion des sociétés contemporaines.

À présent, l'unité sociale se perpétue moins dans l'opposition frontale des hommes que dans la neutralisation des conflits, moins dans l'antagonisme que via la pacification individualiste du débat collectif. Ce sont les *mœurs démocratiques* qui nous tiennent ensemble, elles sont le ciment de notre permanence. Si les clivages idéologiques et politiques restent nombreux, non seulement ils ne parviennent pas à désintégrer le corps social, mais ils ne donnent lieu qu'exceptionnellement à des affrontements sanglants. On n'est pas d'accord entre nous, mais on ne sort pas son fusil, on ne cherche pas à faire disparaître l'Autre. La cohésion du tout collectif est inséparable de l'extraordinaire civilisation du conflit, de la pacification des conduites individuelles et collectives liée à l'essor des valeurs individualistes de vie, de respect et d'indifférence envers l'Autre, à la privatisation des existences impulsée par le règne terminal de la mode[1]. Même le chômage de masse et les attentats terroristes n'arrivent pas à ébranler les comportements individuels et collectifs majoritairement tolérants et tranquilles. Nous pouvons coexister dans l'hétérogénéité des points de vue parce qu'il règne dans les mœurs un relativisme pacificateur, parce que tout ce qui relève de la violence physique se trouve viscéralement disqualifié. Les états-majors politiques peuvent continuer à tenir, de temps à autre, des discours d'opposition irréductible, mais la société civile reste étonnamment calme, réfractaire à la guerre de harcèlement politique et idéologique. Si le règne de la mode accélère la nucléarisation du social, parallèlement, il reconstitue un lien de sociabilité inestimable en favorisant le déminage des antagonismes, en parachevant le processus séculaire d'adoucissement des mœurs constitutif des temps modernes, en renforçant les goûts de paix civile et le respect des règles démocratiques. La division sociale n'est plus explosive, elle fonctionne comme la mode dans la dédrama-

1. Ce point a été développé dans *L'Ère du vide*, Paris, Gallimard, 1983, chap. VI.

tisation et la différenciation marginale. Même ce qui est
radicalement antinomique n'engendre plus d'exclusion rédhibitoire, les différences idéologiques de fond ne parviennent pas
à déchirer le lien social. Nous ne sommes plus dans une
société de la division sanglante. Nous ne sommes pas
davantage dans une société climatisée et homogénéisée, c'est le
modèle de la mode qui régit notre espace collectif, les
antagonismes demeurent, mais sans esprit de croisade, nous
vivons l'âge de la cohabitation pacifique des contraires. Le
conflit social est structuré comme la mode, les oppositions
majeures coexistent dans une grande civilité, tout se passe
comme s'il ne s'agissait que de clivages *superficiels* : le règne
final de la mode inscrit en différences marginales ce qui est en
réalité disjonction de principes. Il faut redonner aux mœurs la
place qui leur revient dans le maintien des sociétés démocratiques; le tout collectif ne tient ensemble que par un processus
de socialisation développant les passions calmes démocratiques et individualistes, que par un style de vie massivement
tolérant. La leçon de Tocqueville doit être entendue : « Si je ne
suis point parvenu à faire sentir au lecteur dans le cours de cet
ouvrage l'importance que j'attribuais à l'expérience pratique
des Américains, à leurs habitudes, à leurs opinions, en un mot
à leurs mœurs, dans le maintien de leurs lois, j'ai manqué le
but principal que je me proposais en l'écrivant [1]. »

Si l'apothéose de la mode travaille à renforcer la paix civile,
elle n'exclut nullement le surgissement de luttes sociales
souvent partielles (grèves catégorielles), mais parfois de grande
envergure comme on l'a vu en France, ces dernières années,
avec les mouvements contre les projets de lois sur l'enseignement privé et sur l'enseignement supérieur. L'individualisme
actuel n'est pas ce qui abolit les formes de participation aux
combats collectifs, il est ce qui en transforme la teneur. Il est
simpliste de réduire l'individualisme contemporain à l'égocentrisme, à la bulle narcissique, à la seule quête des jouissances
privées. Le narcissisme est la pente *dominante* des démocraties,
ce n'est pas leur direction exclusive. De temps à autre, des
luttes sociales surgissent en effet, mais loin d'être antinomiques avec la dynamique individualiste, elles en reproduisent

1. TOCQUEVILLE, *op. cit.*, t. I, vol. I, p. 323.

les valeurs et les traits. Même lorsque les individus sortent de leur univers strictement intime et s'engagent dans des actions collectives, c'est toujours la logique individualiste qui est prépondérante. Globalement, les *intérêts particuliers* l'emportent sur la considération générale, l'autonomie individuelle sur l'orthodoxie doctrinale, le désir immédiat de l'amélioration des conditions de vie sur le dévouement inconditionnel, la participation libre sur l'embrigadement, le ras-le-bol sur le militantisme. La société hyper-individualiste n'équivaut pas à la disparition des luttes sociales et à l'asphyxie pure et simple de la *res publica,* elle signifie le développement d'actions collectives où l'individu n'est plus subordonné à un ordre supérieur lui dictant la teneur de ses idées et de ses actions. L'individualisme achevé renverse la relation de soumission des individus aux doctrines et aux partis de masse au bénéfice d'actions sociales libres, largement imprévisibles et spontanées, se déclenchant davantage à l'initiative de la « base » ou de la société civile que des partis et des syndicats. L'exigence d'autonomie privée se retrouve dans les actions collectives, désormais souvent indépendantes, dans leur origine, des directions des grandes organisations politiques et syndicales. Non pas degré zéro des mouvements collectifs, mais mobilisations de plus en plus *dépolitisées, désidéologisées, désyndicalisées* (avec des syndicats « taxis » transformés en simple agence de négociation), sous-tendues par les revendications individualistes d'amélioration du pouvoir d'achat et des conditions de travail, mais aussi par les exigences de libertés individuelles dans l'action et dans la société civile. Le règne de l'Ego ne s'érige pas sur un désert social, il a colonisé la sphère des actions collectives elles-mêmes, de moins en moins encadrées par les appareils classiques ayant « dirigé » les luttes sociales, de plus en plus arc-boutées sur les préoccupations directes des individus : défense des intérêts particuliers, vivre libre, *tout de suite,* loin des grandes espérances utopiques et historiques de l'âge idéologique. La société contemporaine c'est, d'un côté, toujours plus d'aspirations privées à être libre et s'accomplir à part, d'un autre côté, des explosions sociales faites de motivations et de revendications individualistes · pouvoir d'achat, défense de l'emploi et des avantages acquis défense des libertés individuelles. Les actions sociales repro·

duisent les motivations individualistes de la vie privée, partout est à l'œuvre l'inversion de tendance qui définit le nouvel âge démocratique : la prééminence des intérêts corporatistes sur les grands projets globaux, la prééminence de l'autonomie des personnes sur la discipline des grandes organisations militantes et sur la direction idéologique des consciences. Les formes de mobilisation collective ne viennent pas à contre-courant de l'individualisme, elles en sont le corrélat et la traduction, l'autre face, peut-être moins évidente, moins immédiatement lisible, mais tout aussi révélatrice de la montée irrépressible du règne de l'individu.

Les derniers grands mouvements sociaux en France sont à cet égard particulièrement significatifs. Ce qui, en effet, les a caractérisés c'est, outre le rejet de toute politisation directe, le refus des particuliers de subir un certain nombre de contraintes perçues comme limitant leur pouvoir propre de décision, c'est l'exigence d'*autonomie individuelle.* Que ce soit la mobilisation pour N.R.J., pour l'école privée ou contre le projet de réforme de l'Université, chaque fois, le moteur principal de la revendication a été l'affirmation des droits des individus à disposer de leur vie, de leurs orientations, de leur quotidien, à pouvoir *choisir* librement ce qui leur convient : écouter envers et contre tout la station que l'on aime, choisir le type d'établissement scolaire pour ses enfants, décider soi-même de la poursuite et de la nature de ses études supérieures. Mouvements individualistes par excellence puisque est posée avant tout la primauté des droits individuels sur le tout collectif, puisque la liberté individuelle est érigée en idéal irrésistible, par-delà la considération des diverses contraintes du réel de la vie sociale (perturbations de la F.M., échec universitaire, mauvaises orientations, etc.). On n'agit pas en fonction de l'intérêt supérieur de la totalité collective, on exige de pouvoir s'autodéterminer et d'être un centre libre, on refuse d'accepter certaines limites à notre capacité d'initiative, à notre désir de responsabilité strictement individuelle. Ces différentes actions ont surgi en écho à l'explosion des goûts d'indépendance individuelle massivement répandus dans la consommation, dans la vie de couple, dans la sexualité, dans les sports et loisirs. Que les actions aient été collectives n'enlève rien au fait que leurs ressorts ont été de même nature que ceux animant les mouvements privés en quête d'autonomie subjective et dont l'origine directe relève de la généralisation sociale de la forme mode.

En Mai 68, la passion individualiste célébrait sur les murs « il est interdit d'interdire », elle voulait changer le monde et la vie. Aujourd'hui, elle s'est assagie et « responsabilisée » en se limitant à demander « touche pas à ma fac » et « plus jamais ça », elle s'est dégagée de la gangue utopique et refuse toute perspective politique, toute affiliation à un parti, toute vision générale du monde. Les mobilisations ont des objectifs concrets, ciblés, réalisables dans le temps court et se sont mises en branle moins, quoi qu'on en ait dit, en raison d'un idéal abstrait d'égalité qu'en raison de la revendication d'autonomie individuelle et de l'*inquiétude personnelle* devant le futur. L'ampleur de la deuxième vague de protestation lycéenne-étudiante ne peut trouver sa pleine explication que rapportée à l'anxiété de la jeunesse face au lendemain. Où va-t-on pouvoir s'inscrire? Pourra-t-on se payer des études? Allons-nous pouvoir poursuivre des études après le premier cycle? Que faire après le bac? On a beaucoup idéalisé et encensé le mouvement en parlant des « enfants du cœur », d'une « génération de la solidarité » : quelle que soit la composante de générosité du mouvement, on se doit d'être plus réservé, au vu de la complexité des motivations. « Génération morale » : le jugement ne manque pas d'équivoque qui laisse penser que la défense des droits et des principes démocratiques s'est érigée miraculeusement en axe majeur des existences, qu'elle l'em porte désormais sur les aspirations au bonheur privé. Le mythe et la volonté intellectuelle d'absolu n'ont pas manqué de revenir au galop : pour être attachée aux droits de l'homme, la jeunesse ne s'est pas subitement convertie à l'éthique géné-reuse de l'abnégation, du partage, de l'égalité. La « morale » n'est pas une découverte de la génération 1980 : dès les années 1960, les jeunes se sont mobilisés en masse contre les formes de répression et les brutalités policières; la solidarité avec les victimes, avec les femmes, avec les ouvriers, avec les peuples en lutte s'est manifestée à maintes occasions. Même s'il y avait une composante politique, les principes d'égalité et de respect des personnes n'en étaient pas moins profondément actifs. On n est pas passé du cynisme politique à la générosité éthique dépolitisée; la vigilance sur les droits de l'homme, l'émotion soulevée par la violence, sont des constantes des sociétés contemporaines. Élan de solidarité? Soit, à condition de ne pas en exagérer la portée; jusqu'à présent, on n'est pas frappé par la diversité et l'ampleur de ses manifestations, finalement *ponctuelles* et sélectives. Dans le dernier mouvement étudiant-lycéen, nulle part ne s'est déployé un combat contre la société individualiste-concurrentielle et ses inégalités criantes; il s'agissait, bien au contraire, du désir individualiste de s'y intégrer telle qu'elle est, avec ses hiérarchies et ses injustices, de ne pas rester à sa porte, de ne pas se fermer la possibilité d'obtenir des diplômes reconnus, d'être mieux placé dans la compétition du marché de l'emploi, de mieux réussir sa vie. La « génération de la solidarité » peut faire très bon ménage avec l'indifférence dominante envers les laissés-pour-compte, avec la société du business, des carrières, de la quête des jouissances privées.

Il est vrai que sont apparus, dans le même temps, des mouvements à caractère explicitement solidaire et moral : S.O.S. Racisme, Band Aid, Restaurants du Cœur, Sport Aid, mouvements anti-apartheid, autant de manifestations apparemment hétérogènes au règne de la mode et à la recherche individualiste du mieux-être. Pourtant, ici encore, l'opposition n'est pas aussi radicale qu'il semble au premier abord. C'est la généralisation du procès de mode qui a rendu possibles de telles actions : en faisant tomber en désuétude les grandes utopies historico-sociales au profit des valeurs individuelles, l'âge frivole a permis, du même coup, de renforcer l'exigence sur les droits de l'homme et de sensibiliser au drame *humain*, concret, immédiat, de la famine. Plus les individus sont socialisés à l'autonomie privée, plus s'impose l'impératif des droits de l'homme; plus la société marche à l'individualisme hédoniste, plus l'individualité humaine apparaît comme valeur ultime; plus les méga-discours historiques s'effondrent plus la *vie* et le respect de la personne s'érigent en absolu; plus la violence régresse dans les mœurs, plus l'Individu est sacralisé. On ne se mobilise pas pour des systèmes, on s'émeut devant l'ignominie du racisme, devant l'enfer des êtres voués à la faim et à la déchéance physique. Le paradoxe est à souligner : la « nouvelle » charité est charriée par les eau〉 euphoriques et individualistes de la Mode. L'individualisme contemporain est inconcevable en dehors des référents démocratiques, il n'est pensable que dans le cadre d'une société où sont investies en profondeur les valeurs de liberté et d'égalité, où la valeur primordiale est précisément l'Individu. À mesure que le règne de la mode fait voler en éclats les super-édifications du sens historique, ce sont les idéaux premiers de la démocratie qui apparaissent au premier plan et qui deviennent une force motrice essentielle des actions de masse.

Non seulement la solidarité contemporaine est fille du règne terminal de la mode, mais elle en reproduit certains traits essentiels. L'hédonisme en particulier : plus aucun mouvement d'action n'ignore le spectacle, le show-biz, le plaisir des participants. On est devenu allergique à la langue de bois comme au prêchi-prêcha, il faut la « fête », le rock, les concerts, les défilés bon enfant hérissés de slogans à tonalité humoristico-publicitaire. Les acteurs sociaux épousent désormais l'univers de l'image, du spectacle, des media, du vedettariat, de la mode, de la pub ; deux millions de badges « Touche pas à mon pote » vendus en France en quelques mois : la fureur est aujourd'hui retombée. L'engagement « moral » est en même temps émotionnel, « branché », drôle, festif, sportif, musical. Impossible de ne pas voir le caractère globalement léger et éphémère de ces formes de participation : mis à part quelques militants en nombre réduit, que fait-on d'autre qu'acheter un badge ou un autocollant, participer à un concert ou à une course de jogging, acheter un disque? À l'engagement corps et âme s'est substituée une participation passagère, à la carte, on y consacre le temps et l'argent qu'on veut, on se mobilise quand on veut, comme on veut, conformément aux désirs premiers d'autonomie individuelle. C'est le temps de l'engagement minimal en écho à l'idéologie minimale des droits de l'homme et à la sensibilisation aux ravages de la pauvreté. L'esprit de mode a réussi à pénétrer le cœur de l'homme démocratique, il s'est immiscé dans la sphère de la solidarité et de l'éthique. L'ère de la mode n'aboutit pas à l'égoïsme achevé, mais à l'engagement intermittent, souple, sans doctrine, sans exigence de sacrifice. Il n'y a pas à désespérer le règne de la mode, lequel creuse le lit des droits de l'homme et fait ouvrir les yeux sur les malheurs de l'humanité. Nous avons moins de rigorisme doctrinaire mais plus de préoccupations humanitaires, moins d'abnégation éthique mais plus de respect de la vie, moins de fidélité mais plus de spontanéité de masse. Cela ne conduit ni au meilleur ni au pire des mondes.

Malaise dans la communication

La mode achevée n'engendre pas plus l'égocentrisme impénitent des personnes que la désagrégation totale des liens sociaux. La société atomisée en unités indépendantes voit se multiplier diverses formes de vie sociale, notamment sous les traits du mouvement associatif. Même si, en France, la tendance à la vie associative régresse par rapport à la fin des années 1970, 42 % des personnes en 1984 (contre 27 % en 1967) adhéraient néanmoins à une association ; 18 % des personnes interrogées, dans une enquête de 1984, faisaient partie d'une association sportive, 12 % d'une association culture-loisirs, 8 % d'une association syndicale, 7 % d'une association de parents d'élèves, 2 % étaient inscrits dans un parti politique. En lieu et place des organisations communautaires traditionnelles, la société contemporaine favorise des formes de rencontres inter-humaines segmentaires, souples, adaptées aux goûts de l'autonomie subjective refaçonnée par la mode. Si les syndicats ne font plus florès, si les grands mouvements sociaux restent discontinus et imprévisibles, en revanche, on assiste, dans les pays démocratiques, à une prolifération de regroupements sur les bases proches des préoccupations directes des individus, de leurs centres d'intérêts communs, de leurs volontés de revendication ciblée, de leurs désirs d'entraide et d'identité personnelle. Aux U.S.A., nation traditionnellement riche en associations, les *People's Yellow Pages* révèlent le foisonnement et l'émiettement des regroupements locaux associatifs, les « réseaux situationnels » dont parle Roszak [1], fondés sur les particularismes démultipliés des êtres. En France, le nombre d'associations est évalué

1. Théodore ROSZAK, *L'Homme-Planète*, Paris, Stock, 1980, pp. 43-52.

entre 300 000 et 600 000; en 1983, il s'est créé officiellement 46 857 associations contre 12 633 en 1960. Reconstitution d'un tissu social en forme de mosaïque de groupements où l'inclination hédoniste-ludique est manifeste : le secteur sportif et celui des loisirs constituaient à eux seuls 30 % des créations d'associations en France en 1982, seuls les adhérents des associations sportives sont en hausse depuis 1978. Les liens de sociabilité s'établissant à partir des volontés et des goûts épars épousent désormais la forme mode : on estime qu'en France environ une association sur deux a une durée de vie variant entre quelques mois et deux ans, le procès éphémère a gagné la sphère de la vie associative.

Il faut se garder de présenter le stade terminal de la mode comme un état social fait de monades sans nul lien entre elles, sans désir communicationnel. Pour illustrer l'appauvrissement de la sociabilité, on évoque souvent les vogues du walk-man, des sports libres (jogging, planche à voile), de la danse des jeunes, des jeux vidéo qui isolent les individus les uns des autres. Pour individualistes qu'ils soient, ces phénomènes traduisent pourtant moins la perte du sens relationnel que le fantastique renforcement de l'aspiration à l'autonomie privée. Si on n'invite plus à danser c'est que les femmes refusent d'être assujetties à un code de comportement les assignant à des sujets passifs. Si tout le monde s'électrise à part en décibels, si on parle peu dans les discothèques, cela ne signifie pas que les êtres n'ont plus rien à se dire, enfermés qu'ils sont dans leur réduit intime. Cela signifie bien davantage leur désir de se défouler, de sentir leur corps, de se libérer des codes contraignants de la drague et de l'échange interpersonnel. Désormais, on ne veut plus communiquer « sur commande » dans des cadres rituels et imposés, on veut parler quand on veut, comme on veut, au moment où on en éprouve le désir. Il en va de même avec l'essor des sports, des technologies et jeux « privatiques » : non pas ruine de la sociabilité, mais espace inter-humain annexé par les désirs d'indépendance, dégagé de la contrainte de livrer en permanence des signes de communication. Le relationnel ne fait que se reconstituer sur de nouvelles bases conformes aux aspirations individualistes. Même ces vogues qu'ont été ou que sont la C.B. et les contacts par minitel ne traduisent ni le vide de l'échange, ni le recul du

face-à-face, mais la montée d'un désir de communication
ludique médiatisée par les gadgets autoradios et télématiques.
Ce qui séduit c'est d'entrer en relation tout en restant libre et
anonyme, d'échanger rapidement et sans cérémonial avec des
inconnus, de multiplier et renouveler fréquemment les
contacts, de communiquer par technologie interposée. La
communication contemporaine requiert des relais, de la
sophistication technologique, elle est entrée dans le cycle mode
des réseaux « branchés ».

Qu'on ne se rassure pas trop vite, le malaise de la
communication dans nos sociétés n'en est pas moins réel, la
solitude est devenue un phénomène de masse. Les signes ne
font pas défaut : entre 1962 et 1982, le nombre de personnes
vivant seules a augmenté en France de 69 % ; aujourd'hui,
elles sont près de cinq millions ; une fois sur quatre, le
« ménage » ne compte qu'une seule personne ; à Paris, la
moitié des ménages sont « solitaires ». Les personnes âgées
connaissent un état d'isolement de plus en plus manifeste ; les
associations en faveur des personnes seules se multiplient au
même titre que les « petites annonces » de rencontre et les
appels de détresse adressés à S.O.S. Amitié. Le nombre de
suicides et de tentatives de suicide est alarmant : en 1985, la
mortalité par suicide en France a dépassé, pour la première
fois, celle occasionnée par les accidents de la route ; tandis que
près de 12 000 personnes se donnent volontairement la mort
chaque année, les suicides « ratés » sont suivis dans 30 à 40 %
des cas d'une récidive rapide. L'âge de la mode achevée est
inséparable de la fracture de plus en plus large de la
communauté et du déficit de la communication intersubjective : un peu partout, les gens se plaignent de ne pas être
compris ou écoutés, de ne pas pouvoir s'exprimer. À en croire
une enquête américaine, le manque de conversation serait en
seconde position dans les motifs de récriminations des femmes
envers leurs maris : les couples mariés consacreraient en
moyenne moins d'une demi-heure par semaine à « communiquer ». Leucémisation des relations sociales, difficulté à se
comprendre, sentiment que les gens ne parlent que d'eux-
mêmes et ne s'écoutent pas, autant de traits caractéristiques de
l'âge final de la mode, de la formidable poussée des existences
et aspirations individualistes. La liquéfaction des identités

sociales, la diversification des goûts, l'exigence souveraine d'être soi-même enclenchent une impasse relationnelle, une crise communicationnelle sans pareille. L'échange « formel », stéréotypé, conventionnel, est de moins en moins satisfaisant, on veut une communication libre, sincère, personnelle, on veut en même temps du renouvellement dans nos relations. Nous ne souffrons pas seulement du rythme et de l'organisation de la vie moderne, nous souffrons de notre appétit insatiable d'accomplissement privé, de communication, d'exigence sans fin que nous avons vis-à-vis de l'autre. Plus nous prétendons à un échange vrai, authentique, riche, plus nous sommes voués au sentiment d'une communication superficielle; plus les gens se livrent intimement et s'ouvrent aux autres, plus s'accroît le sentiment futile de la communication intersubjective; plus nous affirmons nos désirs d'indépendance et de réalisation privées, plus l'intersubjectivité est vouée à la turbulence et à l'incommunication.

En gagnant la sphère de l'être-pour-autrui, la mode révèle la dimension cachée de son empire : le drame de l'intimité au cœur même du ravissement des nouveautés. La mode n'est ni ange ni bête, il y a aussi un *tragique de la légèreté* érigée en système social, un tragique inéliminable à l'échelle des unités subjectives. Le règne achevé de la mode pacifie le conflit social, mais il creuse le conflit subjectif et intersubjectif, il permet plus de liberté individuelle, mais il engendre plus de mal de vivre. La leçon est sévère, le progrès des Lumières et celui du bonheur ne marchent pas au même pas, l'euphorie de la mode a pour pendant la déréliction, la dépression, le trouble existentiel. Il y a davantage de stimulations en tout genre, mais plus d'inquiétude à vivre, il y a plus d'autonomie privée, mais plus de crises intimes. Telle est la grandeur de la mode qui renvoie toujours plus l'individu à lui-même, telle est la misère de la mode qui nous rend de plus en plus problématique à nous-mêmes et aux autres.

DANS LA COLLECTION FOLIO/ESSAIS

Impression Brodard et Taupin,
à La Flèche (Sarthe),
le 21 août 1991.
Dépôt légal : août 1991.
Numéro d'imprimeur : 1654E-5.
ISBN 2-07-032642-X / Imprimé en France.